Münstersche Gespräche
zu Themen
der wissenschaftlichen Pädagogik

**Münstersche Gespräche
zu Themen
der wissenschaftlichen
Pädagogik**

Herausgegeben von
Irmgard Bock, Ursula Frost
Gerhard Fuest, Norbert Hilgenheger
Joachim Kuropka, Jürgen Rekus
Johannes Schneider, Wilhelm Wittenbruch

Heft 17

Ethik als Unterrichtsfach

Im Auftrage
des Münsterschen Gesprächskreises
für wissenschaftliche Pädagogik
herausgegeben von

Reinhard Schilmöller, Aloysius Regenbrecht,
Karl Gerhard Pöppel

Aschendorff Münster

Gedruckt mit Unterstützung
des Bistums Münster

© 2000 Aschendorffsche Verlagsbuchhandlung GmbH & Co., Münster

Gesamtherstellung: Druckhaus Aschendorff, Münster, 2000

ISBN 3-402-04728-4

Inhalt

Aloysius Regenbrecht
Einführung in die Dokumentation des 17. Münsterschen Gespräches:
Ethik als Unterrichtsfach 1

Karl Gerhard Pöppel
Erziehender Unterricht und sein Verhältnis zum Ethikunterricht 12

Aloysius Regenbrecht
Ethikunterricht als Aufgabe der Schule 24

Diskussion
zu den Vorträgen von Karl Gerhard Pöppel und Aloysius Regenbrecht
(Moderation: Reinhard Schilmöller) 57

Herbert Huber
Was ist und wozu dient Ethikunterricht?
Ein fragmentarischer Gesprächsbeitrag 72

Konrad Fees
Ethikunterricht in Bayern: Pädagogische Fragen zur Zielsetzung
und Konzeption 96

Jürgen Rekus
Was ist und wozu dient Ethikunterricht?
Ein Replik zum Gesprächsbeitrag von Herbert Huber 102

Heinz Schirp
„Praktische Philosophie" in Nordrhein-Westfalen – Curriculare Strukturen
und didaktische Regulative des Faches 111

Volker Ladenthin / Gabriele Schulp-Hirsch
Stellungnahme zum Kerncurriculum „Praktische Philosophie" 134

Christian Lange
Das Unterrichtsfach „Lebensgestaltung – Ethik – Religionskunde" (LER) . . 151

Reinhard Schilmöller
LER als Ethikunterricht. Eine kritische Stellungnahme
zu den „Unterrichtsvorgaben" für das Fach 159

Fritz Oser
Triforische Moralerziehung: Das eklektische moralische Subjekt
und die Situativität moraldidaktischen Handelns 177

Diskussion
zum Vortrag von Fritz Oser (Moderation: Jürgen Rekus) 192

Gottfried Leder
Ethikunterricht und Religionsunterricht in einem pluralen Staat –
Recht und Grenzen staatlicher Einflussnahme (I) 201

Inhalt

Joachim Dikow
Ethikunterricht und Religionsunterricht in einem pluralen Staat –
Recht und Grenzen staatlicher Einflussnahme (II)   215

Diskussion
zu den Vorträgen von Gottfried Leder und Joachim Dikow
(Moderation: Volker Ladenthin)   232

Reinhard Schilmöller
Religion im Ethikunterricht – Ethik im Religionsunterricht   241

Diskussion
zum Vortrag von Reinhard Schilmöller (Moderation: Joachim Dikow)   276

Aloysius Regenbrecht
Schlusswort: Ethikunterricht in einer pluralen Demokratie   283

Verzeichnis der Referenten, Moderatoren und Diskussionsteilnehmer   287

VI

Aloysius Regenbrecht

Einführung in die Dokumentation des 17. Münsterschen Gespräches: Ethik als Unterrichtsfach

1. Die in diesem Band zusammengefassten Beiträge sind die Dokumentation von Vorträgen und Diskussionen bei dem 17. Münsterschen Gespräch für wissenschaftliche Pädagogik, das vom 17.–19. März 1999 stattfand; die Texte wurden für die Veröffentlichung überarbeitet und teilweise ergänzt. Für die Wahl des Themas war die aktuelle Diskussion mitbestimmend. Fast täglich wird angesichts zunehmender Gewaltbereitschaft und Kriminalität von Jugendlichen die Forderung laut, in der Schule die „Werteerziehung" zu verstärken, um die Schüler zur Anerkennung grundlegender Werte und Normen zu erziehen. Als Gründe werden u. a. der Wertpluralismus der Gesellschaft, der Wandel und die Schwächung der „Institution Familie" sowie die zunehmende Distanz zu kirchlichen Glaubensgemeinschaften, die zu einer vermehrten Abmeldung vom obligatorischen Religionsunterricht geführt hat, genannt. Angesichts der veränderten gesellschaftlichen Verhältnisse werden die bisherigen Erziehungsanstrengungen der Schule offenbar als nicht geeignet oder wenigstens als nicht ausreichend angesehen.

Der Staat als Schulträger antwortet mit der Einführung eines neuen Schulfaches. Schulorganisatorisch gilt es als „Ersatzfach" oder „Alternativfach" zum Religionsunterricht, das mehrheitlich „Ethik" heißt, aber auch „Allgemeine Ethik", „Werte und Normen", „Philosophie" oder – in Brandenburg – „Lebensgestaltung – Ethik – Religionskunde (L-E-R)" genannt wird. In Nordrhein-Westfalen, wo zurzeit die allgemeine Einführung durch einen Schulversuch in etwa 260 Schulen vorbereitet wird, heißt das Fach „Praktische Philosophie" und erweitert damit die Reihe der unterschiedlichen Benennungen.

Eine solche Variation von Fachbezeichnungen gibt zu Fragen Anlass. Verbinden die einzelnen Bundesländer mit den wechselnden Bezeichnungen je eigene Vorstellungen über den Gegenstand, die Ziele und Inhalte des Faches? Oder befindet sich dieses Fach noch auf der „Suche nach seiner Identität", wie es in der Überschrift einer Abhandlung heißt? (Vgl. Veraart 1995, 136ff.)

Für die Mehrzahl von Namen für ein und dasselbe Fachgebiet gibt es einen Parallelfall. In den 70er Jahren wurde für das Fach „Sozialkunde" in Hessen die Bezeichnung „Gesellschaftslehre" gewählt und Jahre später, nach heftigen politischen Auseinandersetzungen, entschied sich Nordrhein-Westfalen für die Bezeichnung „Politikunterricht". Der jeweilige Name war Programm, d. h. durch die Namensgebung wurde eine spezifische didaktische Zielrichtung signalisiert. Im Fach Sozialkunde wurde ein enges Politikverständnis vertreten, das vornehmlich staatliche

1

Ordnungen zum Gegenstand hatte. Im Politikunterricht in Nordrhein-Westfalen war ein weiter Politikbegriff leitend, der unter der Devise „Demokratisierung der Gesellschaft" auch gesellschaftliches Handeln als politisches Handeln auslegte. Hessen betrachtete auch historische und geographische Fakten aus politischer Perspektive und führte die Fächer Geschichte, Erdkunde und Sozialkunde in einen integrierten „Lernbereich Gesellschaftslehre" zusammen.

Wenn wir davon ausgehen, dass die Namen für das neue Schulfach „Ethik" nicht zufällig oder willkürlich ausgewählt wurden, so dürfen wir annehmen, dass die unterschiedlichen Bezeichnungen auch hier ein unterschiedliches Verständnis des Fachs zum Ausdruck bringen wollen. Im Mittelpunkt unseres Interesses standen daher Bestandsaufnahme, Analyse und Kritik ausgewählter Konzepte für dieses Fach. Zur Diskussion wurden die älteste und die beiden jüngsten Konzeptionen ausgewählt, nämlich die Richtlinien und Lehrpläne der Bundesländer Bayern, Nordrhein-Westfalen und Brandenburg. Bayern hat bereits 1972 Ethik als Unterrichtsfach eingeführt, während sich dieses Fach in Nordrhein-Westfalen und Brandenburg noch in einem Versuchsstadium befindet. Das Land Brandenburg nimmt zudem noch eine Sonderstellung ein, da es nicht nur inhaltlich, sondern auch schulorganisatorisch einen eigenen Weg geht. Das neue Schulfach „Lebensgestaltung – Ethik – Religionskunde (L-E-R)" ist für alle Schüler obligatorisch, während der Religionsunterricht zwar an den Schulen weiter existiert, aber nur noch als fakultatives, von den Kirchen selbst zu organisierendes Angebot. Schüler, die am Religionsunterricht teilnehmen, können sich allerdings vom Ethikunterricht abmelden.

Die drei Modelle werden von Mitgliedern der jeweiligen staatlichen Landesinstitute vorgestellt. Bei diesem Kongress sollte nicht nur *über* didaktische Konzeptionen geredet, sondern *mit* jenen gesprochen werden, die an der Entwicklung und Implementation der Konzeption beteiligt sind. Jeder dieser Länderberichte wird durch ein kritisches Korreferat ergänzt, das von den Mitgliedern des Gesprächskreises übernommen wurde.

Darstellung, Analyse und Kritik der Unterrichtskonzeptionen orientieren sich an *didaktischen Kriterien*. Didaktik ist die Theorie bildenden Unterrichts. Kein Unterrichtsfach ist ein bloßes Abbild seiner Bezugswissenschaft in elementarisierter, dem sachstrukturellen Entwicklungsstand der Schüler lediglich angepasster Form, sondern die Transposition lebensweltlicher Erfahrung und wissenschaftlicher Erkenntnis in pädagogische Aufgaben. Wissenschaft ist Wahrheitskriterium, nicht aber schon Strukturprinzip des Unterrichts. So muss auch das Unterrichtsfach Ethik seinen pädagogischen Anspruch unter der regulativen Idee von Bildung rechtfertigen, eine Aufgabe, die sich auf alle Strukturelemente des Unterrichts bezieht: auf Gegenstände, Ziele, Inhalte wie Unterrichtsmethoden. Unter *Unterrichtsgegenstand* versteht man die erkenntnisleitende Fragestellung, das methodische Proprium des Faches. In den *Zielen* wird angegeben, in welcher Absicht ein solches Fach unterrichtet wird. *Inhalte* sind die Sachverhalte, an denen sich die erkenntniseinleitenden Fragestellungen aufweisen und die Ziele erreichen lassen. *Unterrichtsmethoden* schließlich beschreiben die Vermittlung bzw. den Erwerb von Inhalten im Unterricht.

Wer von *Ethik als Unterrichtsfach* spricht, macht daher wenigstens drei gewichtige Voraussetzungen, die in einem Curriculum einzulösen sind. Er unterstellt erstens die Auseinandersetzung mit ethischen Problemen der Idee der Bildung und muss daher Auskunft darüber geben, was er unter Ethik einerseits und unter Bildung andererseits versteht und wie er sich den Zusammenhang zwischen beiden vorstellt. Er geht zweitens davon aus, dass sich Ethik in Lehr-Lernprozessen thematisieren lässt und damit einen eigenen Unterrichtsgegenstand und eine entsprechende Unterrichtsmethode hat. Und drittens verortet er diese Lehr-Lernprozesse in der Institution Schule, deren Besuch für alle Kinder und Heranwachsenden verpflichtend ist und unter staatlicher Aufsicht steht. Damit stellen sich *bildungstheoretische, unterrichtstheoretische* und *institutionstheoretische* Fragen an jede Konzeption dieses Faches. In einführenden und begleitenden Referaten, an die sich jeweils Diskussionen anschließen, werden diese Fragen auf dem Kongress systematisch erörtert. Die dort gegebenen Antworten wurden als Kriterien verstanden, an denen die einzelnen Konzeptionen in ihrer pädagogischen Bedeutung zu messen sind.

Diese knappe Übersicht erlaubt nur eine Skizzierung von Problemstellungen und Argumentationen in allgemeiner Form. Den globalen Angaben hinzugefügt sei daher eine etwas differenzierter und genauer angelegte Kurzdarstellung der einzelnen Beiträge, die auch auf dort gefundene Antworten eingeht.

2. Im Anschluss an den Beitrag von Alfred K. Treml „Ethik als Unterrichtsfach in den verschiedenen Bundesländern" (1994, 18ff.) unterscheide ich vier didaktische Konzeptionen des Ethikunterrichts:

● *Moralerziehung* als Werterziehung und
● *Ethische Reflexion* als klärende Reflexion ethischer Grundsätze angesichts einer kontingenten Lebensbewältigungspraxis und
● *Lebenshilfe* als Selbstfindung des Individuums und Gestaltung seines Sozialverhaltens und
● *Praktische Philosophie* als kognitive Auseinandersetzung mit ethischen Systemen.

Wenn es auch nicht möglich ist, die vorgestellten didaktischen Modelle ausschließlich einer dieser Konzeptionen zuzuordnen, so sind doch unterschiedliche Schwerpunktsetzungen zu erkennen.

Dem bayerischen Modell des Ethikunterrichts eilt der Ruf voraus, dass hier eine „materiale Werteerziehung" realisiert werde und dass sie daher als Prototyp der ersten der von Treml unterschiedenen Konzeptionen zu gelten habe. Eine solche Interpretation beruft sich u. a. auf eine Bestimmung der bayerischen Landesverfassung, nach der „für Schüler, die nicht am Religionsunterricht teilnehmen, ein Unterricht über die allgemein anerkannten Grundsätze der Sittlichkeit einzurichten ist" (Bayerische Verfassung, Art. 137 [2]. Dieser Passus ist von Kritikern wiederholt so ausgelegt worden, als sei es Aufgabe des Ethikunterrichts in Bayern, die Schüler zur Kenntnis und Übernahme der in einer konkreten Gesellschaft anerkannten sittlichen Grundsätze zu führen. Ethikunterricht in Bayern werde als Moralunterricht verstanden, dem – so lautet der Vorwurf – ein vorgegebener Wert- und Normbestand zu Grunde liege, „dessen *uneingeschränkte Verbindlichkeit* das

nicht diskutierbare Axiom ist" (Treml, 1994, 26). Dem entspreche in unterrichtspraktischer Konsequenz eine „normative Didaktik" (ebd.).

Herbert Huber weist in seinem Beitrag „Was ist und wozu dient der Ethikunterricht?" ein solches Verständnis der Zielsetzung des Ethikunterrichts in Bayern zurück. Sittliche Erziehung führt nach Huber erst in dem Maße zur Bildung, in dem
sie zu einer reflektierten ethischen Urteilsbildung beiträgt. Die jungen Menschen
sollen im Ethikunterricht in die Lage versetzt werden, Werte selbstständig zu erkennen, sich über die philosophischen und religiösen Implikationen der Werter-
kenntnis Rechenschaft zu geben und zu eigenem und fremdem Verhalten kritisch
Stellung zu nehmen.

Um solchermaßen urteilsfähig zu werden, ist der Mensch nach Huber auf das
„Erfassen des Wertgehaltes der Wirklichkeit" angewiesen. Sittlichkeit könne nur
dann objektiv verpflichten, wenn das Sollen vom Sein ausgeht. Diese ontologische
Fundierung des sittlichen Anspruchs ist für Huber ein Implikat seines Geltungsanspruchs. „Verstehen" wird damit zur zentralen unterrichtsmethodischen Kategorie. „Werterziehung", so schreibt er an anderer Stelle, „muss die immer schon vor-
handene *Wahrnehmungsfähigkeit* des Kindes zu wahrer Aufmerksamkeit und höherer Feinheit der Empfindung anleiten" (1993, 96). Die fundamentale Methodik
des Ethikunterrichts besteht nach Huber daher im denkenden Bewusstmachen der
sittlichen Substanz, die der Mensch immer schon in sich trägt und die durch Begegnung und Erschließung der Wertgehalte von Natur und Kultur entfaltet wird.

In seiner Replik bestätigt Konrad Fees unter Verweis auf die bayerischen Richtlinien für den Ethikunterricht die Aussage Hubers, dass die Schüler zu werteinsichtigem Verhalten wie auch zu verantwortlichem Handeln im Ethikunterricht angeleitet werden sollen. Daher sei durch die Typologie einer „materialen Werteerziehung" nicht die ganze Aufgabe des Ethikunterrichts in Bayern beschrieben. Gleichwohl blieben Fragen offen. Die Bestimmung des Gegenstandes und der Methoden
im Ethikunterricht bei Huber sei an eine bestimmte Ontologie und Erkenntnistheorie gebunden. Seine Konzeption gründe auf der metaphysischen Vorstellung „einer
in sich geordneten Welt" (1996, 125), die im Bildungsprozess vom Schüler erkannt
und anerkannt werden soll. Gestehe man zu, dass auch andere Auffassungen von
der Erkennbarkeit der Welt und der Begründbarkeit sittlicher Normen möglich sei-
en, stelle sich die Frage nach dem Gegenstand eines eigenständigen Unterrichtsfaches Ethik und seiner Unterrichtsmethoden neu.

Auch Jürgen Rekus fragt nach der Geltung der Legitimationsgründe für das fa-
vorisierte Schulfach „Ethik". Einen solchen Geltungsanspruch kann nach Rekus
der Ethikunterricht nur dann erheben, wenn er das Verstehen von Welt, hier unter
dem Aspekt der sittlich geordneten Welt, fördert und eigene (sittliche) Handlungs-
entscheidungen ermöglicht. Problematisch werde es aber dann, wenn bestimmte, in
Kultur und Geschichte erkennbare Ordnungen schon für Sittlichkeit selbst gehalten oder als solche ausgewiesen würden. Dann würde ein bestimmtes *Verhalten*
eingefordert, das nicht mehr als selbstbestimmtes *Handeln* gelten könne. Die Begründung des Ethikunterrichts in Bayern erscheine nur für den gerechtfertigt, der
die Auffassung teile, dass das Sollen vom Sein ausgeht und die sittlichen Grund-

sätze nicht das Ergebnis von Urteilen, sondern Qualitäten des Seins seien; also nicht beschlossen, sondern entdeckt würden.

Als Verwirklichung der zweiten von Treml skizzierten Konzeption des Ethikunterrichts: „Klärende Reflexion ethischer Grundsätze angesichts einer kontingenten Lebensbewältigungspraxis" versteht sich am ehesten das Fach „Praktische Philosophie" in Nordrhein-Westfalen. Der Name ist mehrdeutig und lässt unterschiedliche Auslegungen zu. Zum einen kann er als kognitive Auseinandersetzung mit ethischen Systemen und damit als Philosophieunterricht, zum anderen als philosophische Erörterung alltags- und lebenspraktischer Wert- und Normfragen verstanden werden. Der Ethikunterricht in Nordrhein-Westfalen versteht sich aber ausdrücklich nicht als Philosophieunterricht, sondern als Diskussion handlungsbedeutsamer Orientierungsmuster, die im konkreten Zusammenleben von Individuen und Gruppen auf der Ebene gemeinsam geteilter Werte eine Rolle spielen. „Praktische Philosophie" ist nach Heinz Schirp der Versuch, die Erfahrungswelt der Schülerinnen und Schüler, ihre eigenen Deutungs- und Reflexionsmuster, ihre Zugänge zu Wertfragen in den Mittelpunkt der Arbeit in der Schule und des Lerngeschehens vor Ort zu stellen.

Als Ziel des Unterrichts in diesem Fach benennt er in seinem Beitrag „Praktische Philosophie in Nordrhein-Westfalen – Curriculare Strukturen und didaktische Regulative des Faches" die Umsetzung der folgenden drei Leitideen:

● Förderung von Urteilsfähigkeit, um tragfähige Orientierungsmuster für das eigene Leben entwickeln zu können,

● Auseinandersetzung mit konkurrierenden Wertvorstellungen, um eigene Standpunkte gewinnen und begründen zu können, und

● Beschäftigung mit wertstiftenden Ideen und ihren Wirkungen, um die Entwicklung von Wertvorstellungen und ihre Bedeutung für die eigene Wirklichkeit besser verstehen zu können.

Wie der Religionsunterricht, so soll auch das Fach Praktische Philosophie zur systematischen und zusammenhängenden Behandlung von Sinn- und Wertfragen beitragen. Während dies im Religionsunterricht auf der Grundlage der christlichen Bekenntnisse geschehe, so solle das Fach Praktische Philosophie als Äquivalent zum Religionsunterricht Vergleichbares in der Werteerziehung leisten, aber eben in religions- und weltanschauungsneutraler Form.

Volker Ladenthin und Gabriele Schulp-Hirsch halten das Kerncurriculum unter den Aspekten der „Förderung der Urteilsfähigkeit als Ziel des Ethikunterrichts" und der Thematisierung der Sinnebene als Legitimation von Wertentscheidungen für besonders zustimmungsfähig. Gleichwohl stellen sie bei ihrer Analyse des Kerncurriculums Praktische Philosophie des Landes Nordrhein-Westfalen Defizite in der Ziel-, Gegenstands- und Inhaltslegitimation sowie der Methodenkonzeption und dem institutionellen Rahmen des Curriculums fest. Das Fachziel werde mit dem Bildungsziel verwechselt; das, was Bildung insgesamt leisten soll, werde einem Fach als Aufgabe zugemutet. Das Kerncurriculum verwechsele zudem menschliche Gesamtpraxis mit der praktischen Frage. Unter dem Etikett „Praktische Philosophie" würden schließlich Inhalte, die von den Fächern viel besser verwaltet werden können, thematisiert. In Bezug auf die Methoden herrsche Unklarheit über das Verhältnis von Gefühl und Verstand. Durch die Öffnung des institutionellen Rahmens schließlich maße sich der geplante Unterricht ein Entscheidungsrecht an, das dem einzelnen Schüler allein vorbehalten sei.

Dem dritten der von Treml unterschiedenen Modelle des Ethikunterrichts („*Lebenshilfe* als Selbstfindung des Individuums und Gestaltung seines Sozialverhaltens") entspricht am ehesten das Fach „Lebensgestaltung – Ethik – Religionskunde" (L-E-R) in Brandenburg. Entstanden im Zusammenhang mit den politischen und sozio-kulturellen Umbrüchen am Ende der DDR soll der Unterricht praktische Lebenshilfe leisten, indem er die situativen und existentiellen Lebensprobleme der Schüler aufgreift und Anstöße zur Lebensbewältigung bietet. Mit diesem Anspruch zielt ein solcher Ansatz am stärksten von den drei vorgestellten Modellen auf den Bereich sittlichen *Handelns*. Christian Lange spricht von einem durchaus neuartigen Ansatz. Schon die Wahl des Namens weise darauf hin, dass L-E-R *auch* Ethikunterricht, aber zugleich *mehr* als Ethikunterricht sein will. Gegenstand des Faches sind nach Lange persönlich und gesellschaftlich vermittelte Aufgaben, Themen, Fragen und Probleme der Lebensgestaltung des Menschen, die unter wechselnden Perspektiven betrachtet und erörtert werden sollen. Ethik wird dabei als *eine von drei Dimensionen* des Faches verstanden, von denen *eine zweite* Lebensgestaltung und *eine dritte* Religionskunde genannt wird.

Bei dieser Differenzierung stellt sich einerseits die Frage nach dem Kriterium einer solchen „Dimensionierung" und andererseits nach dem Nachweis der Zusammengehörigkeit der Fragestellungen. Für Lange sollen in der Dimension „Lebensgestaltung" grundlegende anthropologische Gegebenheiten bearbeitet, in der Dimension „Ethik" „notwendig damit verbundene ethisch-moralische Implikationen" und in der Dimension „Religionskunde" „Sinn- und Wertsetzungen, wie sie sich in Religionen und Weltanschauungen manifestieren" berücksichtigt und bearbeitet werden. Zugleich weist Lange nachdrücklich darauf hin, dass sich L-E-R nicht als Alternative zum Religionsunterricht versteht, was dann aber nach den sonstigen Gründen des Verzichts auf Religion als ordentliches Unterrichtsfach in Brandenburg fragen lässt.

Eine Auseinandersetzung mit diesem Fach ist dadurch erschwert, dass Lange L-E-R als ein Fach im „status nascendi" beschreibt und lediglich die Richtung für geplante Veränderungen angibt. In seiner kritischen Analyse des Faches L-E-R orientiert sich Reinhard Schilmöller daher an den für das Fach gegenwärtig geltenden „Unterrichtsvorgaben" und bezieht sich dabei auf den Anspruch des Faches, Werteerziehung zu leisten. Seine Untersuchung ergibt, dass die Konzeption des Faches so neuartig, wie behauptet, nicht ist, sondern durchaus Vorläufer hat. Mit der angestrebten „Ganzheitlichkeit" folge L-E-R einem"vormodernen" Unterrichtsverständnis, werde dem selbstgesetzten Anspruch mit seiner in Lernfelder gegliederten Inhaltsstruktur aber keineswegs gerecht. Ethik, so die Feststellung Schilmöllers, werde im Fach L-E-R soziologisch interpretiert, so dass die angestrebte „ethische Kompetenz" sich auf das Kennen und Anerkennen der gesellschaftlich geltenden und kodifizierten Werte beschränke. Erreicht werden solle diese Kompetenz auf einem Wege, der als „Sozialisation" zu kennzeichnen sei, Bildung als Selbstbestimmung mithin verfehle.

Die vierte der von Treml genannten Konzeptionen ist von keinem der angesprochenen Modelle rein übernommen worden. Wohl aber taucht die „Auseinandersetzung mit ethischen Systemen" in allen drei Curricula als Teilziel auf.

3. Eine pädagogische Bewertung von Curricula setzt begründete Kriterien voraus, die nicht allein aus dem gesellschaftlich Notwendigen oder politisch Wünschbaren abgeleitet werden, sondern ihre Rechtfertigung in den Aufgaben und Grenzen schulischer Bildung finden. Die in die Curriculumanalysen einführenden und sie begleitenden Referate suchen solche Kriterien in *bildungstheoretischen, unterrichtstheoretischen* und *schultheoretischen* Überlegungen zu bestimmen.

Karl Gerhard Pöppel beschreibt die Bildungsaufgabe des schulischen Unterrichts im Begriff des „Erziehenden Unterrichts". Er stellt damit den Anschluss an Überlegungen her, wie sie auf dem Kongress „Moralische Erziehung im Fachunterricht" (vgl. Regenbrecht/Pöppel 1990) formuliert wurden. Spezielles Ziel des „Erziehenden Unterrichts" ist danach die *Werturteilsfähigkeit* des Schülers. Im Prozess des Wertens fragt der Schüler nach der Bedeutung der gewonnenen Erkenntnisse für sein Handeln. Das Werturteil verbindet den Unterricht mit der Erziehung in der Schule und macht so den Lernprozess zu einem Bildungsprozess. Durch den Akt des Wertens – so Pöppel – überwindet der Schüler die „didaktische Differenz" und stellt die Einheit von Wissen und Haltung her, weil es im „Erziehenden Unterricht" nicht mehr nur um „theoretische Gegenstandserkenntnis", sondern um den Umgang mit ihr, um ihren „Verwertungshorizont" gehe.

Bei der Analyse des Wertungsprozesses unterscheidet Pöppel im Anschluss an William K. Frankena außermoralische von moralischen Werten. Das Kriterium außermoralischer Werte (Güter) ist das gute, das gelingende Leben; das Kriterium moralischer Werte (Normen) ihre Verallgemeinerbarkeit. Beide zusammen erst bilden sie die Grundlage für ein moralisches Urteil.

In der Zusammengehörigkeit von Sachlichkeit und Sittlichkeit in der moralischen Erziehung sind für Pöppel nun zugleich Probleme für ein Unterrichtsfach „Ethik" gegeben. Die Verselbstständigung der Erziehungsaufgabe in einem eigenen Unterrichtsfach gebe die notwendige Verbindung von differenzierter Wissensorientierung und fächerübergreifender Wertorientierung und damit die Grundlage für ein moralisches Urteil preis. Wenn jeder bildende Unterricht zugleich moralisch erziehe, dann stelle sich die Frage, ob ein eigenes Unterrichtsfach notwendig sei. Pöppel fordert daher die Verfechter eines eigenständigen Unterrichtsfaches Ethik auf, den besonderen Beitrag des neu eingeführten Faches im Ganzen des Bildungsauftrages aller Fächer zu definieren.

Aloysius Regenbrecht nimmt diese Fragen in seinem Beitrag „Ethikunterricht als Aufgabe der Schule" auf. In der Auseinandersetzung mit Argumenten der Gegner der Einführung eines besonderen Unterrichtsfaches „Ethik" sucht er *Gegenstand, Ziele, Inhalte und Methoden des Unterrichtsfaches Ethik* zu bestimmen und damit Kriterien zu entwickeln, an denen die vorgestellten Unterrichtskonzeptionen gemessen werden können.

Spezifischer Gegenstand des Ethikunterrichts ist nach Regenbrecht die *„Aufklä-rung über den Standpunkt der Moral aus Anlass von Erfahrungen",* das Ziel die *„Förderung der moralischen Urteilsfähigkeit".* Kriterien für die Auswahl der Inhalte und Methoden des Ethikunterrichts gewinnt er aus einer Analyse der Struktur des moralischen Urteils. Die Inhaltsauswahl sei in der Tat auf das Vorwissen der Schü-ler aus eigener und fremder Erfahrung begrenzt; die Reflexion des Gegenstandes aber reiche weit über die Möglichkeiten eines „Erziehenden Unterrichts" bisheriger Schulfächer hinaus und bilde zusammen mit dem Religionsunterricht die Voraus-setzungen dafür, dass Schüler Werturteile begründet fällen können.

Zugleich fragt Regenbrecht aber auch nach den Grenzen moralischer Erziehung im Ethikunterricht, die einmal in der Differenz zwischen Urteil und Handlung lie-gen und zum anderen durch den institutionellen Charakter der Schule gegeben sind. In der Institution Schule könne es nicht darum gehen, sittliches Verhalten einzuüben, da moralische Handlungen stets situationsgebunden und individuell zu verantworten seien. Es komme vielmehr darauf an, die Schüler zu befähigen, eige-ne Problemlagen durch Wertentscheidungen unter universell gültigem Anspruch moralisch zu beurteilen. Ziel eines solchen Unterrichts sei die Förderung der ethi-schen Urteilsbildung bzw. die ethische Kompetenz, nicht die Sittlichkeit selbst, wie Regenbrecht im Anschluss an Otfried Höffe (vgl. 1994, 27) formuliert.

Ethikunterricht, so stellt Regenbrecht fest, sei daher nur ein *Teil* der sittlichen Erziehung, die auch im *außerunterrichtlichen Schulleben* und vor allem *im Leben selbst* stattfinde. „Schulleben" und „Schule des Lebens" seien nicht gleichzusetzen. Schule als Handlungsraum verbleibe bei allen Rechten zur Mitwirkung der Schüler unter der Verantwortung des Lehrers; selbstständige Entscheidung und sittliche Bewährung im moralischen Handeln fordere erst das Leben selbst. Die Grenze des Unterrichts, so Regenbrechts These im Anschluss an Dietrich Benner (1989, 54), sei der Gedankenkreis, der sich unterrichtlich erweitern, nicht aber unterricht-lich ins Handeln überführen lasse.

Eben dieses fordert Fritz Oser in seinem Beitrag über „Triforische Moralerzie-hung". Moralische Erziehung, so seine These, sei mehr als nur ein Nachdenken über moralisch-antagonistische Situationen. Das Räsonieren im Unterricht stimu-liere zwar das moralische Urteil, stelle aber nur eine Vorbedingung für moralisches Handeln dar. So weit stimmen Oser und Regenbrecht überein. Im Anspruch über Regenbrecht hinausgehend stellt Oser aber eine Theorie moralischer Erziehung in der Schule vor, in der unterschiedliche didaktische Theorien integriert werden, um unterschiedliche Ziele gleichzeitig und bewusst differenziell zu erreichen und ent-sprechendes Lernen zu stimulieren. Das, was Regenbrecht in der Begrenzung des Kongressthemas auf moralische Erziehung in einem *Unterrichtsfach* „Ethik" be-wusst ausgespart hat, macht Oser ausdrücklich zu seinem Thema. Insofern ist sein Beitrag eine Erweiterung und zugleich eine Bereicherung der Fragestellung.

Als zentrale Ziele nennt Oser moralische Überzeugungen, die Entwicklung mo-ralischer Urteilsfähigkeit *und* moralisches Handeln. In Analogie zu einem Merkmal gotischer Architektur bezeichnet er seine umfassende Theorie als „triforisch", weil die genannten Kerne moralischer Erziehung sich in ihrer Vernetzung tragen und stützen sollen und allererst einander zur Geltung bringen. Mit dieser Forderung nach der Verbindung von moralischem Urteil und moralischem Handeln in der Schule wirft Oser erneut die Frage nach dem Bildungsauftrag der Schule und damit nach den Möglichkeiten und Grenzen schulischer Erziehung auf. Bei der weiteren Erörterung solcher Fragen werden die empirischen Ergebnisse von Schulversuchen, die auch in Nordrhein-Westfalen mit so genannten Just-Community-Schulen durchgeführt wurden, einzubeziehen sein (vgl. Dickopp 1991, Kultusministerium 1994).

Aus institutioneller Perspektive nehmen Gottfried Leder und Joachim Dikow zum Ethikunterricht Stellung. Unter dem Thema „Ethik- und Religionsunterricht in einem pluralen Staat – Recht und Grenzen staatlicher Einflussnahme" fragen sie nach den Aufgaben und Grenzen staatlicher Vorgaben für einen Ethik- bzw. Religionsunterricht in der Schule. Die Eigenstruktur demokratischer Prozesse ist definiert durch Mehrheitsentscheidungen parlamentarischer Gremien zur Bewältigung gemeinsamer gesellschaftlicher Aufgaben, die Eigenstruktur pädagogischer Prozesse durch die Aufforderung zu Selbstbestimmung und Eigenverantwortlichkeit der Schüler bei der Bewältigung ihres Lebens in dieser Gesellschaft. Sind Mehrheitsentscheidungen und Selbstbestimmungsrecht miteinander vereinbar? Oder anders gefragt: Muss nicht jeder Versuch, durch staatliche Richtlinien Ziele und Inhalte des Ethikunterrichts zu bestimmen, notwendig an der Standortgebundenheit jeder sittlichen Entscheidung scheitern? Kann ein wertgebundener, aber weltanschaulich neutraler Staat überhaupt ein Curriculum für den Ethikunterricht als verbindliche Vorschrift erlassen? Während Leder dieses Problem aus verfassungsrechtlicher und politikwissenschaftlicher Perspektive untersucht, nimmt Dikow vornehmlich aus erziehungswissenschaftlicher Sicht dazu Stellung.

Nach dem Grundgesetz der Bundesrepublik hat der Religionsunterricht den Status eines ordentlichen Lehrfaches. Damit steht er einerseits wie alle anderen Schulfächer unter der Aufsicht des Staates, soll aber andererseits nach den Grundsätzen der Religionsgemeinschaften ausgerichtet und gestaltet werden. Ein Zusammenhang mit dem schulischen Ethikunterricht ist insofern gegeben, als dieser in der großen Mehrzahl der Bundesländer als so genanntes „Ersatzfach" für alle Schüler vorgeschrieben ist, die nicht am Religionsunterricht teilnehmen. Keiner der vorgelegten Entwürfe für das „Unterrichtsfach Ethik" verzichtet aber darauf, auf die Bedeutung der Wert- und Normvorstellungen von Religionsgemeinschaften und Weltanschauungsgruppen hinzuweisen. Dabei stellt sich die Frage, welche Bedeutung dabei der religiösen bzw. weltanschaulichen Perspektive bei der Entscheidung über sittliche Normen zugewiesen wird. Gibt es eine „Ethik ohne Religion"? Diese Frage lässt auch die Umkehrung zu: Gibt es eine „Religion ohne Ethik"? Wenn aber Moralerziehung sowohl in einem Schulfach „Ethik" als auch in einem Schulfach „Religion" stattfinden soll, kann es sich dann um zwei unterschiedliche „Moralen" handeln, wenn beide unter dem Anspruch des sittlich Richtigen stehen? Reinhard Schilmöller geht diesen Fragen in doppelter Richtung nach. Einmal fragt er nach der Bedeutung von Religion in einem Fach Ethik, das schulorganisatorisch ausdrücklich als „Ersatz" für den Religionsunterricht angeboten wird, zum anderen nach dem Eigenrecht einer Moralerziehung im Religionsunterricht, der sein Selbstverständnis gerade nicht oder wenigstens nicht allein aus seinem Beitrag zur sittlichen Erziehung gewinnt. „Religion im Ethikunterricht – Ethik im Religionsunterricht" lautet das spannungsreiche Thema seines Vortrags.

Schilmöller versucht aufzuzeigen, dass die Ethik bei der Bestimmung dessen, was die Moralität des Handelns ausmacht, ohne inhaltliche Vorstellungen vom Gelingen menschlichen Lebens nicht auskommt und dass diese Vorstellungen ihrerseits wiederum von weltanschaulichen Prämissen abhängen, so dass Ethik letztlich auf Religion und Weltanschauung angewiesen ist. Als Konsequenz für die Werteerziehung im Ethikunterricht wie im Religionsunterricht lässt sich daraus ableiten, dass man bei der Bestimmung des moralisch „Guten" hier wie dort immer auch vor der Frage nach dem Gelingen menschlicher Existenz, der religiösen Frage also, steht und entsprechend vor der Aufgabe, den Schülern eine eigene Sinnantwort zu ermöglichen. Über eine solche Möglichkeit, so versucht Schilmöller zu zeigen, verfüge der Ethikunterricht aber nicht. Er könne sich auch den Geltungsanspruch einer bestimmten Religion nicht zu eigen machen, über Religionen daher zwar wohl informieren, zur persönlichen Sinnfindung aber nicht hinführen. Weil sie das „Gute" inhaltlich nicht zu bestimmen vermöge, bleibe die im Ethikunterricht vermittelte Ethik letztlich fragmentarisch und auf den Religionsunterricht verwiesen. Dieser stelle die ethische Frage immer in den Zusammenhang einer Mensch und Welt umfassenden Sinndeutung und könne von daher das „Gute" bestimmen, zudem den Geltungsanspruch der zugrundeliegenden Sinnantwort glaubhaft vertreten und den Schülern (bei prinzipieller „Ergebnisoffenheit") die Möglichkeit einer eigenen Sinnoption ermöglichen. Das eben könne der Ethikunterricht nicht und daher den Religionsunterricht auch nicht vollständig ersetzen.

Den Abschluss bildet eine Besinnung auf die gemeinsamen Aufgaben aller didaktischer Modelle, die für den Ethikunterricht entworfen werden. Unbeschadet möglicher Begrenzungen und Einseitigkeiten sind alle Entwürfe darauf verpflichtet, gemeinsames Handeln in einer pluralistischen Gesellschaft zu ermöglichen. Mögliche Gemeinsamkeiten zu entwickeln und bleibende Unterschiede zu respektieren, so stellt Aloysius Regenbrecht in seinem Schlusswort zum Thema „Ethikunterricht in einer pluralistischen Demokratie" fest, sei selbst ein moralisches Gebot in unserer Gesellschaft.

4. Referate wie Diskussionsbeiträge weisen nur partiell einen Konsens auf; Antworten auf zentrale Fragen blieben auf dem Kongress weiterhin strittig. Eine generelle Übereinstimmung war aber weder angestrebt noch zu erwarten: Zum einen wurden gerade jene didaktischen Konzeptionen zur Diskussion gestellt, die sich am meisten voneinander unterscheiden, und zum anderen befindet sich das Fach Ethik in der Tat noch *auf der Suche nach seiner Identität,* wie sich an den unterschiedlichen Vorstellungen ablesen lässt.

Der Vollständigkeit halber sei darauf hingewiesen, dass zwei wichtige Problembereiche – schon aus Zeitgründen – auf diesem Kongress nicht berücksichtigt werden konnten. Der eine betrifft die außerunterrichtlichen Veranstaltungen der Schule, der andere die Zusammenführung von Ethik- und Religionsunterricht zu einer

Fächergruppe. Die Fragestellung war auf das „Unterrichtsfach Ethik" begrenzt; außerunterrichtliche Veranstaltungen bzw. die Schulklasse als „Just-Community" waren unbeschadet ihrer möglichen Bedeutung für den Beitrag der Schule zur moralischen Erziehung *nicht* Gegenstand der Erörterung auf dieser Tagung. Ebenso konnten die Vorschläge für eine engere Zusammenarbeit der Fächer Religion und Ethik hier nicht weiter verfolgt werden, wie sie vor allem durch die Denkschrift „Identität und Verständigung" der Evangelischen Kirche Deutschlands ins Gespräch gebracht wurden. Die theologischen, pädagogischen, soziologischen, rechtlichen und schulorganisatorischen Voraussetzungen und Folgen einer solchen Entwicklung sind zu komplex, als dass sie quasi im Vorübergehen mit erledigt werden könnten. Diese Diskussion muss späteren Überlegungen vorbehalten werden. In den mir bekannt gewordenen Vorschlägen wird aber stets davon ausgegangen, dass der Begriff einer Fächergruppe nicht eine Vermengung der verschiedenen Fächer bedeutet, sondern intensivere Zusammenarbeit bei klarer eigener Profilierung. Über eine solche Profilierung des Ethikunterrichts in der Schule sollte auf diesem Kongress nachgedacht werden.

5. Es bleibt mir zum Schluss all denen zu danken, ohne deren Mithilfe dieser Kongressbericht nicht hätte erstellt werden können: Herrn Meinolf Peters für die Arbeit der Erstkorrektur, Frau Ute Bär für die Transkription der Diskussionen und Herrn Rüdiger Kemper und Frau Cornelia Kühle für Korrektur und Angleichung der Manuskripte und die damit verbundenen Computerarbeiten.

Literatur

Benner, Dietrich: Auf dem Weg zur Öffnung von Schule und Unterricht. In: Die Grundschule. 27. Jg. (1989), S. 46–55.
Dickopp, Karl-Heinz: Demokratie und Moral – ein Widerspruch? Der Ansatz Kohlbergs im „Experimentierfeld" Schule. Bericht des Vorsitzenden des Beirates für das Projekt „Demokratie und Schule" an das Ministerium für Schule und Weiterbildung des Landes Nordrhein-Westfalen, Fernuniversität Hagen 1991, 191 Seiten (unveröff. Manuskriptdruck).
Höffe, Otfried: Ethikunterricht in einer pluralistischen Demokratie. In: Treml, Alfred K. (Hg.): Ethik macht Schule! edition ethik kontrovers 2. Frankfurt/M. 1994, S. 30–35.
Huber, Herbert: Was ist Werteerziehung? In: Ders. (Hg.): Sittliche Bildung. Ethik in Erziehung und Unterricht. Asendorf 1993.
Kultusministerium des Landes Nordrhein-Westfalen: Antwort der Landesregierung auf die Kleine Anfrage 2391 zum Modellversuch „Schule und Werteerziehung". Drucksache 11/6767 vom 25. 2. 1994.
Regenbrecht, Aloysius/Pöppel Karl Gerhard (Hg): Moralische Erziehung im Fachunterricht. Münster 1990, 2 Bde.
Treml, Alfred K.: Ethik als Unterrichtsfach in verschiedenen Bundesländern. In: Ders. (Hg.): Ethik macht Schule! edition ethik kontrovers 2. Frankfurt/M. 1994. S. 18–29.
Veraart, Heinz-Albert: Ethik – ein Schul- und Studienfach auf der Suche nach seiner Identität. In: Zeitschrift für Didaktik der Philosophie, 17 (1995), S. 136–144.

Karl Gerhard Pöppel

Erziehender Unterricht und sein Verhältnis zum Ethikunterricht

Der eine oder andere wird sich vielleicht gewundert haben, dass der erste Beitrag zu diesem Gespräch nicht dem Ethikunterricht gilt, sondern dem erziehenden Unterricht. Die Beziehung zum Ethikunterricht ist zwar im Thema ausdrücklich genannt; aber dessen ungeachtet liegt das Schwergewicht meines Vortrags doch auf der Frage nach dem erziehenden Unterricht.

Dieser Frage ist der Münstersche Gesprächskreis bereits einmal nachgegangen, wenngleich unter einer anderen Überschrift. Im Jahre 1989 lautete das Thema des 7. Münsterschen Gesprächs „Moralische Erziehung im Fachunterricht"; die Beiträge dazu – die grundlegenden Vorträge und die vielfältigen Unterrichtsbeispiele – sind in zwei Bänden dokumentiert (vgl. Regenbrecht/Pöppel 1990).

Einerseits greift mein heutiger Vortrag auf die Grundzüge des erziehenden Unterrichts zurück, wie ich sie damals in schulpädagogischer Absicht entfaltet habe (vgl. Pöppel 1990, 27ff.). Sie sind in einer These zusammenzufassen, die etwa so lauten könnte:

Unterricht und Erziehung müssen heute in jedem Fachunterricht, also auch im Ethikunterricht, in einer besonderen Weise verbunden werden, wenn er einen Beitrag zur Bildung der Schülerinnen und Schüler leisten soll. Diese besondere Verbindung von Unterricht und Erziehung meinen wir, wenn wir vom *erziehenden Unterricht* sprechen.

Andererseits besteht die neue Herausforderung darin, die Rede vom erziehenden Unterricht ausdrücklich mit der Frage nach dem Recht und den spezifischen Problemen eines eigenen Faches Ethik zu konfrontieren, das sich in erstaunlich kurzer Zeit in allen Bundesländern durchgesetzt hat – wenn auch mit unterschiedlichen Benennungen.

In Anlehnung an die eben genannte These führt uns die Frage nach der Beziehung zwischen erziehendem Unterricht und Ethikunterricht zu einer ersten, negativen Abgrenzung. Wenn sich nämlich diese These rechtfertigen lässt, dann ist die Vorstellung nicht haltbar, in Ergänzung zu den anderen Schulfächern sei heute aus Gründen der Erziehung ein eigenständiger Ethikunterricht notwendig; er sei in Ergänzung zu den anderen „Wissens"-Fächern der eigentliche „Erziehungsunterricht"; er leiste das, was die anderen Fächer nicht leisten oder nicht leisten können, nämlich Werthaltungen und normative Überzeugungen zu vermitteln; er sei der geeignete Ort, die Schülerinnen und Schüler „mores zu lehren", was doch angesichts der immer wieder beschworenen Lebensumstände – der Orientierungslosigkeit, des Traditionsabbruchs, des moralischen Pluralismus, der steigenden Gewaltbereitschaft und Kriminalität usw. – bitter notwendig sei. Diese Sinngebung des

Ethikunterrichts und seine Abtrennung von den anderen Schulfächern findet also aus der Perspektive des erziehenden Unterrichts keinen Beifall. *Der Ethikunterricht kann an und für sich genommen noch keineswegs in Anspruch nehmen, als erziehender Unterricht zu gelten; auch er muss sich den Kriterien des erziehenden Unterrichts unterstellen, um diesen Anspruch einzulösen.*

Ich will im Folgenden den erziehenden Unterricht in fünf Punkten vorstellen. Dabei werde ich, so gut es geht, die Beziehung zum Ethikunterricht wie einen roten Faden in diese Punkte einbeziehen. Im letzten Punkt wende ich mich dann ausdrücklich dem Ethikunterricht und seiner Beziehung zum erziehenden Unterricht zu.

1. Werturteilsfähigkeit als spezifisches Ziel des erziehenden Unterrichts

Wir wissen, dass Unterricht und Erziehung in der Praxis eine Einheit bilden. Diese Einheit erscheint zwar in ihrem Vollzug bei jedem Schüler und jeder Schülerin in individueller Güte und Wertigkeit. Zu trennen ist das gegenständliche Lernen von der Haltung, in der es geschieht, aber nicht. Immer ist das aufgabengebundene Lernen unzertrennlich verbunden mit persönlicher Zuwendung und Hingabe, wie auch umgekehrt die Einstellung zum Lernen nicht ohne ihre Beziehung zu den Aufgaben des Unterrichts vollzogen wird. Umfassender Bezugspunkt dieser Einheit von Unterricht und Erziehung, die wir mit Bildung bezeichnen können, ist der gültige Vollzug des Lebens in seinen vielfältigen Relationen.

Wenn das stimmt, was soll dann die Rede vom erziehenden Unterricht? Wo steckt das Besondere, das mit diesem Begriff zum Ausdruck gebracht werden soll? Worin besteht seine Eigenart?

Unterricht, so sagen wir, dient der Vermittlung und dem Erwerb von *Wissen:* von fachlich gegliederten Erkenntnissen, von Einsichten in gegenständliche Zusammenhänge, von sachgebundenen Urteilen, von der Gestaltung ästhetischer und technischer Aufgaben, von methodisch differenziertem Können. Von Erziehung reden wir, wenn es um die Führung zu Anschauungen und Einstellungen, um Motivation, um Entscheidungsfähigkeit und -bereitschaft, um die *Haltung* von Schülerinnen und Schülern geht. Offensichtlich ist der Zusammenhang von Wissen und Haltung, von Unterricht und Erziehung, nicht nur eine Gegebenheit, sondern zugleich eine Aufgabe. Die Frage lautet dann: Wie bringt man beides zusammen: richtiges Wissen und gute Haltung? Besser: Wie können wir Schülerinnen und Schüler dazu bewegen, *im Unterricht* und mit seiner Hilfe eine Brücke zu schaffen zwischen ihrem Wissen und ihrer Haltung, zwischen Einsicht und Einstellung? Unter welchen Bedingungen leistet der Unterricht einen kontinuierlichen Beitrag zu zukünftig besseren, die Haltung und das Handeln „richtenden" Voraussetzungen? Vor dieser Frage steht offenbar jeder Fachunterricht, also auch der Ethikunterricht, wenn er ein bildendes Lernen intendiert und letzten Endes ein gelingendes Leben vorbereiten will.

Schülerinnen und Schüler betreten diese Brücke, wenn sie an das zu Lernende bzw. Gelernte die Frage nach dessen persönlicher Bedeutsamkeit richten, wenn sie also die Aufgaben des Unterrichts mit ihren Erfahrungen verbinden, wenn sie fachübersteigende Aspekte und Fragen aufspüren, die aus der Perspektive der fachlichen Lösung der Aufgaben „abwegig" erscheinen, aber für die persönliche Klärung der Aufgaben für sie notwendig sind, wenn sie versuchen, ihr Wissen und Können in seinem Wert für den Umgang mit eben diesem Wissen und Können einzuschätzen und zu beurteilen. In diesen Prozess fügen sie dem inhaltlich zu Lernenden und Geleisteten nichts Neues hinzu. Sie nehmen es vielmehr zum Anlass, ihre Aufgaben und Leistungen zu reflektieren, das heißt, so auf sich selbst zu beziehen, dass sie eine neue Erkenntnisqualität gewinnen.

Diesen Prozess nennen wir *Werten* und sein Ergebnis bezeichnen wir als *Wert* im Sinne eines persönlichen, subjektiven und individuellen Urteils.

Wir alle wissen aus Erfahrung, dass junge Menschen diese Frage nach der Bedeutsamkeit ihrer Aufgaben und ihrer Einsichten immer wieder stellen. Wir wissen auch, dass diese Frage nach der Bedeutsamkeit sachlicher Gegebenheiten, zumindest gelegentlich, im Unterricht auftaucht.

Das Besondere des erziehenden Unterrichts liegt darin, dass die Aufgabe, nach der verhaltensleitenden und haltungsbestimmenden Kehrseite des Wissens zu fragen, nicht nur zum zufälligen, sondern zum ausdrücklichen und kontinuierlichen Ziel dieses Unterricht erhoben wird. Zum ausdrücklichen: Deshalb hat dieses Ziel einen selektierenden Einfluss auf die inhaltlich-didaktische Seite des Unterrichts, d. h. auf die möglichst gute Verbindung von fachlicher Angemessenheit und persönlicher Nähe; zum kontinuierlichen: Deshalb hat dieses Ziel einen profilierenden Einfluss auf die methodische Gestaltung des Unterrichts, insofern es sie in allen seinen Phasen mitbestimmt. „Der erziehende Unterricht zielt gerade darauf, dass Wissen haltungsbezogen und Haltung erkenntnisbezogen angeeignet wird" (Benner 1991, 234). Oder anders: Der erziehende Unterricht zielt auf das Wertenlernen als „Interferenzpunkt von Sachlichkeit und Sittlichkeit" – so hat Petzelt einmal diesen Prozess auf den Punkt gebracht.[1]

---

[1] Es muss deshalb überraschen, wenn Benner den „engen Erziehungsbegriff" Petzelts kritisiert, der sich nur auf „formale Ordnungstugenden" beziehe: „Wenn Petzelt als mögliche Äußerungen der Haltung des Zöglings Fleiß, Faulheit, Gleichgültigkeit und Sorglosigkeit nennt, so wird der Horizont der Selbstbetrachtung des Zöglings ungebührlich verengt, denn diese richtet sich nicht nur auf sein Possessivverhältnis zu den unterrichtlichen Gegenständen nach Maßgabe unterrichtlicher Leistungsanforderungen, sondern bezieht sich zugleich auf die konkrete Gegebenheit der Gegenstände in der gesellschaftlichen Situation. Es ist ein Unterschied, ob der Zögling als Schüler mit Fleiß seine Lektionen in Naturwissenschaft, Wirtschaftskunde, Literaturkunde und politischer Geschichte absolviert oder ob er den Verwertungshorizont der Naturwissenschaften in der Technik, die Funktion ökonomischer Gesetzmäßigkeiten im funktionalen Rahmen eines Gesellschaftssystems, die Aussagen der Dichtung über sittliche und politische Probleme und die politische Bewältigung der Vergangenheit und Gestaltung der Zukunft reflektiert, seine Einstellungen im Einklang mit seinen Überlegungen und Erfahrungen bildet und praktisch bezeugt" (1991, 232). Benner begründet das so: „Dass bei Petzelt Fleiß, Faulheit, Gleichgültigkeit und Sorglosigkeit als mögliche Charakteristika der Haltung des Zöglings im Vordergrund stehen, ist freilich kein Zufall. Sein Begriff des Unterrichts kennt ausschließlich die auf die theoretische Gegenstandserkenntnis ausgerichtete Ich-Gegenstand-Beziehung, wobei die Gegenstände des Unterrichts nach Unterrichtsfächern bzw. Einzelwissenschaften gegliedert gedacht werden"

2. Außermoralische und moralische Werte

Bei der Frage danach, was Schülerinnen und Schüler werten lernen sollen, ist eine Unterscheidung notwendig. Sie gilt für alle Fächer durchgängig, sie berührt auch den Ethikunterricht. Beim Thema „Luftverschmutzung" etwa geht es unter dem Aspekt des Wertenlernens zum einen um die Einschätzung der Bedeutung gesunder Luft für das Leben von Mensch und Natur, beim Thema „Vertrauen und Kontrolle in unserer Gesellschaft" um die persönliche Beurteilung der Erscheinungen und Gründe in diesem spannungsreichen Verhältnis in der Familie, im Verkehr, in der Verwaltung usw. Hier geht es jeweils um die Beurteilung eines „Gutes", und es ist kein Zweifel, dass die Reflexion dieser Güter für das Handeln bedeutsam ist. Denn Güter tragen zum Gelingen menschlichen Lebens bei; sie machen es sozusagen lebenswert.

Dies ist aber nur der eine Aspekt der Wertenlernens. Beim anderen geht es um die Frage, die bisher noch nicht gestellt ist; auf das Beispiel bezogen: Was ist getan worden, was wird getan oder was ist zu tun, um gesunde Luft zu erhalten oder wiederherzustellen? Hier geht es also um die Beurteilung von Handlungsnormen und Entscheidungsgrundsätzen im Hinblick auf moralisches Handeln. Analoges gilt für das zweite Beispiel: Wie handelten oder handeln Menschen, wenn sie Vertrauen schenken? Welche Motive und Überzeugungen leiten sie, wenn sie Kontrolle ausüben? Darf und soll man „blind" vertrauen? Wann wird die Pflicht zur Kontrolle zur Gesinnungsschnüffelei?

Man kann diese notwendige Unterscheidung sprachlich dadurch regeln, dass man von außermoralischen und von moralischen Werten spricht (vgl. Frankena 1981, 77ff.). Man kann auch von Werturteilsfähigkeit und Normentscheidungsfähigkeit als unterscheidbare, aber zusammengehörige Zielsetzungen sprechen (vgl. Rekus 1993, 220ff.). Wichtig und für das Verhältnis von erziehendem Unterricht und Ethikunterricht ist nur: Wert- und Normurteilsfähigkeit sind keine verschiedenen Ziele im erziehenden Unterricht. Immer geht es um die Begründung und Beurteilung von Handlungsbezügen, seien es Werte oder Normen.

3. Wissenschaftsorientierung und Wertorientierung

Bildung besteht heute nicht mehr „in der bloßen Übernahme tradierter Wert- und Ordnungsvorstellungen, sondern Bildung ist Selbstbestimmung angesichts der Aufgaben und Herausforderungen der Zeit" (Regenbrecht 1998, 96).

(ebd.). Dabei ist Benner offenbar entgangen, dass Petzelt eben nicht nur die Beziehung Ich –> Gegenstand kennt, sondern ausdrücklich mit der Beziehung Ich <– Gegenstand die Perspektive des erziehenden Unterrichts reklamiert. Gerade diesem Aspekt widmet Petzelt eine breite Aufmerksamkeit im Problem des Wertens und Wertenlernens, das allein die neuzeitliche „didaktische Differenz" zu überwinden und die Einheit von Unterricht und Erziehung herbeizuführen imstande ist, weil es im erziehenden Unterricht nicht mehr nur um „theoretische Gegenstandserkenntnis", sondern um den Umgang mit ihr, um ihren „Verwertungshorizont" geht (vgl. dazu auch Rekus 1993, 128f.).

Das hat für den erziehenden Unterricht die Konsequenz, dass er nicht mehr auf eine bloße, d. h. unreflektierte Kunde reduziert werden kann, weder von sachlichen Ordnungsvorstellungen noch von sittlichen Wertvorstellungen. Das bedeutet zweierlei:

a) Zum einen ist der erziehende Unterricht auf die Wissenschaften verwiesen, die den Fächern zu Grunde liegen. Ein Blick auf die Lehrerbildung für alle Schulstufen belegt, dass die Wissenschaften eine notwendige „Rückendeckung" für die fachlichen Geltungsansprüche, für die „Richtigkeit" des zu Unterrichtenden abgeben. Entscheidender für ein bildendes Lernen dürfte allerdings die „Rückbeziehung" des fachlichen Lernens auf die Methoden der Wissenschaften sein. Sie sind ja mit den Methoden des Lernens in den verschiedenen Fächern identisch. Denn es „ist klar, dass das Wissen, wie etwas geht, weiter reicht als das positive Wissen: Wer lesen gelernt hat, kann sich nach Belieben Texte und Inhalte aneignen … Im methodischen Wissen gewinnen wir eine relative Freiheit gegenüber den Inhalten, an denen es gelernt wird" (Prange 1992, 55). In bildungspraktischer Hinsicht ist deshalb gerade diese Rückbeziehung die Grundlage für ein selbstbestimmtes, d. h. selbsttätiges und methodisch reflektiertes Lernen. Dieses „disziplinierte" Lernen ist unter kognitivem Aspekt *das* Gütekriterium des erziehenden Unterrichts.

b) Gleichwohl muß man den Unterschied zwischen wissenschaftlichem Arbeiten und bildendem Lernen in der Schule beachten. Im Biologieunterricht wird ja nicht Biologie und im Religionsunterricht nicht Theologie gelehrt, sondern hier werden Schülerinnen und Schüler zum Zwecke ihrer Bildung in fachlich differenzierter Weise unterrichtet. Wenn z. B. im wissenschaftsorientierten Biologieunterricht erkannt wird, dass sich die Schwefeldioxydemissionen von Verbrennungskraftmaschinen mit der Luftfeuchtigkeit zu Schwefelsäure verbinden und als sogenannter saurer Regen den Wald schädigen, dann ist damit noch nicht die Brücke erreicht, die das richtige Wissen mit Werturteilen und normativen Entscheidungen für ein rechtes Handeln verbindet. Wenn Schülerinnen und Schüler im Religionsunterricht begriffen haben, in welcher Situation, aus welchem Grund und mit welcher Autorität Jesus in der so genannten Feldrede die vier Seligpreisungen und vier Wehrufe verkündet, wie sie Lukas berichtet (6,20–26), dann ist für sie noch nicht ausgemacht, worin der Wert von Jesu Rede heute für die persönliche Lebensführung und das Zusammenleben der Menschen liegt und wie dieser Wert heute verwirklicht wird bzw. verwirklicht werden könnte oder müßte – es sei denn, wir überlassen diese Brücke den Schülerinnen und Schülern in der zweifelhaften Hoffnung, dass das außerschulische „Leben" diesen Prozess schon „ohne weiteres" und hinreichend verbürgt. Ich würde darin den Tatbestand unterlassener Hilfeleistung sehen.

Das gilt auch für den Ethikunterricht. Wenn wir unter Ethik „die von der Idee eines sinnvollen Lebens geleitete Theorie über das gute und gerechte Handeln" (Höffe) verstehen und wenn es in dieser Disziplin um die Frage der Begründung sittlicher Urteile, um Systeme moralischer Begründung und um die Beschreibung der eigenen Geschichte als Gegenstand der Forschung und Lehre geht, dann ist das nicht identisch mit dem Gegenstand der Ethik als Unterrichtsfach. Im Zentrum dieses Faches dürfte vielmehr die ethische Fragestellung stehen, die Schülerinnen und Schüler auf menschliche Erfahrungen und Entscheidungen und den damit verbundenen moralischen Standpunkt beziehen; den sollen sie verstehen und werten lernen.

Es geht also im erziehenden Unterricht nicht allein um Einsichten und sachliche Urteile, die wahr sind und für alle gelten; es geht erstlich und letztlich um Werteinsichten und Werturteile, die „für mich" gelten und die Schülerinnen und Schüler an die Frage der Wahrhaftigkeit von Lebensvollzügen heranführen. (Dieses „für mich" meint natürlich keine Beliebigkeit. Es steht unter dem Vorbehalt einer zustimmungsfähigen Begründung und damit unter einem nachprüfbaren Geltungsanspruch. Darüber später mehr.)

Diese Grenzüberschreitung des Fachunterrichts auf einen erziehenden Unterricht hin hat seine Legitimation darin, dass sich das fachliche Wissen und das methodische Können heute nicht mehr „ohne weiteres" in einen Lebenszusammenhang einfügen lassen, der religiös oder metaphysisch begründet ist. Wir können heute nicht mehr davon ausgehen, dass wir mit dem fachlich gegliederten Wissen und Können zugleich dessen lebensbestimmenden Sinn und seinen handlungsbestimmenden Zweck vermitteln. Zwischen dem fachlich Gelernten und seinem Wert für ein richtiges und gutes Leben besteht eine Differenz, die nicht mehr mit Hilfe des Wissens und Könnens selbst überbrückt werden kann.

An dieser Stelle könnte das Fazit also lauten: Erst die Integration von fachlichem Lernen und fächerverbindendem Wertenlernen rechtfertigt die Rede vom erziehenden Unterricht.

Damit sind die *Grenzen* des erziehenden Unterrichts markiert. *Unter sachlichem und methodischem Aspekt* wird die Selbstbestimmung nicht mehr auf dem Weg der *Kunde* erreicht, die sich auf den Transfer mehr oder weniger fester Wissensbestände vom Lehrer auf den Schüler beschränkt. Im erziehenden Unterricht wird die Selbsttätigkeit, das Selber-Denken der Aufgaben und ihre methodisch gegliederte Durchdringung zum entscheidenden Kriterium bildenden Lernens. *In sittlicher Hinsicht* kann der erziehende Unterricht das gute Handeln der Schülerinnen und Schüler nicht mehr unmittelbar durch den Transfer von mehr oder weniger feststehenden Werten, von Sitten und Regeln herbeiführen. Das käme einer Normierung ihres Handelns gleich. Wohl aber will der erziehende Unterricht dieses Handeln vorbereiten, indem er im Unterricht zu reflexiver Urteils- und Entscheidungsfähigkeit führt. Sie stellt für das moralische Handeln eine notwendige, allerdings noch keine hinreichende Bedingung dar. Die Motivation zum guten Handeln speist sich eben nicht nur aus rationalen Urteilen und Entscheidungen. Dennoch bleibt der erziehende Unterricht ein der Schule angemessener Weg zu diesem Ziel.

Gerade im Hinblick auf die Erwartungen und Hoffnungen, die sich mit dem Ethikunterricht verbinden, ist allerdings zu bedenken, dass alle Erziehung sich auf einen weiteren Aspekt stützt, der wiederum mit dem Unterricht unmittelbar verbunden ist. Wir belegen ihn zusammenfassend mit dem Begriff des *Beispiels*. Die Art des persönlichen Umgangs in der Schule, die Gestaltung des Lehrer-Schüler-Verhältnisses und der Beziehungen der Schüler und Schülerinnen untereinander, der außerunterrichtlichen Aktivitäten und Formen des Schullebens „lehren", wenn man Erfahrung und Volksweisheit folgt, auf eine moralisch verbindlichere Weise, als es die „Belehrung" leistet. Unter diesem Aspekt wird in Unterricht und Schule nämlich *gehandelt.*

Wenn sich aber erst im Handeln der moralische Charakter des Menschen zeigt und festigt, dann sind im Anschluss an den erziehenden Unterricht und über ihn hinausgehend zwei Fragen zu stellen: erstens, unter welchen Bedingungen und in welchen Formen sich heute das beispielgebende Handeln in Unterricht und Schule profilieren lässt, und zweitens, welche Unterrichtsformen und – von ihnen ausgehend – welche außerunterrichtlichen Aktivitäten eine Einübung ins Handeln ermöglichen bzw. befördern. Dass ein solches Probehandeln nicht den Ernst gesellschaftlichen Handelns kopieren darf, sondern eingebunden sein muss in den Zweck und Prozess der Bildung, dürfte in Bezug auf die Sinngebung von Schule heute unbestritten sein. Denn die Einheit von Lernen und Leben ist unwiederbringlich verloren und kann durch die Schule nicht wiederhergestellt werden. Immerhin treibt aber die Diskussion um die Schulreform augenscheinlich auf eine gelingende Verbindung von Wissen, Werten und Handeln in Unterricht und Schule zu. Sie soll aber in diesem Münsterschen Gespräch ausdrücklich ausgeschlossen bleiben, wird uns aber im kommenden beschäftigen.

4. Bedingungen und Reichweite des Wertungsprozesses

Es ist vielleicht ganz sinnvoll, wenn wir an dieser Stelle innehalten und uns vor Augen führen, welche Bedeutung das Wertenlernen für Schülerinnen und Schüler hat. Was leisten sie, wenn sie werten? Welchen Bedingungen unterliegt dieser Prozess, welche Reichweite hat er? Wie differenziert sich der Prozess des Wertens, wenn es um außermoralische und moralische Werte geht?

Zunächst zur *ersten* Frage nach der Beurteilung *außermoralischer* Werte.

Wie steht es z. B. um den Wert der Toleranz bei den Muslimen uns gegenüber und ihnen gegenüber bei uns, wenn Religion und Gesellschaft, Glaube und Politik bei den Muslimen einen untrennbaren Zusammenhang bilden?[2]

---

[2] Der Einwurf, bei der Toleranz handele es sich um einen moralischen Wert, geht offenbar auf die Unterscheidung von außermoralischen und moralischen Werten bei Frankena (1981, 27f. bzw. 77ff.) zurück: „Das, was man moralisch gut oder schlecht nennen kann, sind Personen, Personengruppen, Charaktereigenschaften, Anlagen, Gefühle, Motive und Absichten – kurzum, Personen, Personengruppen und Persönlichkeitselemente. Auf der anderen Seite können alle beliebigen Dinge im außermoralischen Sinn gut oder schlecht sein; z. B. körperliche Gegenstände wie Autos und Bilder, innere Erfahrungen wie Vergnügen, Schmerz, Erkenntnis und Freiheit, Regierungsformen wie die Demokratie. Es ist nicht sinnvoll, die meisten dieser Dinge moralisch gut oder schlecht zu nennen, es sei denn, man will damit sagen, dass es moralisch richtig oder falsch ist, sie zu erstreben" (ebd., 77f.). Die zuletzt genannte Einschränkung weist allerdings klar darauf hin, dass über einen moralischen bzw. außermoralischen Wert nicht dessen Inhalt entscheidet, sondern die Fragestellung, ob er als ein moralisches Sollen (Pflicht) oder als Gut angesehen wird. Das räumt auch Frankena ein, wenn er unmittelbar anschließend formuliert: „Natürlich kann dieselbe Sache sowohl im moralischen wie im außermoralischen Sinn gut sein" (ebd.). In unserem Beispiel geht es um die Toleranz als ein Gut und (noch) nicht um ein Verpflichtungsurteil.

Wenn Schülerinnen und Schüler die Bedingungen des Zusammenlebens in unserer Gesellschaft in ihrer Wertigkeit abwägen, dann vollziehen sie ihre Wertungen nicht grundlos. Wer werturteilsfähig werden will, darf sich gerade dieser reflexiven Anstrengung nicht entziehen, seine Urteile zu begründen. Das Kriterium, nach dem die Schülerinnen und Schüler etwas beurteilen, ob und inwiefern es gut, nützlich, gesund, schön, angemessen, lebenswert, verantwortbar, gerecht, heilsam, lebensdienlich, sozialverträglich ist, können wir das gute oder gelingende Leben nennen (vgl. Frankena 1981, 111ff.). Was das gute Leben ist, wissen wir allerdings nur im Sinne eines vorausgesetzten Maßes. Wir beanspruchen es, um mit seiner Hilfe die konkreten Güter zu messen. Mit jedem Werturteil wird dieses Maß „fällig"; es wird bestätigt, korrigiert, erweitert, in allgemeine Wertüberzeugungen konzentriert. Damit machen wir dieses Maß zu einer Setzung, d. h. zu unserem subjektiven, immer vorläufigen Maßstab.

Die Kontinuität wertender Auseinandersetzung in den verschiedenen Fächern führt Schülerinnen und Schüler zu Grundsätzen; sie stellen für sie eine Orientierung ihres Willens im Hinblick auf Akte des guten Wollens dar. Wertungen und Wertgrundsätze, die im unterrichtlichen Dialog vollzogen und gewonnen werden, sind deshalb subjekt-bestimmt und subjekt-bestimmend zugleich. Oder anders: Die sittliche Haltung, die sie auf dem Wege des Werturteilens gewinnen, ist handlungsbezogen und handlungsorientierend.

Nun zur *zweiten* Frage nach der Beurteilung *moralischer* Werte. An den Unterrichtsbeispielen lässt sich erkennen, dass sich an die Frage nach den außermoralischen Werten noch eine andere anschließt, nicht zwingend, aber doch konsequent. Es ist die Frage nach dem gebotenen und begründeten Handeln, wie es vollzogen wurde oder wird oder zu vollziehen ist. Jetzt konzentriert sich die Frage auf „praktische" Handlungsregeln, auf die Beurteilung von Handlungsalternativen, auf vollzogene oder zu vollziehende moralische Werte. Auf das Beispiel des Islam und die Frage der Toleranz bezogen: Was legt der Zusammenhang von Religion und Politik den Muslimen normativ auf? Wie beurteilen wir deren Handlungsgrundsätze? Wie lassen sich ihre Maximen mit den normativen Grundlagen unserer Gesellschaft verbinden?

Auch die Beurteilung von normativen Entscheidungen wird nicht grundlos vollzogen, auch sie können und wollen begründet werden. Das Kriterium für die Gültigkeit dieser Entscheidungen liegt allerdings nicht mehr in den außermoralischen Werten allein. Moralische Entscheidungen unterliegen der Frage nach dem jeweils Gesollten und die Antworten auf diese Frage werden geleitet von Handlungsgrundsätzen, von Maximen, die unsere Entscheidungen leiten.

Aber auch hier herrscht kein absoluter, d. h. von der Beurteilung der konkreten Situation losgelöster Determinismus. Der Grundsatz, nicht zu lügen, kennt begründete Ausnahmen. Was hier am Ende zählt, ist die Verallgemeinerungsfähigkeit der Entscheidung, die Universalisierbarkeit der moralischen Grundsätze. Wenn also jemand moralische Werte auf ihre Gültigkeit hin prüft oder wenn er selber zukünftige Handlungen entwirft, dann nimmt er den kategorischen Imperativ in Anspruch, d. h. die Frage danach, was in dieser Situation unbedingt zu tun oder zu lassen ist. Er legt sozusagen den unbedingten Anspruch im Hinblick auf die besonderen Bedingungen der Situation aus. Dabei bleibt ihm in jedem Fall ein freier Spielraum für seine begründete Entscheidung. Als letzte Instanz für begründete Optionen fungiert hier das Gewissen als „Richterstuhl" (Kant) für die Geltung sittlicher Urteile.

Der Prozess des Wertenlernens gibt schließlich noch einen anderen Aspekt frei. Unsere Wert- und Handlungsgrundsätze sind auf eine bestimmte Weise mit dem *Sinn* verbunden, den wir unserem Leben geben. Während sich unsere Wert- und Handlungsgrundsätze jedoch auf unsere Haltung und das zukünftige Handeln beziehen, stellt sich die Sinnfrage anders: Sie zielt auf das Lebenskonzept des Einzelnen, auf die Frage also, wie diese Grundsätze in dieses Konzept passen bzw. sich darin einfügen lassen. „Sinn ist (also) keine in den Dingen oder Handlungen vorliegenden Transzendenz, sondern wird ‚gestiftet' (in Offenbarungsreligionen auch ‚gefunden')" (Ladenthin 1997). Dieser Lebenssinn liegt einerseits den Wert- und Normurteilen zu Grunde, er stellt die „letzte" Grundlage ihrer Geltung dar. Andererseits erneuert der einzelne in seinen Wert- und Normurteilen die Bildung dieses Lebenssinnes. Durch diese doppelseitige Verbindung der Wertvollzüge mit dem Sinn berührt der Prozess des Wertenlernens die religiöse Dimension des Lebens, insofern in ihr die Frage nach dem „letzten" Grund und Zweck des guten Lebens steckt (vgl. Barlage 1998, 79ff.).

5. Ethikunterricht und erziehender Unterricht

Es ist nur konsequent, wenn Schülerinnen und Schüler, die sich mit außermoralischen Werten, mit der Luftverschmutzung, mit Vertrauen und Kontrolle, mit den Seligpreisungen und Wehrufen Jesu, mit der Toleranz usw. wissenschaftsorientiert und wertprüfend auseinander gesetzt haben, auch die Frage nach ihrer Realisierung, nach moralischen Normen in Beispiel und Begründung stellen. Wenn wir diese Konsequenz aufgreifen und verfolgen, dann geschieht das in der Absicht, die Schülerinnen und Schüler in differenzierter Weise an die „letzte" Frage: die des guten Handelns, heranzuführen. Das dürfte für sie am überzeugendsten sein, wenn sie diese Frage unmittelbar an das (Wert-)Wissen anschließen können, das sie in den verschiedenen Unterrichtsfächern erlangt haben. Unsere Unterrichtsbeispiele haben diese Konsequenz zu belegen versucht.

Wir dürfen deshalb zusammenfassend festhalten:

Der erziehende Unterricht ist erst dann sozusagen vollständig, wenn sich sein Ziel, die Werturteilsfähigkeit, sowohl auf die außermoralischen wie auf die moralischen Werte bezieht, auf Werte als Güter und als Normen. Es ist geradezu zu wünschen, dass die Aufgabe einer ungeteilten moralischen Erziehung sich in jedem Unterrichtsfach wiederfindet und als erzieherische Aufgabe in jedem Fachunterricht auftritt. Das geschieht auch jetzt schon von Fall zu Fall. Eine solche Praxis ist von dem Gedanken geleitet, dass sich sittliche Haltung nicht allein durch, aber auch nicht ohne gegliedertes Wissen und methodisches Können konstituiert, nicht allein durch, aber auch nicht ohne Werturteilsfähigkeit, nicht allein durch, aber auch nicht ohne Normurteilsfähigkeit.

Wir dürfen deshalb ebenso resümierend festhalten:

Eine Abtrennung der moralischen Urteilsfähigkeit als Ziel des erziehenden Unterrichts vom (erziehenden) Fachunterricht und seine Verselbständigung in einem eigenen Unterrichtsfach Ethik gibt die heute notwendige Verbindung von differenzierter Wissenschaftsorientierung und fachübergreifender Wertorientierung preis. Sie ist bildungstheoretisch nicht zu rechtfertigen.

Da die bildungspolitischen Entscheidungen einen anderen Weg eingeschlagen haben, dürfen am Ende einige Fragen nicht unerwähnt bleiben:

● Greifen wir zunächst die anfangs gemachte Abgrenzung Ethikunterricht – Unterricht in den übrigen Fächern auf. Wird die Etablierung des Faches Ethik nicht dazu führen, die traditionelle Sinngebung der Fächer als Vermittlung von Wissen und methodischem Können zu zementieren? Wird dann nicht doch sehr schnell dem Ethikunterricht die „eigentliche" Erziehungsaufgabe zugewiesen und damit die Verbindung von Unterricht und Erziehung im Sinne eines erziehenden Unterrichts umgangen?

● Eng verknüpft mit dieser Frage ist eine weitere: Dass die Ethik zum Gegenstand eines Fachunterrichts gemacht werden kann und lehrbar ist, kann man nicht bestreiten. Zu welchem Zeitpunkt das in der Schule möglich ist, ist eine andere Frage – vermutlich, wie das Fach Philosophie, erst in der Sekundarstufe II. Aber um diese Möglichkeit geht es ja nicht, wenn wir heute vom Ethikunterricht sprechen. Mit diesem Unterricht verbindet sich die Hoffnung, dass Tugend doch lehrbar sei: „Hinter der Einrichtung eines eigenen Schulfaches für die Vermittlung ethischer Anschauungen steht der Gedanke, dass moralisches Handeln in erster Linie von einem spezifischen sittlichen Wissen, d. h. von der Kenntnis von moralischen Werten und Normen und ihrer jeweiligen Begründungen abhängt" (Rekus 1993, 145). Erfordert diese Vorstellung dann nicht zunächst eine didaktisch-inhaltliche Antwort auf die Frage nach sittlicher Haltung? Muss man dann nicht in erster Linie um die „richtige" Auswahl von ethischen Bildungsinhalten, vielleicht von ethischen Schlüsselthemen besorgt sein, die die Ziele des Ethikunterrichts verbürgen? Aber kann das allein und zuerst Nachdenklichkeit, Urteilsfähigkeit, reflexive Selbstbestimmung bei den Schülerinnen und Schülern herbeiführen und gewährleisten? Wenn Bildung nicht *durch* die Inhalte des Unterrichts, sondern grundsätzlich *an* ihnen geschieht, dann steckt darin ein Plädoyer für die Priorität der methodisch bzw. unterrichtsmethodischen Gestaltung des Ethikunterrichts, die wir hier ganz aussparen mussten.

● Eine letzte Anmerkung: Wenn es stimmt, dass sich die moralischen Fragen am ehesten an die Aufgaben des Fachunterrichts anknüpfen lassen, muss dann der Ethikunterricht nicht auf eben diese Aufgaben und Inhalte zurückgreifen? Und wenn das aus nahe liegenden Gründen nicht möglich ist: Muss sich der Ethikunterricht dann nicht auf die Aufklärung eigener oder vermittelter moralischer Erfahrungen begrenzen?

Als Fazit bleibt für mich eine deutliche Option für den erziehenden Unterricht, der seinem Anspruch jedoch erst dann gerecht wird, wenn er die Aufgaben des Wertenlernens ausdrücklich und kontinuierlich aufnimmt. Das augenscheinliche Defizit an dieser Stelle liegt nicht an den Lehrern, sondern an einer bisher nicht hinreichend verfolgten Reform des Fachunterrichts und der Lehrerbildung.

Es mag allerdings sein, dass der Ethikunterricht aus anderen als aus pädagogischen Gründen heute notwendig ist. Es mag auch sein, dass bei der Erörterung dieser Gründe die Bedenken ausgeräumt werden können, die ich genannt habe. Wir dürfen gespannt sein, wie im folgenden Beitrag dieser Knoten gelöst und aufgelöst wird.

Literatur

Barlage, Hella: Pädagogische Beratung in Unterricht und Schule. Hildesheim – Zürich – New York 1998.

Benner, Dietrich: Hauptströmungen der Erziehungswissenschaft. [3]Weinheim 1991.

Breinbauer, Ines: Ethikunterricht – ein Anachronismus?! In: Ladenthin/Schilmöller 1999, 203–222.

Fees, Konrad: Zur Notwendigkeit und Möglichkeit von Werterziehung im Unterricht. In: Rekus 1998, 115–134.

Frankena, William K.: Analytische Ethik. [3]München 1981.

Heitger, Marian: Ethik im Unterricht. Anmerkungen zu einem Grundsatzproblem. In: Ladenthin/Schilmöller 1999, 197–203.

Ladenthin, Volker: Ethikunterricht in der Aufklärung. Überlegungen zum „Ersatzfach Ethik" an allgemeinbildenden Schulen. In: Vierteljahrsschrift für wissenschaftliche Pädagogik. (1997), Heft 1, 6–29.

Ladenthin, Volker/Schilmöller, Reinhard (Hg.): Ethik als pädagogisches Projekt. Grundfragen schulischer Werterziehung. Opladen 1999.

Mertens, Gerhard: Sitte und Sittlichkeit. Bedingungen ethischen Handelns in der Moderne. In: Ladenthin/Schilmöller 1999, 23–42.

Pöppel, Karl Gerhard: Moralische Erziehung im Fachunterricht. In: Regenbrecht/Pöppel 1990, 27–48.

Pöppel, Karl Gerhard: Bildendes Lernen in der offenen Gesellschaft – Elemente einer nachkonziliaren Theorie der katholischen Schule. In: engagement. Zeitschrift für Erziehung und Schule. (1994), Heft 1, 3–12.

Prange, Klaus: Reflexives Lernen im Fachunterricht. In: Diff (Hg.): Bildung und Lernen im Fachunterricht. Bd. 1. Tübingen 1992, 53–79.

Regenbrecht, Aloysius: Reflektierende Urteilskraft als Kriterium moralischer Erziehung im Unterricht. In: Rekus 1998, 95–114.

Regenbrecht, Aloysius / Pöppel, Karl Gerhard (Hg.): Moralische Erziehung im Fachunterricht. Heft 7.1 und 7.2 der Münsterschen Gespräche zu Themen der wissenschaftlichen Pädagogik. Münster 1990.

Rekus, Jürgen: Bildung und Moral. Zur Einheit von Rationalität und Moralität in Schule und Unterricht. Weinheim – München 1993.

Rekus, Jürgen (Hg.): Grundfragen des Unterrichts. Bildung und Erziehung in der Schule der Zukunft. Weinheim – München 1998.

Rekus, Jürgen: Schule als ethischer Handlungsraum. Möglichkeiten und Grenzen ethischer Erziehung in der Schule. In: Ladenthin/Schilmöller 1999, 251–266.

Schilmöller, Reinhard: Erziehender Unterricht als Problem und Aufgabe. In: Vierteljahrsschrift für wissenschaftliche Pädagogik, Heft 3 (1994), 344–357.

Treml, Alfred K.: Ethik als Unterrichtsfach in den verschiedenen Bundesländern. In: Ders. (Hg.): Ethik macht Schule! Frankfurt/M. 1994.

Wächter, Jörg Dieter: Bildung und Wissenschaft. Wissenschaftsorientierung als pädagogische Aufgabe. In: Rekus 1998, 26–46.

Aloysius Regenbrecht

Ethikunterricht als Aufgabe der Schule

Gliederung

1. Das Problem
2. Einwände gegen ein „Unterrichtsfach Ethik"
   2.1 Ethik ist nicht lehrbar, weil Ethik keinen eigenen Gegenstand hat
   2.2 Sittlichkeit ist nicht lehrbar, weil Einstellungen nicht Gegenstand von Unterricht sein können
   2.3 Moralerziehung als Gewinnung von Haltungen ist möglich, ein eigenes Unterrichtsfach „Ethik" aber nicht nötig
3. Bildung als regulative Idee schulischen Unterrichts
4. Förderung der moralischen Urteilsfähigkeit als Ziel und Weg des Ethikunterrichts
   4.1 „Gerechtigkeit" und „Lebensdienlichkeit" als inhaltliche Kriterien moralischer Urteile
   4.2 Vermittlung sittlicher Grundsätze mit handlungsleitendem Situationsverständnis als formale Struktur moralischer Urteile
   4.3 Möglichkeit und Grenze der Förderung moralischer Urteilsfähigkeit durch die Analyse sittlicher Handlungen
5. Notwendigkeit eines Unterrichtsfaches Ethik in der Schule
6. Grenzen moralischer Erziehung im schulischen Unterricht
7. Zusammenfassung

1. Das Problem

Die Einführung eines Unterrichtsfaches „Ethik" ist umstritten. Einleitend habe ich darauf hingewiesen, dass unterschiedliche Interpretationen der Aufgaben dieses Faches zu Unterschieden in den Curricula geführt haben, die bei dieser Tagung Gegenstand der Erörterung sein sollen. Die kritische Einstellung zu diesem Fach reicht aber weiter als der Streit um die angemessenen Ziele, Inhalte und Methoden des Unterrichts. Bedenken bestehen nicht so sehr bei den politischen Instanzen, die über die Einführung dieses Faches bereits entschieden haben. Im politischen Raum wird die Notwendigkeit einer verstärkten Auseinandersetzung mit ethischen Fragen nahezu einhellig vertreten. Fast täglich wird angesichts zunehmender Gewaltbereitschaft und Kriminalität von Jugendlichen die Forderung laut, in der Schule die „Werteerziehung" oder auch „Wertevermittlung", wie es heißt, zu verstärken und die Schüler zur Anerkennung eines „demokratischen Ethos" als Minimalkonsens in unserer Gesellschaft zu führen. Unter den vielen Stimmen sei hier nur die Aussage des ehemaligen Bundespräsidenten Herzog erwähnt, der in seiner Rede ‚Aufbruch in der Bildungspolitik' am 5. November 1997 in Berlin sagte, ein Bildungswesen komme nicht ohne „Vermittlung von Werten" aus. Unsere Gesellschaft könne sich vielleicht ein „Sparten-Fernsehen", nicht aber eine „Sparten-Ethik" leisten.[1]

In einem auffallenden Gegensatz zu solchen bildungspolitischen Forderungen werden in der Erziehungswissenschaft Stimmen laut, die vor einem Unterrichtsfach „Ethik" warnen. Bei einer kritischen Bestandsaufnahme der Curricula steht man daher nicht nur vor einer Mehrzahl didaktischer Konzeptionen, sondern muss sich auch mit Argumenten auseinandersetzen, die sich in einer mehr oder weniger starken Form gegen eine Einführung dieses Faches in den Schulen überhaupt aussprechen. Es sind vornehmlich drei Argumente, mit denen die Notwendigkeit oder gar die Möglichkeit eines Unterrichtsfaches „Ethik" bestritten wird:

a) Ethik sei nicht lehrbar, weil Ethik keinen eigenen Gegenstand habe,

b) Sittlichkeit sei nicht lehrbar, weil Einstellungen nicht Gegenstand von Unterricht sein könnten und

c) Moralerziehung als Gewinnung von Haltungen sei zwar möglich, ein eigenes Unterrichtsfach „Ethik" aber nicht nötig.

Im Unterschied zu diesen ablehnenden Stellungnahmen ist bereits im Titel meines Vortrages ‚Ethikunterricht als Aufgabe der Schule' die These enthalten, dass ein spezieller Ethikunterricht sowohl möglich als auch nötig ist. Alle drei Einwände beschreiben in meinen Augen nur halbe Wahrheiten, d. h., sie weisen zu Recht auf bestimmte Probleme hin, kommen aber durch eine unzulässige Verallgemeinerung bzw. fehlende Differenzierung zu falschen Schlüssen. Ich werde daher in einem ersten Kapitel die Argumente der Gegner eines selbstständigen Faches Ethik aufnehmen und dabei darstellen, welche Probleme bei der Einführung eines solchen Faches gelöst werden müssen. Dabei sollen „Bildung" als *generelles* und die „*Förderung moralischer Urteilsfähigkeit*" als *spezielles* Kriterium für die Gestaltung eines Unterrichtsfaches „Ethik" in der Schule herausgestellt werden. Beides sind dann Prüfsteine, an denen didaktische Entscheidungen als Aussagen über Ziele, Inhalte und Methoden in einem Unterrichtsfach „Ethik" gemessen werden können. Sie machen aber auch die Grenzen deutlich, die einer moralischen Erziehung in der Schule gegeben sind: Ethikunterricht ist *nur ein Teil* der moralischen Erziehung, die auch weiterhin im „Erziehenden Fachunterricht", in außerunterrichtlichen Veranstaltungen in der Schule und vor allem außerschulisch, im gesellschaftlichen Leben, zu leisten ist.

---

[1] „Es ist ein Irrglaube, ein Bildungssystem komme ohne Vermittlung von Werten aus! Viele Lehrer leisten diese Wertevermittlung durch ihr Beispiel und durch Diskurse in ihren jeweiligen Fächern. Aber es ist auch auf wertevermittelnde Fächer zu achten. Deshalb gehört z. B. der Religionsunterricht in die Schule und darf nicht in die Pfarrsäle verdrängt werden" (Herzog 1997, Manuskript).

Zum Abschluss dieser Übersicht einige terminologische Hinweise: Unter „Ethik" als philosophischer Disziplin verstehe ich in Anlehnung an Otfried Höffe den Versuch, „von der Idee eines sinnvollen menschlichen Lebens geleitet auf methodischem Weg und ohne Berufung auf politische und religiöse Autoritäten oder auf das von altersher Gewohnte und Bewährte allgemeingültige Aussagen über das gute und gerechte Handeln" (1997, 66) zu formulieren.

Die Substantive Ethik-Moral-Sittlichkeit und die Adjektive ethisch-moralisch-sittlich werden in der Fachdiskussion unterschiedlich verwendet.[2] Dem Vorschlag von Höffe folgend werde ich in Bezug auf die Theorie von Ethik und ethisch, in Bezug auf die Praxis von moralisch oder sittlich sprechen. Moralität und Sittlichkeit werde ich synonym gebrauchen. Nach dieser Unterscheidung kann man von einer ethischen Begründung moralischer oder sittlicher Urteile reden sowie von einem moralischen oder sittlichen Handeln bzw. von moralischer oder sittlicher Erziehung.

Eine solche Unterscheidung von Ethik und Moral und ihre Verwendung in einem bildungstheoretischen Zusammenhang weist darauf hin, dass von diesem Fach mehr erwartet wird als die Kenntnis und Beherrschung von Argumentationsmustern zur Begründung sittlichen Handelns. Moralische Erziehung zielt nicht nur auf einen Erwerb von Wissen, sondern vor allem auf eine Veränderung der Haltung von Schülern. Wieweit die Handlungsdimension erreicht werden kann, ist jedoch eine strittige Frage, die in diesem Referat eigens problematisiert werden soll.

Die Definition von Ethik, der ich mich anschließe, enthält noch eine weitere umstrittene Aussage, auf die ich gleich zu Beginn aufmerksam machen möchte. Höffe spricht „vom guten *und* gerechten Handeln". Wenn diese beiden Begriffe hier nicht lediglich tautologisch verwandt werden, also unterstellt wird, dass die moralische Güte eines Handelns in seiner Gerechtigkeit liege, dann müssen das gute Handeln und das gerechte Handeln einen je eigenen Referenzrahmen haben. Das bedeutet dann, dass die Rechtfertigung sittlichen Handelns zwei Bedingungen erfüllen muss: Es muss in einem noch näher zu bestimmenden Sinne sowohl „*gut*" als auch „*gerecht*" sein. Bei der Antwort auf diese Frage wird der von Höffe in seine Ethikdefinition aufgenommene Hinweis auf die „Idee eines sinnvollen menschlichen Lebens" eine wichtige Rolle spielen. Ich gehe später darauf ein.

---

[2] Hegel z. B. unterscheidet Moral – als subjektive Überzeugung vom Richtigen – von Sittlichkeit – als gesellschaftlich anerkannter Normativität. Der Übergang von (bloß subjektiver) Moralität zu Sittlichkeit ist nach Hegel die notwendige Bedingung menschenwürdigen Zusammenlebens in allen Gesellschaftsbereichen (vgl. Anzenbacher 1992, 112). John Rawls unterscheidet zwischen „Ethik" und „Moral im eigentlichen Sinne". Ethische Forderungen beziehen sich bei Rawls auf Fragen des „guten Lebens", moralische auf Fragen der „Gerechtigkeit" (vgl. Forst 1995, 188; Rawls 1994, 255ff.). Siehe auch die gleichsinnige Unterscheidung von Ethik und Moral bei Jürgen Habermas in seinem Aufsatz ‚Vom pragmatischen, ethischen und moralischen Gebrauch der praktischen Vernunft' (1992, 103ff.).

2. Einwände gegen ein „Unterrichtsfach Ethik"

Einwände gegen die Einführung eines Unterrichtsfaches „Ethik", wobei dieser Begriff übergreifend auch für die Bezeichnungen „Praktische Philosophie" in Nordrhein-Westfalen, „Werte und Normen" in Niedersachsen und „Lebensgestaltung – Ethik – Religionskunde (L-E-R)" in Brandenburg steht, werden aus unterschiedlichen Fragestellungen von mehreren Erziehungswissenschaftlern erhoben.[3] Exemplarisch sollen hier die Argumente von Wolfgang Fischer (1996) und Jürgen Rekus (1993) vorgestellt und diskutiert werden.

2.1 Ethik ist nicht lehrbar, weil Ethik keinen eigenen Gegenstand hat

Ethik sei nicht lehrbar, so lautet der erste Einwand von Wolfgang Fischer (vgl. 1996, 17ff.), weil es im Bereich der Ethik keinen objektivierbaren und damit allgemein anzuerkennenden Wissensbestand gebe. Lehren und Lernen sei im strengen Sinne des Wortes auf Wissen verwiesen, ein Wissen, dessen Gewissheit sich als objektiv gültig erweisen läßt. Zur Logik des Lehrens gehörten ein überprüfbares und noch nicht widerlegtes Wissen sowie eines, das nicht ausschließlich durch Tradition sanktioniert sei. Eine solche Objektivität sei in der Ethik aber nicht gegeben. Dem Ethikunterricht fehle daher ein eigener Gegenstand, der doch ein Unterrichtsfach allererst konstituiere. „Es wird wohl heute", so Fischer in seinem Beitrag ‚Ist Ethik lehrbar?', „niemanden geben, der ohne Selbsttäuschung sich als ein ‚objektiv' ethisch Wissender und als Lehrer im Ethikunterricht eines solchen ‚objektiven' Wissens auszugeben vermag" (1996, 25). Fischer zieht daraus eine negative Konsequenz: Ethisches Lehren und Lernen im Blick auf eine anvisierte „sittliche Kompetenz" dürfe keine inhaltlichen Lehr- und Lernziele von der Art eines bestimmten Ethos oder einer bestimmten sittlich-weltanschaulichen Überzeugung haben.

2.2 Sittlichkeit ist nicht lehrbar, weil Einstellungen nicht Gegenstand
von Unterricht sein können

Nun geht es im Ethikunterricht nicht allein um die Erarbeitung eines bestimmten ethischen Wissens, sondern um die Gewinnung einer moralischen Haltung als Bindung an sittliche Grundsätze. Auch nach Fischer gibt es ein legitimes Lehren und Lernen im Bereich des Ethischen, dort nämlich, wo ethisches Wissen als System von Begründungszusammenhängen aufgearbeitet und tradiert wird: in der Praktischen Philosophie. So ist ethisches Lehren und Lernen in Universitätsseminaren und auch – auf weniger ambitioniertem Niveau – in Volkshochschulen durchaus möglich, so weit es dort um eine Auseinandersetzung mit aktuellen oder historischen ethischen Positionen geht unter Verzicht auf jeden Anspruch, der über ein Vermitteln oder Erarbeiten von Kenntnissen hinausreicht. Genau dieser Anspruch aber, so Fischer, bestimme häufig die pädagogisch-didaktische Konzeption dieses Faches. „Zumindest auf der Ebene der gesetzlichen Vorgaben, vor allem aber

---

[3] Kritische Einwände finden sich u. a. bei Dietrich Benner (1996, 151f.), Wolfgang Fischer (1996, 17ff.), Ines Maria Breinbauer (1999, 203ff.), Jürgen Rekus (1993, 148) und Dirk Rustemeyer (1998, 231ff.).

der Lehrpläne, der Richtlinien und weiterer Regulierungen wird einem gemäßigten ‚Intellektualismus' das Wort geredet, will sagen: Es wird darauf gebaut, daß die sogenannte geistige Durchdringung ethischer Thematiken (wie Werte und Normen, Freundschaft und Liebe, ‚Sinnfindung' und Lebensformen, Kantianismus versus Konsequenzialismus usw.) über einen Zugewinn an Wissen und Einsicht zu einem qualifizierten Urteilen als Grundlage ‚verantwortlichen Handelns' beiträgt" (1996, 21f.).

Fischer spricht hier das Grundproblem des „Erziehenden Unterrichts" an. Er macht zu Recht darauf aufmerksam, dass einem sachlichen Wissen nicht zwingend eine sittliche Haltung korrespondiert. Ein Ethikunterricht, der mehr sein will als eine Information über die Wertvorstellungen der Gesellschaft oder eine Einführung in die Grundlagen ethischer Systeme, muss daher die Frage beantworten, wie theoretisches Wissen praktisch werden kann. Wissenschaft fragt nach der *Bedeutung* einer Erkenntnis im Rahmen einer Theorie; Bildung fragt nach der *Bedeutsamkeit* dieser Erkenntnis für die Lebenspraxis. Wer von Bildung spricht, überschreitet die objektivierende theoretische Perspektive und erreicht die praktische Dimension in der Frage nach dem subjektiv zu verantwortenden Handeln. Vor einer Antwort auf diese Frage stehen alle Fächer, die einen Bildungsanspruch erheben. „Bis in unsere Tage wird unter einem theoretisch ausgewiesenen und praktisch bedeutsamen Begriff von Bildung", so Dietrich Benner in seinem Aufsatz über ‚Wissenschaft und Bildung', „die Möglichkeit des Menschen verstanden, zu sich selbst und zu seinem Handeln in ein Selbstverhältnis zu treten und in einem expliziten Sinne nach der Verantwortlichkeit des eigenen Denkens und Tuns zu fragen". (1989, 49). Auch für einen Ethikunterricht ist daher die Frage konstitutiv, ob es Urteile gibt, die nicht nur im deskriptiven Sinne *„wahr"*, sondern im präskriptiven Sinne *„richtig"*, d. h. verbindlich für menschliches Handeln sind (vgl. Habermas 1998, 179ff.). Moralische Urteile haben ihr Kriterium nicht in einer *objektiven Gültigkeit,* sondern beanspruchen *subjektverpflichtende Geltung.* Kann in einem „Unterrichtsfach Ethik" die Bildung solcher Urteile angeregt werden?

2.3 Moralerziehung als Gewinnung von Haltungen ist möglich, ein eigenes Unterrichtsfach Ethik aber nicht nötig

Eine Antwort auf die Frage, ob und wie im Unterricht moralisch erzogen werden kann, wird in dem dritten der oben genannten Einwände gegeben. Die Lösung wird aber gerade nicht in einem selbstständigen „Unterrichtsfach Ethik", sondern in einer Intensivierung des „Erziehenden Fachunterrichts" gesehen. Dieser Vorschlag beruft sich auf Überlegungen, wie sie von Karl Gerhard Pöppel in der Theorie vom „Erziehenden Unterricht" im vorhergehenden Beitrag entwickelt werden. Jeder Fachunterricht, sofern er unter der regulativen Idee von Bildung mehr sein will als bloße Wissensvermittlung, muss dieser Theorie zufolge das subjektunabhängige Wissen zur subjektbestimmenden Haltung hin überschreiten (vgl. auch Pöppel 1990, 27ff.; Schilmöller 1994, 344ff.).

Die Verbindung von Wissen und Haltung geschieht im Akt des Wertens. Im Werten fragt der Mensch nach der Bedeutsamkeit des erworbenen Wissens für mögliches Handeln, das als praktisches Tun – und anders als ein technischer Vollzug – sittlichen Grundsätzen entsprechen muß. Bildung schließt daher die Frage nach der sittlichen Rechtfertigung möglicher Handlungen mit ein.

Das gelte, so die Argumentation, nun aber auch umgekehrt. Wie Bildung nicht ohne Besinnung auf moralische Verantwortung vollzogen werden kann, so sei andererseits eine Kenntnis sachlicher Gegebenheiten für eine verantwortliche Entscheidung unerläßlich. Wissen sei daher zwar keine hinreichende, wohl aber eine notwendige Bedingung für Bildung. Im Ethikunterricht könnten die Sachen nicht hinreichend geklärt und zureichend gewertet werden; die Aufgabe der Verbindung von Wissen und Haltung bleibe ungelöst. „Das Problem eines an den übrigen Fachunterricht ‚angehängten' Ethikunterrichts besteht darin", so Jürgen Rekus in seinem Buch ‚Bildung und Moral', „dass er sich in didaktischer Hinsicht verselbständigen und Moralität über die Auswahl geeigneter Inhalte zu bilden versuchen muss. Dabei bleibt das Methodische, d. h. das Werten, als haltungsbildender Prozess des fachlichen Lernens auf der Strecke" (1993, 148). Statt die Werterziehung an ein neues Fach zu delegieren, sei es daher sinnvoller, die Fächer zur Einlösung des mit dem Konzept eines „Erziehenden Unterrichts" verbundenen Anspruchs zu bewegen (vgl. auch Ladenthin 1997, 21ff.).

Die drei hier skizzierten Einwände gegen die Einführung eines Faches Ethik in der Schule sollen uns bei einer Antwort auf die Frage nach „Möglichkeit, Aufgaben und Grenzen" eines Unterrichtsfaches „Ethik" in der Schule leiten. Die Berechtigung der genannten Argumente werde ich dabei an den bereits genannten Kriterien schulischen Ethikunterrichts messen: an der Idee der Bildung als generellem und dem Ziel der „Förderung moralischer Urteilsfähigkeit" als speziellem Kriterium.

3. Bildung als regulative Idee des Unterrichts

Jedes Unterrichtsfach muss sich gegenüber der regulativen Idee von Bildung legitimieren. Diese Forderung gilt auch für ein Fach Ethik, das seinen Ort im Ganzen des Bildungsprozesses der Schüler sucht. Die Idee der Bildung wird somit zum notwendigen, wenn auch noch nicht zum hinreichenden Kriterium für die Rechtfertigung eines Unterrichtsfaches „Ethik" in der Schule.

Was unter Bildung zu verstehen ist, wird heute in unterschiedlichen Formulierungen zum Ausdruck gebracht. In einem stimmen neuzeitliche Bildungstheorien in der Regel aber überein: Bildung besteht nicht in der bloßen Übernahme tradierter Wert- und Ordnungsvorstellungen, sondern Bildung ist Selbstbestimmung angesichts der Aufgaben und Herausforderungen der Zeit.

In dieser Sicht unterscheidet sich neuzeitliches pädagogisches Denken von antiken und mittelalterlichen Bildungsvorstellungen. Für die Antike war die Welt ein Kosmos, in dessen Ordnung sich der Mensch einfügen und eingewöhnen musste, um richtig und gut leben zu können. Bildung, die in der Antike durchaus auf eigene Anstrengungen angewiesen war, wurde als Aufstieg von der Erfahrung zum Wissen und zur Einsicht in die Ordnung alles Seienden verstanden. Sie war Arbeit an einer theoretischen und praktischen, d. i. sittlichen Lebensform, die einer ewigen und übergeschichtlichen Weltordnung genügte (vgl. Benner 1987, 16f.).

Das Christentum hat diese Überlegungen aufgenommen und theologisch akzentuiert. Es fand in der antiken Geisteswelt eine Folie vor, auf der es seinen Schöpferglauben entfalten konnte. Die Welt galt den mittelalterlichen Denkern als Emanation göttlicher Gedanken, die der Mensch als Abbild Gottes nach – denken und in denen er seine Erfüllung finden konnte. Bildung im mittelalterlichen Denken ist Entfaltung der „Gottesbildlichkeit", wie sie von Meister Eckhart und anderen Mystikern verstanden wurde (vgl. Schilling 1964).

Dieser Gedanke an die Übereinstimmung göttlicher Weltordnung und menschlicher Erkenntnis (die „adaequatio intellectus et rei") ist durch die neuzeitliche Erkenntniskritik erschüttert worden. Kant hat dargelegt, dass das Denken in den Kategorien des Verstandes gefangen bleibt und daher das rationale Begreifen eines Weltenschöpfers und einer göttlichen Ordnung die Grenzen des Verstandes übersteigen würde. Der Mensch sieht sich in der Welt der Wissenschaften nicht einer göttlichen Weltordnung, sondern seinen eigenen Entwürfen gegenüber.

Diese neuzeitliche Einsicht in die Grenzen menschlichen Verstandes wirft den Menschen auf sich selbst zurück, erhöht aber eben dadurch den Anspruch an seine Vernunft und seine Freiheit. Wenn tradierte Erkenntnisse und Wertsysteme nicht mehr mit dem Anspruch letztgültiger metaphysischer Wahrheit auftreten können, dann ist jede Generation und jedes Individuum gehalten, die Traditionsbestände zu überprüfen und vor den Richterstuhl seiner eigenen Vernunft zu bringen. Kant hat im Gegenzug in seiner kleinen Schrift ‚Was ist Aufklärung' eine Art pädagogisches Grundsatzprogramm der Neuzeit entworfen. Aufklärung, so heißt es da, sei der Ausgang des Menschen aus seiner selbst verschuldeten Unmündigkeit. „Unmündigkeit ist das Unvermögen, sich seines Verstandes ohne Leitung eines anderen zu bedienen" (1784, A 481). Im Umkehrschluss ist Mündigkeit Urteils- und Entscheidungsfähigkeit, ist Kritikfähigkeit und Verantwortungsbewusstsein und als solche Ziel der Erziehung.

Eine solche Definition von Bildung, in der Selbstbestimmung ein ausschließendes Kriterium darstellt, läßt eine Stellungnahme zu dem Einwand von Fischer zu, eine inhaltlich bestimmte „Wertevermittlung" eigne sich nicht zur Steigerung der sittlichen Kompetenz der Schüler und könne daher nicht „Gegenstand" des Ethikunterrichts sein. An dieser Auffassung ist richtig, dass moralische Erziehung nicht lediglich in der Übernahme und Internalisierung tradierter Werte und Normen bestehen kann, wie es Karl Erlinghagen im Pädagogischen Lexikon definiert hat. „Sittliche Erziehung", so schreibt er dort, „ist die Erziehung zum Verhalten nach jenen Normen, deren Gesamtheit von der Gesellschaft oder ihren Gruppen als gut und deren Gegenteil als ‚böse' angesehen wird. Ihr Umfang ist durch Herkommen, Brauch, Gewohnheit, sittliches und religiöses Empfinden bestimmt" (1970, Sp. 1018).

Dem gegenüber ist festzuhalten: Der verpflichtende Anspruch einer Moral gewinnt seine Rechtfertigung nicht schon dadurch, dass eine bestimmte Ordnung von einer Gruppe gemeinsam als geltend anerkannt wird. Er leitet sich nicht aus gesellschaftlichen Ordnungsvorstellungen ab, mögen sie gleich als Menschenrechte kulturübergreifend kodifiziert oder durch Grundgesetz und Verfassung demokratisch legitimiert sein, sondern aus Gründen, die für solche Ordnungen geltend gemacht werden. „Ein so verfasster Staat wird dadurch gebildet, dass die ihn bewirkenden Menschen sich einig wissen, gemeinsam nur auf *der* Grundlage miteinander leben zu können, dass ein System unbedingter und unabdingbarer Werte der Verfügung von Staates wegen entzogen ist und bleibt sowie erst die Erkenntnis dieser Werte und das diesen Werten Dienen des Staates ihm Rechtsrang gewährt und ihn legitimiert. So ist dieser Staat von einer Veranstaltung zur bloßen Selbstbehauptung seiner Macht, in deren Reflex die Menschen überleben, hinauf-verwandelt zu einem Mittel der Selbstentfaltung des Menschen durch den gemeinschaftlichen Schutz bestimmter Werte im Rechtsfrieden" (Arndt 1959, 69). *Grundwerte und Grundrechte der Verfassung gelten nicht, weil sie in der Verfassung stehen, sondern stehen in der Verfassung, weil sie gelten!*

Auf der anderen Seite darf aber nicht übersehen werden, dass Kindern und Jugendlichen erst durch das Mitleben in einer Gesellschaft der Zugang zur Welt und auch zu den Werten erschlossen wird. Sie wachsen in einer Wertegemeinschaft auf und erfahren dort, was Menschen als wertvoll erscheint. Die nachwachsende Generation erhält Anschluss an den historischen Wertklärungsprozess und gewinnt aus dem Reichtum geschichtlicher Erfahrungen Einsicht in sittliche Grundsätze und Normen früherer Generationen. Wertbezogene Haltungen entstehen ebenso wie fachbezogene Interessen nicht naturwüchsig, sondern müssen im Bildungsprozess durch Reflexion eigener wie tradierter Erfahrungen geweckt bzw. angeregt werden.

In zweifacher Hinsicht habe ich auf die Bedeutung von Erfahrungen im Bildungsprozess rekurriert, auf die unmittelbaren oder Alltagserfahrungen der Schüler sowie auf die mittelbaren oder tradierten Erfahrungen, die sich der heranwachsenden Generation in einem hermeneutischen Prozess erschließen. Eine solche Berufung auf Erfahrung stellt uns vor die Frage, ob man durch Erfahrung moralisch lernen kann (vgl. Tugendhat 1994, 87ff.). Zwei gewichtige Gründe, ein institutioneller und ein prinzipieller Grund sprechen zunächst dagegen.

Der zielgerichtete und systematische Gang des Lernens in der Institution Schule findet seinen spezifischen Ausdruck nicht im Begriff der Erfahrung, sondern im Begriff der Methode (vgl. Regenbrecht 1995, VIIff.). Im schulischen Unterricht wird der Lebenszusammenhang, in dem die Probleme nur zufällig und bruchstückhaft erkannt werden, verlassen, um ihre Entstehung wie ihre Lösung in einer systematischen Ordnung zu begreifen. Insofern reicht eine bloße Vergegenwärtigung von Erfahrungsinhalten zur Gewinnung von sachlicher Erkenntnis und sittlicher Urteilsfähigkeit nicht aus; sie müssen systematisch geordnet und gegliedert werden. Das hat etwa Konsequenzen für die Gestaltung des Lehrplans.

Der prinzipielle Einwand gegen ein moralisches Lernen durch Erfahrung reicht noch weiter. Da Erfahrungen immer orts- und zeitgebunden sind, können aus ihnen keine Handlungsregeln für künftige Fälle gewonnen werden. Anders als bei der theoretischen Erkenntnis kann der Schüler nicht durch reflektierende Abstraktion die Grundbegriffe und Operationen gewinnen, die für eine angemessene moralische Beurteilung von Handlungssituationen notwendig sind. Die Geltung einer Norm ergibt sich nicht aus der bloßen Anwendung von moralischen Grundsätzen auf konkrete Fälle; auch gut begründete moralische Prinzipien können nur „prima facie" gelten. „Prima facie" bedeutet: unter der Voraussetzung sonst gleicher Umstände. Wo diese nicht gegeben sind, müssen die Maximen unter den Bedingungen der jeweils konkreten Situation vom handelnden Subjekt stets neu ausgewählt und konkretisiert werden.

Die Ausgangsfrage lautete, ob Schüler aus Erfahrungen, aus eigenen oder überlieferten, moralisch lernen können. Versteht man unter „Lernen aus Erfahrungen" lediglich die Vergegenwärtigung wechselnder Beispiele moralischen Handelns, so ist moralisches Lernen nicht möglich. Der Gang von Beispiel zu Beispiel ohne eigene wertende Stellungnahme kann im Gegenteil zum Relativismus führen, also zur Negation des Anspruchs auf universelle Geltung. Sucht man dagegen die Gründe und Motive moralischen Handelns zu verstehen, so erschließt sich ein weites Feld für moralische Reflexion. Der Schüler kann am Beispiel vorgestellter Handlungen seine eigene Urteilskraft schärfen, indem er zu den Beweggründen der handelnden Personen wertend Stellung nimmt. Im Wertungsprozess steht er vor der Aufgabe, seine eigene Überzeugung zu reflektieren, um sie argumentativ vertreten zu können. Er unterzieht dabei nicht nur die Überzeugung der anderen einer kritischen Prüfung, sondern sieht auch seine eigenen moralischen Überzeugungen auf dem Prüfstand. *Das Ziel des Ethikunterrichts ist daher nicht die Vermittlung moralischer Erfahrungen, sondern die Förderung moralischer Urteilsfähigkeit in Handlungssituationen.* Nicht *aus* Erfahrungen, wohl aber *an* Erfahrungen kann der Schüler moralisch lernen. Fischer hat daher unrecht, wenn er dem Ethikunterricht einen spezifischen Gegenstand abspricht. *Gegenstand des Ethikunterrichts ist die Aufklärung über den Standpunkt der Moral aus Anlass von Erfahrungen.* In der Analyse eigener und fremder Erfahrungen werden die Schüler nicht nur mit den Tatsachen selbst, sondern auch mit den Wert- und Normurteilen konfrontiert, die den jeweiligen Handlungen zugrunde liegen.[4]

Die Erschließung der in der Geschichte entwickelten und in der Kultur überlieferten Wertsetzungen hat daher eine große Bedeutung für die Entstehung von Wertvorstellungen im Bildungsprozess. Insofern ist es nicht nur *legal,* d. h. aufgrund bestehender Schulgesetze geboten, sondern auch *legitim,* d. h. vom Bildungsanspruch her begründet, etwa die Normen des Grundgesetzes oder die Menschenrechte zu zentralen Bezugspunkten im Ethikunterricht zu machen. Wenn Vertreter nahezu aller Weltreligionen sich in dem „Projekt Weltethos" über einen Kernbestand gemeinsamer moralisch relevanter Werte verständigen können, dann haben solche Sätze einen starken Aufforderungscharakter zum eigenen Nachdenken. Auch auf dem Gebiet sittlicher Grundsätze muss nicht jede Generation „das

---

[4] Vgl. Tugendhat 1984, 97: „Wenn es eine moralische Erfahrung geben können soll (die es nach Tugendhat auch gibt, Anm. d. Verf.), muss die konkrete Norm, und d. h. die Art, wie ein konkreter Fall moralisch beurteilt wird, das Ergebnis zweier Faktoren sein, dem vorausgesetzten Beurteilungsprinzip und der Erfahrung."

Rad neu erfinden", sondern gewinnt in der Auslegung der großen Gehalte der Weltkultur eigene Orientierung. Aber selbst die Forderung nach Achtung der Menschenrechte wird nur wirksam, wenn sie nicht nur als UNO-Resolution weltweit *bekannt,* sondern von den Staaten wie den einzelnen Individuen im eigenen „Nach-Denken" *anerkannt* wird.

Zur Vermeidung von Missverständnissen muss in diesem Zusammenhang ein Wort zu dem häufig gehörten Begriff der „sittlichen Orientierung" (vgl. Dölle-Oelmüller 1999, 9ff.) gesagt werden. Unter „Orientierung" verstand man ursprünglich die Ausrichtung eines Kultgebäudes, etwa einer Kirche, in Ost-West-Richtung („sol oriens"); später ein In-Kenntnis-Setzen oder – reflexiv – ein Sich-zurecht-Finden im Raum. Den reflexiven Gebrauch des Begriffs „Orientierung" kann ein Bild verdeutlichen. Wanderer orientieren sich an einer Landkarte darüber, welche Wege zu welchen Zielen führen. Sie müssen nicht alle Wege selbst finden und abschreiten, um zu erfahren, welche zielführend sind. Die Karte wird für sie zu einem unentbehrlichen Mittel der Orientierung, sie nimmt ihnen aber weder die Auswahl des Zieles noch die Wahl des Weges ab. So ist auch im Bildungsprozess der Schüler in seiner sittlichen Entwicklung darauf angewiesen, an Beispielen und Vorbildern die Vielfalt menschlicher Wertentscheidungen und Handlungsvollzüge zu entdecken. Die Entscheidung über die zu erreichenden Ziele und die einzuschlagenden Wege aber muss er selber treffen. Nicht am Gedachten, sondern im Denken soll sich der Schüler orientieren.

Wer daher die Einführung in ein gesellschaftlich geltendes Wertesystem bereits als moralische Erziehung (miss-)versteht, unterliegt einem *genetischen Fehlschluss.* So richtig es ist, Kinder und Jugendliche durch die Aufnahme in eine Wertegemeinschaft die dort gelebten Werte und Normen entdecken zu lassen, so wichtig bleibt es, das *Finden* von Werten vom *Begründen* von Werten zu unterscheiden. Moralische Erziehung muss daher beides bedenken: die verstehende Erschließung tradierter Wertvorstellungen wie auch die Möglichkeit einer kritischen Prüfung ihrer Verbindlichkeit.

4. Förderung der moralischen Urteilsfähigkeit als Ziel und Weg des Ethikunterrichts

Meine Analyse des Bildungsbegriffs führte zu dem Ergebnis, dass moralische Erziehung nicht als bloße Übernahme tradierter Verhaltensmuster (miss-)verstanden werden darf, sondern als Akt der Selbstbestimmung an die Urteilsfähigkeit des Schülers gebunden ist. Das gilt auch und gerade für den Ethikunterricht. Der Schüler soll nicht *zu Werten,* sondern *zum Werten* erzogen werden. Ob ein Ethikunterricht als „Aufklärung über den Standpunkt der Moral aus Anlass von Erfahrungen" dieses leisten kann, d. h. ob die Förderung der moralischen Urteilsfähigkeit die Einrichtung eines eigenständigen Ethikunterrichts rechtfertigt, muss eine Strukturanalyse des moralischen Urteils erweisen. Dabei sind zwei Teilfragen zu beantworten. Was ist unter dem „Standpunkt der Moral" zu verstehen und was heißt „Aufklärung aus Anlass von Erfahrungen"? Die erste Frage richtet sich auf die Kriterien, die zweite auf die Struktur moralischer Urteile.

4.1 „Gerechtigkeit" und „Lebensdienlichkeit" als Kriterien moralischer Urteile

Wer menschliches Handeln vom „Standpunkt der Moral" aus bewerten will, muss sowohl über die Gleichbehandlung aller Menschen als auch über die Förderung ihres Wohlergehens befinden. Das Eine ist ohne das Andere nicht zu denken. Im Prädikat „gerecht" kommt der Anspruch auf Unparteilichkeit eines moralischen Urteils zum Ausdruck, in der Forderung nach „Lebensdienlichkeit" die Pflicht, für eigenes und fremdes Wohlergehen Verantwortung zu übernehmen: Menschliches Leben soll gelingen.

Kant hat in seinem kategorischen Imperativ, der in einer Grundform und drei Varianten formuliert ist, beide Forderungen zusammengefasst. In der Grundform dieses Imperativs heißt es: *„Handle nur nach derjenigen Maxime, durch die du zugleich wollen kannst, dass sie ein allgemeines Gesetz werde"* (1785, BA 52). Eine Handlung ist nach Kant dann sittlich zu rechtfertigen, wenn unter gleichen Voraussetzungen alle gleich handeln bzw. gleich behandelt werden.

Diese Aussage ist *formal,* sie sagt nichts über die *inhaltlichen* Grundsätze moralischen Handelns aus.[5] Sie begründet deren Pflichtcharakter, bleibt aber unbestimmt in der Begründung der inhaltlichen Entscheidung. Die Grundform des moralischen Imperativs ist daher eine notwendige, aber noch keine hinreichende Bedingung moralischer Urteile.

Besonders deutlich wird der formale Charakter des kategorischen Imperativs in der volkstümlichen Maxime der sogenannten „Goldenen Regel". Danach soll jeder so handeln, wie er von anderen selbst behandelt werden will. Die Goldene Regel fordert dazu auf, vom bloßen Selbstinteresse Abstand zu nehmen und sich in einem Gedankenexperiment auf den Standpunkt des Betroffenen zu stellen. Einen vergleichbaren Vorschlag macht John Rawls in seinem Buch ‚Theorie der Gerechtigkeit'. Wer in einer Situation nicht weiß, ob er der Handelnde oder der vom Handeln Betroffene ist, wird nach Rawls jene Entscheidung treffen, die unparteiisch, d. h. gerecht ist (vgl. 1975).

So sehr die „Goldene Regel" oder „der Schleier der Ungewissheit" geeignet sind, die Reflexion über die Begründung eines moralischen Urteils einzuleiten, so wenig reichen sie alleine aus, den moralischen Standpunkt zu begründen. Sie fordern zur Gleichbehandlung, zur Gerechtigkeit auf, lassen aber offen, welche Gleichheiten

---

[5] Die Diskussion um den „Standpunkt der Moral" ist (vor allem im angelsächsischen Raum) in den letzten 50 Jahren intensiv geführt worden. Dabei war eines der diskutierten Probleme, ob es überhaupt auf- und ausweisbare inhaltliche Kriterien (Lebensdienlichkeit) moralischer Urteile gibt oder ob diese Urteile sich allein aufgrund ihres formalen Charakters als moralische qualifizieren lassen. Insofern ist die Debatte um den „moral point of view" eine Fortsetzung der Diskussion um eine formale versus materiale Interpretation des Kategorischen Imperativs bei Kant, die in der deutschen philosophischen Tradition bis heute nicht beendet ist. (Zur angelsächsischen Debatte vgl. Kurt Baier: „Der Standpunkt der Moral". Auch die ‚Theorie der Gerechtigkeit' von John Rawls lässt sich als ein Beitrag zu dieser Diskussion lesen; siehe auch Anm. 2).

oder Ungleichheiten unter den Menschen sittlich bedeutsam sind, eine gleiche oder eine unterschiedliche Behandlung gebieten oder verbieten. Angenommen, jemand beanspruche für sich das Gesetz der Blutrache und spreche dieses Recht auch jedem anderen zu. Sein sittliches Urteil ist unparteiisch, aber gleichwohl nicht gerechtfertigt, weil es gegen das elementare Recht des Menschen auf Leben verstößt. Bruno Schüller, der dieses Beispiel weiter ausführt, stellt dazu fest: „Keine behauptete sittliche Norm kann richtig sein, die sich wegen ihrer Parteilichkeit nicht mit der Goldenen Regel vereinbaren lässt; doch garantiert die Vereinbarkeit einer behaupteten Norm mit der Goldenen Regel noch nicht ihre sittliche Richtigkeit. Unparteilichkeit ist die notwendige, nicht aber zugleich zureichende Bedingung für die Richtigkeit einer sittlichen Norm" (1980, 93).

Auch Kant ist nicht bei der formalen Bestimmung sittlichen Handelns stehen geblieben. Neben der Grundform des kategorischen Imperativs nennt er „drei Arten, das Prinzip der Sittlichkeit vorzustellen" (1785, BA 79); sie betreffen die Form, die Materie und die vollständige Bestimmung der Maximen. Hier interessiert die zweite, die „materiale" Vorstellungsart, wie Höffe sie nennt (vgl. 1988, 185), die vom Menschen als Zweck an sich selbst ausgeht: *Handle so, dass du die Menschheit, sowohl in deiner Person, als auch in der Person eines jeden anderen, jederzeit zugleich als Zweck, niemals bloß als Mittel brauchest*" (Kant 1785, BA 66). Mit dieser Fassung erweitert Kant die erste formale Bestimmung im Gleichheitsgrundsatz durch den inhaltlichen Bezug auf die „Menschheit im Menschen". Entgegen dem vor allem durch Max Schelers Werk „Der Formalismus in der Ethik und die materiale Wertethik" populär gewordenen Einwand, Kants Ethik sei im Gedanken der Pflicht rein formal bestimmt, kann der kategorische Imperativ durchaus auch als inhaltliches Gesetz interpretiert werden. Zwar lehnt Kant eine materiale Begründung des verpflichtenden Charakters ethischer Handlungen entschieden ab, der Imperativ ist eben kategorisch und nicht hypothetisch, doch schließt er Folgeüberlegungen und deren Beurteilung im Lichte des Wohlergehens nicht grundsätzlich aus, sondern hält sie im Gegenteil für die Findung von sittlichen Normen für notwendig. „Nun ist freilich unleugbar", so schreibt er, „dass alles Wollen auch einen Gegenstand, mithin eine Materie haben müsse; aber diese ist darum nicht eben der Bestimmungsgrund und Bedingung der Maxime ..." (1788, A 60). Höffe stellt dazu fest: „Ausgeschlossen sind Folgeüberlegungen aus der Begründung, nicht aber aus der Anwendung sittlicher Maxime auf konkretes Handeln; hier sind sie nicht nur erlaubt, sondern meist unabdingbar. Nicht im Gegensatz, sondern ganz in Übereinstimmung mit dem Utilitarismus hält Kant die Beförderung des Wohlergehens anderer für sittlich geboten; und die Befolgung des Gebots setzt voraus, dass man sich im Lichte des Wohlergehens der Mitmenschen die Konsequenzen seines Tuns und Lassens genau überlegt" (1988, 189f.).[6]

---

[6] Eine solche Kant-Interpretation, die neben dem formalen Prinzip der Gerechtigkeit ebenso notwendig den Gedanken des Glücks, eines „gelingenden Lebens", erörtert, findet heute zunehmend Zustimmung. So spricht Martin Seel in seinem Buch ‚Versuch über die Form des Glücks' von einem „neu verstandenen Kantianismus" und schreibt: „Der moralisch gute Wille, den Kant zum ethischen Angelpunkt erhebt, ist dann gut, dass er das Glücksstreben der anderen

Der kategorische Imperativ Kants fordert den Menschen daher nicht nur dazu auf, alle Menschen gerecht, d. h. unparteiisch zu behandeln, sondern gibt im Gedanken der „Menschheit als Zweck an sich selber" auch einen inhaltlichen Maßstab für sittliche Entscheidungen vor. Inhaltliches Maß sittlicher Entscheidung ist die *„conditio humana",* der Mensch in seiner Einheit als empirisches und transzendentales Subjekt. Kant spricht in der ‚Metaphysik der Sitten' von der „eigenen Vollkommenheit, als Zweck, der zugleich Pflicht ist" (1797, A 24) und von der „fremden Glückseligkeit, als Zweck, der zugleich Pflicht ist" (1797, A 27).[7] Menschliche Handlungen sind daher unter zwei Aspekten sittlich zu beurteilen, einmal danach, ob alle Menschen gleich, d. h. „gerecht" behandelt werden, und zweitens, ob dieses Handeln dem Menschen dient, d. h. ob es „gut" ist. Höffe hat in seiner eingangs zitierten Definition der Ethik daher Aussagen über das „gute" und das „gerechte" Handeln zusammengefasst, aber zugleich unterschieden. Zusammen erst begründen sie das Prädikat sittlicher Urteile, wie Tugendhat es formuliert hat: „Gleichermaßen gut für alle" (1984, 86).

In der Notwendigkeit, moralische Normen sowohl unter dem Aspekt der „Gerechtigkeit" (Unparteilichkeit) als auch unter der Forderung nach „Lebensdienlich-

als gleichberechtigtes Streben respektiert. Ginge das, wonach die anderen ebenso streben wie der moralisch Handelnde selbst, nicht in die Explikation dieses Handelns ein, so bliebe die Hinsicht dieses Handelns ebenso leer wie der Text der Verallgemeinerbarkeit, dem es unterliegt. Der formale Begriff des Guten gibt nämlich an, in welcher Hinsicht wir unser Handeln als moralische Subjekte allgemein müssen rechtfertigen können" (1995, 11).
SEEL weist in seinem Buch (13ff.) darauf hin, dass die Frage nach dem Zusammenhang von „gut" und „gerecht" konstitutiv für die ganze abendländische Ethikdiskussion ist. Dass freilich dieses Verhältnis in einer höchst unterschiedlichen Weise gesehen und begründet wird, ist nicht ein Zeichen der Marginalität dieser Frage, sondern ein Hinweis auf die Notwendigkeit der Diskussion dieses Problems heute. Holmer Steinfath hat in dem Sammelband ‚Was ist ein gutes Leben?' unterschiedliche Beiträge zur Antwort auf die Frage nach dem „guten Leben" zusammengefasst und stellt einleitend dazu fest: „Die Frage, was ein glückliches, gelingendes Leben ist, erlebt in der gegenwärtigen, philosophischen Diskussion eine erstaunliche Renaissance" (Steinfath 1998, 7). Einen orientierenden Überblick über die neueren Versuche (Ernst Tugendhat; Hans Krämer), Strebens- oder Glücksethik und Pflicht- oder Sollensethik miteinander zu verbinden („Integrative Ethik", Krämer) gibt Monika Sänger in ihrem Beitrag ‚Lebensgestaltung' (1995, 5ff.).
Auch Jürgen Habermas, der sich in seiner deontologischen Diskursethik auf Kant beruft, schließt in seine Normenreflexion eine Bestimmung der Fragen des „guten Lebens" mit ein. „Dieser (der praktische Diskurs, Anm. d. V.) ist freilich ein Verfahren nicht zur Erzeugung von gerechtfertigten Normen, sondern zur Prüfung der Gültigkeit vorgeschlagener und hypothetisch erwogener Normen. Praktische Diskurse müssen sich ihre Inhalte geben lassen. Ohne den Horizont der Lebenswelt einer bestimmten sozialen Gruppe und ohne Handlungskonflikte in einer bestimmten Situation, in der die Beteiligten die konsensuelle Regelung einer strittigen gesellschaftlichen Materie als ihre Aufgabe betrachteten, wäre es witzlos, einen praktischen Diskurs führen zu wollen" (1983, 113).
[7] „Mit dem Zwecke der Menschheit in unserer eigenen Person ist also auch der Vernunftwille, mithin die Pflicht verbunden, sich um die Menschheit durch Kultur überhaupt verdient zu machen, sich das Vermögen zur Ausführung allerlei möglichen Zwecke, sofern dieses in dem Menschen selbst anzutreffen ist, zu verschaffen oder es zu fördern, d. i. eine Pflicht zur Kultur der rohen Anlagen seiner Natur, wodurch das Tier sich allererst zum Menschen erhebt: Mithin Pflicht an sich selbst" (Kant 1797, A 24).

keit" (Erfüllung der „conditio humana") liegt das zentrale Problem für die Gewinnung eines ethischen Konsenses in einer pluralistischen Gesellschaft und eben auch für den Ethikunterricht in einer öffentlichen Schule. Wenn eines dieser beiden Kriterien unberücksichtigt bleibt oder rational nicht vollständig begründet werden kann, ist eine Verständigung über ethische Grundsätze nur partiell möglich. Das hat entscheidende Folgen für die Reichweite eines Ethikunterrichts in einer öffentlichen Schule. Wir werden auf die Frage nach der Grenze des Unterrichts im Fach Ethik später noch näher eingehen.

4.2 Vermittlung sittlicher Grundsätze (Maximen) mit handlungsleitendem Situationsverständnis als Strukturprinzip moralischer Urteile

Urteilsfähigkeit, auch Urteilskraft genannt, ist nach Kant das Vermögen, das Einzelne mit dem Allgemeinen zu vermitteln. Die Verbindung des Einzelnen mit dem Allgemeinen kann in einer zweifachen Weise geschehen. Wenn das Allgemeine gegeben ist, ist Urteilskraft nötig, um das Besondere dem Allgemeinen unterzuordnen. Aber es ist auch das Umgekehrte denkbar: Gegeben ist der konkrete Fall, zu dem eine zutreffende allgemeine Regel gefunden werden soll. Kant unterscheidet daher in seiner ‚Kritik der Urteilskraft' die *bestimmende* von der *reflektierenden* Urteilskraft. „Urteilskraft überhaupt ist das Vermögen, das Besondere als enthalten unter dem Allgemeinen zu denken. Ist das Allgemeine (die Regel, das Prinzip, das Gesetz) gegeben, so ist die Urteilskraft, welche das Besondere darunter subsumiert, ... *bestimmend*. Ist aber nur das Besondere gegeben, wozu sie das Allgemeine finden soll, so ist die Urteilskraft bloß *reflektierend*" (1790, A XXIIIf).

Wollte man unter moralischer Urteilsfähigkeit das Vermögen verstehen, besondere Fälle des Handelns „bestimmend" unter eine als vernünftig unterstellte Maxime zu subsumieren, so müßten nicht nur der kategorische Charakter der Handlungsgrundsätze, ihre „unbedingte Geltung", sondern auch die Vergleichbarkeit der Situationen vorausgesetzt werden. Das mag aufgrund der Ähnlichkeit mancher Situationen im Einzelfall durchaus möglich sein. Moralische Grundsätze können Handlungen „prima facie" bestimmen. So gehen wir davon aus, daß es in der Regel geboten ist, die Wahrheit zu sagen. Dennoch gibt es Situationen, die es um anderer Werte willen moralisch rechtfertigen, unter Umständen sogar zwingend gebieten, willentlich die Unwahrheit zu sagen. So etwa in dem Fall, in dem ein ungerecht Verfolgter vor seinen Häschern Schutz gesucht hat, um auf das berühmte Beispiel Kants anzuspielen (vgl. 1797, A 301ff.). Die *„reflektierende Urteilskraft"* sucht unter den Bedingungen der gegebenen Situation jene Grundsätze zu bestimmen, die in diesem Fall die Entscheidung rechtfertigen (vgl. Regenbrecht 1998, 95ff.). Der Geltungsanspruch einer moralischen Norm kann daher nur in einem reflektierenden Urteil begründet werden.

Der Rekurs auf die reflektierende Urteilskraft ist geeignet, ein bekanntes Dilemma in der sittlichen Entscheidung abzuschwächen, wenn nicht aufzulösen. Sittliches Handeln verlangt einerseits die Anerkennung der Geltung universaler ethischer Prinzipien und andererseits die Berücksichtigung der Besonderheiten der konkreten Situation, ohne einer bloßen Situationsethik zu verfallen und dadurch in den Verdacht des Relativismus zu geraten. Durch die reflektierende Urteilskraft werden die universale und die individuelle Perspektive miteinander vermittelt.[8] Menschliches Handeln ist stets zeit- und situationsgebunden. Es ist abhängig von den besonderen Umständen der Situation und gebunden an die Fähigkeiten und Kräfte des Individuums. Wer verantwortlich handeln will, muß daher im Blick auf die universellen Prinzipien (Maximen) die Handlungsregeln (Normen) in Ansehung der konkreten Bedingungen, insbesondere unter Beachtung der eintretenden Folgen für jeden Einzelfall selbst bestimmen. Jene Verstandeskraft, die im Blick auf das allgemeine Ziel menschlichen Lebens im konkreten Einzelfall das moralisch Richtige zu erkennen und das Handeln zu leiten vermag, hat Aristoteles *Klugheit, phronesis,* genannt. In der Klugheit verbindet sich normatives Wissen um allgemeine sittliche Prinzipien mit handlungsbedingendem Situationsverständnis. „Klugheit", so das Lexikon der Ethik, „ist demnach sittliche *Urteilskraft,* die … im Feld der Praxis das Einzelne mit dem Allgemeinen zu vermitteln vermag" (Forchner 1997, 152).

Eine Analyse sittlicher Handlungen erfordert daher die Bearbeitung von drei Problemfeldern: eine Situationsanalyse, eine Prinzipienbestimmung und eine diskursive Auseinandersetzung mit dem Lösungsvorschlag.[9] Die Situationsanalyse macht dem Schüler die situative Gebundenheit aller sittlichen Entscheidungen bewußt. In der Prinzipienbestimmung steht er vor der Frage, nach welchen Prinzipien eine Handlung als sittlich legitimiert ausgewiesen werden kann. In der Auseinandersetzung mit dem Lösungsvorschlag schließlich wird in der Verbindung der besonderen Situation mit den allgemeinen Prinzipien die Entscheidung für eine konkrete Handlungsregel vom Individuum bewertet. Diese Aufgaben sind in ihrer zeit-

---

[8] Jürgen-Eckardt Pleines verdeutlicht die Eigenart des reflektierenden Urteils und seine Bedeutung für die sittliche Entscheidung am Beispiel des Takts. Auch der Takt ist keineswegs darauf beschränkt, gegebene Normen bloß anzuwenden. Der taktvolle Mensch ist vielmehr bemüht, die besondere Situation innerhalb der sozialen Welt aufzuspüren, der er durch ein Verhalten Rechnung trägt, das allgemein als angemessen und vernünftig anerkannt wird. Im taktvollen Verhalten werden allgemeine Regeln des mitmenschlichen Umgangs unter den Bedingungen und Erfordernissen der Situation so konkretisiert, daß sie Geltung beanspruchen können. Pleines schreibt: „Wer immer ein Verhalten als taktvoll bezeichnet, erhebt es automatisch zu einem exemplarischen Fall, an dem sich vorbildlich ablesen läßt, wie Menschen in vergleichbaren Situationen zu handeln hätten. Aus diesem Urteil erwächst demnach so etwas wie eine praktische Regel oder ein moralisches Gesetz" (1983, 118).

[9] Die relativ größte Nähe zu diesen Überlegungen ist in der Konzeption der Hessischen Rahmenrichtlinien für den Ethikunterricht zu finden. „Nach den Rahmenplänen in Hessen … ist die Förderung ethischer Urteilsbildung in Handlungssituationen Aufgabe des Ethikunterrichts … Die Allgemeinen Lernziele des Ethikunterrichts beziehen sich auf Qualifikationen, die im Prozeß ethischer Urteilsbildung gefordert werden. Sie sind in drei Gruppen zusammengefaßt (vgl. RR 43ff.):
– Fähigkeiten und Kenntnisse zur Analyse von Handlungssituationen
– Fähigkeiten und Kenntnisse zu einem an Wertvorstellungen und ethischen Grundsätzen orientierten Handeln,
– Fähigkeiten und Kenntnisse zur diskursiven Auseinandersetzung im Prozeß ethischer Urteilsbildung."
(Hessisches Institut für Bildungsplanung und Schulentwicklung 1986, 17)

lichen Abfolge nicht zwingend vorgeschrieben, sondern als Momente eines Gesamtprozesses zu verstehen, die ineinander greifen und in ihrer Verschränkung das Urteil konstituieren. Entscheidend aber bleibt, daß alle drei Bereiche berücksichtigt werden, weil nur in der Verbindung von Situationsanalyse und Prinzipienreflektion die konkrete Handlungsregel bewertet werden kann (vgl. Höffe 1978, 400f.).

Wer moralisch urteilt, befindet sowohl über den Geltungsanspruch universeller moralischer Prinzipien als auch über die Anforderungen in diesem besonderen Fall. Schüler, die eigenes und fremdes Handeln sittlich bewerten wollen, müssen daher einerseits die Bedingungen der konkreten Situation und andererseits die normativen Grundsätze, die dieses Handeln geleitet haben, reflektieren. Eine solche Reflexion zwingt sie, in Auseinandersetzung mit fremder Erfahrung eine eigene moralische Entscheidung zu vertreten und zu begründen.

Die Verbindung von Situationsanalyse, Reflexion normativer Prinzipien und Kritik der vorgefundenen Handlungsregel muß von den Schülern in eigenen Akten selbst geleistet werden; *Urteilen* kann nicht gelehrt, sondern muß geübt werden. Da der Schüler sein Urteil nicht durch die bloße Anwendung einer universellen Regel (Maxime) legitimieren kann, muß er *üben,* in einem konkreten Fall die Handlungsregel (Norm) selbst zu finden und zu begründen. Kant schreibt dazu in der „Kritik der reinen Vernunft“: „... und so zeigt sich, dass zwar der Verstand einer Belehrung und Ausrüstung durch Regeln fähig, Urteilskraft aber ein besonderes Talent sei, welches gar nicht belehrt, sondern nur geübt sein will“ (1781, A 133). *Methodisches Lernen im Ethikunterricht heißt daher Übung der reflektierenden Urteilskraft durch Aufklärung über den Standpunkt der Moral aus Anlass menschlicher Erfahrungen.*[10] Diese Definition der Methode des Ethikunterrichts entkräftet den oben zitierten Vorwurf, im Ethikunterricht bleibe „das Methodische, d. h. das Werten als haltungsbildender Prozess des fachlichen Lernens auf der Strecke“ (Rekus 1993, 148). Eine „Aufklärung über den Standpunkt der Moral aus Anlass von Erfahrungen“ ist eben keine bloße Information über sittliche Grundsätze und Handlungen, sondern ein genuiner Wertungsprozess in der kritischen Auseinandersetzung mit vorgefundenen Handlungsregeln. Rekus bestreitet, dass es einen spezifischen Gegenstand des Faches Ethik gibt, und muss infolgedessen auch die Eigenständigkeit der Fragestellung in diesem Fach in Zweifel ziehen.

---

[10] Kant fragt in seiner Methodenlehre nach der Art, „wie man den Gesetzen der reinen praktischen Vernunft Eingang in das menschliche Gemüt, Einfluss auf die Maximen desselben verschaffen, d. i. die objektiv-praktische Vernunft auch subjektiv praktisch machen könne“ (1788, A 269). Er fordert dabei den Erzieher auf, die Biographien alter und neuer Zeit in der Absicht zu durchsuchen, Belege zu den vorgelegten Pflichten bei der Hand zu haben, und fügt in diesem Zusammenhang hinzu: „Ich weiß nicht, warum die Erzieher der Jugend von diesem Hange der Vernunft, in aufgeworfenen praktischen Fragen selbst die subtilste Prüfung mit Vergnügen einzuschlagen, nicht schon längst Gebrauch gemacht haben, und, nachdem sie einen bloß moralischen Katechismen zum Grunde legten, sie nicht die Biographien alter und neuer Zeugen in der Absicht durchsuchten, um Belege zu den vorgelegten Pflichten bei der Hand zu haben, an denen sie, vornehmlich durch die Vergleichung ähnlicher Handlungen unter verschiedenen Umständen, die Beurteilung ihrer Zöglinge in Tätigkeit setzten, um den minderen oder größeren moralischen Gehalt derselben zu bemerken“ (1788, A 276).

4.3 Möglichkeit und Grenze der Förderung moralischer Urteilsfähigkeit durch die Analyse sittlicher Handlungen

In der Analyse der Struktur sittlicher Urteile wurden die Aufgaben benannt, die bei sittlichen Entscheidungen zu erfüllen sind. Das zentrale Problem liegt dabei in der Klärung und Begründung der Handlungsgrundsätze, von Kant „Maximen" genannt. Maximen sind allgemeine Lebensgrundsätze, nach denen Teile eines Lebens zu einheitlichen Sinnzusammenhängen verbunden werden. „Als *Grundsätze,* die mehrere Regeln unter sich haben, beinhalten Maximen die Art und Weise, wie man sein Leben als Ganzes führt – bezogen auf bestimmte Grundaspekte des Lebens und Zusammenlebens, wie etwa Hilfsbereitschaft, Lebensüberdruss oder Beleidigungen" (Höffe 1988, 186). In den Maximen bestimmt der Mensch sich selbst; sie sind Ausdruck und Spiegel seiner Identität und Grundlage seiner Lebensführung. Unter dem kategorischen Imperativ werden sie geprüft, ob sie moralisch sind oder nicht.

In der Aufklärung über eigene und fremde Handlungen „unter dem Standpunkt der Moral" werden die Schüler daher nicht nur mit den Handlungsregeln (Normen) selbst, sondern auch mit den Lebensgrundsätzen konfrontiert, nach denen diese Handlungen ausgerichtet sind. Die Diskussion solcher Grundsätze – etwa rücksichtsvoll oder rücksichtslos zu sein, auf Beleidigungen rachsüchtig oder großmütig zu reagieren, sich in Notsituationen hilfsbereit oder gleichgültig zu verhalten, Freundschaften zu suchen oder sich menschlichen Begegnungen zu verschließen – erweitert ihre eigenen Wertvorstellungen und zwingt sie, bei einem Urteil über Handlungen ihre eigene Einstellung zu überprüfen und ggf. zu korrigieren. Um ein Beispiel zu nennen: Wenn die Schüler den „Kleinen Prinzen" interpretieren, reflektieren sie den Wert der Freundschaft und werden mit ihrer eigenen Einstellung dazu konfrontiert. Dabei wird die Frage, warum der Mensch nach Freundschaft strebt, ebenso artikuliert wie die Überlegung, ob und ggf. was man Freunden gegenüber schuldig ist und wie man sich verhalten muss, um Freunde zu gewinnen oder zu behalten. Eine Analyse menschlicher Handlungen kann somit in dreifacher Weise zur moralischen Erziehung beitragen: Sie ruft das in der Wirklichkeit vorliegende sittlich relevante Verhalten in Erinnerung, sie zeigt das weite Spektrum möglicher Wert- und Normentscheidungen und appelliert an das in jedem Handeln wieder neu zu artikulierende Optimum persönlicher sittlicher Verantwortung.

So sehr die Schüler sich in der Reflexion moralischer Handlungen solcher Grundsätze bewusst werden und damit Grundlagen für eigene Entscheidungen gewinnen können, so deutlich muss jedoch auf die Grenze einer rationalen Begründbarkeit sittlicher Maximen hingewiesen werden. Diese Einschränkung trifft die Prädikate „gerecht" und „gut" in ungleicher Weise.

Die Frage nach der Gerechtigkeit ist im konkreten Fall sicher schwer zu beantworten. Die besonderen Umstände in jedem Einzelfall machen eine Vergleichbarkeit nur annäherungsweise möglich und sie können zudem durch weitere Erkenntnisse jederzeit überholt werden. Gleichwohl findet der intersubjektive Diskurs in der Forderung nach Gleichbehandlung einen sicheren Bezugspunkt, nach dem die in der konkreten Situation gewonnenen Erkenntnisse sich begründet bestimmten Maximen zuordnen lassen.

Ungleich schwieriger ist es, einen Konsens in der Frage nach den inhaltsbezogenen Grundsätzen herbeizuführen, nach den Kriterien eines menschenwürdigen, eines sinnerfüllten Lebens. Die hierauf zu erwartenden Antworten sind zunächst allgemeine Sätze über menschliche Grundbedürfnisse, etwa das Bedürfnis nach physischer und psychischer Gesundheit, materieller Sicherheit, Entwicklung individueller Fähigkeiten, Pflege sozialer Kontakte, Ausübung befriedigender Tätigkeiten, Freiheitsräume zur Gestaltung des eigenen Lebens und vieles andere mehr. Es sind alle jene Forderungen, die die Grundbedingungen für ein glückliches, d. h. gelingendes Leben sichern sollen. Es sind Forderungen gemäß der „conditio humana", die in den verschiedenen Wissenschaften vom Menschen erörtert und geklärt werden und die daher in den Reflexionshorizont eines Ethikunterrichts aufgenommen werden müssen (vgl. Höffe 1996, 19f.).

Aber immer, wenn zwischen den Grundbedürfnissen Konflikte auftreten, z. B. zwischen dem Sicherheits- und dem Freiheitsbedürfnis, dem Schutz des eigenen Lebens oder dessen Gefährdung bei der Rettung anderer, erfordert deren Lösung eine Gewichtung der berechtigten Ansprüche. Man kann auch weniger dramatische, aber gleichwohl schwerwiegende Beispiele für die Lebensführung einzelner wählen, so zwischen der Befriedigung legitimer eigener Bedürfnisse und dem Einsatz für das Wohl anderer. Was leitet die Entscheidung einer Frau, ihre Berufskarriere für die Kindererziehung einzuschränken oder für die Pflege nahestehender Angehöriger gar abzubrechen? Die Lösung solcher Konflikte verlangt eine Wahl zwischen Werten, die vom Sinn menschlicher Existenz zu treffen ist. Ursula Wolff kleidet sie in die Frage: „Wie kann man sinnvoll leben, wenn doch das Glück nicht erreichbar ist? Und von hier aus ist es nur noch ein kleiner Schritt zu der Frage: Hat das Leben überhaupt einen Sinn, wenn ein vollkommen glückliches Leben nicht zu erreichen ist?" (1998, 35).

Bei seiner Suche nach einer Antwort auf die Frage nach dem Sinn seines Lebens im Ganzen und nicht nur nach der Erfüllung vereinzelter Bedürfnisse stößt der Mensch an die Grenze rational zugänglicher Erkenntnis. „Conditio humana" als „Lebenssinn" kann nur zu einem Teil rational eingeholt werden; zu einem anderen Teil übersteigt eine Antwort auf diese Frage die Grenzen menschlicher Rationalität. Die Frage nach Lebenssinn gehört zu jener „Gattung ihrer Erkenntnisse", in der nach Kant „die Vernunft durch Fragen belästigt wird, die sie nicht abweisen kann, denn sie sind ja durch die Natur der Vernunft selbst aufgegeben, die sie aber auch nicht beantworten kann, denn sie übersteigen alles Vermögen der menschlichen Vernunft" (1781, A VII).[11] Um zureichende Antworten auf solche

---

[11] Noch schärfer hat Kant auf die Grenzen der Vernunft im Hinblick auf die Metaphysik in der Vorrede zur 2. Auflage der ‚Kritik der reinen Vernunft' hingewiesen: „Ich kann also Gott, Freiheit und Unsterblichkeit zum Behuf des notwendigen praktischen Gebrauchs meiner Vernunft nicht einmal annehmen, wenn ich nicht der spekulativen Vernunft zugleich ihre Anmaßung überschwenglicher Einsichten benehme, weil sie sich, um zu diesen zu gelangen, solcher Grund-

Fragen zu finden, ist der Mensch auf „Selbsttranszendenz" (Joas 1997, 10) in Weltanschauung oder Religion angewiesen. Die Begründung sittlicher Urteile stellt den Menschen in der Suche nach Lebenssinn mit Notwendigkeit vor weltanschauliche bzw. religiöse Fragen. Wenn Ethik eine „von der Idee eines sinnvollen menschlichen Lebens geleitete Theorie" (Höffe 1986, 84) ist, dann ist Ethik ohne Metaphysik nicht möglich. „Da nun kein Ethos als Ausdruck für gelebte Sittlichkeit ohne eine das Handeln bedingende Einbettung in irgendeine Lebensauffassung oder gar Weltinterpretation im ganzen zu denken ist, die unser Tun und Lassen umschließt und bestimmt, hat es die ethische Erziehung und Bildung (und so auch der Ethikunterricht) ständig mit Übergängen und Zusammenhängen zu tun. Die Aufgaben ethischen Handelns weisen auf ihre weltanschaulichen Voraussetzungen zurück, und gleichzeitig entlassen weltanschauliche und religiöse Standpunkte ... aus sich heraus ethische Erwartungen oder gar Forderungen" (Nipkow 1998, Bd. 1, 116).

Die Curricula für den Ethikunterricht erkennen die Bedeutung der weltanschaulichen bzw. religiösen Perspektive für sittliches Handeln durchaus an und suchen ihr dadurch Rechnung zu tragen, dass sie, wie es im Kerncurriculum für Nordrhein-Westfalen heißt, die „personale" und die „gesellschaftliche" Perspektive mit einer „ideengeschichtlichen" Perspektive verbinden. So findet sich im Lehrplan für das Unterrichtsfach Ethik in Bayern eine Einheit „Antworten verschiedener Weltanschauungen auf existentielle Fragen des Menschen (Gott, Erlösung, Zukunft, Frieden)" (Lehrplan 1993, 134); in der dritten „Lernperspektive" im Fach „Praktische Philosophie" in Nordrhein-Westfalen sollen „Weltanschauliche und religiöse Grundlagen und Entwicklungen sowie ideengeschichtliche Zusammenhänge" (Kerncurriculum 1997, 20) erörtert werden und im Fach „Lebensgestaltung – Ethik – Religionskunde" in Brandenburg gibt es eine Unterrichtsreihe: „Die Menschen und ihre Religionen, Weltanschauungen und Kulturen" (Unterrichtsvorgaben 1996, 4). Das Curriculum in Brandenburg fasst diese Themen im Lernfeld 5 unter der Bezeichnung „Religionskunde" zusammen.

Die Aufnahme religiöser Texte in den Kanon des Ethikunterrichts ist richtig und notwendig, denn nicht nur die Auseinandersetzung mit Werken von Platon oder Seneca oder Nietzsche ist fruchtbar für die Entwicklung des moralischen Bewusstseins junger Menschen heute, sondern ebenso die Kenntnis der Vorstellungen großer Religionsstifter wie Buddha, Moses, Christus oder Mohammed.[12] Gleichwohl

---

sätze bedienen muss, die, indem sie in der Tat bloß auf Gegenstände möglicher Erfahrung reichen, wenn sie gleichwohl auf das angewandt werden, was nicht ein Gegenstand der Erfahrung sein kann, wirklich dieses jederzeit in Erscheinung verwandeln, und so alle praktische Erweiterung der reinen Vernunft für unmöglich erklären. Ich musste also das Wissen aufheben, um zum Glauben Platz zu bekommen, und der Dogmatism der Metaphysik, d. i. das Vorurteil, in ihr ohne Kritik der reinen Vernunft fortzukommen, ist die wahre Quelle alles der Moralität widerstreitenden Unglaubens, der jederzeit gar sehr dogmatisch ist" (1787, BXXXf.). Für Kant sind Gott, Freiheit und Unsterblichkeit nicht Gegenstände der theoretischen, wohl aber Postulate der praktischen Vernunft.

[12] Auch Jürgen Habermas, für den das „Projekt der Moderne" bei weitem noch nicht vollendet ist und der es mit „Aufklärung" gleichsetzt, meint auf das „semantische Potential" der Weltreligionen für die Erhaltung eines humanen Umgangs miteinander nicht verzichten zu können. So

genügt weder das Studium der großen Werke der ethisch relevanten Weltliteratur noch die Kenntnis exemplarischer moralischer Erfahrungen, wie sie bei den Propheten im Alten Testament oder im Buch Hiob oder in den Gleichnissen des Neuen Testaments geschildert werden, um die Frage nach „Lebenssinn" zu beantworten.

Solche Fragestellungen sind im Rahmen der Präsentation historischer Erfahrungen wichtig, reichen aber zur Beantwortung der Sinnfrage für den Schüler nicht aus. Eben dieses aber wird in den Curricula als Bildungsziel des Ethikunterrichts reklamiert, so wenn es in den „Unterrichtsvorgaben" für Brandenburg heißt: „L-E-R soll *leben lernen* fördern durch das Aufnehmen und die integrative Bearbeitung von Fragen der Identitätsfindung und des Zusammenlebens, der Wertorientierung, des Weltverständnisses und der *Sinngebung*" (Hervorhebung d. d. Verf.) (1996, 9) oder wenn im Kerncurriculum für Nordrhein-Westfalen dem Ethikunterricht die Aufgabe zugewiesen wird, „den Schülerinnen und Schülern dabei zu helfen, Antworten auf die Frage nach dem *Sinn menschlicher Existenz* (Hervorhebung d. d. Verf.) zu finden" (1997, 8).

Bei der Erörterung moralischer Probleme ist es nach Ernst Tugendhat erforderlich, zwischen zwei Perspektiven zu unterscheiden, zwischen der Perspektive der 1. oder 2. Person und der Perspektive der 3. Person (vgl. 1994, 91ff.). Spreche ich aus der Perspektive der 3. Person über Moral, dann stelle ich fest, welche Überzeugungen diese oder jene Person gehabt hat, ohne dass ich mich selbst dazu verhalte; ich spreche *über* jemanden. Spreche ich aber aus der Perspektive der ersten oder zweiten Person, d. h. spreche ich *mit* jemandem, dann ist seine oder meine Überzeugung Gegenstand der Erörterung. „Die Überzeugung, die die andere Person zum Ausdruck bringt, erscheint dann als eine mögliche Überzeugung von mir; ich muss sie entweder übernehmen oder zurückweisen; und wenn wir beide Gründe und Gegengründe anführen, sind es Gründe und Gegengründe für ein und denselben Überzeugungsinhalt" (Tugendhat 1994, 92). Eine solche Rede bezieht ihren Geltungsanspruch nicht nur auf die deskriptive Wahrheit einer Aussage, sondern vertritt auch deren präskriptive Richtigkeit.

Bildendes Reden ist immer sowohl Reden aus der Perspektive der 3. als auch der 1. oder 2. Person. Die distanzierte, wissenschaftsorientierte Betrachtung von Welt und Mensch wird im bildenden Dialog in der Frage nach der „Verantwortlichkeit

---

schreibt er in seinem Buch ‚Nachmetaphysisches Denken': „So glaube ich nicht, dass wir als Europäer Begriffe wie Moralität und Sittlichkeit, Person und Individualität, Freiheit und Emanzipation – die uns vielleicht noch näher am Herzen liegen als der um die kathartische Anschauung von Ideen kreisende Begriffsschatz des platonischen Ordnungsdenkens – ernstlich verstehen können, ohne uns die Substanz des heilsgeschichtlichen Denkens jüdisch-christlicher Herkunft anzueignen. Andere finden von anderen Traditionen aus den Weg zur Plethora der vollen Bedeutung solcher, unser Selbstverständnis strukturierenden Begriffe. Aber ohne eine sozialisatorische Vermittlung und ohne eine philosophische Transformation *irgendeiner* der großen Weltreligionen könnte eines Tages dieses semantische Potential unzugänglich werden; dieses muss sich jede Generation von neuem erschließen, wenn nicht noch der Rest des intersubjektiv geteilten Selbstverständnisses, welches einen humanen Umgang miteinander ermöglicht, zerfallen soll" (1997, 23).

des eigenen Denkens und Tuns", wie ich oben mit Dietrich Benner gesagt habe, überschritten. Bildender Unterricht umfasst daher sowohl die Frage nach der *Bedeutung* einer Erkenntnis im Rahmen einer wissenschaftlichen Ordnung als auch die Frage nach ihrer *Bedeutsamkeit* für den eigenen Lebensvollzug; sie muss nicht nur „wissenschaftsanalog" sondern auch „erfahrungsanalog" sein (Ladenthin 1995, 15ff.).

Diese Forderung gilt grundsätzlich für alle Fächer, insofern sie einen Bildungsanspruch stellen, d. h. gleichermaßen für Physik wie für Geschichte und – diesmal im Widerspruch zu Ernst Tugendhat – *auch* für Religion. Inhalt und Methode sind dabei fachspezifisch unterschieden. Für eine religiöse Wahrheit sprechen andere Argumente als für eine physikalische oder historische Wahrheit und eine religiöse Erfahrung hat einen anderen Modus der Vergegenwärtigung und Verifikation als eine Erfahrung, die sich auf Naturereignisse oder historische Berichte stützt.[13]

Eine Unterscheidung der Rede „über" eine andere und „mit" einer anderen Person ist geeignet, den Unterschied zwischen Religionskunde und Religionsunterricht in der Schule deutlich zu machen. In der Religionskunde wird die Frage nach Gott aus der Perspektive der 3. Person gestellt. Religionskunde gibt Auskunft über Gott, wie andere – Juden, Christen, Muslime, Buddhisten u. a. – über Gott sprechen. Sie berichtet von Gottesvorstellungen, stellt aber nicht die „Gottesfrage" als solche. Die Religionswissenschaft, die Bezugsdisziplin der Religionskunde, spricht von einem Gott der Ethnologen und Historiker, vielleicht auch noch von dem Gott der Philosophen, Soziologen oder Tiefenpsychologen. Die Theologie, die Bezugsdisziplin des Religionsunterrichts, spricht von einem sich offenbarenden Gott. Im Religionsunterricht reden Lehrer und Schüler in der 1. oder 2. Person. Sie sprechen von Gott aus der Situation der Betroffenen und fragen nach „der Führung des Lebens im Rahmen einer Lebensform, mit der man sich selbst identifiziert" (Haeffner 1997, 176). Wenn Bildung, wie wir oben gesagt haben, nicht nur in einer Ordnung von Gegenständen, sondern auch in einer Ordnung des Ich besteht, d. h. Selbstreflexion und Selbstbestimmung erfordert, dann muss bildendes Reden von Gott bei Lehrern und Schülern aus der Ich-Perspektive erfolgen. Dieses aber kann nur

---

[13] Den „anderen Modus der Gotteserkenntnis" beschreibt Gerd Haeffner in seinem Aufsatz ‚Sinn und Problematik eines philosophischen Verstehens von Religion' mit folgenden Worten: „Obwohl jedoch das Sein Gottes sich auch, gewissermaßen anonym, für die Spekulation als ermöglichender Grund von solchem zeigt, das selbst ein absolutes Moment in sich hat, hat die Gottheit, epistemisch gesehen, ihr subjektives Korrelat nicht im metaphysischen, sondern im religiösen Bewußtsein. Darin liegt die Grenze der Möglichkeit, mit rationalen Mitteln die Wahrheit einer Religion zu erörtern. Denn das religiöse Bewußtsein kommt durch eine bestimmte Selbsterschließung Gottes im Medium einer bestimmten Art menschlicher ‚Erfahrung' und einer bestimmten Form der Intersubjektivität (Zeugnis und Glauben) zustande" (1997, 194).
Die in dem transzendentalen Ansatz in der Suche nach einer Antwort auf Gott beschriebene Grenze wird durch die Religionsphänomenologie bestätigt: „Ein religiöses Phänomen (wird) sich nur dann als ein solches offenbaren, wenn es in seiner eigenen Modalität erfasst, wenn es also unter religiösen Maßstäben betrachtet wird. Ein solches Phänomen mittels der Physiologie, der Psychologie, der Soziologie, der Wirtschaftswissenschaft, der Sprachwissenschaft, der Kunst usw. einzukreisen, heißt, es leugnen. Heißt, sich gerade das entkommen zu lassen, was an ihm einzigartig und unrückführbar ist – wir nennen es den sakralen Charakter" (Eliade 1976, 11).

in einem bekenntnisgebundenen Religionsunterricht stattfinden. In der Suche nach einer die ganze Lebenswelt des Schülers umfassenden Antwort auf die Frage nach Lebenssinn stößt daher der Ethikunterricht in einer Schule, die sich zu weltanschaulicher Neutralität verpflichtet weiß, an eine unübersteigbare Grenze.

Im Unterschied zur Forderung nach Gerechtigkeit ist die Antwort auf die Frage nach Lebenssinn nicht verallgemeinerungsfähig; sie ist im Gegenteil das Zentrum der Individuation des Menschen. Jürgen Habermas hat den Unterschied zwischen der individuellen Begründung der Maximen eines guten, gelingenden Lebens und dem universellen Anspruch sittlicher Normen in einem Bild verdeutlicht: „Wenn wir praktische Fragen als Fragen des ‚guten Lebens‘ definieren, die sich jeweils auf das Ganze einer partikularen Lebensform oder auf das Ganze einer individuellen Lebensgeschichte beziehen, ist der ethische Formalismus in der Tat einschneidend: Der Universalisierungsgrundsatz funktioniert wie ein Messer, das einen Schnitt legt zwischen ‚das Gute‘ und ‚das Gerechte‘, zwischen evaluative und streng normative Aussagen" (1983, 113). Im Ethikunterricht stehen wir daher vor dem Problem, moralisches Handeln zu rechtfertigen, das einerseits unter dem Anspruch auf Verallgemeinerungsfähigkeit steht, andererseits aber in seinem letzten Bezugspunkt individuelle Sinngebung einschließt.[14]

In einer offenen, pluralen Gesellschaft erfolgt die Sinnorientierung nicht mehr aus der Bindung an ein einziges und einheitliches Sinngebungssystem, sondern mehrere Sinnordnungen konkurrieren miteinander. Gleichwohl ist eine weitgehende Übereinstimmung in zentralen Fragen des individuellen und gesellschaftlichen Lebens, etwa in der Anerkennung der Menschenrechte, möglich und auch notwendig. Gleiche Wertsetzungen können unter Bezugnahme auf die „conditio humana" auch bei unterschiedlichen Letztbegründungen erfolgen, soweit jedenfalls, als „Humanität" rational bestimmbar bleibt. Ein solcher gemeinsamer Wertbereich bildet die Grundlage des Zusammenlebens in einem Staat und findet seinen Ausdruck in einem demokratischen Ethos.

Wie detailliert oder wie vollständig ein solcher Wertekatalog aber auch sein mag: In einer pluralistischen Gesellschaft muss er hinter einem ganzheitlichen Sinnentwurf der Bürger zurück bleiben, d. h. er bleibt grundsätzlich fragmentarisch. Ein demokratischer Staat darf sich nicht mit einer Religion oder Weltanschauung identifizieren, weil er sich für alle offen halten muss. Der Staat muss sich daher auch in seinen Lehrplänen auf die grundsätzlich konsensfähigen Elemente der Ethik be-

---

[14] Die Spannung zwischen dem Universalisierungsanspruch sittlicher Maximen und individueller Letztbegründung wird im gesellschaftlichen Zusammenleben mit dem Toleranzgebot und in manchen ethischen Systemen mit einer Spaltung von Ethik und Moral beantwortet. „In ethischen Kontexten geht es um die Frage des guten Lebens", so bei John Rawls und Jürgen Habermas, „in rechtlichen und moralischen um die Frage des richtigen Handelns nach allgemein gültigen Normen. Während ethische Werte sich letztlich dem Kriterium stellen müssen, ob sich eine Person mit ihnen identifizieren kann, ist das Kriterium moralischer Geltung die allgemeine Zustimmungsfähigkeit" (Forst 1995, 188; vgl. auch Rawls 1994, 255ff. und Habermas 1992, 123ff.). Was im politischen Bereich ein friedliches Zusammenleben sichert, lässt sich im pädagogischen Prozess, der auf die Einheit der Person gerichtet ist, dagegen nicht trennen (vgl. Pöppel 1994, 322ff.).

schränken; nur ein totalitärer Staat gibt vor, über letzte Gewissheiten entscheiden zu können.

Eine solche Einschränkung bedeutet dann aber zugleich, daß an einer staatlichen Schule die unterschiedlichen individuellen Zugänge zu Letztbegründungen offen gehalten bzw. geschaffen werden müssen. Die staatliche Schule steht hier vor einem Dilemma. Verzichtet der Ethikunterricht auf die Frage nach Letztbegründungen moralischen Handelns, so schränkt er die Möglichkeit einer subjektiven Rechtfertigung ethischer Entscheidungen ein. Macht er sie zum Inhalt des ethischen Diskurses, überschreitet er die gebotene weltanschauliche Neutralität, da Letztbegründungen nicht rational auflösbar sind. „In seinen inhaltlichen Vorgaben würde der Staat dann seine plurale Offenheit verlieren und zum Weltanschauungsstaat werden", so Scheilke in seinem Beitrag „Warum Religionsunterricht nötig ist" (1996, 405). Der Ethikunterricht in einer öffentlichen Schule bleibt daher strukturell defizitär.

5. Notwendigkeit eines Unterrichtsfaches Ethik

Moralerziehung als Gewinnung sittlicher Haltungen ist möglich, ein eigenes Unterrichtsfach „Ethik" aber nicht nötig, so lautet der dritte oben zitierte Einwand. Im bildenden Unterricht soll der Schüler das erworbene Wissen in seiner Bedeutsamkeit für sein Handeln beurteilen, d. h. bewerten lernen. Er soll eine Beziehung zwischen sachbestimmten Aufgaben, einer Ordnung des Gegenstandes, und sittlichen Pflichten, einer Ordnung des Ich, herstellen (vgl. Schilmöller 1994, 344ff.). Ein Beispiel: Der Schüler hat im naturwissenschaftlichen Unterricht die schädlichen Auswirkungen von Schwefel-, Blei- und Kohlendioxyd-Emissionen auf das Gedeihen von Lebewesen erkannt und soll fragen lernen, welche Verpflichtungen sich daraus für das eigene Handeln und das anderer ergeben. Er wird vom Lehrer aufgefordert, angesichts des von ihm erworbenen Wissens konkrete Handlungsregeln (Normen) zu formulieren, um Beeinträchtigungen für „gelingendes Leben" abzuwenden oder zumindest abzuschwächen. Solche Vorschläge könnten etwa in der Entschwefelung von Abgasen, im Einbau von Katalysatoren in Kraftfahrzeuge, in der Erhöhung der Energiepreise bestehen. Die Situationsanalyse aber wird nicht nur die Eingriffsmöglichkeiten, sondern auch deren Folgewirkungen zu bedenken haben: die finanzielle Belastung einzelner Familienbudgets, Erhöhung von Produktionskosten energieintensiver Betriebe mit der Folge eines möglichen Abbaus von Arbeitsplätzen, eine Einschränkung der Mobilität und damit der Lebensqualität weiter Bevölkerungskreise. Nach Abwägung der Bedeutsamkeit der verschiedenen Wertbereiche erfolgt ein Wertvorzugsurteil, das dann die Handlungsnorm bestimmt.

Die Begründung einer Handlungsregel, die im erziehenden (Fach-)Unterricht angestrebt wird, ist also an zwei Bedingungen gebunden: 1. an die Klärung der Voraussetzungen und Folgen einer Handlung und 2. an die Klarheit über die sittlichen Grundsätze (Maximen), welche im Konfliktfall den Vorzug verdienen. Der Urteilsakt verbindet, wie wir oben gesagt haben, in der Formulierung einer Handlungsregel (Norm) die Situationsanalyse mit der Reflexion normativer Prinzipien. Wer nur die handlungsbedingenden Umstände reflektiert, verfällt einer Situationsethik; wer nur die leitenden Grundsätze (Maximen) bedenkt, entscheidet dogmatisch. Beide Perspektiven müssen daher in der Begründung einer Handlungsregel (Norm) miteinander vermittelt werden. „Wenn die Verallgemeinerung", schreibt Otfried HÖFFE, „Maximen betrifft, und die Aufgabe, Maximen mit konkreten Situationen zu vermitteln, einer anderen Instanz, der (sittlichen) Urteilskraft überantwortet ist, dann wird die Anwendung des kategorischen Imperativs auf konkrete Handlungen methodisch zu einer zweistufigen und das ganze Feld der Normbegründung zu einer zweiteiligen, in sich noch jeweils gestuften Aufgabe" (1979, 96).

Im „Erziehenden Unterricht" wird die Analyse der Situation mit großer pädagogischer Professionalität und hohem zeitlichen Aufwand durchgeführt. Nach eingehender didaktischer Analyse und differenzierter methodischer Aufbereitung wird der Unterrichtsstoff den Schülern zur Erarbeitung angeboten. Die jeweiligen Maximen dagegen, die, bezogen auf bestimmte Grundaspekte des Lebens und Zusammenlebens, mit den Ergebnissen der Situationsanalyse im moralischen Urteil zu vermitteln sind, werden schlicht als vorhanden vorausgesetzt. So wird in unserem Beispiel etwa unterstellt, Schüler hätten bereits einen begründeten Standpunkt in den Fragen nach der Bedeutung eines ausgeglichenen Familienbudgets, der Erhaltung von Arbeitsplätzen, der Mobilität für die Erfüllung individueller Bedürfnisse, der Erhaltung der Gesundheit für ein gelingendes Leben. In unserer pluralen, säkularisierten Gesellschaft ist dies aber nicht mehr der Fall. Ein gemeinsames Bewusstsein von einem sinnvollen, gelingenden menschlichen Leben, das früher in homogenen Gruppen als Kodex sozialen Lebens erfahren wurde, ist weithin aufgelöst. Neben einer zunehmenden Distanz zu kirchlichen Glaubensgemeinschaften, die in der Schule zu einer Abmeldung vom obligatorischen Religionsunterricht führt, haben vor allem drei Entwicklungen dazu beigetragen: die Loslösung aus dem angestammten sozialen Verband und damit einhergehend eine Distanz zu traditionellen Wertsetzungen und Verhaltensmustern, die Veränderung der Familienstruktur und damit verbunden die Schwächung der Erziehungskraft der Familie und die Einflüsse des Medienkonsums und daraus folgend das Angebot pluraler Sinn- und Verhaltensmuster.[15]

---

[15] Die hohe Mobilität der Bevölkerung, hervorgerufen durch Vertreibung, Arbeitsplatzwechsel, Migration sowie die Anonymität des Lebens in einer Massengesellschaft führen zu einer Lockerung oder gar Auflösung sozialer Beziehungen. Damit entfällt die Möglichkeit zur Entwicklung und Weitergabe individueller und sozialer Verhaltensmuster sowie die soziale Kontrolle, die ein Befolgen der von der sozialen Gruppe anerkannten Normen erzwingt. Diese Loslösung aus sozialen Bindungen bei gleichzeitiger Pluralisierung von Wertvorstellungen kann auf der einen Seite als Möglichkeit zu verstärkter Selbstständigkeit und Selbstbestimmung verstanden werden, macht es auf der anderen Seite aber notwendig, dem autonomen Individuum verstärkt Hilfen zur Entwicklung eigener, sinngebundener Wertvorstellungen zu geben.
Eine solche Hilfe kann von der Familie heute nur begrenzt gegeben werden. Der gesellschaftliche Wandel der vergangenen 20–25 Jahre ist in besonderer Weise auch an der Veränderung familialer Strukturen abzulesen, die gekennzeichnet ist durch den Rückgang der Geburtenrate,

In einem Unterrichtsfach „Ethik" kann die Heterogenität der Werterfahrungen der Schüler dadurch aufgeklärt werden, dass diese über ihre Erfahrungen reflektieren bzw. Erzählungen, in denen sittliche Entscheidungen den Kern der Handlung bilden, interpretieren. Die Analyse solcher Geschichten bietet die Möglichkeit, fremde Handlungsgrundsätze zu hinterfragen und eigene Vorstellungen über „gutes und gerechtes" Handeln zu bilden. Eine „*Maximenethik*", nicht eine „*Normenethik*" ist daher die angemessene Perspektive des Unterrichts in einem Fach Ethik. Der „Erziehende (Fach-)Unterricht" geht von Handlungsgrundsätzen (Maximen) aus und sucht Handlungsregeln (Normen) unter den Bedingungen der gegebenen Situation zu formulieren. Der Ethikunterricht will umgekehrt durch die Analyse von Handlungsregeln (Normen) einen Beitrag zur Findung und Klärung von Handlungsgrundsätzen leisten. Wird diese nach Höffe erste Stufe der Begründung moralischer Urteile übersprungen oder ist sie wegen der fehlenden Klarheit von Handlungsgrundsätzen nicht tragfähig, dann steht der Erziehende Unterricht in Gefahr, mit der Feststellung bloßer Meinungen zu enden.

Auf der anderen Seite aber bleibt es richtig, dass ein moralisches Urteil nicht nur eine Klarheit moralischer Grundsätze, sondern auch eine hinreichende Klärung des Sachverhaltes voraussetzt. Ethikunterricht bleibt daher in der Auswahl seiner Beispiele auf jene Sachverhalte begrenzt, die der Erfahrungs- und Vorstellungswelt der Schüler zugänglich sind. Er kann daher auch nicht an die Stelle des „Erziehenden Fachunterrichts" treten, sondern hat eine komplementäre Aufgabe. Der Gegenstand des Ethikunterrichts ist „*Aufklärung über den Standpunkt der Moral aus Anlass von Erfahrung*", der Gegenstand des Erziehenden Fachunterrichts dagegen die „*Begründung von Handlungsregeln unter moralischem Anspruch*". Bildendes Lernen schließt beides ein: hinreichende Sachkenntnis zur Klärung der Handlungssituation und geklärtes Wertbewußtsein zur Legitimation von Normentscheidungen. Ethik als Fachunterricht wird damit heute ggf. zur Voraussetzung eines gelingenden Erziehenden Unterrichts in anderen Fächern.

---

eine vermehrte Erwerbstätigkeit der Mütter sowie eine erhöhte Zahl von Ehescheidungen. Da die Familie die erste und wohl auch prägendste und damit wichtigste Erziehungsgemeinschaft für Kinder darstellt, dürften die Veränderungen in diesem sozialen Feld das Leben von Kindern und ihr Verhalten besonders nachdrücklich bestimmen.

Der Bereich „Medien" schließlich verweist in besonderem Maße auf Änderungen in der Lebenswelt, weil Kinder und Jugendliche Erfahrungen sammeln und Kompetenzen erwerben, die von denen ihrer Eltern oftmals in einem erheblichen Maße abweichen. Jugendzeitschriften sowie Videosendungen schaffen neue Bedürfnisse und prägen neue Leitbilder. Die Pluralität des Wertangebotes macht Jugendliche aber nicht freier und selbstbewußter, sondern eher unsicher und verwirrt. „Bereits Kinder zeigten", so Raths/Harmin/Simon, „Apathie, Unbeständigkeit, extreme Unsicherheit und Widersprüchlichkeit; Ziellosigkeit, Überanpassung auf der einen und übertriebenen Nonkonformismus auf der anderen Seite" (1966, 22). Sicher wurden solche Grundsätze häufig unreflektiert übernommen und hielten einer späteren kritischen Prüfung nicht stand. Sie waren jedoch als gemeinsamer Erfahrungshorizont den Schülern gegenwärtig, so dass ein erziehender Unterricht darauf Bezug nehmen konnte. Heute dagegen müssen nicht nur die Voraussetzungen und Folgen einer Handlung, sondern auch die Grundsätze, die ein „gelingendes Leben" versprechen, in der Schule thematisiert und kritisch reflektiert werden.

6. Grenzen moralischer Erziehung im Unterricht

In der Kritik am Ethikunterricht wird einerseits die vermeintliche oder tatsächliche Gefahr beschworen, dass er durch sein Ziel, Einstellungen zu verändern bzw. sittliche Haltungen zu festigen, zur Indoktrination verkommt. Andererseits wird auch die gegenteilige Kritik laut. Ethikunterricht erreiche nur die theoretische Dimension und bleibe damit folgenlos für das Handeln, sei bloßes „Maulbrauchen" (Pestalozzi).

In dieser Kontroverse ist zunächst generell festzuhalten: Eine pädagogische oder psychologische Theorie, die glaubt, alle Vorbedingungen moralischen Handelns erklären und damit auch den Erfolg erzieherischer Anstrengungen durch entsprechende Maßnahmen bewirken zu können, kann es grundsätzlich nicht geben. Sie würde genau das negieren, was das Wesen des Sittlichen ausmacht, die Freiheit der Entscheidung, und damit ihren eigentlichen Gegenstand verfehlen. „Wenn es keine Freiheit der Entscheidung gäbe", so Fritz Oser in seinem Beitrag ‚Die missachtete Freiheit moralischer Alternativen: Urteile über Handeln, Handeln ohne Urteile', „so gäbe es keine moralische Handlung, sondern nur fehlerhafte oder unvollständige Abläufe" (1999, 174).

Wenn der Schüler aber grundsätzlich die Möglichkeit hat, auch wider bessere sittliche Einsicht zu handeln, können wir dann annehmen, dass ethisches Argumentieren-Lernen mehr erreicht als die Entwicklung einer, wie Fischer befürchtet, „sich selbst genügenden gepflegten Argumentations- und Reflexionskultur" (1996, 27), die als schulisches Ritual ohne Einfluss auf das Verhalten der Schüler bleibt? Wir stehen hier vor dem selben Problem, das Kohlberg zur Ergänzung seiner „Theorie der Entwicklung der moralischen Urteilsfähigkeit" durch die Forderung nach einer „Just Community" (vgl. 1984, 21ff.) veranlasste, als er feststellen musste, dass Schüler wortreich begründen konnten, dass Diebstahl unmoralisch sei, sich aber bei passender Gelegenheit ungerecht bereicherten.[16] Wir stehen also vor der Frage, ob und ggf. wodurch eine Vertiefung moralischer Einsicht auch einen Einfluss auf das Handeln hat, immer eingeschlossen, dass der Schüler sich auch gegen diese Einsicht entscheiden kann.

---

[16] Auf die Differenz zwischen sittlichem Urteil und sittlichem Handeln hat auch Kant in seiner Ethik-Vorlesung 1784/85 hingewiesen und er bezeichnet es als „den Stein der Weisen", dieses einzusehen. „Wenn ich durch den Verstand urteile, dass die Handlung sittlich gut sei, so fehlt noch sehr viel, dass ich diese Handlung tue, von der ich so geurteilt habe. Bewegt mich aber dieses Urteil, dass ich die Handlung tue, so ist es das moralische Gefühl. Das kann und wird auch niemand einsehen, dass der Verstand eine bewegende Kraft haben sollte, urteilen kann der Verstand zwar freilich, allein diesem Urteile Kraft zu geben, dass es eine Triebfeder (werde), den Willen zur Ausübung seiner Handlung zu bewegen, ... dieses einzusehen ist der Stein der Weisen" (zit. nach Patzig 1986, 205). Bei der Interpretation dieser Stelle ist zu beachten, dass Kant hier unter „Gefühl" die „Achtung für das moralische Gesetz" versteht, „als eines durch einen intellektuellen Grund gewirkten" Gefühls. Das Gefühl der „Achtung für das Gesetz" ist ein „moralisches Gefühl" und ist nicht zu verwechseln mit empirischen Gefühlen, die nach Kant der Selbstliebe zugeordnet sind und insofern der moralischen Willensbildung im Wege stehen (vgl. 1788, A 131ff.).

Eine Antwort auf diese Frage finden wir in einer Analyse der „Struktur der sittlichen Einsicht", wie Dieter Henrich sie in seiner Abhandlung „Der Begriff der sittlichen Einsicht und Kants Lehre vom Faktum der Vernunft" durchgeführt hat (vgl. 1960, 77ff.). Sittliche Einsicht unterscheidet sich nach Henrich in charakteristischen Zügen von anderen Formen der Erkenntnis. Das Wissen des Guten ist nicht Wissen von etwas, auf das das Ich wie auf einen beliebigen Sachverhalt blickt. Das Gute kann als Gutes nur erkannt werden, wenn es vom Erkennenden zugleich anerkannt wird. „Wer sagt, ‚dies ist gut', meint immer zugleich, dass das, was sich ihm als Gutes zeigt, von ihm in seinem Sein bestätigt wird. Das Richtige leuchtet ein, das Gute aber ist ursprünglich gebilligt. Ohne diese Antwort dessen, der das Gute erkennt, ist sittliche Einsicht unmöglich" (Henrich 1960, 84).

Die spezifischen Möglichkeiten, durch die Analyse moralischer Handlungen nicht nur die kognitive, sondern auch die voluntative Dimension des Schülers zu erreichen, werden in einem Vergleich einer technischen mit einer sittlich-praktischen Problemlösung deutlich. Bei technischen Problemen geht es um die Bestimmung von Mitteln zur Lösung von Zwecken, die gesetzt oder vorausgesetzt, jedenfalls unbefragt anerkannt werden. Moralische Probleme sind nicht durch die Mittelwahl, sondern durch die gewählten Zwecke definiert. In einem moralischen Urteil bringt der Urteilende nicht nur seine Auffassung über den Handlungsweg, sondern auch über das Handlungsziel zum Ausdruck. Indem er nicht nur die Mittel, sondern auch den Zweck der Handlung bestimmt, entscheidet er sich für Werte, die er für sein Leben und das anderer für bedeutsam hält. Moralische Urteile sind daher nicht nur *ichbestimmt,* sondern auch *ichbestimmend.* „Das ethische Urteil," so Tödt, „… hat zu berücksichtigen, dass das *urteilende Subjekt* immer schon selbst involviert ist in das Sachproblem, so dass es im Urteilsentscheid immer zugleich auch über sich selbst entscheidet, *sich selbst zu etwas bestimmt,* sich selbst als etwas wählt, indem es eine Handlung, ein Verhalten wählt. Beim ethischen Urteil ist also die objektivierende Trennung von Subjekt und Objekt nicht möglich, vielmehr ist immer auch der Selbsteinsatz des oder der Urteilenden gefordert. … Ein sittliches Urteil ist somit ein integrierter Erkenntnis- und Willensakt" (1977, 87).[17] Wer einer Erhöhung der Benzinpreise zustimmt, gibt damit nicht nur zu erkennen, dass er einen Zusammenhang zwischen dem Ausstoß von Schadstoffen und Umweltschäden sieht, sondern er hat sich auch dazu bekannt, den Wert der Minderung von Schadstoffen dem einer größeren Mobilität vorzuziehen. In der Begründung sittlicher Normen gibt der Schüler zugleich Rechenschaft über sich selbst, ist er gehalten, seine Einstellung zu

---

[17] Vgl. auch Otfried Höffe in ‚Bemerkungen zu einer Theorie sittlicher Urteilsfindung (H. E. Tödt)': „Bedeutsam ist Tödts Hinweis, das sittliche Urteil sei ein „integrierter Erkenntnis- und Willensakt". Dahinter steckt die Einsicht, daß ein sittliches Urteil weder auf kognitive (Szientismus) noch auf voluntative (Dezisionismus) Aspekte allein reduziert werden kann, vielmehr die ursprüngliche Synthesis, das Ineinanderverschränktsein beider Aspekte darstellt. Das sittliche Urteil wird konstituiert durch ein Wissen um die rechten Ziele und Zwecke sowie um die angemessenen Mittel und Wege einerseits und andererseits durch die eigene Anerkennung der Ziele und Wege, ihre Bejahung, womit mehr als ein bloßes Wünschen oder Gernhaben gemeint ist und was sich darin dokumentiert, daß man sich mit seinen Möglichkeiten und Fähigkeiten für die Realisierung der Ziele und Zwecke tatsächlich einsetzt" (1978, 182).

bestätigen oder zu verändern. Seine sittliche Einsicht bestimmt daher zugleich seine Haltung, d. h. in seinem sittlichen Urteil stellt er die Einheit von Wissen und Haltung her. Die Förderung sittlicher Urteilsfähigkeit ist daher ein Beitrag zur Charakterbildung. In Abwandlung eines bekannten Sprichwortes könnte man folgern: Sage mir, wie du eine moralische Handlung beurteilst, und ich sage dir, welchen Charakter du hast.

Aus dieser Perspektive der Frage nach sich selbst darf man mit Kant hoffen, „ob es" – die Analyse von Beispielen, siehe Anm. 10 – „zwar bis dahin nur ein Spiel der Urteilskraft, in welchem Kinder miteinander wetteifern können, getrieben wird, dennoch einen dauerhaften Eindruck der Hochschätzung auf der einen und des Abscheus auf der anderen Seite zurücklassen werde, welche, durch bloße Gewohnheit, solche Handlungen als beifalls- oder tadelswürdig öfters anzusehen, zur Rechtschaffenheit im künftigen Lebenswandel *eine gute Grundlage* (Hervorhebung d. d.Verf) ausmachen würden" (1788, A 276).

Die Entwicklung der moralischen Urteilsfähigkeit ist eine „*gute Grundlage* für einen künftigen Lebenswandel", mehr aber auch nicht. Eine sittliche *Haltung,* die in der Bejahung sittlicher Grundsätze (Maximen) ihren Ausdruck findet und darin auch den Willen zu ihrer Verwirklichung einschließt, garantiert noch kein entsprechendes *Verhalten.* Die moralische Erziehung sowohl im Unterrichtsfach Ethik als auch im erziehenden (Fach-)Unterricht findet im Entschluss zum Handeln, im Übergang vom Willen zur Tat, ihre Grenze.

Der Vollzug moralischen Handelns entzieht sich dem pädagogischen Einfluss der Schule aus zwei Gründen, einmal aus einem institutionellen, zum anderen aus einem strukturellen Grund. In der Institution Schule wird die konkrete und selbstverantwortete Handlungsebene gar nicht erreicht. Schule ist Vorbereitung auf das Leben, nicht das Leben selbst. „Bildung", schreibt Erich Weniger, „hat gegenüber der Eigentlichkeit des Lebens einen nur *sekundären* Charakter. Sie bleibt ihrem Wesen nach im Vorhof dieses Lebens; sie bereitet die Entscheidungen des Lebens nur vor, an denen der Mensch ‚Persönlichkeit' zu werden vermag" (1964, 138). Zwar handeln Schüler und Lehrer auch in der Schule bei der Bewältigung ihrer Aufgaben und im Umgang miteinander. „Aber dieses Handeln", so Jürgen Rekus, „steht unter der regulativen Idee der Bildung und wird als pädagogische Veranstaltung methodisch konstituiert ... Da die Letztbegründung und -verantwortung für das Handeln in der Schule von Lehrern und Schulträgern getragen werden, ist echtes, d. h. selbständig begründetes und eigenverantwortliches Handeln in gesellschaftlichen Praxisfeldern deshalb im Kontext von institutionalisiertem Lehren und Lernen prinzipiell ausgeschlossen" (1999, 258).[18]

[18] Zur Vermeidung von Missverständnissen sei darauf hingewiesen, dass eine solche Begrenzung der Aufgabe von Schule, die unter staatlicher Aufsicht und Verantwortung steht, nicht ausschließt, dass die Schüler ihre Bildungsaufgabe, die immer Selbstbildung ist, eigenverantwortlich wahrnehmen. Das betrifft auch jene Praxisfelder, die im Begriff „Schulleben" zusammengefasst werden und die den Umgang der Schüler miteinander betreffen. Welchen Beitrag die Schule als eine „Gerechte Gemeinschaft/Just-Community" (Kohlberg 1966; Regenbrecht 1988) zur moralischen Erziehung leisten kann und muss, ist von den Aufgaben und Möglichkeiten eines Ethikunterrichts zu unterscheiden und nicht Gegenstand dieser Untersuchung.

Das zweite Hindernis liegt in der Struktur moralischen Handelns selbst. Auch wenn in der Verbindung von Situationsanalyse und Reflexion moralischer Prinzipien eine begründete Handlungsregel formuliert werden kann, ist ein solches Urteil noch kein zwingendes Motiv für den Vollzug. „Es hängt nicht in erster Linie von der moralischen Urteilsfähigkeit und dem Niveau der Begründung moralischer Urteile ab, sondern von der Persönlichkeitsstruktur und Lebensform, ob ich die Stärke habe, auch dann moralischen Einsichten gemäß zu handeln, wenn dem starke Interessen anderer Art entgegen stehen. Das Problem der Willensschwäche wird nicht durch moralische Kognition gelöst" (Habermas 1992, 170). Die tatsächliche Handlungsbereitschaft hängt vielmehr von einem Zusammenspiel verschiedener menschlicher Kräfte und Strebungen ab, die das *Selbst als Einheit von Denken, Fühlen und Wollen* organisieren muß und die unter den wechselnden Bedingungen der konkreten Situationen jeweils neu herzustellen ist. Augusto Blasi hat in einer *Psychologischen Theorie des Selbst* ein Modell des Zusammenhangs von normativem Wissen und moralischem Handeln entworfen, in dem die kognitive und emotionale Entwicklung, Abwehr- und Bewältigungsstrategien und unterschiedliche Persönlichkeitsmerkmale integriert sind (vgl. 1983, 178ff.). Diese Einheit wird nicht durch eine mechanistisch funktionierende Abfolge von Einzelakten hergestellt, sondern das Selbst ist eine *„unitas uniens",* um mit dem Cusaner zu sprechen, eine Einheit, die dem Menschen gegeben und zugleich zur Gestaltung aufgegeben ist (vgl. Cusanus 1967, 528). Im Streben, mit sich eins zu sein, verbunden mit der Fähigkeit, auch in Konfliktsituationen bzw. Schwierigkeiten dem Spruch der Vernunft zu folgen (Ich-Stärke), liegt das eigentliche agens zur Überwindung der Kluft zwischen Urteilen und Handeln. Ob es dem Einzelnen tatsächlich gelingt, Wissen, Wollen und Handeln in Übereinstimmung zu bringen, zeigt sich erst in der Ernstsituation, in der Handlung selbst.

Wer eine umfassende Theorie moralischer Erziehung schreiben wollte – und nicht nur eine didaktische Konzeption eines Unterrichtsfaches Ethik –, müßte eine Theorie der Stärkung des Selbst schreiben, die bis heute, wenn ich recht sehe, ein Desiderat der Erziehungswissenschaft ist. Es bleibt weiter darüber nachzudenken, wie weit Selbstbewußtsein und Ich-Stärke, soziale Zuwendung und Hilfsbereitschaft in außerunterrichtlichen Veranstaltungen gefördert werden können; die Frage kann hier nicht weiter untersucht werden. Die Einübung in moralisches Handeln ist vorrangig nur im Leben selbst möglich. „Die Grenze des Unterrichts ist der Gedankenkreis, der sich unterrichtlich erweitern, nicht aber unterrichtlich ins Handeln überführen lässt. Wo es um Fragen des Handelns geht, gibt es keine Lehrer und Schüler mehr. Zwar gehören auch die sich dann stellenden Fragen zum Gebiet der pädagogischen Fragen, nicht jedoch zu den pädagogisch-didaktischen, sondern zu den auf Selbsterziehung und Selbstbildung ausgerichteten Fragen eines verantwortlichen Handelns" (Benner 1989, 54).

Ethikunterricht bleibt ein „Spiel", das den „Ernst des Lebens", den tatsächlichen Vollzug noch außer sich hat. Ein solches „Spiel" steht zwischen Beliebigkeit und Bewährung. Es hat Teil an der Aufrichtigkeit und Ernsthaftigkeit der Entscheidung, ist aber noch nicht belastet mit den Konsequenzen tatsächlich vollzogenen

Handelns.[19] Das schafft dem Schüler im schulischen Ethikunterricht den Freiraum, sich selbst und sein Verhältnis zur Welt philosophierend zu ergründen und eine eigene Identität als Übereinstimmung von Wissen und Wollen auszubilden. Ethikunterricht trägt so zum Aufbau einer „philosophy of life", einer Philosophie des Lebens bei und ist in dem Sinne genuin philosophisch.

7. Zusammenfassung

In der Kritik an der Einführung eines Unterrichtsfaches Ethik wurde die These vertreten, ein solches Fach könne nicht unterrichtet werden, weil es keinen eigenen Gegenstand und damit auch keine eigene Methode habe. In der Analyse der Strukturelemente eines moralischen Urteils wurde jedoch deutlich, daß die gegenstandskonstituierende Fragestellung als *„Aufklärung über den Standpunkt der Moral aus Anlass von Erfahrung"* definiert werden kann, das Ziel des Ethikunterrichts als *„Förderung der moralischen Urteilsfähigkeit"*. Ein moralisches Urteil verbindet in der Formulierung einer begründeten Handlungsregel die Situationsanalyse mit der Reflexion einschlägiger normativer Grundsätze. Die Grundlagen für eine solche Situationsanalyse werden im Fachunterricht gelegt, vorausgesetzt wird dort die Anerkennung normativer Prinzipien. Da in unserer pluralen, säkularisierten Gesellschaft eine allgemeine Anerkennung solcher Prinzipien nicht mehr gegeben ist, hat das Unterrichtsfach Ethik die Aufgabe, in Auseinandersetzung mit moralischen Erfahrungen die Einsicht in moralische Grundsätze zu erschließen und damit die fehlenden Voraussetzungen für die Begründung von Handlungsregeln zu schaffen. Ein moralisches Urteil ist als ichbestimmt und ichbestimmend ein Ausweis der sittlichen Haltung des Schülers, garantiert aber noch nicht ein entsprechendes Handeln, das von weiteren Merkmalen des Selbst abhängig ist.

Literatur

Anzenbacher, Arno: Einführung in die Ethik. Düsseldorf 1992. Aristoteles: Nikomachische Ethik. III, 5, 1106a. Werke Bd. VI. Berlin 1983.
Aristoteles: Nikomachische Ethik. III, 5, 1106a. Werke Bd. VI. Berlin 1983.
Arndt, Adolf: Aufgaben und Grenzen der Staatsgewalt im Bereich der Schulbildung. In: Geiger, Wilhelm / Arndt, Adolf / Pöggeler, Franz (Hg.): Schule und Staat. München 1959.
Baier, Kurt: Der Standpunkt der Moral. Düsseldorf 1974.
Benner, Dietrich / Peukert, Helmut: Moralische Erziehung. In: Enzyklopädie Erziehungswissenschaft. Bd. 1. Stuttgart 1983.
Benner, Dietrich: Auf dem Weg zur Öffnung von Schule und Unterricht. In: Die Grundschule, 27. Jg. (1989), 46–55.
Benner, Dietrich: Wissenschaft und Bildung. In: Zeitschrift für Pädagogik, 36. Jg. (1990), 597–620.
Benner, Dietrich: Die Rolle der Religion im Rahmen der ethischen Erziehung und Unterweisung. In: Gestrich, Christof (Hg): Ethik ohne Religion? Berlin 1996, 133–136.

[19] „Ein Spiel ist etwas, dessen Zweckgebot und Vollzug ebenso verbindlich sind, wie sein logischer Ort nicht der handelnde Eingriff in das Weltgeschehen ist. Ein Spiel ist der Vollzug handlungsenthobener Zweckhaftigkeit" (Ladenthin 1997, 16).

Benner, Dietrich: Podiumsdiskussion II. In: Gestrich, Christof (Hg): Ethik ohne Religion? Berlin 1996, 133–159.

Blasi, Augusto: Moralische Kognition und moralisches Handeln. In: Ganz, Detlef / Oser, Fritz / Althof, Wolfgang (Hg.): Moralisches Urteil und Handeln. Frankfurt 1999, 47–81.

Böckle, Franz: Fundamentalmoral. ⁵München 1991.

Breinhauer, Ines Maria: Ethikunterricht – ein Anachronismus? In: Ladenthin, Volker / Schilmöller, Reinhard (Hg.): Ethik als pädagogisches Projekt. Grundfragen schulischer Werterziehung. Opladen 1999, 203–222.

Cusanus, Nikolaus: Idiota de mente. Hrsg. von Leo Gabriel. Wien 1967.

Dölle-Oelmüller, Ruth: Sittliche Orientierung in der multikulturellen Gesellschaft unseres Rechts- und Verfassungsstaates in Europa. In: Gauger, Jörg-Dieter (Hg.): Sinnvermittlung, Orientierung, Werte-Erziehung. St. Augustin 1998, 9–29.

Edelstein, Wolfgang / Nunner-Winkler, Gertrud / Noam, Gil (Hg.): Moral und Person. Frankfurt a. M. 1993.

Elida, Mircea: Die Religionen und das Heilige. Elemente einer Religionsgeschichte. Darmstadt 1976.

Erlinghagen, Karl: „Sittliche Bildung". In: Pädagogisches Lexikon. Bd. 2. Gütersloh 1970.

Fischer, Wolfgang: Ist Ethik lehrbar? In: Zeitschrift für Pädagogik, 2. Jg. (1996), Heft 1, 17–29.

Forchner, Maximilian: „Klugheit". In: Höffe, Otfried u. a. (Hg.): Lexikon der Ethik. ⁵München 1997.

Forst, Rainer: Kommunitarismus und Liberalismus – Stationen einer Debatte. In: Honneth, Axel (Hg.): Kommunitarismus. ³Frankfurt – New York 1995, 181–212.

Frankena, William K.: Analytische Ethik. ³München 1981.

Gestrich, Christof (Hg.): Ethik ohne Religion? Beiheft zur Berliner Theologischen Zeitschrift (BThZ), 13. Jg. (1996).

Habermas, Jürgen: Diskursethik – Notizen zu einem Begründungsprogramm. In: Ders. (Hg.): Moralbewusstsein und kommunikatives Handeln. Frankfurt 1983.

Habermas, Jürgen: Vom pragmatischen, ethischen und moralischen Gebrauch der praktischen Vernunft. In: Ders. (Hg.): Erläuterungen zur Diskursethik. ²Frankfurt 1992, 127–206.

Habermas, Jürgen: Rückkehr zur Metaphysik? In: Ders. (Hg.): Nachmetaphysisches Denken. ²Frankfurt a. M. 1997, 11–60.

Habermas, Jürgen: Richtigkeit versus Wahrheit. Zum Sinn der Sollgeltung moralischer Urteile und Normen. In: Deutsche Zeitschrift für Philosophie, Berlin 46 (1998), 179–208.

Haeffner, Gerd: Sinn und Problematik eines philosophischen Verstehens von Religion. In: Wieland, Georg (Hg.): Religion als Gegenstand der Philosophie. Paderborn 1997, 175–196.

Henrich, Dieter: Der Begriff der sittlichen Einsicht und Kants Lehre vom Faktum der Vernunft. In: Die Gegenwart der Griechen im neueren Denken. Festschrift für Hans-Georg Gadamer zum 60. Geburtstag. Tübingen 1960, 77–115.

Herzog, Roman: Rede auf dem Berliner Bildungsforum am 5. 11. 1997 im Schauspielhaus am Gendarmenmarkt (Manuskriptdruck).

Hessisches Institut für Bildungsplanung und Schulentwicklung (Hg.): Ethik-Unterricht: Einführung eines Faches. Frankfurt a. M. 1986.

Höffe, Otfried: Bemerkungen zu einer Theorie ethischer Urteilsfindung (Heinz-Eduard Tödt). In Zeitschrift für Evangelische Ethik, 22. Jg. (1978), 181–187.

Höffe, Otfried: Kants kategorischer Imperativ als Kriterium des Sittlichen. In: Ders. (Hg.): Ethik und Politik. Frankfurt 1979, 84–119.

Höffe, Otfried: Immanuel Kant. ²München 1988.

Höffe, Otfried: Moral und Erziehung. Zur philosophischen Begründung in der Moderne. In: Gestrich, Christof (Hg.): Ethik ohne Religion? Berlin 1996, 16–27.

Höffe, Otfried: „Ethik" und „Tugend". In: Ders. u. a.: Lexikon der Ethik. ⁵München 1997, 66f. und 306ff.

Honneth, Axel (Hg.): Kommunitarismus. Eine Debatte über die moralischen Grundlagen moderner Gesellschaften. ³Frankfurt a. M. 1995.

Joas, Hans: Die Entstehung der Werte. Frankfurt a. M. 1997.

Kant, Imanuel: Werke in 10 Bänden. Hrsg. v. Wilhelm Weischedel. Darmstadt 1983.

Kant, Immanuel: Critik der reinen Vernunft. 1. Auflage (A). Riga 1781. 2. Auflage (B). Riga 1787. (Weischedel Bd. 3).

Kant, Immanuel: Beantwortung der Frage: Was ist Aufklärung? Berlin 1784. (Weischedel Bd. 9).

Kant, Immanuel: Grundlegung zur Metaphysik der Sitten. 1. Auflage (A). Riga 1785. 2. Auflage (B). Riga 1786. (Weischedel Bd. 6).

Kant, Immanuel: Critik der praktischen Vernunft. 1. Auflage (A). Riga 1788. (Weischedel Bd. 6).

Kant, Immanuel: Critik der Urteilskraft. 1. Auflage (A). Berlin – Libau 1790. (Weischedel Bd. 8).

Kant, Immanuel: Die Metaphysik der Sitten in zwey Theilen. 1. Auflage (A). Königsberg 1797. 2. Auflage (B). Königsberg 1798. (Weischedel Bd. 7).

Kant, Immanuel: Über ein vermeintliches Recht, aus Menschenliebe zu lügen. In: Berlinische Blätter, 1. Jg. (1797b). (Weischedel Bd. 7).

Kerncurriculum „Praktische Philosophie" – Erprobungsfassung. Ministerium für Schule und Weiterbildung des Landes Nordrhein-Westfalen, Düsseldorf 1997.

Kohlberg, Lawrence: Der „Just-Community"-Ansatz der Moralerziehung in Theorie und Praxis. In: Oser, Fritz / Fatke, Reinhard / Höffe, Otfried (Hg.): Transformation und Entwicklung. Frankfurt 1996, 21–55.

Krämer, Hans: Integrative Ethik. Frasnkfurt a. M. 1995.

Ladenthin, Volker: Wissenschafts- und erfahrungsanaloger Unterricht. In: Regenbrecht, Aloysius / Pöppel, Karl Gerhard (Hg.): Erfahrung und schulisches Lernen. Münster 1995, 15–29.

Ladenthin, Volker: Ethikunterricht in der Aufklärung. Überlegungen zum „Ersatzfach Ethik" an allgemeinbildenden Schulen. In: Vierteljahrsschrift für Wissenschaftliche Pädagogik, 73. Jg. (1997), Heft 1, 6–29.

Lehrplan für Bayerische Realschulen. Amtsblatt des Bayrischen Staatsministeriums für Unterricht, Kultus, Wissenschaft und Kunst, Jg. 1993, Sondernummer 1.

Macintyre, Alasdair: Der Verlust der Tugend. Zur moralischen Krise der Gegenwart. [2]Frankfurt a. M. 1997.

Nipkow, Karl Ernst: Moralerziehung. Gütersloh 1981.

Nipkow, Karl Ernst: Bildung in einer pluralen Welt. Bd. 1: Moralpädagogik im Pluralismus. Bd. 2: Religionspädagogik im Pluralismus. Gütersloh 1998.

Oser, Fritz: Die missachtete Freiheit moralischer Alternativen: Urteile über Handeln, Handeln ohne Urteile. In: Garz, Detlef et al. (Hg.): Moralisches Urteil und Handeln. Frankfurt 1999, 168–219.

Patzig, Günter: „Prinzipium diiudicationis" und „Prinzipium executionis": Über transzendental-pragmatische Begründungssätze für Verhaltensnormen. In: Praus, Gerold (Hg.): Handlungstheorie und Transzendentalphilosophie. Frankfurt 1986, 204–218.

Petzelt, Alfred: Grundzüge systematischer Pädagogik. Freiburg 1964.

Pleines, Jürgen-Eckhardt: Sittliche Einsicht und Urteilskraft. In: Vierteljahrsschrift für Wissenschaftliche Pädagogik, 59. Jg. (1983), 137–158.

Pöppel, Karl Gerhard: Moralische Erziehung im Fachunterricht – Zur Einheit von Unterricht und Erziehung. In: Ders./Regenbrecht, Aloysius (Hg.): Moralische Erziehung im Fachunterricht. Münster 1990, 27–48.

Pöppel, Karl Gerhard: Schulpädagogische Reflektionen zum Religionsunterricht in der Schule. In: Vierteljahrsschrift für wissenschaftliche Pädagogik, 70. Jg. (1994), 322–338.

Raths, Louis / Harmin, Merill / Simon, Sidney B. (Hg.): Werte und Ziele. Methoden der Sinnfindung im Unterricht. Columbus, Ohio 1966. Deutsche Ausgabe München 1976.

Rawls, John: Eine Theorie der Gerechtigkeit. Frankfurt 1977.

Rawls, John: Gerechtigkeit als Fairness: politisch und nicht metaphysisch. In: Hinsch, Wilfried (Hg.): Die Idee des politischen Liberalismus. Frankfurt 1994.

Regenbrecht, Aloysius: Der Beitrag Kohlbergs zu einer Theorie der moralischen Erziehung. In: Vierteljahrsschrift für wissenschaftliche Pädagogik, (1988), 80–102.

Regenbrecht, Aloysius / Pöppel, Karl Gerhard (Hg.): Moralische Erziehung im Fachunterricht. Münster 1990, 2. Bde.

Regenbrecht, Aloysius / Pöppel, Karl Gerhard (Hg.): Erfahrung und schulisches Lernen. Münster 1995.

Regenbrecht, Aloysius: Reflektierende Urteilskraft als Kriterium moralischer Erziehung im Unterricht. In: Rekus, Jürgen (Hg.): Grundlagen des Unterrichts. Weinheim – München 1998, 95–113.

Rekus, Jürgen: Bildung und Moral. Zur Einheit von Rationalität und Moralität in Schule und Unterricht. Weinheim – München 1993.

Rekus, Jürgen: Schule als ethischer Handlungsraum. Möglichkeiten und Grenzen ethischer Erziehung in der Schule. In: Ladenthin, Volker / Schilmöller, Reinhard (Hg.): Ethik als pädagogisches Projekt. Grundfragen schulischer Werterziehung. Opladen 1999, 251–265.

Rustemeyer, Dirk: Muß Erziehung wertvoll sein? In: Zeitschrift für Pädagogik, (1998), 231–242.

Sänger, Monika: Lebensgestaltung. In: Zeitschrift für Didaktik der Philosophie und Ethik (ZDPE), 19. Jg. (1997), 7–16.

Scheilke, Christoph: Warum Religionsunterricht nötig ist. In: Evangelische Kommentare (1996), Heft 7.

Schilling, Hans: Bildung als Gottesbildlichkeit. Freiburg 1964.

Schilmöller, Reinhard: Erziehender Unterricht als Problem und Aufgabe. In: Vierteljahrsschrift für Wissenschaftliche Pädagogik (1994), Heft 3, 344–357.

Schüller, Bruno: Die Begründung sittlicher Urteile: Typen ethischer Argumentation in der Moraltheologie. 2. überarb. und erw. Auflage. Düsseldorf 1980.

Seel, Martin: Versuch über die Form des Glücks. Frankfurt 1995.

Steinfath, Holger: Die Thematik des guten Lebens in der gegenwärtigen philosophischen Diskussion. In: Ders. (Hg.): Was ist ein gutes Leben? Frankfurt a. M. 1998, 7–31.

Taylor, Charles: Quellen des Selbst. Die Entstehung der neuzeitlichen Identität. ²Frankfurt a. M. 1996.

Tödt, Heinz-Eduard: Versuch zu einer Theorie ethischer Urteilsfindung. In: Zeitschrift für Evangelische Ethik, 21. Jg. (1977), 81–93.

Tugendhat, Ernst: Probleme der Ethik. Stuttgart 1984.

Uhl, Siegfried: Die Mittel der Moralerziehung und ihre Wirksamkeit. Bad Heilbrunn 1996.

Unterrichtsvorgaben: Lebensgestaltung – Ethik – Religionskunde. Sekundarstufe I. Ministerium für Bildung, Jugend und Sport des Landes Brandenburg (Hg.). Potsdam 1996.

Weniger, Erich: Bildung und Persönlichkeit. In: Die Eigenständigkeit der Erziehung in Theorie und Praxis. ³Weinheim 1964, 123–140.

Wolf, Ursula: Zur Struktur der Frage nach dem guten Leben. In: Steinfath, Holger (Hg.): Was ist ein gutes Leben? Frankfurt 1998, 32–46.

Diskussion zu den Vorträgen von Karl Gerhard Pöppel und Aloysius Regenbrecht

(Moderation: Reinhard Schilmöller)

Schilmöller:

Zu den Vorträgen von Herrn Pöppel und Herrn Regenbrecht. haben Sie sicherlich viele Fragen, zumal auch deshalb, weil Herr Pöppel kritische Einwände gegen den Ethikunterricht formuliert hat, Herr Regenbrecht dagegen Vorbehalte zurückgewiesen und die Notwendigkeit des Ethikunterrichts mit Gründen belegt hat. Aber vielleicht sollte nicht diese Divergenz im Mittelpunkt der Diskussion stehen, sondern das unterlegte Verständnis von Ethik und das Problem der Begründung des Ethikunterrichts. Herr Regenbrecht hat definiert: „Ethik ist die von der Idee eines sinnvollen Lebens geleitete Theorie guten und gerechten Handelns." Vielleicht können wir mit Fragen oder Einwänden zu dieser Definition beginnen. Darüber hinaus können Sie selbstverständlich auch zu allen anderen angesprochenen Problemen Stellung nehmen. Ich bitte also um Ihre Beiträge und hoffe auf ein konstruktives Gespräch.

Hilgenheger:

Meine Frage richtet sich an beide Referenten zugleich. Ich habe eine Unterscheidung vermisst, die, wie ich glaube, zur Klärung beitragen könnte. Wir haben einiges über *Erziehenden Unterricht* gehört und dann über *Ethikunterricht*; eine Unterscheidung zwischen *Ethikunterricht* und *Erziehendem Unterricht* wurde jedoch nicht gemacht. Das ist jedoch eine Unterscheidung, die dringend gemacht werden sollte, da Ethikunterricht als solcher noch nicht erzieht. Nur ein *Erziehender Ethikunterricht* könnte jedoch das leisten, was man sich früher vom Religionsunterricht versprochen hat.

Dass Ethikunterricht möglich ist, das ist, glaube ich, keine Frage, wie Herr Regenbrecht im Mittelteil seines Vortrages gezeigt hat. Es blieb lediglich das Problem, *wie* er möglich ist. Anders wird es jedoch bei der Frage nach dem *Erziehenden Ethikunterricht*. Denn die Gründe und Gegengründe zu einem erziehenden Ethikunterricht sind im wesentlichen genauso gelagert wie die Gründe und Gegengründe zum erziehenden Unterricht überhaupt.

Zur Möglichkeit eines erziehenden Unterrichts und damit auch eines erziehenden Ethikunterrichts möchte ich nun eine provokante These aufstellen. Ich möchte nämlich behaupten, dass ein erziehender Unterricht im Sinne einer Erziehung, die ihr Ziel in planbarer Weise *durch* Unterricht erreicht, gar nicht möglich ist bzw. genauer, bisher noch nicht als möglich erwiesen worden ist.

Zur Begründung dieser These möchte ich kurz Folgendes ausführen, wobei ich mich auf Herbarts Lehre vom erziehenden Unterricht als Beispiel beziehe:

Durch Unterricht soll *moralisch* erzogen werden. In der Formulierung Herbarts lassen sich Ziel und Verfahren so umschreiben: Durch Unterricht soll der Erzieher machen, dass der Zögling sich selbst findet und zwar sich selbst findet *als wählend das Gute und verwerfend das Böse.* Man könnte auch sagen, dass der Erzieher seinen Zögling durch Unterricht zu einem guten Menschen machen solle.

Diese Zielbeschreibung verweist auf *Autonomie:* Der Zögling muss sich *selbst finden* (Identitätsproblematik!) und zwar sich selbst so finden, dass er das Gute immer schon tut. Die Zielbeschreibung verweist aber auch auf ein Machen, wenn auch in paradoxer Weise: Es soll *gemacht* werden, dass der Zögling *sich selbst* in einer vorher festgelegten Weise *findet.*

Sämtliche Konzeptionen des Erziehenden Unterrichts, die es seit Herbart gegeben hat, haben im wesentlichen an dieser Zielsetzung festgehalten: Die *Güte des Menschen* soll als das vorrangige Ergebnis seiner *Unterrichtung* erreicht werden. Der Mensch soll gut gemacht werden, indem an seinem Gedankenkreis gebaut wird. An dieser Zielsetzung sind bisher jedoch, wie ich behaupten möchte, sämtliche Varianten der Konzeption des erziehenden Unterrichts gescheitert. Als erster ist Herbart selbst, der Vater der Lehre vom Erziehenden Unterricht, an dieser Zielsetzung gescheitert. Woran liegt das? – Um das gesteckte Ziel zu erreichen, müsste man den *ganzen Menschen* verändern. Man müsste also nicht nur den *Verstand* verändern. *Urteilsfähigkeit,* das ist etwas, was in großer Nähe zum Verstand liegt. Da lässt sich viel tun, denn moralisches Handeln ohne Urteilsfähigkeit, das geht selbstverständlich nicht. Ein Weiteres kommt hinzu. Um zuverlässig moralisch handeln zu können, müsste zunächst einmal in *Gewöhnungen* und *Gewohnheiten* eine gute Grundlage vorhanden sein. Es müsste eine geeignete Verfasstheit des *Gefühls (Gemüts)* bestehen. Zudem müsste es gelingen, *Grundsätze* in den Kindern zu verankern. Ein Grundsatz ist aber mehr als bloß ein allgemeiner Satz, dessen Richtigkeit man erkannt hat. *Allgemeine Sätze* kann man plappern, *Grundsätze* jedoch muss man haben, d. h. sie müssen im Charakter verankert sein.

Herbart hat geglaubt, über eine psychologische Theorie zu verfügen, die die Möglichkeit einer von außen geplanten „Charakterveränderung" erweist. Wer ihr in seinem Unterricht folge, dürfe seines Erfolges gewiss sein. Diese psychologische Theorie ist später jedoch weggebrochen. Auch sämtliche Folgekonzeptionen der Theorie des erziehenden Unterrichts haben an der Schwierigkeit gekrankt, dass die Erwartung, durch Unterricht erziehen zu können, ohne psychologische Fundierung blieb. Diese Schwierigkeit hat nicht aufgehört zu existieren, wenn in den Vorträgen, die wir gehört haben, eine moderne Variante der Theorie des Erziehenden Unterrichts vertreten wurde. Diese fokussierte sich in immer neuen Anläufen auf Urteilsfähigkeit. Urteilsfähigkeit kann man als das Spielbein der Moralität ansehen und als ein solches auch kultivieren. Darüber wird jedoch das Standbein vergessen, also alles weitere, was der Moralität des Handelns neben der Urteilsfähigkeit erst den sicheren Stand verleihen müsste. Ich frage also: Wo ist die psychologische Theorie, die erklärt, dass das, was Herr Pöppel und Herr Regenbrecht als Ziel eines Erziehenden Unterrichts bzw. eines erziehenden

Ethikunterrichts anstreben, auch tatsächlich *durch Unterricht* erreicht werden kann?

Mertens:

Ich stimme den Ausführungen im Vortrag von Herrn Regenbrecht voll zu. Ich sehe auch keinen Gegensatz zu dem Referat von Herrn Pöppel, sondern beide sind in meinen Augen kompatibel. Der entscheidende Punkt ist, und da habe ich Verständnis, dass Herr Hilgenheger dann doch das Ganze wieder auf den Kopf stellt, dass am Schluss dieser Ethikunterricht so etwas Außergewöhnliches annahm. Mutatis mutandis frage ich mich, ob Lyrikunterricht überhaupt möglich ist. Ich stelle mir eine Klasse 9 vor, voller „Rabauken", und da soll dann plötzlich ein Gedicht besprochen werden, wo jeder in Ich-Form seine Gefühle äußern soll. Wer schafft das schon, von Ausnahmen einmal abgesehen?

Es geht doch darum, zu erschließen und zu erhoffen, dass irgendwann einmal eine solche Situation greift; vielleicht wird dies auch nie geschehen oder nur bei dem Einen oder Anderen. Wir sollten also die Erwartungen an diesen Unterricht reduzieren.

Zweiter Einwand: Ich glaube nicht, dass bei Höffe die Formel „sinnhaft gutes Handeln" besagt, dass wir sämtliche Sinnhorizonte der Welt sozusagen durchmessen müssen, um dann zu gutem Handeln zu gelangen. Böckle hat damals gesagt, es gebe zwar mystische Glaubenssätze, aber keine mystischen Normen, es sei denn, es wären kirchliche Normen. Die können auch mal mystisch sein. Deren Begründung ist nicht unbedingt universell. Aber mystische Normen gibt es nicht in der Ethik, sondern nur die praktische Vernunft des Handelns, und dies wird „sinnhaft gut" genannt gegenüber dem reinen Utilitarismus, der möglicherweise egozentrisch denkt. Man kann natürlich einwenden, dass der Utilitarismus auf das Ganze betrachtet sogar schon wieder universelle Normen enthält. Wenn ich nämlich an den Nutzen aller denke, geht es schon wieder ins Sinnhafte über. Die Frage heißt also: Worin liegt die Sinnhaftigkeit des ethischen Handelns? Da hilft ein Vergleich mit dem Ästhetischen weiter. Die Sinnhaftigkeit des Ästhetischen ist in ganz konkreten Gedichten, Musikformen usw. eingefangen. Das sind sehr begrenzte endliche Momente des Sinnhaften. So gibt es auch die Sinnhaftigkeit sittlich guter Einzelhandlungen nur in bestimmten Situationen. Sie sind sehr konkret, denkt man an Aristoteles und seine Tugenden, etwa an die Tapferkeit zwischen Tollkühnheit und Feigheit oder an die Freigebigkeit zwischen Geiz und Verschwendungssucht usw.; das sind sehr sinnhafte Handlungen, eingebettet in Situationen des Alltags. Sie spiegeln ein Stück Sinnhaftigkeit praktischer Vernunft in der Sprache, die wir heute benutzen, wider.

Und es geht darum, das fand ich treffend von Herrn Regenbrecht gesagt, Gründe für dieses gute sinnhafte Handeln zu nennen und verstehen zu lernen; das macht der Ethikunterricht. Wer traut es sich nicht zu, so etwas zu unterrichten? Dann ist m.E. das Fach wieder auf die Erde gekommen. Dann haben wir tatsächlich die Möglichkeit, es mit jedem anderen Fach zu vergleichen, und dann würde ich an den alten Moraltheologen Auer erinnern, der sagt, der Sinnhorizont des Glaubens sei erfüllend und erstrebenswert; wenn man den hat, dann handele es sich sittlich leichter. Der Sinnhorizont des Glaubens wirkt motivierend, stimulierend, kritisierend, integrierend, aber er ist nicht unbedingt notwendig für moralisches Handeln, denn wir kennen auch sehr gut handelnde Atheisten.

Mit anderen Worten: Ich wollte nur noch mal diesen Punkt herausstellen: Man solle die Ziele des Ethikunterrichts nicht so hoch hängen, und dann – so würde ich Herrn Hilgenheger sagen – ist es genauso wie in anderen Fächern.

Pöppel:

Erziehender Unterricht ist möglich und notwendig, so war meine These. Herr Hilgenheger setzte dem entgegen, Erziehender Unterricht sei nicht möglich. Erziehenden Unterricht habe ich in einem sehr definierten Verständnis vorgetragen, nämlich als Führung zur Reflexion über das noch zu Lernende; das wird manchmal unterschlagen. Wenn ich jetzt einmal an den konkreten Unterricht denke, führt das dazu, nicht nur an das Geleistete und Gelernte, das Eingesehene und Begriffene zu denken. Es kann sich auch auf das beziehen, was man noch lernen soll. Vielleicht ist diese Frage ebenso wichtig.

In dem Moment, in dem in der Reflexion eine Frage gestellt wird, bin ich ja nicht bei den Sachen, sondern bin ich bei den Personen im Hinblick auf die Sachen. Dann sind die Sachen, ganz gleich, was es ist, *Anlass* zu einer Überlegung, im Hinblick darauf, was sie bedeuten. Was bedeuten sie für mich, was bedeuten sie für unsere Klasse, was bedeuten sie für unsere Stadt, was bedeuten sie für, für, für? Das nenne ich dann Erziehenden Unterricht. Ich verstehe wirklich die These nicht: „Erziehender Unterricht ist nicht möglich."

Regenbrecht:

Zunächst möchte ich ein mögliches Missverständnis ausschließen. Ich habe an keiner Stelle – und ich denke, auch Herr Pöppel nicht – die Auffassung vertreten, man könnte das *moralische Verhalten* von Schülern bestimmen. Im Schlussteil meines Vortrages habe ich ausdrücklich darauf hingewiesen, dass dieses nicht Aufgabe der Schule und des Unterrichts sein kann und nicht sein darf, denn dann würden wir versuchen, Menschen durch Einflüsse von außen zu verändern, d. h. zu manipulieren. Man darf den Menschen, wir dürfen den Schüler nicht „von außen" verändern. Das wäre ein totalitärer Anspruch und würde voraussetzen, dass wir genau wüssten, was richtig ist. Veränderungen, die ein Erzieher natürlich anstrebt – hat er doch ein Erziehungsziel – müssen „von innen" kommen, müssen vom Schüler selbst vollzogen werden. Was wir im Erziehenden Unterricht machen können, ist allein Aufforderung zur Selbsttätigkeit, argumentative Aufforderung zur Selbsttätigkeit, sich selbst zu bestimmen. Nun unterstelle ich einmal, dass es so, wie es aus den Worten von Herrn Hilgenheger klang, nicht gemeint war, dass wir den Charakter der Schüler von außen her verändern wollten; dieses liegt natürlich dem Gedanken des Erziehenden Unterrichts völlig fern. Ob es neben dem Erziehenden Unterricht andere Formen der Erziehung in der Schule geben kann und gibt – Stichwort Schulleben –, wird in diesem Zusammenhang weder behauptet noch bestritten.

Eine zweite Anmerkung: In meinem Vortrag habe ich gesagt, dass moralische Urteile, selbst wenn in ihnen bereits die Anerkennung einer sittlichen Forderung zum Ausdruck kommt, eine notwendige, aber noch keine hinreichende Bedingung für moralisches Handeln sind. Die tatsächliche Handlungsbereitschaft hängt von einem Zusammenspiel verschiedener menschlicher Kräfte und Strebungen ab, die das Selbst als Einheit von Denken, Fühlen und Wollen organisieren muss und das unter den wechselnden Bedingungen der konkreten Situation jeweils neu herzustellen ist. Wer eine *umfassende Theorie* moralischer Erziehung schreiben wollte – und nicht nur, wie ich, eine *didaktische Konzeption* eines Unterrichtsfaches Ethik – müsste eine Theorie der Stärkung des Selbst schreiben, die, wenn ich es recht sehe, bis heute ein Desiderat der Erziehungswissenschaft ist, wenn es sie denn überhaupt geben kann. Es gibt eine psychologische Theorie von Augusto Blasi, die ich in meinem Vortrag aus Zeitgründen übergangen habe, und die sich mit dem Zusammenhang von Denken, Fühlen und Wollen beschäftigt. Aber der Entschluss zu moralischem Handeln ist nicht nur ein psychologisches Problem. Wir stehen hier vor dem Geheimnis des Bösen. Wie kommt es eigentlich, dass wir zu wissen glauben, was richtig und gut ist, wofür wir verantwortlich sind, und es dennoch nicht tun? Diese Lücke zwischen Haltung und Verhalten, zwischen Wollen und Vollbringen durch schulische Erziehung schließen zu wollen, wäre eine Anmaßung und ist auch nicht mit der Theorie des Erziehenden Unterrichts verbunden. Insofern trifft der Vorwurf, wir weckten mit einer Theorie des Erziehenden Unterrichts unerfüllbare Erwartungen, nicht das hier vorgestellte Programm. Moralisches Urteilen kann man im Ethikunterricht durch Übung lernen; die Übung moralischen Verhaltens findet in der Regel im Leben und nicht in der Schule statt, weil nur im Leben selbst der Ernstcharakter des Handelns gegeben ist. Wiederum seien die Sonderfälle sozialen Handelns in der Schule hier ausgenommen.

Nach der Abwehr falscher Erwartungen bleibt die Frage zu beantworten, was ein *Erziehender Ethikunterricht* positiv zur Charakterbildung der Schüler beitragen kann. Wie ich in meinem Vortrag in Anlehnung an Höffe angemerkt habe, durchläuft eine Begründung sittlicher Normen zwei Stufen: Auf der ersten Stufe erfolgt eine Analyse der Handlungssituation und auf der zweiten eine Besinnung auf Handlungsgrundsätze (Maximen), die unter dem Kategorischen Imperativ zu prüfen und zu rechtfertigen sind. Im Unterschied zum Erziehenden (Fach)-Unterricht richtet sich der Erziehende Ethikunterricht nicht auf die Formulierung von Handlungsregeln (Normen), sondern auf die Bewertung der Handlungsgrundsätze, die in der Analyse sittlicher Erfahrungen sichtbar werden. Ein solcher Wertungsakt nötigt den Schüler, sich über seine Einstellung bzw. Haltung Rechenschaft zu geben. Wenn wir unter Charakter die Einheit sittlicher Grundsätze verstehen, dann ist Erziehender Ethikunterricht im strengen Sinne Charakterbildung. Haltung als sittlicher Charakter verbürgt zwar nicht die sittliche Handlung, ist jedoch im Unterschied zu ich-neutralem kognitiven Wissen ein starkes Motiv, den Entschluss zu sittlichem Handeln zu fassen. Wer sich den Grundsatz der Wahrhaftigkeit zu eigen gemacht hat, wird in der Regel, auch bei zu erwartenden Nachteilen, die Wahrheit sagen. Warum es aber dafür dennoch keine Garantie gibt, habe ich in meinem Vortrag näher ausgeführt.

Schilmöller:

Eine Anmerkung zum Statement von Herrn Hilgenheger: Seine Kritik am Konzept des Erziehenden Unterrichts und seinen Protagonisten lautet, dass für einen solchen Unterricht Moralität als Ziel zwar immer wieder in Anspruch genommen, aber nicht angegeben und gezeigt werde, auf welche Weise sie sich faktisch und nachprüfbar erreichen lasse. Er hat diese Kritik schon früher geäußert, so in seiner Rezension der Dokumentation des 7. Münsterschen Gesprächs zum Thema „Moralische Erziehung im Fachunterricht". Er fordert dort, dass das sittliche Handeln gemäß Einsicht bzw. der Übergang vom Wissen zur Haltung in verobjektivierbarer Weise erreichbar sein müsse. Ich habe mich damals gefragt, ob dieser Kritik nicht ein Verständnis des pädagogischen Auftrags zugrunde liegt, das in eine Richtung tendiert, die unter Erziehung ein Herstellen und Machen von bestimmten Haltungen versteht. Die Differenz in den Auffassungen läge dann in einem unterschiedlichen Verständnis dessen begründet, was Pädagogik ist und Erziehung meint und bewirken kann. So habe ich die provokante These von Herrn Hilgenheger zunächst eingeordnet. Seine unter Berufung auf Herbart angefügte Begründung widerlegt allerdings, dass er ein das Selbstbestimmungsrecht des Edukanden einschränkendes Machen meint. Gleichwohl bleibt die Problematik des Begriffs. Problematisch zu sein scheint mir auch die geforderte Sicherheit in den Wirkungen des Erziehenden Unterrichts. Überprüfbar ist Unterricht nur in der Wissensvermittlung. Bezogen auf seine erzieherischen Intentionen kann er es m. E. nicht sein.

Wittenbruch:

Ich fühle mich nicht berufen, zwischen zwei so exzellent vertretenen Positionen zu vermitteln. Aber für mich liegt hier zunächst einmal ein schlichtes Missverständnis vor. Wenn Herr Hilgenheger von „Machen" spricht, dann kann man ihm nicht unterstellen, er habe sich für den Zugriff auf den Menschen im Sinne einer totalen Verfügbarkeit ausgesprochen, sondern „Machen" heißt für ihn, in der Spur Herbarts, nicht nur Gedanken über die Zielperspektive, die normative Dimension der Erziehung, zu entwickeln, sondern auch zu fragen, welche methodisch-didaktischen Möglichkeiten sich ergeben, um die erwünschte Intention zu unterstützen. Diese Position von Herrn Hilgenheger ist nicht so unpädagogisch, wie ihm vielleicht unterstellt wird. Außerdem meine ich, unterschiedliche Positionen müssten nicht moralisch beurteilt werden. Es gibt verschiedene Auffassungen und Modelle von Erziehung. Über ihre Akzeptanz können wir diskutieren, wir können sie aber nicht erzwingen.

Hilgenheger:

Die Pädagogen sagen, dass sie den Menschen nicht verändern wollen, und dennoch verändern sie ihn allüberall, wenn auch oft nicht mit dem Ergebnis, das sie sich vorgestellt haben. Sie sagen z. B., dass sie nur auffordern und eine Aufforderung sei ja noch keine Veränderung. Wenn die Aufforderung jedoch Erfolg hat, haben Sie den Menschen mit ihrer Aufforderung verändert. Eine pädagogische Theorie, die sich dem Problem der Veränderung des Menschen nicht stellt, greift zu kurz.

Pöppel:

Herr Hilgenheger hat den Begriff des Machens von Herbart selber übernommen: „Machen, dass der Zögling ...“ und denkt dabei sicher nicht an eine technische Rationalität. So weit soll das nicht missverstanden werden. An diesem Punkte sind wir uns – denke ich – einig. Im strengen Sinne des Herstellens, des Machens sind wir nicht angetreten. Wir können nur Hilfe leisten. Wir können aber wiederum nur begrenzte Hilfe leisten. Der Erziehende Unterricht ist eine Möglichkeit dazu. Die Einwände zeigen jedoch, dass diese Theorie des Erziehenden Unterrichts, wie ich sie dargestellt habe, auch selber defizitär ist. Nur jetzt kann ich zu dieser Art und Weise des Erziehenden Unterrichts nicht wiederum eine eigene sozusagen Erziehung zur Empathie oder eine Erziehung zu bestimmten Gewohnheiten hinzufügen. Sondern die Art und Weise, wie ich im Unterricht mit Schülern diese Dinge verhandele, diese Art und Weise ist allemal bestimmt durch einen ganz bestimmten Habitus, den die Schüler haben, den ich habe, bestimmt durch eine ganz bestimmte Empathie, die ich mitbringe, die die Schüler mitbringen. Das wird im Unterricht sozusagen alles immer mitverhandelt. Das können wir theoretisch unterscheiden, aber wir können es nicht voneinander trennen.

Goebbels:

Ich möchte noch einmal den zentralen Satz von Herrn Regenbrecht aufnehmen und zwar den Satz: Ethik ist die von der Idee eines sinnvollen Lebens geleitete Theorie guten und gerechten Handelns. Aus diesem Zentralsatz von Höffe wurde eine Theorie der Ethik entwickelt. Meiner Ansicht nach kann nun im Sinne einer Idee, einer wie auch immer gearteten Idee, eine Ethik nicht begründet werden.

Wenn wir uns beispielsweise in die Antike zurückversetzen, dann waren für Platon die Ideen das wirklich Reale und nicht die reale Welt. Aristoteles hat dies bestritten. Grundlage seiner Überlegungen ist die real existierende Welt und daraus hat er eine Ethik entwickelt und zwar die Nikomachische Ethik.

Ich mache jetzt einen Sprung von der Antike in die Gegenwart. Wir haben im Jahr 1994 an der RWTH Aachen eine Reihe Veranstaltungen zur moralischen Erziehung im Fachunterricht durchgeführt und haben dabei die ziemlich schlimme Erfahrung gemacht, dass vor allem Studenten der Naturwissenschaften beispielsweise der Fächer Biologie, Chemie, mit der ethischen Dimension, nichts anfangen konnten, dass Studenten der Elektrotechnik, des Bauingenieurwesens mit diesen Begriffen nichts anfangen konnten. Sie sagten, sie wollten sachgerecht informiert werden an der Universität und wollten sachgerecht ein Studium machen. Ich glaube, daraus entsteht eine Rechtfertigung des Faches Ethik. Gerade diese Leute sollen in die Lage versetzt werden, weiterzudenken, dass beispielsweise in der Biologie und in der Chemie sehr wohl eine ethische Dimension liegt, nur muss man dann Begriffe neu denken, muss Begriffe neu definieren und sie auf den Punkt bringen.

Regenbrecht:

Ich möchte auf zwei Fragen eingehen: auf die Frage nach dem Verständnis von „Sinn“ im Zusammenhang mit der Frage nach einer Letztbegründung moralischen

Handelns und auf die Frage von Herrn Goebbels, ob sich nicht aus den defizitären Erfahrungen mit dem naturwissenschaftlichen Unterricht die Notwendigkeit eines zusätzlichen Faches „Ethik" begründen lasse. Da die Antwort auf die letzte Frage mir leichter zu sein scheint, möchte ich damit beginnen.

Die Schwierigkeit des Umdenkens oder vielleicht genauer gesagt, des Weiterdenkens bei Naturwissenschaftlern ist sicherlich ein Hindernis für die moralische Erziehung im Fachunterricht. Wir haben vor Jahren auf einem Kongress über bildenden Unterricht in Antwerpen versucht, diese Perspektive im Chemieunterricht beim Thema „Chemisches Gleichgewicht" nachzuweisen. Wir hoffen, dass uns dies damals einigermaßen gelungen ist. Die größte Schwierigkeit lag nicht darin, die Schüler, sondern den Lehrer, der sich als Naturwissenschaftler verstand, von der Notwendigkeit einer solchen Fragestellung zu überzeugen.

Aber wenn der Widerstand oder vielleicht auch das Unvermögen der Fachlehrer das einzige Argument für die Einführung des Ethikunterrichts wäre, dann wäre er gewissermaßen nur ein Lückenbüßer für das, was die Lehrer im Fachunterricht nicht leisten. Dann würde Herr Pöppel zu Recht sagen, hier habe die Lehrerbildung versagt, und dann müssten die Lehrer dieses in ihrer Ausbildung verstärkt lernen.

Meine Begründung der Notwendigkeit eines selbständigen Unterrichtsfaches Ethik reicht weiter. Ein erziehender Fachunterricht ist nur dann möglich, wenn die Schüler bereits bestimmte Vorstellungen von sittlichen Grundsätzen, von Maximen, in die Schule mitbringen. Da dieses in einer pluralistischen Gesellschaft weniger als je gegeben ist, ist exakt hier der Schwerpunkt und der Gegenstand des Ethikunterrichts zu finden. Wolfgang Fischer hat dieses in seinem Beitrag nicht berücksichtigt, weil sich seine Kritik an der Vorstellung einer Wertevermittlung im Sinne der Weitergabe von tradierten Werten oder, wie Kohlberg gesagt hat, eines „bag of virtues" entzündet und er eine andere Zielsetzung nicht bedenkt.

Eine zentrale Stelle in meinem Referat bei der Rechtfertigung moralischer Urteile nimmt nun in der Tat die Sinnfrage ein, und wir kommen damit zu dem zweiten hier benannten Problem. Ich will noch einmal kurz auf die Position Höffes eingehen. Höffe spricht von der „Idee eines sinnvollen menschlichen Lebens", und dies wurde im letzten Beitrag in einem Zusammenhang mit der platonischen Ideenlehre gesehen. Dieses scheint mir für Höffe aber nicht zuzutreffen, vielmehr ist hier an eine „regulative Idee" im Sinne Kants zu denken. Gemeint ist in diesem Zusammenhang, dass die Frage nach dem Sinn des Lebens, d. h. nach einem gelingenden Leben, bestimmend für ethisches Denken ist. Wer die Diskussion der letzten Jahre verfolgt hat, der stellt überrascht fest, wie stark diese Frage nach dem guten Leben wieder aufgenommen wird, nachdem sie unter Berufung auf den Kantschen Formalismus, der bis hin zur Diskursethik die Ethikdiskussion über Jahrzehnte hinweg beherrscht hat, als Abgleiten in einen platten Utilitarismus kritisiert wurde. Heute kommt diese Frage auf breiter Front wieder zurück. Martin Seel hat kürzlich in der Philosophischen Rundschau von der „Wiederkehr der Ethik des guten Lebens" gesprochen und sich dabei auf Autoren wie Martha C. Nußbaum, Robert Spaemann, Thomas Rentsch, Charles Taylor u. a. bezogen. Worum geht es? Das *formale* ethische Prinzip der Unparteilichkeit oder Gerechtigkeit muss nach diesen Autoren ergänzt werden durch das *inhaltliche* Prinzip des guten oder auch gelingenden Lebens. Es ist der Versuch, die aristotelische *Strebensethik* mit der kantschen *Pflichtenethik* zu verbinden. Nicht die Forderung nach Unparteilichkeit ist nach Nußbaum das Fundament aller sittlichen Entscheidungen, sondern die Wahrnehmung des Anderen wie des Selbst als Person. Im Begriff der Person oder bei Kant des Subjekts als „Zweck an sich selbst" liegt bereits ein minimaler Begriff des guten Lebens, der dann bei Nußbaum weiter entfaltet wird. So ist in der ethischen Diskussion die Frage nach der „conditio humana" zu beantworten, nach den Bedingungen, die erfüllt sein müssen, wenn menschliches Leben gelingen soll. In der „conditio humana" findet die regulative Idee eines gelingenden Lebens, die inhaltlich unter dem Begriff „Lebenssinn" gefasst wird, ihren Ausdruck. In den Bedingungen menschlichen Lebens wird das erkennbar, was menschliches Leben ausmacht; das, wofür etwas *Bedingung* ist, ergibt sich daraus, *wofür* etwas Bedingung ist, schreibt Seel. So wird die Idee des Menschen, seine humanitas, zum Kriterium sittlichen Handelns. Die Moral ist für den Menschen da und nicht der Mensch für die Moral!

Damit kann ich zu dem Vorschlag von Herrn Mertens Stellung nehmen, die Antwort auf die Sinnfrage „nicht so hoch zu hängen", sondern sie auf konkrete menschliche Handlungen zu beziehen; dann sei eine Verständigung auch in einer pluralistischen Gesellschaft leichter möglich und im Unterricht der Schule auch erreichbar. Dazu möchte ich zweierlei feststellen: Handeln ist immer konkret und situationsgebunden, die regulative Idee „Sinn" muss also als Wertmaßstab immer auf konkrete Lebensäußerungen hin formuliert werden. Wenn es dabei aber nicht um Leben schlechthin, sondern um ein gutes, gelingendes Leben gehen soll, nicht lediglich um das „vivere", sondern um das „recte vivere", dann wird über den Sinn einzelner Handlungen hinaus nach dem Sinn der zitierten Grundsätze bzw. nach Aristoteles um die Tugenden im ganzen menschlichen Leben zu fragen sein. Dieser „Lebenssinn" umgreift die ganze menschliche Existenz, also auch jene Perspektiven, die sich rationalen Begründungen entziehen und sich nicht mehr universell, sondern nur individuell beantworten lassen.

Die Bedeutung der Frage nach dem Gesamtsinn menschlichen Lebens wird kontrovers diskutiert und hat in einzelnen ethischen Konzeptionen einen unterschiedlichen Stellenwert. John Rawls und auch Jürgen Habermas machen, wie ich dargestellt habe, einen Unterschied zwischen *ethischen* und *moralischen* Fragen. In der Ethik werden bei ihnen Fragen des guten oder gelingenden Lebens behandelt, in der Moral die der Gerechtigkeit. Ethische Fragen sind so sehr mit der Totalität des Lebens verwoben, dass sie nur individuell oder nur gemeinsam in einzelnen kulturellen Gruppen beantwortet werden können, während moralische Fragen unter dem Aspekt der Verallgemeinerungsfähigkeit grundsätzlich rational entscheidbar sind. Schränkt man sich im Diskurs auf letztere ein, dann werden Fragen der Weltanschauung bzw. der Religion für moralische Fragen irrelevant. Dann wird auch ein Ethikunterricht für alle Schüler, gleich welcher Weltanschauung oder Religion sie angehören, in der gleichen Weise möglich, weil diese Fragen dann per definitionem nicht in einen solchen Unterricht hineingehören.

Münnix:

Eine kurze Ergänzung. Ich möchte darauf hinweisen, dass sich das Konzept Praktische Philosophie in diesem Punkt von den üblichen Ethikunterrichtskonzeptionen wesentlich unterscheidet. Mehrfach wurde Otfried Höffe erwähnt und darauf möchte ich mich beziehen. Er hat in „Ethik und Politik" schon 1979 die Konzeption des Bayerischen Ethikunterrichts kritisiert und hat dort einen aufklärerischen Fehlschluss moniert, der darin besteht, dass mehr Wissen auch automatisch zu mehr Tugend führe. Auf diese Kritik von Höffe antwortet für meine Vorstellung das Fach Praktische Philosophie, denn dort wird eben nicht nur die – kognitive – Förderung der moralischen Urteilsfähigkeit als ein wichtiger Bestandteil dieser didaktischen Konzeption, sondern neben dem Prinzip Vernunft noch das Prinzip Empathie verankert, was sich begründet aus dem zweiten Prinzip von Kant, sich jederzeit in einen anderen hineinzudenken. Das ist didaktisch im Bereich des affektiven Lernen vielleicht so etwas, was Herr Hilgenheger hier angemahnt hat. Dem entsprechen Bemühungen zeitgenössischer Philosophie, die enge „Trichterrationalität" auszuweiten.

Regenbrecht:

Emotionalität gehört wie Rationalität zu den geistig-seelischen Grundkräften des Menschen, und beide sind in der Einheit des Bewusstseins miteinander verbunden. Insofern besteht unzweifelhaft auch eine Verbindung von Rationalität und Emotionalität bei allen sittlichen Entscheidungen und Handlungen. Gestritten wird aber bei der Beantwortung der Frage, *in welcher Weise* Rationalität und Emotionalität zusammenwirken. Die Vorstellung einer additiven Verbindung scheidet aus, weil damit die Eigenart menschlicher Psyche verfehlt wird, die bei zurechenbaren Handlungen – und Zurechenbarkeit ist das Kriterium sittlichen Handelns – nicht in einzelnen Sektoren abgespalten gedacht werden kann.

Bleibt also die Frage zu beantworten, was im Verhältnis von Rationalität und Emotionalität bei sittlichen Urteilen und Handlungen Grund oder Folge ist. Im *Emotivismus* wird der sittliche Anspruch im Gefühl bewusst. In *kognitivistischen Theorien* sind moralische Gefühle (Schuld, Empörung, Befriedigung, Bewunderung) Reaktionen auf erkannte Werte, sie sind nach Leo Montada Indikatoren für die Existenz moralischer Normen. Ich neige der zweiten Erklärung zu. Gefühle haben keine Begründungsfunktion für moralische Urteile, wohl aber Einfluss auf die Motivation moralischen Handelns. Gefühlsäußerungen können nicht den weitreichenden Begründungsanspruch erfüllen, den wir mit moralischen Urteilen verbinden. Andererseits, so Habermas, erklärt die Summe der rationalen Motive noch nicht den Verpflichtungscharakter anerkannter Normen. Ich halte es daher ebenfalls für wichtig, über die Funktion und Bedeutung moralischer Gefühle im Prozess moralischer Erziehung weiter nachzudenken. Ob und wie man Gefühle lernen kann („affektives Lernen"), und wie dabei die Gefahr einer emotionalen Suggestion zu vermeiden ist, sind Fragen, über die in jüngster Zeit viel nachgedacht wird und bei denen die Diskussion noch nicht zum Abschluss gekommen ist. Vielleicht ist es so, um noch einmal Habermas zu zitieren, dass Gefühle eine ähnliche Bedeutung für die moralische Rechtfertigung von Handlungsweisen haben wie Wahrnehmungen für die theoretischen Erklärung von Tatsachen. Dann gehören beide einem moralischen Urteil *definitiv* zusammen.

Goeke:

Ich habe Bedenken, ob die „von der Idee eines *sinnvollen* Lebens geleitete Theorie" heute noch greift. Vielen Menschen ist die Frage nach einem „sinnvollen Leben" abhanden gekommen. Das Leben in seiner realistischen Vielfalt ist den Menschen einfach aufgedrückt, ob „sinnvoll" oder „nicht sinnvoll". Zudem lässt sich unter dem Begriff „Sinn" inhaltlich so Grundverschiedenes subsumieren, dass es meiner Meinung nach überhaupt nicht mehr möglich ist, sich über ein gemeinsames Verständnis von „Sinn" und „sinnvollem Leben" zu einigen und eine einheitliche Definition zu erzielen.

Ich schlage vor, an die Stelle der obengenannten Theorie die „von der Idee eines *verantworteten* Lebens geleitete Theorie" zu setzen. Über den Begriff der Verantwortung kann heute eher Einigung erzielt werden als über den Begriff „Sinn". Der sich heute „dialogisch" verstehende Mensch weiß sich zur Verantwortung gerufen. Die Forderung nach Verantwortung, die an jeden Menschen ergeht – wer auch immer Antwort einfordert, – ist unmittelbar einsichtig. Im Verzicht auf Verantwortung kann kein vernünftiger Mensch leben, wohl aber im Verzicht auf Sinn. So könnte im Hinblick auf das heute weit verbreitete Menschenbild leichter ein gemeinsames Verständnis gefunden werden.

Regenbrecht:

Der Begriff der Verantwortung ist sicherlich ein zentraler moral-philosophischer Begriff. Im Wort „Verantwortung" ist „Antwort" impliziert. Darin kommt die subjektive Verpflichtung zu moralischem Handeln zum Ausdruck als Pendant zum objektiven Gedanken der Pflicht im Kategorischen Imperativ Kants. Insofern hat der Begriff „Verantwortetes Leben" Anteil an dem Anspruch auf Universalität und ist im Unterschied zur Auslegung des Begriffs „Sinnvolles Leben" in der Tat allgemein zustimmungsfähig. Darin liegt seine Stärke, aber zugleich auch seine Schwäche, oder vielleicht besser gesagt, seine Grenze. Wofür soll denn der Mensch Verantwortung tragen? Für die Erhaltung von Arbeitsplätzen oder den Schutz der Umwelt? Für den Schutz werdenden Lebens oder für das Selbstbestimmungsrecht der Frau?

Der formale Charakter des Wortes „Verantwortung" sichert im Gegensatz zu einem inhaltlich auszulegenden „Sinn des Lebens" eine breite Zustimmung, reicht aber für die Begründung einer Handlungsregel keineswegs aus. Bei Max Weber, der „Verantwortungsethik" in einen kontradiktorischen Gegensatz zur „Gesinnungsethik" stellt, ist die inhaltliche Diskussion über das sittlich Richtige keineswegs ausgeschlossen, sondern geradezu gefordert, wenn er die sittliche Entscheidung von der Folgeabschätzung der Handlung abhängig macht. Und auch Jonas begründet sein „Prinzip Verantwortung" nicht rein formal, sondern er gründet es auf eine ontologische Idee des Menschen als eines moralischen Subjekts, verbunden mit einer ontologischen Naturteleologie. Ein Rückzug auf einen formalen Begriff der Verantwortung führt zu einem Verzicht der Diskussion auf gerade jene evaluativen Fragen, in der der Einzelne um eine Begründung seines Handelns ringt. Der Begriff „Verantwortung" kann den Begriff „Sinn" bei der Legitimation moralischen Handels m. E. nicht ersetzen.

Wittenbruch:

Mich interessiert, wie Herr Regenbrecht das Verhältnis zwischen Moralphilosophie und der von ihm vertretenen Erziehungswissenschaft auffasst, insbesondere wie er das Verhältnis von Moralphilosophie und didaktischer Operation bzw. Konzeption definiert. Ist etwa die Moralphilosophie eine neue Hilfswissenschaft der Pädagogik oder eine normative Wissenschaft im Sinne des 19. Jahrhunderts? Wenn hier Habermas, Nussbaum oder Höffe als Kronzeugen zitiert werden, dann möchte ich bitten, das Verhältnis der Erziehungswissenschaft zu diesen moralphilosophischen Positionen noch einmal zu thematisieren.

Regenbrecht:

Moralphilosophie ist eine der Bezugsdisziplinen des Unterrichtsfaches Ethik. Aber Fachdidaktiken sind bekanntlich keine bloßen Abbilder ihrer Bezugsdisziplinen. Es ist daher nicht möglich, Ziele und Inhalte des Unterrichts aus ihnen abzuleiten, wohl aber wird die Struktur des Gegenstandes durch die Bezugsdisziplinen definiert. Wenn wir unter Didaktik im weiteren Sinne allgemein Unterrichtstheorie verstehen, dann gehören alle curricularen Strukturelemente: Gegenstand, Ziele, Inhalte und Methoden zu einer fachdidaktischen Theorie dazu. Insofern ist die Moralphilosophie für eine Fachdidaktik Ethik ein notwendiger Bezugspunkt unter anderen, wozu nach Brunner wenigstens drei gehören: Kind, Wissenschaft und Gesellschaft (child-discipline-society).

Komplexer ist die Frage nach dem Verhältnis einzelner moral-philosophischer Positionen zur Erziehungswissenschaft – ich selbst ziehe den Ausdruck Pädagogik vor – zu beantworten. Zunächst kann festgestellt werden, dass Pädagogik generell auf Philosophie bezogen ist. Wenn wir „Bildung als Selbstbestimmung des Menschen zum Menschen" verstehen, dann schließt eine Entscheidung über Ziele, Inhalte und Methoden von Unterricht und Erziehung eine Besinnung über das Wesen des Menschen als Einheit von empirischem und transzendentalem Subjekt notwendig mit ein. Dann sind alle vier Fragen, in denen Kant die Aufgaben der Philosophie zusammengefasst hat, aufgerufen: Was kann ich wissen? (Erkenntnistheorie und Metaphysik); Was soll ich tun? (Moralphilosophie); Was darf ich hoffen? (Geschichts- und Religionsphilosophie); Was ist der Mensch? (Anthropologie). Philosophie ist Theorie der Geltung, Pädagogik Theorie der Führung zum Vollzug der Geltung, sagt Alfred Petzelt. Ich sehe daher diese Beziehung weniger mit dem

Ausdruck „Hilfe", sondern mehr mit dem Ausdruck „Grundlegung" angemessen bezeichnet.

Die Schwierigkeit des Umgangs mit philosophischen Aussagen liegt darin, dass es nicht *eine* Philosophie, sondern unterschiedliche philosophische Richtungen gibt. An einem solchen Richtungsstreit leiden wir ja auch in der Pädagogik; offenbar hängt dieses sogar zum Teil mit dem Bezug auf unterschiedliche philosophische Positionen zusammen. Die Pädagogik kann sich aber nicht anmaßen, als Schiedsrichter in diesem Streit aufzutreten, sie kann allenfalls philosophische Systeme, die eine Selbstbestimmung des Menschen grundsätzlich leugnen, als nicht vereinbar mit dem Bildungsgedanken in dem hier vertretenen Sinne aus ihren Überlegungen ausschließen. Wenn ich mich in meinem Referat auf Aussagen verschiedener, einander auch widersprechender moralphilosophischer Positionen bezogen habe, bei deutlicher Option für eine dieser Positionen, dann nicht in der Absicht, diesen Streit zu schlichten, sondern um deutlich zu machen, welche Perspektiven bei einer moralischen Urteilsfindung von Schülern wie Lehrern gewählt werden können. Eine Entscheidungsfindung in der einen oder anderen Richtung muss für die Schüler grundsätzlich offen bleiben.

Leder:

Der Gegenstand, den ich ansprechen möchte, ist ein anderer. Auch das ist aber – denke ich – erlaubt.

Mein Stichwort heißt: Möglichkeit der Letztbegründung von Werten. Ich bin dabei in der unglücklichen Lage, dass ich nicht genau weiß, wie weit das, was ich anmerken will, wirklich das trifft, was Herr Regenbrecht dazu gesagt hat, und in der glücklichen Lage, nicht genau zu wissen, welchem der beiden Referenten es hier nutzen könnte.

Ich knüpfe an die Aussagen von Herrn Regenbrecht an: „Grundrechte und Grundwerte der Verfassung gelten nicht, weil sie in der Verfassung stehen; sie stehen in der Verfassung, weil sie gelten."

Ich möchte das in zweierlei Hinsicht etwas präzisieren. Zum einen historisch: Was Herr Regenbrecht gesagt hat, ist in Bezug auf unser Grundgesetz weithin übereinstimmende Lehre der Grundrechtstheorie. Für die Weimarer Reichsverfassung galt genau das Entgegengesetzte. Nach der damals herrschenden Lehre galten die Grundrechte dort nämlich, weil der Staat sie aufgeschrieben hatte, und sie galten solange, wie der Staat sie nicht wieder wegnahm. Ich verweise nur auf Gerhard Anschütz, in dessen berühmtem Kommentar zur Weimarer Reichsverfassung fast wörtlich steht: „Die Gesamtheit der Grundrechte steht zur Disposition des Gesetzgebers." Wir müssen uns also klar machen, dass der von Herrn Regenbrecht zitierte Satz, den ich unterschreibe, nur in einer ganz bestimmten historischen Situation gilt.

Zweitens muss aber auch systematisch eine gewisse Präzisierung vorgenommen werden. Im Grundgesetz heißt es im ersten Absatz von Art. 1: „Die Würde des Menschen ist unantastbar" usw.. Der zweite Absatz beginnt mit den Worten: „Das deutsche Volk bekennt sich darum zu unverletzlichen und unveräußerlichen

Menschenrechten" usw. usw.. Dabei lohnt es sich, das Wort „darum" besonders zu beachten, um sich den Sinnzusammenhang des ganzen Artikels voll zu erschließen. Denn erst dann, zu Beginn des dritten Absatzes, heißt es: „Die *nachfolgenden* Grundrechte binden Gesetzgebung, vollziehende Gewalt und Rechtsprechung als unmittelbar geltendes Recht."

Dieser Staat hat also die Grundrechte aufgeschrieben, weil er die in ihnen konkretisierten Grund*werte* als ihm vorgegeben anerkennt. Aber erst weil er – und nachdem er – diese Grundwerte gewissermaßen in einen anderen Aggregatzustand transformiert und eben als Grundrechte aufgeschrieben hat, sind sie zu einklagbaren subjektiven öffentlichen Rechten geworden, auf die sich jeder notfalls bis hin zum Bundesverfassungsgericht berufen kann.

Als der Bürgerrechtler Sacharow jenseits von Moskau in der Verbannung war, war er natürlich Inhaber aller Menschenrechte, wie wir alle auch. Aber das nutzte ihm in seiner damaligen Situation wenig, weil in der Sowjetunion von einklagbaren Grundrechten nicht die Rede sein konnte.

Diese Differenzierungen müssen wir, meine ich, mindestens mit einbringen, wenn wir auch unter pädagogischen Aspekten das Problem der Letztbegründbarkeit von Werten diskutieren wollen. Die überaus komplexe Jurisdiktionsproblematik im Zusammenhang mit der europäischen Menschenrechtskonvention ist dabei ohnehin noch völlig ausgeklammert.

Regenbrecht:

Für mich liegt die Antwort auf die Frage nach einer Letztbegründung von Grundrechten in einer wichtigen Unterscheidung, in der zwischen Legalität und Moralität. Das erlaubt eine unterschiedliche Begründung. Das, worauf Herr Leder hingewiesen hat, dass Grundrechte gelten und nicht nur gelten, sondern Gültigkeit haben, verpflichtenden Anspruch, ist eine Frage der Legalität, weil sie zu einer bestimmten Zeit, durch ein bestimmtes Gremium, ein demokratisches Gremium, mit Mehrheit verabschiedet wurden. Nur, und da sind wir einer Meinung, diese Grundrechte hat dieses Gremium wissend um die Frage nach einer Begründbarkeit von Grundrechten zu solchen erklärt, die unveränderlich sind. „Die Würde des Menschen ist unantastbar" ist eine These, die durch ein demokratisches Gremium nicht bestritten werden kann. Ich gehe davon aus, dass die Väter des Grundgesetzes wussten, dass hinter der Setzung von Recht Forderungen stehen, die durch Moralität begründet sind. Diese Unterscheidung von Legalität und Moralität hat in der Tat eine gewaltige Konsequenz für den Ethikunterricht in der Schule. Wenn wir einmal die Curricula für den Ethikunterricht durchsehen – als erstes ist mir das bei Kohlberg aufgefallen und dann auch in Lehrplänen für Hessen und für andere Bundesländer –, dann finden wir Letztbegründungen für Werte durch Verweise auf die jeweiligen Verfassungen. Das ist dann die Grundlage des Ethikunterrichts in der Schule.

Josef Isensee hat im Rahmen des dritten Münsterschen Gespräches einen Vortrag gehalten zu der Frage: Verfassung als Erziehungsprogramm? Seine Antwort lautete: Natürlich sind die Erziehungsziele, wie sie in Verfassungen festgelegt sind, zu beachten, denn sie sind der Versuch, das auszusagen, was in einem Staat für alle rechtlich verbindlich ist. Aber das ist nicht die Begründung dieser Ziele. Es reicht nicht aus, dem Schüler zu sagen, dass die Würde des Menschen unantastbar ist, weil dieses im ersten Artikel des Grundgesetzes steht. Wenn begründet werden soll, warum kein Mensch gefoltert werden darf oder warum Ausländer nicht als Feinde behandelt werden dürfen, dann reicht ein Hinweis auf bestehende Gesetze nicht aus. Dann muss gefragt werden, was die Würde eines Menschen ausmacht. Dieses ist keine rechtliche Frage, sondern eine der praktischen Philosophie und führt zur Frage nach einer Letztbegründung auch im Ethikunterricht in der Schule.

Leder:

Ich möchte kurz noch etwas klarstellen, weil mir noch immer ein Missverständnis im Spiel zu sein scheint. Es ging mir nicht darum, Ihre These zu widerlegen. Ich wollte beitragen, dass diese These auch unter dem Aspekt der Verfassungs-, Grundrechts- und Demokratietheorie möglichst sachgerecht begründet wird. Die „Würde des Menschen" ist genau genommen kein „Grundrecht", sondern liegt den Grundrechten als Grund voraus. Die Grundrechte sind unter den Bedingungen des Art. 19 des Grundgesetzes sehr wohl abänderbar, sofern ihr Wesensgehalt dabei nicht angetastet wird. Und präzise gelesen, schließt auch Art. 79 GG das nicht aus. Als nicht abänderbar sind dort „die in den Artikeln 1 und 20 niedergelegten Grundsätze" bezeichnet. Im Artikel 1 ist aber von der Menschenwürde und den Menschenrechten die Rede; die Aufzählung der einklagbaren Grundrechte beginnt erst in Artikel 2.

Es ging mir also nur um die Präzisierung unserer Begrifflichkeit, damit wir unliebsamen Argumentationen besser begegnen können.

Schilmöller:

Die Frage nach der Bedeutung der Sinndimension für das ethische Handeln ist, wenn ich an dieser Stelle darauf verweisen darf, zentraler Gegenstand meines Vortrags am Freitag. Es geht dort um Religion im Ethikunterricht und Ethik im Religionsunterricht. Dabei werde ich auch auf die Frage eingehen, ob die Bezugnahme auf einen partikularen Handlungssinn die Notwendigkeit sittlichen Handelns zu begründen vermag oder ob dies nur von einem auf Transzendenz ausgreifenden und deshalb auf Religion verwiesenen Gesamtsinn menschlicher Existenz her möglich ist. Insofern kommen wir auch dort sicherlich noch einmal auf die Bedeutung der Sinnfrage zurück.

Herbert Huber

Was ist und wozu dient Ethikunterricht?

Ein fragmentarischer Gesprächsbeitrag

Die Einrichtung des Ethikunterrichts in Bayern stützt sich auf folgende Verfassungspassage: „Für Schüler, die nicht am Religionsunterricht teilnehmen, ist ein Unterricht über die allgemein anerkannten Grundsätze der Sittlichkeit einzurichten" (Bayerische Verfassung, Art. 137 [2]). Man hat dem bayerischen Ethikunterricht vorgeworfen, er sei auf unkritische Identifizierung mit dem Vorgegebenen hin angelegt (Nipkow 1998, 110; 92. Regenbrecht 1998, 104ff.; Fees 1998, 129). Wenn dieser Vorwurf auch da und dort – und keineswegs, wie ich vermute, nur in Bezug auf Bayern – gegen die Praxis des Ethikuntericht zu Recht erhoben werden mag, geht er doch am verfassungsmäßigen Konzept des bayerischen Ethikuntericht vorbei. Denn dem angeführten Verfassungstext lassen sich folgende drei Hauptelemente eines Verständnisses von Ethikunterricht entnehmen, die samt und sonders eine Dynamik aufweisen, die sich gegen die bloße Abrichtung der Schüler im Sinne einer politisch erwünschten Gesinnung sperrt:

Erstens: Ethikunterricht soll ausdrücklich *Unterricht* sein, und Unterrichten ist nicht Abrichten. Unterrichten heißt, das Verständnis einer Sache zu erschließen. Dies impliziert Multiperspektivität der Zugänge, unterredendes Gespräch und persönliche Stellungnahme aufgrund einer argumentativ (nicht persuasiv) sich herstellenden Einsicht. Gedankenlos stumme Gefolgschaft hingegen ist kategorisch auszuschließen, wenn vom „Unterrichten" die Rede ist.

Zweitens: Die „allgemeine Anerkennung", welche den sittlichen Grundsätzen zukommt, meint nicht bloß den faktischen Konsens einer partikularen Gruppe (Gesellschaft, Kultur, Ethnie, Partei). Denn wenn sie nur dies meinte, wäre die Anerkennung nicht wirklich allgemein, d. h. universal. Für das Ethikverständnis der bayerischen Verfassung ist das Kriterium des Sittlichen *nicht* die jeweilige gesellschaftliche oder politische Akzeptanz. Sittlichkeit ist nicht identisch mit Sitte. Letztere bedeutet lediglich das faktisch Übliche und Anerkannte; erstere das der Anerkennung *Würdige*. Im Unterschied zur faktischen Sitte zielt Sittlichkeit auf *überpositive* Grundsätze, deren Allgemeinheit darin besteht, dass sie in praktischer Vernunft gründen und sich daher durch alle kulturellen Kontextualisierungen hindurch (d. h. universal) als gültig erweisen: Sittlichkeit ist allgemein, weil sie für die *Humanität* des Menschen konstitutiv ist. Während für Nietzsche jede Sitte automatisch „sittlich" ist,[1] etablieren die sittlichen Grundsätze, von denen die bayerische

---

[1] „Sittlichkeit ist nichts anderes (also namentlich nicht mehr!), als Gehorsam gegen Sitten, welcher Art diese auch sein mögen; Sitten aber sind die herkömmliche Art zu handeln und abzuschätzen" (Morgenröthe. Gedanken über die moralischen Vorurtheile, Erstes Buch, Nr. 9

Verfassung spricht, eine entscheidende Differenz: Sitte ist sittlich, wenn und insoweit sie an der Idee von Humanität orientiert ist. Diese Idee ist ihrerseits zwar keine abgeschlossene und eindeutige Größe, was ihre positive Ausgestaltung betrifft. Wohl aber zeigt sie negativ Konturen: Verletzte Humanität macht sich als Leiden bemerkbar.

Drittens: Sittlichkeit ist unabhängig von bestimmten religiösen Bekenntnissen. Es gibt – das ist die dahinter stehende Überzeugung – einen Kern im Humanitätsverständnis, der jeder Kontextualisierung voraufgeht und deshalb für alle Kontexte Gültigkeit besitzt. Nicht umsonst hat Nietzsche in der Idee des Übermenschen die Leugnung eines solchen vorgängigen Humanitätsverständnisses mit dem Heraustreten aus dem Rahmen der Humanität verbunden. Sittlichkeit ist jedoch nicht unabhängig von Religion überhaupt, denn sie verpflichtet auf einen nicht menschlicher Setzung entstammenden Sinn.

Das allgemeine Ziel von Schule ist Bildung. Ein Schulfach wird eingerichtet, um diesem Ziel auf spezifische Weise zu dienen. Indem die bayerische Verfassung Ethik als Unterrichtsfach an Schulen einführt, setzt sie voraus, dass zur Realisierung des Zieles „Bildung" die Sphäre des Ethischen unverzichtbar sei. Deshalb frage ich im Folgenden erstens, welches spezifische bildungsbedeutsame *Ziel* der Ethikunterricht verfolgt. Um ein spezifisches Ziel zu erreichen, bedarf es spezifischer *Inhalte* und spezifischer *Methoden*. Gäbe es diese dreifache Spezifität (der Ziele, der Inhalte, der Methoden) nicht, bedürfte es keines eigenen Faches. Deshalb frage ich zweitens danach, mit welchen Inhalten der Schüler vertraut sein muss, um das Ziel des Ethikunterrichts zu erreichen; und drittens, wie der Ethikunterricht methodisch beschaffen sein muss, damit er die spezifischen Inhalte erschließt und zum spezifischen Ziele hinführt.

1. Zum Ziel des Ethikunterrichts

Jedes Wesen in der Welt ist auf sich bezogen: Es muss sich auf Kosten anderer und gegen andere Wesen erhalten. Eben deswegen aber ist der Selbstbezug vermittelt durch einen individuen-übergreifenden Zusammenhang. Nichts vermöchte zu existieren ohne Selbstbezug, aber auch nichts ohne Vermittlung durch Anderes: Ohne ein Außerhalb gäbe es gar kein bestimmtes und begrenztes Einzelnes. Ohne einen Horizont räumlicher und inhaltlicher Potenzialität könnte es nichts Bestimmtes geben, denn ein solches ist gerade dadurch bestimmt, dass es Ausschnitt innerhalb eines Potenzialitätenhorizonts ist. Ohne den das Einzelne übersteigenden Zusammenhang gäbe es nichts Bestimmtes oder Einzelnes. Umgekehrt wäre der Zu-

[Nietzsche KSA III 21f]). Freiheit dem Herkommen gegenüber ist, so gesehen, in jedem Falle nichts als Bosheit. Aber kein Herkommen ist ganz ursprünglich. Herkommen entsteht durch Interpretation älteren Herkommens. Dadurch ist es multivalent: Aus demselben älteren Herkommen können sich unterschiedlich „abschätzende" jüngere Herkommen entwickeln. Es ist diese Mehrdeutigkeit der Sitte, die zur Idee der Sittlichkeit als dem Unterscheidungskriterium zwischen verschiedenen faktischen Sitten führt. Diese Differenz zwischen Sitte und Sittlichkeit, wie sie in der griechischen Philosophie und namentlich bei Sokrates sich bildet, nivelliert Nietzsches Begriff der „Sittlichkeit der Sitte".

sammenhang bloß Leere, wenn es keine Individuen gäbe, die sich *in* ihm *gegen* ihn abgrenzen. Ohne die Negation des übergreifenden Zusammenhangs im Einzelnen gäbe es nur den Zusammenhang, in dem nichts zu unterscheiden, der also die Abwesenheit von jedem bestimmten Etwas und daher so gut wie nichts wäre. Dieses Zusammenspiel des Partikulären oder Einzelnen und des Übergreifenden oder Allgemeinen ist der Urgrund und das Geheimnis aller Existenz.

1.1 Weltverstehen

Das Maß der Eingebundenheit des Einzelnen in den Zusammenhang und das Maß seiner Eigentätigkeit auf Kosten des Zusammenhangs ist bei den Wesen des außermenschlichen Bereichs naturgesetzlich oder instinktiv, also von Natur aus, nicht jedoch durch das einzelne Wesen selbst festgesetzt. Die außermenschlichen Seienden erleben sich selbst nicht in Distanz zur Welt. Und weil sie nicht unterscheiden zwischen der Welt und sich, erleben sie sich auch nicht *als* Einheit von Welt und sich. Wo, wie im Falle der Tiere, so etwas wie Selbstgegebenheit vorhanden ist, ist es das Erleben oder Empfinden eines distanzlosen, immanenten oder intimen Daseins, wie man die Existenzweise der Animalität gekennzeichnet hat (Bataille 1974). Das Tier steht in seinen Daseinsvollzügen nicht wie der Mensch Alternativen gegenüber, zwischen denen es zu wählen hätte, sondern für es ist immer schon entschieden: Die Natur, nicht es selbst ist Subjekt seines Lebensvollzugs. Das Tier muss seine Synthese mit dem umgebenden Zusammenhang nicht erst organisieren, sondern es ist immer schon mittels seines Instinktes – wie es scheint bruchlos, harmonisch, eben immanent – eingegliedert. Dennoch ist der individuierende Bruch mit dem Zusammenhang auch für das Tier, jedenfalls momentan, gegeben: Man wird sagen müssen, dass die bruchlose Immanenz nur für das fressende Tier besteht, nicht jedoch für das gefressene, denn insoweit das letztere Schmerz und Angst fühlt, reflektiert es sich für sich heraus aus dem Prozess des immanenten Fressens und Gefressenwerdens: Es steht dem Prozess mit Protest (Flucht) gegenüber, und insoweit es ihn als ein Nichtseinsollendes erlebt (Angst, Schmerz), distanziert es sich von ihm. Daher ist die Struktur der Animalität nicht die reine Immanenz, weil sie auch Widerstreben ist gegen die Kontingenz dessen, was geschieht. Auch die Vegetabilität ist den Kontingenzen nicht kampflos hingegeben: Pflanzen sind von der Tendenz beseelt, gegen ungünstige Umstände das Licht zu suchen, ihm passen sie ihre Wachstumsrichtung an, und so sind sie nicht differenzlos dem Geschehen immanent, sondern setzen diesem eine Aktivität aus eigenem inneren Gesetz entgegen. Sogar noch bei Mineralien und im Reich der Elementarteilchen gibt es eine sich gegen Irritationen behauptende Identität der Steinarten, der chemischen Elemente, eine Stabilität der kleinsten Teilchen, die ihre Eigenart – Zusammensetzung, Bewegungsrichtung – im kontingenten Ereignisstrom festhalten. Immanenz als völliges Verschmelzen mit dem Anderen hieße in letzter Konsequenz Ununterscheidbarkeit vom Anderen, Identitätslosigkeit, Auflösung des abgegrenzten Einzelwesens in den grenzenlosen Geschehensprozess. Daher hebt alles, was überhaupt als es selbst unterscheidbar ist von Anderem, eben dadurch die Immanenz auf. Nichts ist ganz immanent, weil immer dann, wenn mehrere miteinander sind, sie gegeneinander wirken und so sich voneinander abheben, einander *transzendieren*. Jeder Unterschied hat schon Transzendenz gesetzt, die Immanenz durchbrochen. Der Grad der Immanenz jedoch ist größer oder geringer: Während ein Stein immer gleich schwer ist und seinen Widerstand nicht der jeweiligen Umgebung anpassen kann, ist ein Tier in der Lage, seinen Widerstand mit der Stärke des empfundenen Zwanges zu steigern. Es definiert sich in seiner Welt sozusagen jeweils neu; die Immanenz ist keine starre, sondern eine in kleinen Grenzen gestaltbare. Diese Definierbarkeit und Gestaltbarkeit ist am ausgeprägtesten im Falle des Menschen, weil ihm bei weitem mehr Perspektiven, von denen her er eine gegebene Lage verstehen und sich in ihr definieren kann, zu Gebote stehen als dem Tiere.

Der Mensch ist nun dies, dass dieses Zusammenspiel des Partikulären und Allgemeinen von ihm gewusst wird. Er weiß sich und seinen Standpunkt, sein Interesse als partikulär. Er weiß von sich, indem er vom Ganzen weiß, das er nicht ist. Er weiß von sich, indem und insoweit er von dem weiß, worin er ist: Welt. Weil er seiner selbst nicht anders denn *als* Teil der Welt innesein und sich selbst nicht anders denn als In-der-Welt-Sein verstehen kann, ist sein Selbstverstehen immer *Weltverstehen*. Dieses Weltverstehen ist nicht nur kognitiv und theoretisch, sondern meint das Innewerden des Wirklichen in all seinen Dimensionen: Welt ist primär nicht das, was an ihr objektivierbare äußere Wirklichkeit ist, sondern Sinntotalität, deren Vielschichtigkeit sich im menschlichen Gemüt in unterschiedlichen Rezeptionsweisen manifestiert: in seiner Gestimmtheit, seinem Empfinden, seinem Gefühl, seinem Denken und Wertschätzen, seinem Planen und Handeln. Vernunft kommt vom Vernehmen: Nur indem der Mensch das Wirkliche (einschließlich seiner selbst) nach all diesen Seiten vernimmt, ist er vernünftig.

Wenn wir von „Welt und Mensch" sprechen ist dies zu beachten: Welt impliziert den Menschen, weil er zu ihr gehört, und der Mensch impliziert die Welt, weil er sich selbst nur durch sie vermittelt gegeben ist. Die Rede von der „Welt" impliziert zudem auch den die Wirklichkeit insgesamt tragenden Sinn, den wir *göttlich* nennen, weil er von keinem menschlichen oder außermenschlichen Weltwesen erzeugt wird, sondern vielmehr allem ermöglichend je schon zu Grunde liegt. Die Rede vom „Weltverstehen" meint daher eigentlich das Verstehen von Mensch, Welt und Gott (wobei keiner der drei Begriffe auf eine bestimmte religiöse oder philosophische Interpretation festgelegt ist).

1.2 Weltgestalten

Ein nicht nur kognitives Verstehen (wie das menschliche) ist immer schon *Einheit von theoretischer und praktischer Vernunft,* denn es lehrt die Welt (und darin den Menschen) nicht nur kennen, sondern erschließt Handlungsräume und die Orientierung in ihnen. Weltverstehen ist der Keim von Weltgestalten.[2] Denn das Wirkliche zeigt sich dem Verstehen nicht nur als das, was ist, sondern vor allem auch als

---

[2] Wenn Welt eigentlich immer „Welt, Mensch und Gott" bedeutet, dann wäre Weltgestalten entsprechend das Gestalten von Welt, Mensch und Gott. Das Handeln des Menschen schreibt sich in der Tat, indem es Welt gestaltet, dem die Welt tragenden göttlichen Sinn ein.

das, was sein soll.[3] Wirklich an der Welt sind nicht so sehr die Fakten. Fakten zeigen, wie etwas gerade im Augenblick ist. Selbst naturwissenschaftliche Fakten sind aber etwas ganz anderes als „Fakten" in *diesem* Sinne: Naturwissenschaft sieht das eigentlich Wirkliche in den Gesetzmäßigkeiten, die vielen verschiedenen faktischen Jetzt-Zuständen zu Grunde liegen, und naturwissenschaftlich ermöglichte und angeleitete Technik strebt über den *status quo* der Fakten hinaus: Das Wahre an den Fakten ist für die Technik nicht das, was sie sind, sondern ihre Veränderung, die noch nicht aktualisierte Potenzialitäten der Faktizität realisiert (Wandschneider 1985). Das eigentlich Wirkliche ist nicht, wie die Dinge gerade sind, sondern wie sie außerdem noch sein können. Das eigentlich Wirkliche, das Wirksame, ist die prozessuale Dynamik, die Gesetzmäßigkeit, die bestimmt, wie der Prozess jeweils weitergeht, nicht das statische faktische Einzelereignis.[4] Der Mensch erkennt nicht nur diese Dynamik, sondern er setzt als handelndes Wesen selbst Prozesse in Gang, welche die Wirklichkeit umgestalten. Da das sittliche Gesetz dem menschlichen Weltgestalten den Rahmen vorgibt und dessen Überschreitung sanktioniert, drückt sich in ihm aus, was es mit dem Wirklichkeitsprozess auf sich hat, d. h. in welchem Sinne er wirksam-wirklich sein will, worauf seine Dynamik aus ist bzw. aus zu sein hat. So gesehen, ist das sittliche Gesetz das eigentlich Wirkliche.

Nicht alle Prozesse, die der Mensch in Gang setzen kann, sind sinnvoll. Das wissen wir intuitiv und nehmen dieses Wissen bei unserer Beurteilung eigener und fremder Handlungen jederzeit in Anspruch. Wir sind möglicherweise unterschiedlicher Meinung darüber, *was* sinnvoll ist, und wir können manchmal nur schwer angeben, warum – aufgrund welcher Kriterien – wir etwas für sinnvoll halten. Einen Unterschied zwischen „Sinnvollem" und „Sinnlosem" im Geschehen nehmen Menschen aber zwangsläufig wahr, weil sie selbst und die meisten anderen Wesen immer schon auf etwas Bestimmtes aus sind: Nichts steht dem Geschehen gleichgültig gegenüber, sondern assimiliert oder distanziert es sich je nach Zuträglichkeit zu den eigenen Daseinszielen. Dass nicht alles Geschehen und insbesondere nicht alles durch menschliches Handeln induzierte Geschehen gleichwertig ist, macht die Grunderfahrung des Sittlichen aus. Diese Erfahrung führt zur ethischen Frage, der Frage, was wir tun sollen. Denn, was das Sinnvolle ist, sagt dem Menschen (im Unterschied zum Tier) eben nicht einfach seine momentane Antriebsstruktur. Das seinen Antrieben Förderliche, ist in den Augen des Menschen nicht immer das Sinnvolle. Sinnvoll ist es vielmehr öfters, seine Antriebe zu hemmen. Dies geschieht vielfach zu Gunsten von Zielen, die wiederum Ziele menschlicher Antriebe sind: Wir beherrschen unser Streben nach unmittelbarer Befriedigung, um zu einer reicheren Befriedigung in der Zukunft zu kommen. Aber es gibt auch den Fall, dass wir unseren Antrieben die Befriedigung versagen, obgleich wir keinen – weder na-

---

[3] Diese Intuition dürfte Hegels „Idee des Guten" zu Grunde liegen (Hegel 320–327; dazu auch Hösle 1987, 252, 254ff).

[4] Einzelereignisse sind, genau genommen, immer räumlich und zeitlich sich erstreckende, prozessuale Zusammenhänge von noch elementareren Ereignissen, die wiederum als Zusammenhänge elementarer Ereignisse aufgefasst werden können – und so fort ins Unendliche.

hen noch fernen – Nutzen für uns darin erblicken. Wer einen Vorteil, den er durch Betrug erringen könnte, verschmäht, obwohl er der Nichtentdeckung sicher sein könnte, der handelt nicht aus Furcht vor Strafe oder um zukünftigen Lohn, sondern aus einem Gefühl der Art, dass er *„so etwas"* nicht über sich bringe. Selbst in Erwartung drohender Nachteile gibt es diese Haltung des „Hier steh' ich und kann nicht anders". Dass ich „so etwas" nicht fertig bringe, drückt aus, dass mir das, was ich da tun könnte, nicht „gefällt". Dies ist kein Gefallen im Sinne eines Ästhetizismus, der sich angenehm oder unangenehm von etwas gereizt sieht. Sondern es ist ein Gefallen, das ausdrückt, dass etwas nicht für dieses oder jenes meiner Rezeptionsvermögen, sondern *aus sich selbst heraus* („intrinsisch") unannehmbar ist. Die Ablehnung der in Frage stehenden Handlung ist kein Urteil, das ich über sie fälle, sondern die Handlung ist in sich so beschaffen, dass *sie sich von sich selbst her verbietet.* Ich glaube nicht, dass man das, was man in einer sittlichen Entscheidungssituation empfindet, recht viel anders – subjektiver – ausdrücken kann. Wir haben beim Zustandekommen sittlicher Einsichten nicht den Eindruck, als würden wir entscheiden, sondern als wäre über uns entschieden. Wir entscheiden nicht darüber, wie die Dinge richtig sind, sondern allenfalls darüber, ob wir dem als richtig Erkannten Folge leisten.

1.3 Sittlichkeit

Was Sittlichkeit ist, lässt sich ganz kurz beschreiben als die Überzeugung, dass nicht nur das Ich, sondern auch das Andere (alles Andere: Mensch, Welt und Gott) sein soll. Seine Aufsichbezogenheit lässt jedes Wesen dahin tendieren, das Andere nicht als solches anzuerkennen, sondern es sich selbst dienstbar zu machen. Anerkenne ich das Andere und räume ihm seinen Platz und seine Rechte ein, habe ich da, wo das Andere ist, keinen Platz und keine Rechte. Dies ist eine der Aufsichselbstbezogenheit gegenläufige Bewegung, die im Extrem darauf hinausläuft, mich zu Gunsten des Anderen zu negieren. Wenn zwei Kinder um denselben Ball streiten, dann gibt der, welcher den Ball dem Anderen überlässt, etwas von sich auf: die Wirklichkeit des Jetzt-mit-diesem-Ball-Spielens ist nicht die seinige, er negiert sich selbst, insoweit er ein Jetzt-mit-diesem-Ball-Spielender sein könnte. Sittlichkeit ist die Anerkennung dessen, dass es außer meinen Zielen auch noch die Ziele Anderer in dieser Welt geben darf und soll. Wo ich *nur meine* Ziele anerkenne, negiere ich das Andere in dem, was es für sich selbst ist, und benütze es nur als Mittel zur Realisierung meiner Ziele. Das Andere verschwindet, es wird auf eine *Funktion des Ich* reduziert. Wo ich umgekehrt *nur des Anderen* Ziele anerkennen wollte, verschwände ich selbst und würde zur Funktion des Anderen. Funktionalisierung bringt also tendenziell Selbstsein zum Verschwinden.

Deshalb ist *reine* Funktionalisierung unvernünftig; sie instrumentalisiert und bringt das zum Verschwinden, als was die Welt sich doch „vernehmen" lässt (Vernunft, sagte ich, kommt vom „Vernehmen"). Wer irgendetwas instrumentalisiert und insoweit in seinem eigenen Sein beeinträchtigt, will damit etwas Anderes fördern. *Jenes* Sein wird so als Selbstsein aufgehoben, weil es um *dieses* andere Sein geht, weil *dieses* Andere sein soll. Das In-Dienst-Nehmen setzt immer die Anerkennung eines Nicht-in-Dienst-zu-Nehmenden voraus, die Anerkennung eines solchen, das nicht für Anderes benützt wird, sondern „es selbst sein" darf und soll (wenn es gleich in weiteren Zusammenhängen selbst wieder funktionalisiert werden kann). Goethe sprach in diesem Zusammenhang von *Ehrfurcht* (Goethe 1994; Keller 1879/ 80); denn was sein soll, *ehre* ich und *fürchte* (scheue) seine Beeinträchtigung. Was hingegen instrumentalisiert wird, wird verändert, aufgezehrt, und es besteht für das, was es an sich selber ist, keine Ehrfurcht oder Achtung. Instrumentalisierung nimmt etwas in Dienst für Zwecke, die ihm fremd sind. Achtung und Ehrfurcht lassen jedes die eigenen Zwecke verfolgen: „Wen ich liebe, lass' ich für sich gewähren", sagt der Wanderer in Wagners „Siegfried". Diese Haltung könnte man auch die *personale* Haltung nennen, weil das nutzenfreie Achthaben auf Anderes die spezifische Möglichkeit des Menschen, d. h. der Person, ausmacht (Gehlen 1978, 149–157; Pannenberg 1983, 29–39): Während Tiere das Andere nur in Bezug auf ihre eigenen Bedürfnisse erleben, vermag der Mensch das Andere auch als *Selbst*sein statt nur als Sein-*für-mich* zu sehen.

Existenznotwendig sind nun freilich beide Haltungen, die instrumentale Indienstnahme und das personale Gewährenlassen. Denn nichts kann *es selber* sein, ohne Anderes in Dienst zu nehmen; und nichts kann es selber sein, insoweit es nicht wenigstens sich selbst von der bloßen Instrumentalisierung ausnimmt. Jedes Wesen steht partiell im Dienst *für Anderes,* und jedes Wesen nimmt partiell Anderes *für sich* in Dienst. Sittlichkeit (d. i. die Achtung vor eigenem und anderem Selbstsein) besteht nun nicht darin, Funktionalisierung überhaupt zu verweigern (denn damit wäre Selbstsein selbst unmöglich), sondern darin, ihr *rechtes Maß* zu finden, auf dass sie nicht total werde und Selbstsein ganz negiere. Alle Wesen instrumentalisieren einander partiell, das habe ich als Gesetz des Existierens zu erläutern versucht. Dass sie darin einander nicht völlig vernichten, dafür sorgt die natürliche Ordnung in der außermenschlichen Welt und beim Menschen eben die Sittlichkeit.

Sittliche Probleme treten meist nicht gleich in der einfachen Form der Frage vor uns hin: Tust du dies oder unterlässt du es? Das Schwierige an sittlichen Entscheidungssituationen ist es, dass oft gar nicht klar ist, wo in einer komplexen Handlungssituation das sittliche Problem steckt, was eigentlich genau auf dem Spiele steht. Die Fähigkeit, sittlich relevante Situationen und in diesen wiederum die sittlich relevanten Gesichtspunkte zu erfassen, macht sittliches Handeln erst möglich. Diese Fähigkeit ist *intellektuell,* denn sie hat mit der Erfassung von Sachverhalten und ihrer Einordnung gemäß handlungsleitender Kriterien zu tun. Diese intellektuelle Komponente des Sittlichen ist die *sittliche Urteilskraft.* Sittlichkeit ist aber nicht nur Urteilskraft. Wäre sie nur dies, verhielte sich schon sittlich, wer sagen würde: Ich habe eingesehen, dass dies oder jenes schlecht ist, aber deswegen habe ich nicht die mindesten Bedenken, es dennoch zu tun. Sittlich richtig zu urteilen, ohne sich danach zu richten, ist gerade unsittlich. Zur Sittlichkeit gehört neben der intellektuellen Urteilskraft der *Wille,* das Erkannte für den eigenen Lebensvollzug (das Empfinden, Erleben, Denken und Handeln) *dauerhaft maßgeblich* werden zu lassen. Wenn etwas für mich maßgeblich ist, dann nehme ich es nicht nur zur

Kenntnis, sondern ich nehme *Anteil* an ihm, ich mache seine Ziele zu den meinen. Die Bereitschaft dazu ist keine Sache der Erkenntnis allein, sondern des Charakters. Charakter ist der auf Dauer gestellte Wille *(habitus)*. Sittliche Bildung ist nicht nur Erkenntnis, sondern auch Charakterbildung.

1.4 Ethikunterricht

Der Ethikunterricht hat es, wie jeder Unterricht, auch mit Charakterbildung zu tun. Aber gerade weil jeder Unterricht damit zu tun hat, liegt darin, dass er erzieherisch wirkt, nicht das Spezifische des Ethikunterrichts. Ja, man kann sagen: Erzieherisch zu wirken, ist für kein Fach etwas Spezifisches, weil unterschiedslos alle es leisten sollen. Spezifisch unterschieden sind die Fächer hinsichtlich ihrer Gegenstände, also der Fachinhalte. Und nur über die Fachinhalte unterscheiden Fächer sich dann auch in ihrer erzieherischen Wirkung, weil die Inhalte, wenn sie den Charakter prägen, ihn in ihrer spezifischen Weise prägen. Möglicherweise wirkt Naturkunde im Charakter eher auf Anteilnahme an der Natur hin, während Geschichte oder die Lektüre des Plutarch mehr die Anteilnahme an den Schicksalen der Menschen stärkt. Der Charakter wird aber durch die Kenntnis der Gegenstände nicht automatisch zur Anteilnahme bewogen. Dies ist nur der Fall, wenn er schon einen anteilnehmenden Habitus hat. Diesen erwirbt man, indem man *angehalten* wird, von seinen eigenen Zielen auch abzusehen, sich auf Anderes einzulassen, ohne es bloß in Dienst zu nehmen. Hier spielen Vorbilder, Ermahnung, Zwang, Gewöhnung, Lob, Tadel und dergleichen die entscheidende Rolle. Aber eben diese Dinge sind nicht für dieses oder jenes Fach – auch nicht für Ethik – spezifisch, sondern in in der erzieherischen Komponente aller Fächer gegenwärtig.

Der spezifische Gegenstand des Ethikunterrichts ist die Sittlichkeit. Das bedeutet, dass Gegenstand des Ethikunterrichts nicht irgendein Teilbereich aus dem Wirklichkeitsspektrum (Mensch, Welt, Gott) ist, sondern das rechte Leben in Bezug auf alle Bereiche der Wirklichkeit. Insoweit der Gegenstand des Ethikunterrichts auf den Charakter wirkt, ist das Spezifische dieser Wirkung nicht, Anteilnahme für diesen oder jenen Gegenstand, sondern *Anteilnahme für das Anteilnehmen* zu wecken. Der Ethikunterricht behandelt das Phänomen des Anteilnehmens. Er zeigt, was es bedeutet, Anteil zu nehmen, und wie man sachgerecht Anteil nimmt. Indem der Ethiklehrer oder ein anderer Lehrer den Charakter zur Anteilnahme zu bilden versucht, zielt er auf eine Praxis, die der Ethikunterricht theoretisch zu begreifen unternimmt. Im Ethikunterricht könnte bzw. sollte der Prozess von Bildung und Erziehung sich selber durchsichtig werden.

Das Anteilnehmen schließt sowohl die funktionale als auch die achtunggebende Sicht- und Handlungsweise ein, denn es handelt sich immer um Anteilnahme an Welt und Mensch als einem Wirkungszusammenhang von Wesen, deren Selbstsein durch wechselseitige partielle Instrumentalisierung vermittelt ist. Ethik hat es mit dem rechten Maß und Zusammenspiel instrumentaler Indienstnahme und personaler Achtung zu tun. Indienstnehmen und Selbsteinlassen sind die grundsätzlich möglichen Ausrichtungen sowohl der Theorie (oder des Weltverstehens) als auch der Praxis (oder des Weltgestaltens): Wir können eine Sache daraufhin *betrachten* und *behandeln,* wie sie in Dienst zu nehmen sei; und wir können sie daraufhin betrachten und behandeln, was sie ist, wenn wir sie nur für sich selbst sein lassen. Weil nur das Zusammen beider Haltungen Leben und Existieren der einzelnen Wesen möglich macht, ist die gelungene Synthesis der funktionalen und der achtendseinlassenden Sicht- und Handlungsweise gleichbedeutend mit gelungenem oder *gutem Leben.* Und dies ist die Perspektive, unter der die Inhalte der menschlichen Selbst- und Welterfahrung – im Prinzip *alle,* praktisch *einige* wichtige Inhalte – im Ethikunterricht thematisiert werden.[5]

1.5 Bildungsziele

Bildung ist Bildung zum Menschsein. Der grundlegenden Bedeutung der beiden Haltungen für das menschliche Dasein entspricht es, wenn die bayerische Verfassung den Bildungsauftrag der Schule zu zwei komplementären Teilzielen konkretisiert: „Die Schulen sollen nicht nur Wissen und Können vermitteln, sondern auch Herz und Charakter bilden" (Bayerische Verfassung, Art. 131 [1]). „Wissen und Können" befähigen zur Mitwirkung innerhalb der funktionalen Systeme von Technik und Wirtschaft; „Herz und Charakter" meinen eine menschliche Gesamthaltung der Persönlichkeit zu Welt und Mensch, d. h. eine Sicht- und Handlungsweise, die nicht alles schrankenlosem Nützlichkeitskalkül unterwirft, sondern das Andere auch anteilnehmend betrachtet und achtend bewahrt. Beide Dimensionen von Bildung schließen einander jedoch ein. Man kann über eine Sache nicht richtig Bescheid *wissen,* wenn man nicht „ein *Herz* für sie hat"; und man kann für eine Sache kein „Herz haben", ohne etwas von ihr zu wissen. „Der Gelehrte", so hat Henri Poincaré geschrieben, „studiert die Natur nicht, weil das etwas Nützliches ist; er studiert sie, weil er daran Freude hat, und er hat Freude daran, weil sie so schön ist" (nach Fischer 1997, 35). Der Ethikunterricht thematisiert den wechselseitigen Einschluss der beiden Bildungsteilziele.

2. Zu den Inhalten des Ethikunterrichts

Ziel des Ethikunterrichts ist es, für die Frage nach dem gelingenden menschlichen Leben zu sensibilisieren und zu zeigen, wie man diese Frage sachgerecht stellt und mit der (teils konsenten, teils strittigen) Vielfalt der Antworten auf sie umgeht. Im Ethikunterricht ist daher der gesamte Weltbezug des Menschen unter einer spezifischen Perspektive thematisch. Man könnte es die Perspektive der Ganzheit nennen. Nicht einzelne Aspekte von Welt und Mensch werden untersucht, sondern es geht um die Frage, wie der Mensch dem Insgesamt aller Aspekte seines Weltbezuges gerecht werden, d. h. wie er sein Leben verstehen und führen könne. Dabei ist es selbstverständlich nicht so, als liege die Totalität des Lebens und all seiner Aspekte und Bezüge tatsächlich vor. Vielmehr ist die Orientierung an der Ganzheit eher negativ: Ethik versucht, Sichtverkürzungen vorzubeugen, die in jeder Lebenssituation sei es aus Bosheit, Bequemlichkeit, Nachlässigkeit, Bor-

---

[5] Welches sind die „wichtigen" Inhalte. Hier ist die Frage nach dem „Grundwissen" berührt (vg). Huber 1999 c).

niertheit, Ideologisierung usw. zu entstehen drohen. Die sittlichen Gebote haben in jeder Kultur die Aufgabe, bestimmte Grenzen zu bezeichnen, deren Überschreitung das Selbstsein desjenigen Anderen (Person oder Sache), mit dem man es gerade zu tun hat, ignorieren würde. Wenn das Sittengesetz sagt: „Du sollst nicht morden, stehlen, lügen usw.", so heißt das, dass man vermeiden solle, die Wirklichkeit des Anderen zu verfälschen oder gar zu zerstören, nur weil es *der momentanen eigenen Sicht* der Dinge zustatten käme. Eine solche Perspektive hat nicht dieses oder jenes bestimmte Andere, sondern das Andere überhaupt – potenziell alles Andere – im Blick. Deswegen transzendiert die sittliche Perspektive die Fächerperspektiven. Schon aus diesem Grund ist es sinnvoll, den „Blick von außen" nicht in die einzelnen Fächer zu verlegen, sondern in einem eigenen Fach zu kultivieren. Dieses Fach ist nicht nur das Fach Ethik. Auch das Fach Religion oder (in manchen deutschen Ländern) Philosophie sind analog für die Thematik des „Ganzen" zuständig. Mit welchen spezifischen Inhalten hat es aber ein solches Fach zu tun? Der Einfachheit halber werde ich die unterschiedliche Akzentuierung, welche die gemeinsame Thematik in Religion, Ethik und Philosophie erfährt, nicht behandeln und weiterhin nur vom Ethikunterricht sprechen.

Ethik als spezifische Perspektive von Weltverstehen entzündet sich an der Erfahrung der Normativität. Die Welt zeigt sich nicht nur als Faktizität, sondern tritt in Form von Imperativen an den Menschen heran: Es ist nicht gleichgültig, was geschieht und was getan wird, sondern das eine Geschehen oder Tun ist besser oder schlechter als anderes, eines soll sein, anderes nicht. Man könnte sagen, dass den einzigen Gegenstand der Ethik diese wesentlich menschliche Erfahrung eines *Sollens* ausmacht, das uns auf Maßstäbe verpflichtet, die sich menschlicher Dezision entziehen, weil sie dieser vielmehr zu Grunde liegen. Ethik (nicht als praktische Haltung, Ethos, sondern als Theorie der rechten Praxis) entwickelt lediglich die Implikationen dieses Sollens, die Auswirkungen dieser Erfahrung auf unseren Begriff von Welt, Mensch und Gott. Sofern das Sollen eine subjektive Kraft und Gesinnung des Menschen ist, nenne ich es (im Anschluss an Hegel) „Moralität"; sofern es als gestaltete Wirklichkeit dem Menschen normativ gegenübersteht, nenne ich es „Sitte"; und sofern es den geschichtlichen Prozess meint, der, selbst voller Inhumanität, doch auch immer das Streben nach Überwindung der Humanitätsdefizite, wie sie in jeder faktischen Moralität und Sitte auftreten, beinhaltet, nenne ich das Sollen „Sittlichkeit". So kann man sagen, Ethik habe einen doppelten Gegenstand. Erstens: Was ist das Sittliche (das Sollen im Unterschied zum Faktischen) und wie kann man es erkennen? Und zweitens: Wie konkretisiert sich das Sittliche (was ist im Einzelnen gesollt und wie kann man das wissen)?

Es kann in diesem kleinen Beitrag nur um wenige Hinweise zum ersten dieser beiden ethischen Themenkreise gehen. Die Auffächerung der ethischen Thematik in die relevanten lebensweltlichen (z. B. Freundschaft, Liebe, Identität) und systemischen (z. B. Technik, Wirtschaft, Medien) Kontexte involviert entwicklungspsychologische und fächerimmanente Gesichtspunkte, deren Sichtung und Erörterung sehr aufwendig wäre. Ich nenne einige Problemfelder, durch deren Behandlung deutlich werden kann, was Sittlichkeit (Sollen, Verpflichtung) überhaupt bedeutet.

2.1 Wählt man seine Moral?

Die elementaren sittlichen Maßstäbe sind nichts, was der Mensch wählen könnte; er findet sich von ihnen immer schon bestimmt. Autonomie wird heute häufig so verstanden, als wäre der Mensch ursprünglich ohne Moral und würde sich irgendwann für eine unter vielen möglichen Moralen entscheiden. Wenn dem tatsächlich so wäre, nach welchen Maßstäben würde der Mensch seine Wahl treffen? Gemäß der Voraussetzung hätte er ja noch keine Maßstäbe, er könnte sich also nicht für eine der Moralen als die in seinen Augen *bessere* entscheiden, weil er sich seine Maßstäbe von besser und schlechter ja erst wählen muss. Eine Entscheidung ohne Maßstäbe ist bloß Willkür. Wenn wir also nicht immer schon eine Moral haben, ist *jede* Moral, die wir wählen, ein Produkt reiner Willkür. Damit aber wäre eine Moral so gut wie die andere, und es wäre völlig gleichgültig, welche man wählt. Das wäre absurd, weil es die Moral selbst aufheben würde. Autonomie kann daher nicht die Wahl des Gesetzes *(nomos)*, nach dem ich handle, bedeuten. Denn wenn ich das Gesetz selber wähle, ist meine Willkür nur sich selbst Gesetz. Gibt es ein Sollen, das nicht der Mensch setzt, wie es die philosophische Überlieferung im Einklang mit allen Religionen lehrt, oder ist alles fakultativ, wie es der Glaube an die Beliebigkeit der Diskurse (Foucault 1972) und an die Inkommensurabilität der Vokabularien (Rorty 1979) nahe legt?

Die Moderne lehnt ein vorgegebenes Sollen ab: Es ist kein göttlicher Wille, der dem Menschen sagt, was Mensch zu sein bedeutet, sondern der eigene Wille des Menschen. Während Kant diesen Willen aber noch durch eine Vernunft bestimmt sah, die dem empirischen Menschen als intelligible Welt vorgegeben war, gilt es der Tradition von Nietzsche über den Existentialismus in die Postmoderne als ausgemacht, dass der Mensch kein Wesen *hat,* sondern sich erst selbst *erfindet* (Sartre 1979, 16). Es gibt keinen Willen darüber, was Menschsein heißt, außer dem Majoritätskonsens der empirischen Einzelwillen. Wenn die Moral aber dergestalt nicht auf einem der menschlichen Willkür entzogenen Grund aufbaut, hebt sie sich selbst auf. Niemand hat dies besser gesehen als der Marquis de Sade, der schreibt, nicht baue die Moral auf der Religion auf, sondern die Religion auf der Moral. Deshalb, glaubt er, sei „eine Religion erforderlich, die den Sitten gerecht wird, die gleichsam deren Weiterführung ist" (Sade 1795, 275). Es gibt kein Sittlichkeitskriterium außer dem Belieben des Menschen: Religion ist, für de Sade nur die Affirmation dessen, was üblicherweise praktiziert wird. So aber ist alles und nichts sittlich.

2.2 Gutsein oder Gutscheinen?

Wenn jedoch das Gesetz meines Handelns von mir nicht gesetzt, sondern bloß entdeckt wird, dann muss es etwas sein, das nicht nur meine *Auffassung* der Dinge betrifft, sondern in den *Dingen* selber liegt. Anders formuliert: Wenn ist sage, etwas sei gut, schreibe ich ihm dann eine Eigenschaft zu, die es an sich selber hat, oder sage ich nur etwas darüber, wie ich dieses Ding einschätze? Wenn Dinge, Personen, Handlungen nicht an sich selber gut sind, dann sind die daraus sich ergebenden Imperative – wie: Du sollst dieses Ding nicht zerstören, diese Person achten, diese Handlung tun – nur unsere *Fiktionen*. Wenn der Mensch etwa keine Würde *hat*, sondern wir sie uns bloß gegenseitig *zuschreiben*, dann würden wir durch Menschenrechtsverletzungen gar nicht den Menschen, sondern bloß unsere Meinung von ihm treffen. Genau das aber meinen wir nicht, wenn wir von Menschenwürde sprechen. Wir meinen etwas am und im Menschen, das durch würdelose Behandlung verletzt wird. Obwohl Würde nichts ist, was man sehen oder sonstwie empirisch fassen könnte, halten wir sie für etwas, das nicht bloß in unserer Phantasie existiert, sondern zur Wirklichkeit des Menschen gehört. Etwas Wirkliches, das nicht empirisch wirklich ist, hat *metaphysische* Wirklichkeit. Das sittliche Sollen ist nur dann verpflichtend, wenn es nicht unsere subjektive Setzung, sondern in einem metaphysischen (d. h. nichtempirischen) Sinne „objektiv" ist (Kant 1785, 426; dazu Huber 1996, 156–159).[6]

Erwähnen muss ich noch, dass die eben skizzierte „Objektivität" des Sittlichen eine starke Auswirkung auf unseren Begriff von der Welt hat. Die evolutionistische Weltsicht geht davon aus, dass es keine Zielintention der Wirklichkeit selbst gibt. Das heißt: Die Entwicklung geht zwar in eine bestimmte Richtung, aber sie hat keinen Willen, keine Absicht dazu (Wuketits 1987, 95), genau so wie der Würfel in einer ganz bestimmten statistischen Verteilung sechs Augen zeigt, ohne dass es

---

[6] Habermas (1998) beharrt darauf, dass moralische Verpflichtung keine ontologische Grundlage habe und benötige. Welches Interesse „in moralischer Hinsicht ‚zählen' soll, muss aus der Sicht von Betroffenen, die an praktischen Diskursen teilnehmen, überzeugend interpretiert und begründet ... werden, bevor es in der Diskursöffentlichkeit als ein allgemeines Interesse Berücksichtigung finden kann". Daraus folge, dass die „gemeinsamen Interessen" ontologisch kein Gegebenes sind, sondern sich einer „Erzeugung" verdanken (203). Sie werden „als ein Konstruiertes durchschaubar" (199). Das Entscheidende ist aber die Tatsache, dass gar *nicht alle* Interessen Kandidaten sein können für die diskursive Interpretation (Erzeugung, Konstruktion) als allgemeine Interessen und daraus fließende moralische Pflichten: Die Interessen von Nazis und Kinderschändern beispielsweise werden nicht deswegen abgelehnt, weil man sich diskursiv darauf geeinigt hätte, sondern weil sich selbst der Versuch, sie diskursiv zur Geltung zu bringen, moralisch verbietet. Moral ist nicht das Resultat des Diskurses, sondern seine Voraussetzung. Es stimmt nicht, dass Moral dasjenige ist, was aus einer „gleichmäßigen Berücksichtigung aller berührten Interessen" (200) entsteht. Wie soll das Interesse des Gewalttäters „gleichmäßig" mit dem Interesse seines Opfers „berücksichtigt" werden? Nicht alle Interessen haben *in sich* denselben Rang, so dass sie erst durch den Diskurs in eine (jederzeit veränderbare) Rangordnung gebracht werden müssten. Es ist, im Bilde gesprochen, doch vielmehr so, dass nicht alle Interessen, die irgendjemand haben kann, berechtigt sind, im Diskurs gewissermaßen „an den Start" zu gehen, sondern einige sind *a priori* disqualifiziert. Wenn Interessen aber unabhängig von ihrer Interpretation in sich eine humane oder inhumane Qualität haben, dann scheint mir das eben zu besagen, dass der Mensch *ontologisch* so beschaffen ist, dass nur gewisse Interessen zu ihm „passen". Dies ist die Wirklichkeit des Menschen, weil er dieses „Passen" nicht selbst setzt und nicht frei ist, darüber zu entscheiden. Nähme er sich die Freiheit, hätte er (wie der amoralische Übermensch) sein Menschsein – seine Wirklichkeit – verspielt. Es handelt sich hierbei zweifellos um keine empirische Wirklichkeit. Weil es aber um dasjenige geht, was den Menschen erst zum Menschen macht, handelt es sich um eine Wirklichkeit, die sozusagen unendlich viel wirklicher ist als alles Empirische. Zu Habermas vgl. auch Huber 1996, 164–177.

seine Absicht wäre, genau diese Anzahl von Sechsen zu produzieren. Wenn die Dinge nicht Ausdruck eines Willens *zu sich selbst* sind, kann es sie nicht verletzen, wenn sie instrumentalisiert und so zum Ausdruck eines *anderen* Willens gemacht werden. Dergestalt wäre Sittlichkeit als Achtung dessen, was etwas für sich selbst ist, gegenstandslos: Es gäbe nichts, was zu achten wäre. Daraus folgt: Wenn sittliche Imperative gelten sollen, müssen sie in den Dingen selbst liegen, und dann muss in den Dingen nicht nur ein faktischer Ablauf, sondern die Intention auf ein Ziel hin – eine Teleologie – liegen. In einer evolutionistisch gedachten Welt, in der nur Zufall und faktische Abläufe herrschen, gibt es keine Sittlichkeit. Die Bedingung der Möglichkeit des Sittlichen ist eine Welt, die durch das Evolutionsparadigma nicht als vollständig beschrieben und verstanden gelten kann.

2.3 Pluralismus

Sitten differieren untereinander. Das ist nicht verwunderlich, denn in der Sitte ist der Umgang des Menschen mit sich und der Welt strukturiert. Je nachdem, welches Bild der Mensch von der Welt und sich selbst hat, wird sein Handeln anders beschaffen sein. Im Wesentlichen sind dafür, dass solche Welt-Bilder unterschiedlich ausfallen, die epochal und regional verschiedenen Lebenskontexte einschließlich der persönlichkeitsbedingt differierenden individuellen Sicht- und Handlungsweisen der Menschen ursächlich. Dergleichen führt zu unterschiedlichen Gewichtungen hinsichtlich der bewahrenden Achtung, die dem Selbstsein von Mensch und Welt entgegengebracht wird. So gilt dem abendländischen Kulturkreis die individuelle Person höher als fernöstlichen Kulturen, die das Achtungswürdige nicht in der einzelnen Person, sondern in Gemeinschaften (Familien, Sippen, Gemeinwesen) erblicken. Der Buddhismus achtet mehr auf die universale Verwandtschaft und Einheit allen Lebens, während die westliche Zivilisation hier kaum etwas Achtenswertes sehen will, sondern die gesamte außermenschliche Natur als Exerzierplatz zweckrationaler technischer und wirtschaftlicher Instrumentalität behandelt. Daran ändert auch die gegenwärtige Konjunktur der Naturschutzidee wenig, denn sie bleibt der Macht wirtschaftlicher Interessen gegenüber marginal. Der Streit zwischen Menschen und Kulturen dreht sich darum, ob die achtungswürdigen Güter richtig erfasst werden und welches die angemessene Weise ist, ihrem Selbstsein gerecht zu werden.

Die Perspektivität, kraft welcher jedes Einzelwesen das Selbstsein des Anderen partiell für sich selbst in Dienst nehmen muss, birgt beim Menschen, dessen funktionalisierender Ausgriff auf Anderes nicht von instinktiv fixierten Grenzen kontrolliert ist, jederzeit die Gefahr der selbstsüchtigen Verzerrung in sich: Der Mensch steht – als Einzelner wie als Gattung – stets in der Gefahr, das Selbstsein anderer Wesen (einschließlich der anderen Menschen) seinem eigenen Interesse zu opfern. Die hybride Indienstnahme des Anderen kann aus endlichkeitsbedingter Unachtsamkeit, aber auch aus bewusst selbstsüchtiger *Bosheit* resultieren.

Im Streit der Kulturen und im Streit um die Grenzen von Gut und Böse sind jedoch immer den Kontrahenten *gemeinsame* sittliche Intuitionen vorausgesetzt. Hinsichtlich konkreter Güter zielen einander ausschließende kulturelle Praktiken oft dasselbe Gut an: die islamische Verhüllung des Frauenantlitzes wird ebenso als Mittel der Realisierung weiblicher Würde verteidigt wie das abendländisch freie Gesicht. Aber auch wo das Gute inhaltlich völlig kontrovers identifiziert wird, müssen die Gegner einander gemeinsame Einsichten unterstellen, weil sie sonst keinen Ansatzpunkt hätten, von dem her sie den Anderen zu überzeugen hoffen könnten. Wenn Pluralismus nicht den Atomismus von Moralen meinen soll, die wegen ihrer Inkommensurabilität einander weder verstehen noch sich gar verständigen könnten, dann muss Pluralismus jederzeit eine den unterschiedlichen Kontexten gemeinsame sittliche Substanz voraussetzen. Nur diese gemeinsame Substanz verhindert den relativistischen Zerfall, weil sie als Bezugspunkt zur Formulierung von Kriterien zur sittlichen Beurteilung einzelner Kontexte in Anspruch genomen werden kann. Wenn auch die Interpretation dieser Substanz noch einmal kontrovers ist, hängt die Kritisierbarkeit einzelner sittlicher Praktiken von der Idee eines gemeinsamen verbindlichen Maßes ab. Der Streit geht nicht darum, *ob* man gemeinsame sittliche Intuitionen haben müsse, sondern darum, *welche* das sind, worin sie material bestehen. Diesen Streit zu führen, ist nicht pluralismusfeindlich, sondern der unabdingbare Versuch, innerhalb des Spektrums möglicher sittlicher Kontextualisierungen die fließenden Grenzen gegenüber dem Bereich des Inhumanen zu erkennen.

2.4 Religion

Ethikunterricht muss den Begriff des Guten explizieren. Es gibt verschiedene Arten des Guten: das Nützliche, das Wahre, das sittlich Gute, das Schöne und das Heilige. Deren Bedeutung und Verhältnis zu einander ist zu veranschaulichen und begrifflich zu zergliedern (Huber 1996). Der Ethikunterricht muss fragen, ob menschliches Weltverstehen trotz der Trennung der Geltungssphären (des Wahren, Guten und Schönen), die Max Weber zufolge für die Moderne charakteristisch ist, ohne das Postulat ihrer Einheit auskommen kann. Geltungssphären sind handlungslegitimierend, denn was gilt, soll sein. Wenn nun etwas schön sein kann und gleichzeitig sittlich schlecht, ist dann das Schlechte *via* Ästhetik legitimiert? Können sich ästhetische und kognitive Kriterien von den sittlichen emanzipieren? Wohl kaum, denn das Sittliche ist keine Sichtweise unter anderen, sondern der rechte Zusammmenhang aller Sichtweisen. Es kann deshalb keine Areale im menschlichen Weltgestalten geben, die außerhalb der sittlichen Perspektive lägen. Letztlich steht die Einheit des menschlichen Lebens auf dem Spiel: Gibt es eine sittliche (Gesamt-)Identität des Menschen, die mit dem unverträglich ist, was derselbe Mensch hinsichtlich seiner ästhetischen (Teil-)Identität ist?

Die Frage nach der Identität des Menschen in der Welt impliziert die Frage nach einer diese Identität sichernden Macht, die nicht wiederum bloß Macht des Menschen sein kann, weil der Mensch weder der Welt noch seiner selbst vollkommen mächtig ist. Die Kompatibilität von Humanität und Welt, die humanitätsindifferent ist (d. h. zum Humanen wie zum Inhumanen bestimmt werden kann), wird philosophiegeschichtlich in der Idee *Gottes* gedacht (Huber 1999a). Weil Sittlichkeit keine in der Willkür des Menschen stehende Idee ist (weder so, dass er sich von

ihr überhaupt dispensieren könnte, noch so, dass es völlig in seinem Belieben stünde, ihre bestimmten Inhalte zu setzen), drückt sich in ihr eine Verpflichtung aus, die
aus sich selbst auch für den Atheisten wirksam ist. Weil Sittlichkeit ein sinn- und
zielgerichtetes Wirken in Gang setzt, kann ihr Seinsgrund nicht evolutionistisch
zufällig sein, sondern muss in einer Weise gedacht werden, wie sie in unterschiedlichen Religionen und Philosophien den Gottesbegriff kennzeichnet. Schon David
Hume hat darauf hingewiesen, das Sittlichkeit eine Art Konvergenzpunkt zwischen
Theismus und Atheismus darstellt: Beide müssen ein Ordnungsprinzip annehmen,
das *Vernunft* impliziert (Hume 1779, 110; vgl. Huber 1996, 187–211).

Die Frage nach Gott ist in dem allgemeinmenschlichen Phänomen der Sittlichkeit latent eingeschlossen und wird manifest, sobald man über Möglichkeit und Zustandekommen des Phänomens sittlicher Verpflichtung nachdenkt. Religion ist daher ein unverzichtbares, freilich aber konfessionell unspezifisches Thema des Ethikunterrichts. Im Ethikunterricht tritt die säkulare Bedeutsamkeit des Religiösen
überhaupt für die Identität des Menschen als des sittlichen Wesens in den Blick.
Unter der Perspektive der Frage nach den Implikationen und Voraussetzungen des
Sittlichen muss der Ethikunterricht die wichtigsten Religionen behandeln.

2.5 Zu Nipkows Kritik

Dass Ethik mit „dem Handeln vorgelagerten allgemeineren Hinsichten auf
Mensch, Leben, Geschichte und Kosmos zu tun" habe, sieht auch Nipkow (1998,
II 507),[7] wirft mir aber vor, ich würde die religiösen Implikate des Ethischen zu
sehr in einer bestimmten Richtung verstehen, die er „kosmos- und schicksalsreli-
giös" nennt (Nipkow 1998, 97). Im einzelnen moniert er, dass ich das Sittliche (1)
als „*Zeitlos-Allgemeines*" verstehe; dass ich es (2) nach dem Muster von *Subjektivität* denke; dass ich es (3) als innerweltliche *Natur* denke; dass ich es (4) als *determi-
nierendes Verhängnis* denke; dass ich es (5) als *begründungsunbedürftig* denke; dass
ich (6) das *Böse* zu wenig gewichte und (7) im Sinne einer „*Nahbereichsethik*" die
Verantwortung für Folgeprobleme menschlichen Handelns auf Gott abschiebe
(Nipkow 1998, 95–102).

Zeitlos-allgemein

Zu Punkt (1) entgegne ich: Wer dem Sittlichen nur zeitrelative Gültigkeit zuer-
kennt, identifiziert es der Tendenz nach mit dem Zeitgeist und hebt es so als Sittliches auf. Wenn das Sittliche nur ein „Geschichtlich-Allgemeines", nicht ein „Zeitlos-Allgemeines" ist (ebd., 98), dann ist genau die Differenz zwischen faktischer
Sitte und Sittlichkeit eingezogen. Sittlichkeit reduziert sich aber nicht auf das, was
zu allen Zeiten faktisch konsent war (eben „geschichtlich allgemein" verbreitet und
gültig ist). Wie hätten Seneca und Cicero sonst die Sklaverei kritisieren können,
war sie doch bis dahin „geschichtlich allgemein"? Sie haben die Sklaverei kritisiert
unter Berufung auf die Einsicht in eine Normativität („gleiche Würde aller Men-

---

[7] Dieses Zitat bezieht sich auf den zweiten Band von Nipkows Werk, die Zitate ohne römische
Bandziffer beziehen sich auf den ersten Band.

schen"), die zwar zu einer bestimmten Zeit gewonnen, nicht aber durch den herr-schenden Zeitkonsens legitimiert wird.

Indem er die Tatsache, dass sittliche Kritik immer universale Anerkennung be-stimmter materialer „Positionen" voraussetzen muss, als „unkritische Identifika-tion mit einer Position" denunziert (ebd., 99), entzieht Nipkow der Kritik, die er so vehement fordert, den ermöglichenden Grund. Freilich sieht er, dass „der Ge-danke einer gemeinsamen pluralen Welt" nicht zusammenbrechen darf und deswe-gen ein „nichtpluralisierbarer Bestand" „gemeinsam verpflichtender Grund- und Rahmennormen" in Anspruch genommen werden muss (ebd., 230). Wenn ich recht sehe, wirft er mir vor, ich identifizierte diesen Bestand umstandslos mit einer ganz bestimmten philosophisch-weltanschaulichen Richtung (ebd., 92, 97, 113 passim). Gerade aber weil ich zwischen dem sittlichen Gehalt und seiner Konkretisierung so sehr unterscheide, dass Nipkow meint, mir auf der Konkretisierungsebene Relati-vismus vorwerfen zu müssen (ebd., 84), ist es wenig stimmig, mir im selben Atem-zug unkritisches Festhalten an ganz bestimmten gesellschaftlichen Verhältnissen anzulasten (ebd., 90, 94, 101 passim). Wie soll ein Ansatz, der „kosmos- und schick-salsreligiös" zur Anerkennung „gegenüber dem Sein" verpflichtet (ebd., 97, 107), den Schüler bloß auf die Verhältnisse einer bestimmten Gesellschaft festlegen?

Subjektivität

Bezüglich des Punktes (2) steht m. E. die Möglichkeit des Sittlichen überhaupt auf dem Spiele. Da sittliche Imperative „antievolutionistisch" nicht ein gleichgülti-ges, sondern ein zielgerichtetes und sinnorientiertes Geschehen initiieren, sehe ich nicht, wie man den Urgrund einer Welt, in der Sittlichkeit existiert, anders denn subjektivitätsanalog denken sollte (Huber 1996, 188–211).

Immanenz

Zu Punkt (3) bemerke ich, dass man aus der Verwendung des Terminus „Natur" nicht auf reine „Innerweltlichkeit" schließen kann. Was meint Nipkow eigentlich mit „innerweltlich"? Will er mir Pantheismus vorwerfen? Dann dürfte die Text-basis, auf die er sich stützt, zu schmal sein, denn an den von ihm angeführten Stel-len geht es nicht darum, wie der schöpferische Urgrund zu denken sei (vgl. aber Huber 1996, 202–205).

Verhängnis

Hinsichtlich des Punktes (4) sehe ich nicht recht, was Nipkow eigentlich bean-standet. Sittlichkeit ist ein unentrinnbarer Imperativ, denn, auch wenn wir uns oft nicht an ihn halten, wird er dadurch nicht ungültig. Vielleicht meint Nipkow aber eher, dass ich die Folgen sittlichen Handelns in schlimmen „Verhängnissen" erblik-ken würde. Er verweist nämlich auf meine Beispiele aus der griechischen und ger-manischen Mythologie und Heldensage (Nipkow 1998, 91f.). Diese Beispiele die-nen wegen ihrer alle durchschnittlichen Maße sprengenden Monumentalität gerade nicht zur Illustration alltäglicher Sittlichkeit, sondern lediglich dazu, idealtypisch das Sittliche aus der Vermischung mit dem Nützlichen schroff herauszuheben. Es geht nicht darum, den konkreten Kontext der „Nibelungentreue" oder das Schick-sal der Antigone zum zeitlos gültigen Ethos zu stilisieren, sondern darum, zu zei-gen, dass es in all diesen Kontexten die gemeinsame Erfahrung einer strikten Gren-ze des Nutzenkalküls gibt. Diese Grenze mag material unterschiedlich bestimmt sein, und hier ist in der Tat die Möglichkeit gegeben, dass im Namen des Guten sich „Gestalten des Bösen" (ebd., 86) konkretisieren. Dennoch bleibt es eine entscheidende Einsicht, die der Ethikunterricht durch anschauliche Beispiele zu sichern hat, dass Menschen immer unter dem Anspruch eines, obzwar nicht ein-deutig und abschließend erkennbaren, Guten stehen, das nicht Setzung, sondern Maß menschlichen Wollens ist.

Begründung

Dass ich die Begründung der Ethik aus dem Ethikunterricht ausblenden würde (Punkt 5), ist ein Vorwurf, den Nipkow nur aufrecht erhalten kann, insoweit er Begründung auf die Universalisierungsprüfung (ebd., 92f) reduziert, in der ich tat-sächlich nicht das wichtigste kritische Instrument sehe. Es gibt zweifellos Dinge, die jedermann verboten sind (z. B. zu morden, zu betrügen und so fort). Sie sind jedoch nicht *deswegen* verboten, weil sie für *jeden* verboten sind, sondern umge-kehrt: Die Verbote gelten für jeden, weil sie Handlungen betreffen, die in sich ver-boten sind. Kant argumentiert beispielsweise, dass Selbstmord, falsches Verspre-chen, faules Genießen und Gleichgültigkeit gegen die Not des Anderen deswegen verboten seien, weil, wenn jeder sich so verhielte, Leben, Vertrauenswürdigkeit, Ta-lententfaltung und wechselseitige Hilfe nicht möglich wären (Kant 1785, 421–423). Eine Handlung ist also verboten, weil ihre universale Praktizierung etwas zerstören würde. Die Universalisierung zeigt aber offensichtlich nur, dass sie eine Zerstörung im Gefolge hat. Damit ist aber noch nicht gesagt, ob diese Zerstörung gut oder schlecht, geboten oder verboten ist. Die Universalisierung zeigt lediglich, ob etwas, wenn alle es tun, einer Sache nützt oder schadet. Ob diese Handlung nun geboten oder verboten, gut oder schlecht ist, ist damit noch nicht ausgemacht. Ob das Han-deln einer Sache nützen oder schaden soll, hängt davon ab, ob die Sache gut oder schlecht ist. Ich muss also schon wissen, ob die in Frage stehende Sache gut oder schlecht ist, wenn ich aus der Universalisierung die richtige Folgerung (gebieten oder verbieten) ziehen können soll. Wäre es beispielsweise nicht gut, dass Men-schen existieren, dann würde aus der Tatsache, dass der universalisierte Selbstmord menschliches Leben unmöglich macht, *nicht* das Verbot, sondern das Gebot des Selbstmordes folgen. Universalierbarkeit ist ein nur *formales* Kriterium. Welche *Inhalte* allgemein verpflichten, hängt davon ab, ob man die Folgen der Universa-lisierung *material* für gut (bejahenswürdig) hält oder nicht.

Universalisierbarkeit gilt vor allem negativ: Es gibt Dinge, die für jedermann *ver*boten sind, aber viele Dinge, die *nicht* für jedermann *ge*boten sind. Die Grenzen der Humanität sind universal; es gibt Handlungen, die sie verletzen, egal wer han-delt. Die positiven Gestaltungen der Humanität sind nicht für alle in gleicher Weise verpflichtend, sonst würde der Mensch uniform. Beispielsweise ist für jedermann verboten, einen unschuldigen Anderen zu töten. Es ist aber nicht für jedermann geboten, sich für einen unschuldigen Anderen selbst zu opfern, wie Pater Kolbe das getan hat. Für einen Familienvater etwa kann es geradezu verboten sein, sich für Fremde zu opfern. Max Müller hat dem „kategorischen" einen „kairologischen" Imperativ an die Seite gesetzt, der den Imperativ je für mich meint.

Im Übrigen aber habe ich das Begründen immer als konstitutiv für den Ethikunterricht betont. Dass ich den Ethikunterricht nicht „mit einer prüfenden Reflexion der Menschen- bzw. Weltbilder verbunden" sehen möchte (Nipkow 1998, 105), ist einfach falsch. Der Aufsatz, den Nipkow als Beleg für meine Abweisung solcher Reflexion anführt, sagt das genaue Gegenteil.[8] Begründung spielt im Ethikunterricht die entscheidende Rolle. Dennoch ist Begründung nicht das Letzte und Oberste in der Ethik. Alle Begründungen bedürfen nämlich der Kriterien und Maßstäbe, nach denen etwas als begründet, vernünftig, human sich ausweisen kann. Solche letzten Begründungsmaßstäbe lassen sich nicht noch einmal im selben Sinn begründen, in dem sie etwas anderes begründen. Um beurteilen zu können, ob ein Maßstab human ist, müssen wir schon in etwa wissen, was Humanität bedeutet. Insoweit sind letzte sittliche Maßstäbe *petitiones principii* bzw. zirkelhafte Voraussetzungen. Indem wir begründen, lernen wir, was wir immer schon für begründend halten. Der Zirkel jedoch ist hier unvermeidlich. Begründen heißt ja (in einem verbreiteten Verständnis), etwas auf etwas Anderes als es selbst zurückführen. Es bloß wieder auf es selbst zurückzuführen, wäre eben zirkulär. Wer nun aber die Moral auf etwas Anderes als Moral zurückführt, sagt damit, dass Moral bloß ein Epiphänomen ohne eigene Wirklichkeit ist. Wer die Moral durch Anderes als Moral begründet, macht sie abhängig und bedingt durch Anderes und verfehlt damit gerade ihre Unbedingtheit, d. h. das, was sie zur Moral macht. Kurz und zugespitzt: Wer Moral begründet (d. i. auf etwas Anderes zurückführt, von etwas Anderem ableitet), verfehlt die Moral. Zu fragen, warum der Mensch moralisch sein solle, hieße so viel als zu fragen, warum der Mensch Mensch sein solle. Die Antwort ist zwangsläufig ein Zirkel: Der Mensch soll Mensch sein, weil es gut ist, Mensch zu sein. Warum ist es gut Mensch zu sein? Weil Menschsein (Humanität) sich evidenterweise als seinsollend (d. h. als besser, schöner denn Inhumanität) zeigt. Moral affirmiert sich selbst in einem Zirkel und zeigt damit, dass die Frage nach ihrer Begründung (durch Anderes als Moral) sinnvoll gar nicht gestellt werden kann.

Freilich: Dies zu *zeigen,* heißt, es plausibel machen, einleuchtend machen und in *diesem* Sinne es begründen. *Dieser* Begründungsprozess, der nicht „auf Anderes zurückführt", sondern das Sich-Zeigen des Guten ermöglicht, ist von fundamentaler Wichtigkeit für den Ethikunterricht. Das Gute lässt sich, so wenig „deduzieren" wie Platons Ideen. Die platonische Dialektik ist ein anspruchsvoller geistiger Prozess, der aber das, was erkannt werden soll, nicht von einem Anderen her „begründet" oder herleitet, sondern bloß Hindernisse aus dem Weg räumt, die dem Sich-selbst-Zeigen der Ideen im Wege stehen.

---

[8] Vgl. Huber u. a. 1993, 54f.; Huber 1994a, 70f. Auch Huber 1993, 100 fordert ausdrücklich, der Ethikunterricht müsse „zu einem religions*philosophischen* Begreifen des religiösen Phänomens voranschreiten".

Böses und Nahbereichsethik

Was die Berücksichtigung des Bösen bzw. die Abschiebung der Verantwortung für Handlungsfolgen auf Gott betrifft (Punkte 6 und 7), so zieht Nipkow aus meinem Hinweis auf die menschliche Endlichkeit eine ganz andere Konsequenz als ich selbst. Er unterstellt mir die gesinnungsethische Auffassung, wir bräuchten Handlungsfolgen nicht zu berücksichtigen, weil wir sie ohnehin nie ganz zu überblicken vermöchten. Tatsächlich habe ich aber umgekehrt argumentiert: Weil wir nicht alle Folgen zu überblicken vermögen (dennoch das Handeln aber auch nicht ganz lassen können), müssen wir unser Handeln auf kleine überschaubare Kontexte beschränken. Jede Ethik, die den Menschen nicht zur Hybris universaler Weltverantwortung verpflichtet (und das tut auch Nipkow nicht), muss in irgendeinem Grad „Nahbereichsethik" sein. Die klare Sicht auf die Beschränktheit unserer Verantwortung ist eine Bedingung der Vermeidung des Bösen, das gerade darin besteht, das Universale auf die Sicht und die Bedürfnisse des Partikularen zu reduzieren.

Gott kommt erst in einem weiteren Schritt ins Spiel: Auch wenn der Einzelne (verantwortungsethisch) böse Hybris und destruktive Handlungsfolgen zu vermeiden sich bemüht, gibt es keine Garantie, dass aus seinem Handeln nicht doch üble Folgen irgendwo innerhalb des Weltlaufs resultieren. Es gibt keine prästabilierte Harmonie von Sittlichkeit und Weltlauf.[9] Und *dafür* ist der Mensch nicht verantwortlich, mindestens (wenn man an die Erbsündenlehre denkt) nicht der jetzt und hier handelnde Mensch.

In der Abwehr einer Verantwortungshybris, die sich nicht für das hier und jetzt Gute, sondern für das Weltbeste zuständig glaubt, liegt übrigens der Ansatz für die von Nipkow vermisste Kritik am Bestehenden (etwa an der totalen Technisierung, mit der wir Mensch und Welt handhabbar zu machen suchen). Auch meine Formulierung, dass der Ethikunterricht das *gelebte* Ethos bewusst zu machen habe (Huber 1993, 99), schließt Kritik nicht aus (Nipkow 1998, 105), denn lebendiges Ethos sind auch die Maßstäbe, nach denen wir kritisieren. Wären sie nicht in uns lebendig, hätten sie keine kritische Dynamik. Bewusstmachung des gelebten Ethos ist eben auch Bewusstmachung derjenigen Maßstäbe, die unsere Kritik im Letzten leiten. Im selben Sinn konnte Hegel in der Vorrede zur Rechtsphilosophie sagen, das Vernünftige sei wirklich und das Wirkliche vernünftig. Das ist keine Apologie des Bestehenden. Vielmehr besagt es, dass etwa die unrealisierte Idee einer vernünftigen (humanen) Lebensordnung *wirklicher* ist, d. h. mehr Anspruch auf Wirksamkeit und weit mehr Berechtigung hat, als faktisch herrschende unvernünftige (inhumane) Zustände.[10]

---

[9] „Kreuzestheologische" (Nipkow 1998, 100) Antworten auf die Theodicee-Frage müssen diese Harmonie durch das Kreuz Christi verbürgt sehen, „schöpfungstheologische" sehen sie bereits in der Schöpfung garantiert. Auch das Kreuz aber kann Sittlichkeit und Weltlauf nur dann versöhnen, wenn zwischen beiden Vereinbarkeit besteht, d. h. wenn beide so *geschaffen* sind, dass sie harmonieren *können*. Insoweit hat auch die kreuzestheologische Variante eine schöpfungstheologische Voraussetzung.

[10] Vgl. oben 1.2.

3. Zu Methoden des Ethikunterrichts

Die Hauptmethode allen Unterrichts ist das Denken. Welche Verfahren man auch immer einsetzen möchte (vgl. etwa die Aufzählung bei Köck 1979, 27–49), keines davon ist spezifisch „ethisch", sondern kann in allen anderen Fächern ebenfalls Verwendung finden. Ethisch wird eine Methode dadurch, dass sie auf ethische Themen angewandt wird. Zweifellos kann man die sachlichen Probleme eines Faches – auch des Faches Ethik – in unterschiedlich eindrucksvoller und unterschiedlich anregender Weise präsentieren. Das hängt von der jeweiligen Beschaffenheit der Stoffe sowohl als auch von der entwicklungsabhängigen Gestimmtheit des Rezipienten (des Schülers) ab. Hier hat Methodenvielfalt ihren Stellenwert: Dieses lässt sich besonders gut durch einen Text, jenes durch einen Film, anderes durch Bilder, Interviews (und so weiter) dem Schüler vor Augen stellen. Die methodisch vermittelte Lebendigkeit der Präsentation ist jedoch kein Selbstzweck. Sie soll nur geneigt machen und anregen zur *gedanklichen Erfassung* der Sache (Huber 1996, 19–49). *Ethisch* erfassen wir eine Sache, wenn wir sie so verstehen (denken, begreifen), dass wir mit dieser (theoretischen) Sichtweise und der ihr entsprechenden (praktischen) Handlungsorientierung dem *gerecht* werden, was die Sache *selbst* innerhalb des *Gesamtkontextes* von Welt und Mensch ist.

3.1 Wahrnehmen

Der Ethikunterricht wird daher insbesondere die Fähigkeit kultivieren müssen, *Selbstsein wahrzunehmen*. Erst diese Wahrnehmungsfähigkeit lässt Verletzliches an Welt und Mensch bemerken. Vernunft als das „Vernehmen" des Wirklichen hat verschiedene Ausprägungen. William James hat vier Rationalitäten unterschieden: die wissenschaftlich-empirische, die technisch-ökonomische, die ästhetische und die moralisch-sittliche (Huber 1999b). Es ist offenkundig, dass Schule diese vier Typen von Rationalität in Anspruch nimmt. Die wissenschaftliche und die technische Rationalität lassen sehen, wie die einzelnen Wesen in der Welt in sich selbst und gegenüber anderem „funktionieren", d. h. wie sie ihr eigenes Dasein vollziehen und erhalten, und welchen Nutzen sie für Anderes haben bzw. haben können. Das, was James „ästhetische" Rationalität nennt, hat es mit der Schönheit, dem Sinn und Selbstsein der Dinge zu tun, also damit, dass die Dinge als sie selbst, nicht nur als Mittel für Anderes bejahenswert sind. Wir finden hier wiederum den funktionalen wie den bewahrenden Aspekt in der Wahrnehmung von Welt und Mensch. Entscheidend ist nun, dass für den Ethikunterricht keiner der Rationalitätstypen verzichtbar ist. Ethisch ist ein Handeln, das die richtige Ordnung aller relevanten Sachgesichtspunkte zu seinem Maßstab nimmt.[11] Zu den Sachgesichtspunkten gehören sowohl die funktionalen als auch die „ästhetischen" oder sinnbezogenen Gesichtspunkte, denn dies alles zusammen erst macht den vollständigen Begriff der Sache aus. Der Ethikunterricht wird daher im Grunde nur die *in den Fächern sonst*

---

[11] „Das Moralische besteht ... in nichts anderem als in der richtigen, verantwortbaren Ordnung aller sachlich relevanten Gesichtspunkte, einer Ordnung, die der Rangordnung der Güter entspricht, die in einem Handlungszusammenhang involviert sind" (Spaemann 1991, 596).

auch geübten Weisen des Denkens, Schauens und Fragens praktizieren. Sein Spezifisches liegt aber darin, dass er darauf besteht, weder die funktionale noch die sinnwahrnehmende Rationalität zu isolieren und zu verabsolutieren. Sittliches Wissen hebt Abstraktionen auf. Insofern ist es philosophisches Wissen.

3.2 Philosophieren

Philosophie (Huber 2000) ist eine systematisch geübte „Naivität", die darauf zielt, perspektivenbedingte Blindheiten sichtbar zu machen und sie womöglich zu überwinden (Adorno 1973, 207f.; Spaemann 1973). So wird der, dem eine schöne und gerechte Welt vorschwebt, oft die Frage nach der Realisierbarkeit und Finanzierbarkeit vernachlässigen, und umgekehrt wird der, welcher zweckrationale Strategien zur Zielerreichung kennt, oft nicht fragen, ob das Ziel gut und schön ist. Für den pragmatischen Politiker, für den der Erfolg zählt, ist es naiv, sich bei moralischen oder ästhetischen Bedenken aufzuhalten. Umgekehrt erscheint es dem Idealisten kleinlich, und also naiv der Größe der Idee gegenüber, nach Realisierungsbedingungen zu fragen. Philosophie ist der Versuch, beide Naivitäten zu vermeiden. So führt sie zur Sittlichkeit, denn diese besteht eben darin, der Wirklichkeit von Welt und Mensch sowohl in ihren idealen als auch in ihren realen Seiten gerecht zu werden. Angesichts einer gewissen, gegenwärtig herrschenden Vormachtstellung des funktionalen Aspekts (Ausbildung für die Wirtschaft) wird die Schule die Kultivierung transfunktionaler Haltungen verstärken müssen. Schule wird nur dann ihrem Bildungsauftrag gerecht (statt sich selbst auf Ausbildung zu reduzieren), wenn sie wieder deutlich macht, dass nicht nur das an Welt und Mensch zählt, was wirtschaftlich rentabel ist.

3.3 Überzeugungen

Achten, Anteilnehmen, sittliches Verhalten kann weder argumentativ noch durch sonst eine Methode erzwungen werden. Sittlichkeit ist nicht wie die Sitte ein bloß äußerlich geübtes Verhalten, sondern ein Verhalten, das auf persönlicher Überzeugung und innerer Haltung beruht. Durch Gewöhnung, Zwang, Vorbild, Überredung oder andere erzieherische Mittel kann man zwar bewirken, dass jemand sich so verhält, als sei er von etwas überzeugt, nicht jedoch, dass er tatsächlich überzeugt ist. Überzeugt sein heißt, aus eigener Einsicht in die Sache zustimmen. Eigene Einsicht kann nicht von außen „erzieherisch" in mich gebracht werden: Überzeugung entsteht nur durch das *Sich-Zeigen der Sache selbst*. Erzieherische Mittel können allenfalls Umstände erzeugen, in denen es für jemanden leichter wird, das Überzeugende einer Sache zu sehen. Wer im gewohnten Umgang dauerhaft mit Gütern lebt, hat beispielsweise eher die Chance, auf ihre Güte aufmerksam zu werden, als jemand, der nie oder nur selten und flüchtig mit ihnen in Berührung kommt.[12]

---

[12] „Deshalb müßte der heranwachsende edler begabte Jüngling mit Gewalt unter die Glasglocke des guten Geschmacks und der strengen sprachlichen Zucht gesetzt werden" (Nietzsche KSA I 675 [Ueber die Zukunft unserer Bildungsanstalten]).

Die wichtigste „Methode" des Ethikunterrichtes kann der Schüler daher nur selbst in sich üben: zu persönlichen Überzeugungen gelangen bzw. sich dessen, wovon er wirklich überzeugt ist, bewusst werden. Das Überzeugungen-Haben braucht man allerdings nicht zu lernen; es ist ja nicht so, dass Sittlichkeit und Anteilnahme jemandem erst beigebracht werden müssten, weil jeder Mensch immer schon an etwas Anteil nimmt oder eben sittliche Persönlichkeit ist. Jeder hat jederzeit irgendwelche Überzeugungen darüber, was schön und hässlich, was gut und böse, glaubwürdig und verlogen ist. Diese Überzeugungen mögen wenig bewusst und sie mögen teilweise irrig sein – wirksam sind dergleichen Maßstäbe in jedem menschlichen Gemüt. Der Ethikunterricht (wie sittliche Bildung überhaupt) hat seinen Ansatz und seine Aufgabe darin, diese Überzeugungen *bewusst zu machen* (3.4), zu *erörtern* („kritisieren", d. h. sie nach zustimmungswürdig und verfehlt zu unterscheiden) und sie damit *weiterzubilden* (3.5).

3.4 Anschaulichkeit

Es ist eine Sache der Reflexion, des Denkens, auf die Maßstäbe, die man in sich trägt und unbewusst anwendet, aufmerksam zu werden. Weil dieses Aufmerksamwerden der Angelpunkt ist, von dem der Prozess der Kultivierung sittlicher Urteilskraft seinen Ausgang nimmt, besteht die fundamentale Methode des Ethikunterrichts im *denkenden Bewusstmachen* der sittlichen Substanz, die man selbst latent immer schon in sich trägt und in deren Licht man Welt und Mensch immer schon versteht.[13] So wird der Ethikunterricht den Schüler anhand von anschaulichen Beispielen zuerst einmal darauf aufmerksam machen, dass wir Welt und Mensch immer schon sittlich, d. h. im Lichte sittlicher Ansprüche erleben. Schon die Selbstachtung ist wesentlich ein sittliches Phänomen: Wer einen Erfolg durch Betrug erschleicht, kann sich nicht recht daran freuen, auch wenn niemand den Schwindel entdeckt. Und im Umgang mit anderen sind wir jederzeit sittlich sensibel (wenn auch nicht immer gerecht): Wer beleidigt wurde, reagiert mit Entrüstung; wer geschädigt wird, verlangt Wiedergutmachung (Strawson 1974); und wie leicht geht uns die Beurteilung dessen, was andere tun, von der Hand (Kant 1788, 153f). Solche Beispiele lassen sich viele finden. Man wird sicherlich bei alltäglichen, fast trivialen Situationen anknüpfen, deren Vorteil es ist, dass man sich ihrer Evidenz kaum entziehen kann. Dabei sollte man es jedoch nicht bewenden lassen. Auf die „großen" Beispiele, die den Alltagsrahmen sprengen, wie plutarchsche Helden oder auch monströse Immoralitäten, kann der Ethikunterricht nicht, wie vorgeschlagen wurde (Spaemann 1993, 354f), verzichten. Der Schüler muss seine Alltäglichkeit und Trivialität in dem spiegeln könne, was Goethe die „musterhaften Ereignisse" (Goethe 1994, 160; vgl. Huber 1999a [Kapitel VII]; Huber 1997) nennt, weil sie paradigmatische Kraft besitzen und damit Prozesse der Orientierungsgewinnung und -klärung in dem auslösen können, der sie rezipiert. Vermöge ihrer Distanz und Fremdheit setzen sie Denkprozesse – sei es zustimmend, sei es ablehnend – in

---

[13] Vgl. oben 2.1.

Gang. Deshalb sind solche monumentalen Beispiele[14] für den Ethikunterricht von noch höherer Bedeutung als die trivialen.

3.5 Gespräch

Vom Bewusstmachen des Sittlichen muss der Ethikunterricht zu dessen *Erörterung* fortschreiten. Kant wollte sittliche Bildung mittels eines „moralischen Katechismus", in welchem die sittlichen Grundsätze ausformuliert, analysiert und begründet sind, und mittels biographischer Beispiele, in welchen diese Grundsätze anschaulich verwirklicht sind, betreiben (Kant 1788, 154f). Der Ethikunterricht wird dazu anhalten, die persönlichen Überzeugungen und Maßstäbe, derer man anlässlich der anschaulichen Exempla ansichtig geworden ist, auf ihre Plausibilität und ihren Zusammenhang untereinander und mit dem, was man sonst über Welt, Mensch und Gott weiß oder zu wissen glaubt, zu überprüfen. Solche Überprüfung geschieht im Gespräch, das mit sich selbst und anderen geführt wird. Vor allem muss dies ein Gespräch mit der *Überlieferung* sein. Was der Mensch ist, worin er seine Erfüllung findet, wo seine Grenzen liegen, das erfahren wir nicht erst jeweils heute. Vorstellungen über das gute menschliche Leben im Gesamtkontext der Welt sowie in einzelnen Handlungsfeldern sind in einer gedanklichen Weite und Tiefe von Denkern in der Geistesgeschichte ausgearbeitet worden, an der es dem unmittelbaren ersten Zugriff des Schülers auf die dieselben Probleme naturgemäß mangeln muss. Der Schüler braucht auf die Betätigung des eigenen Kopfes keineswegs zu verzichten, aber er sollte die eigene Gedankenarbeit an jenen Denkern, sie nachdenkend, üben (Huber 1994b). Nur dadurch gewinnt er zu sich selbst und den Einflüssen seiner Zeit *kritische* Distanz. Überlieferungsblindheit entmündigt, weil sie dem Diktat der herrschenden Mode ausliefert. Sittliche Persönlichkeit hat geschichtliche Selbstdistanzierung zur Bedingung.

Literatur

Adorno, Theodor W.: Philosophische Terminologie. Bd. I. Frankfurt/M. 1973.
Bataille, Georges: Theorie der Religion. Paris 1974. Dt. München 1997.
Fees, Konrad: Zur Notwendigkeit und Möglichkeit von Werterziehung im Unterricht. In: Rekus (Hg.) 1998, 115–133.
Fischer, Ernst Peter: Das Schöne und das Biest. Ästhetische Momente in der Wissenschaft. München 1997.
Foucault, Michel: Die Ordnung des Diskurses. Paris 1972. Dt. Frankfurt/M. 1993.
Gehlen, Arnold: Der Mensch. Seine Natur und seine Stellung in der Welt. [12]1978.
Goethe, Johann Wolfgang: Wilhelm Meisters Wanderjahre. Zweites Buch, Erstes Kapitel. Hamburger Ausgabe, Bd. 8. [13]1994, 149–158.
Habermas, Jürgen: Richtigkeit vs. Wahrheit. Zum Sinn der Sollgeltung moralischer Urteile und Normen. In: Deutsche Zeitschrift für Philosophie, 46 (1998), 179–208.
Hegel, Georg Wilhelm Friedrich: Wissenschaft der Logik. Zweiter Teil. Jubiläumsausgabe Bd. 5. Stuttgart 1964.

---

[14] Vgl. auch Nietzsches dreifachen Umgang mit der Geschichte (Nietzsche KSA I 258–270 [Vom Nutzen und Nachtheil der Historie für das Leben]), der als „monumentaler" die Idee der Größe bewahrt, als „antiquarischer" der eigenen Wurzeln inne wird und erst auf diesem Wege schließlich als „kritischer" zu persönlicher Haltung findet.

Hösle, Vittorio: Hegels System. Der Idealismus der Subjektivität und das Problem der Intersubjektivität. Bd. I. Hamburg 1987.

Huber; Herbert (Hg): Sittliche Bildung. Ethik in Erziehung und Unterricht. Asendorf 1993.

Huber; Herbert: Was ist Werterziehung? In: Ders. (Hg.) 1993, 77–104.

Huber; Herbert: Kann man ohne Religion sittlich bilden? In: Politische Studien, 45. Jg. (1994a) Mai/Juni, 61–75.

Huber; Herbert: Über Phantasie und kreatives Denken der Kinder. In: Zöpfl, Helmut / Wittmann, Helmut (Hg): Kreativität in Schule und Gesellschaft Donauwörth 1994b, 11–43.

Huber; Herbert: Sittlichkeit und Sinn. Ein Beitrag zu den Grundlagen sittlicher Bildung. Donauwörth 1996.

Huber; Herbert: Ethische Themen in Märchen und Sagen. Donauwörth 1997.

Huber; Herbert: „... alles Wahre, Gute und Schöne." Nachdenken über Oberste Bildungsziele. Unveröff. Türkheim 1999a.

Huber; Herbert: Weltbegriffe. Zur Frage nach der Einheit des Weltverstehens. Unveröff. Türkheim 1999b.

Huber, Herbert: Grundwissen. Versuch über den Begriff eines Begriffes. Unveröff. Türkheim 1999c.

Huber, Herbert: Über Philosophie. Versuch einer Einführung für Lehrer, Schüler und andere Interessierte. Unveröff. Türkheim 2000.

Huber; Herbert / Zehetmair, Hans / Zöpfl, Helmut: Ethik in der Schule. München 1993.

Hume, David: Dialoge über natürliche Religion. 1779. Dt. Hamburg 1968.

Kant, Immanuel: Grundlegung zur Metaphysik der Sitten. Akademie-Ausgabe. Bd. 4. 1785.

Kant, Immanuel: Kritik der praktischen Vernunft. Akademie-Ausgabe. Bd. 5. 1785.

Keller, Gottfried: Der grüne Heinrich. Dritter Teil, Kapitel 1. [10]München 1991, 353–359.

Köck, Peter (Hg): Modelle zum Ethikunterricht. Didaktik und Methodik des Ethikunterrichts. Donauwörth 1979.

Nietzsche, Friedrich: Kritische Studienausgabe. 15 Bde. Hrsg. von Giorgio Colli und Mazzino Montinari. München 1980.

Nipkow, Karl Ernst: Bildung in einer pluralen Welt. 2 Bde. Gütersloh 1998.

Pannenberg, Wolfhart: Anthropologie in theologischer Perspektive. Göttingen 1983.

Regenbrecht, Aloysius: Reflektierende Urteilskraft als Kriterium moralischer Erziehung im Unterricht. In: Rekus (Hg.) 1998, 95–113.

Rekus, Jürgen (Hg): Grundfragen des Unterrichts. Bildung und Erziehung in der Schule der Zukunft. Weinheim – München 1998.

Rorty, Richard: Der Spiegel der Natur. Eine Kritik der Philosophie. 1979. Dt. [4]Frankfurt/M. 1997.

Sade, A.-D.-F. Marquis de: Die Philosophie im Boudoir oder die lasterhaften Lehrmeister. 1795. Dt. Köln 1995.

Sartre, Jean-Paul: Drei Essays. Zürich 1979.

Spaemann, Robert: Philosophie als institutionalisierte Naivität. In: Philosophie, Gesellschaft, Planung. Kolloquium. Hermann Krings zum 60. Geburtstag. 1973, 95–101.

Spaemann, Robert: Die Herausforderung des ärztlichen Berufsethos durch die medizinische Wissenschaft. In: Medizinische Klinik, Jg. 86 (1991), 595–600.

Spaemann, Robert: Zum Sinn des Ethikunterrichts. In: Huber (Hg.). 1993, 349–362.

Strawson, P. F.: Freedom and Resentment. In: Ders.: Freedom and Resentment and Other Essays. London 1974, 1–25.

Wandschneider, Dieter: Die Möglichkeit von Wissenschaft. Ontologische Aspekte der Naturforschung. In: Philosophia naturalis. Bd. 22. 1985, 200–213.

Wuketits, Franz: Schlüssel zur Philosophie. Düsseldorf 1987.

Konrad Fees

Ethikunterricht in Bayern:
Pädagogische Fragen zur Zielsetzung
und Konzeption

Vorbemerkung

Die bayerische Konzeption des Ethikunterrichtes nimmt im bundesdeutschen Vergleich insofern eine Sonderstellung ein, als dieser der Ruf vorauseilt, dass hier das Vorhaben einer „materialen Werteerziehung" realisiert werde. Unter diesem Etikett versteht man im Allgemeinen den Versuch, den Schülern bestimmte Werte bzw. Gesinnungen oder Weltanschauungen auf dem Wege von Unterricht und Erziehung nahe zu bringen (vgl. etwa Brezinka 1990). Diese Werte stehen für erwünschte normative Orientierungen der nachwachsenden Generation und werden etwa als ‚Treue', ‚Gerechtigkeit', ‚Toleranz', ‚Gemeinschaftssinn' oder ‚Frieden' bezeichnet (vgl. Schwan 1979). Wenn sich diese Zuschreibung einer Werteerziehung belegen ließe, wäre der bayerische Ethikunterricht als Versuch einer Gesinnungserziehung zu rubrizieren.

Alfred Treml hat in seiner Typologie des Ethikunterrichtes in den verschiedenen Bundesländern dem bayerischen Ethikunterricht dieses Etikett der „Werteerziehung" angeheftet. Treml zufolge werde in Bayern die klassische Position der moralischen Unterweisung bzw. Sittlichkeitserziehung im Sinne einer expliziten Werteerziehung als Vermittlung von Moral bzw. von Werten und Tugenden vertreten. Es werde als Moralunterricht ein vorgegebener Wert- oder Normenbestand zu Grunde gelegt, dessen uneingeschränkte Verbindlichkeit als „nichtdiskutierbares Axiom" (Treml 1994, 26) vorausgesetzt werde. Dem entspreche in unterrichtspraktischer Konsequenz eine „normierende Didaktik" (ebd.).

Diese Zuschreibung wurde von anderen Autoren übernommen. Karl Ernst Nipkow etwa spricht in diesem Zusammenhang von einer „bayerischen Tugendlehre", der die Annahme einer „perennierenden Sittlichkeit" zu Grunde liege, die ewig gelte und überall anzutreffen sei (vgl. Nipkow 1996, 131). Denn hier werde von einer universalen Objektivität der Werte ausgegangen (vgl. auch Nipkow 1998, 105).

Eine Besonderheit stellt die bayerische Konzeption des Ethikunterrichtes auch aus einem historischen Grund dar. Denn Bayern hat 1972 als erstes Bundesland das Ersatzfach Ethik eingeführt. Die Notwendigkeit der Einrichtung eines solchen Ersatzfaches schien durch einen profanen Grund gegeben. In einem quantitativ bis dahin noch nicht erreichten Ausmaß hatten die Schüler von ihrer Abmeldemöglichkeit aus dem Religionsunterricht Gebrauch gemacht (vgl. Lohse 1981; Körber 1985; Zehetmair 1993). So gewann eine Bestimmung aus der Bayerischen Landesverfassung an Aktualität, die vorher kaum realisiert worden war: „Für Schüler, die nicht am Religionsunterricht teilnehmen, ist ein Unterricht über die allgemein anerkannten Grundsätze der Sittlichkeit einzurichten" (Bayerische Verfassung, Art. 137, Abs. 2).

Daraus lassen sich für das Folgende zwei Fragestellungen ableiten: 1. Wenn der bayerische Ethikunterricht aus profanen Gründen entstanden ist – ist er damit hinreichend bildungstheoretisch legitimiert? 2. Dem Treml'schen Diktum der Werteerziehung zufolge wird im bayerischen Ethikunterricht der Versuch einer Gesinnungsbildung betrieben. Lässt sich diese Typologie aufrechterhalten?

Methodisch soll diesen Fragen in drei Schritten nachgegangen werden: Da für die Inhalte und Verfahrensweisen des Unterrichts zuvörderst die Lehrpläne verbindlich sind, soll in einem ersten Schritt der bayerische Ethikunterricht in der Weise rekonstruiert werden, wie er sich in den Lehrplänen darstellt. In einem zweiten Schritt soll danach gesucht werden, ob sich über den Lehrplan hinaus eine ‚Theorie' des Ethikunterrichtes eruieren lässt. In einem dritten Schritt wird nach der Kohärenz der Konzepte gefragt, welche in den Lehrplänen und der sie ergänzenden Literatur vertreten werden.

1. Der bayerische Ethikunterricht in den Lehrplänen

1.1. Ziele

Das leitende Ziel des Ethikunterrichtes in Bayern wird auf folgende Weise bestimmt: Es soll ermöglicht werden, dass die Schüler eine sittliche Urteilskraft erlangen, die auf künftiges Handeln auszurichten ist. Die Schüler sollen sowohl zu werteinsichtigem Urteilen als auch verantwortungsbewusstem Handeln befähigt und zu moralischer Mündigkeit geführt werden. Sie sollen die für den Individualbereich und für die Gesellschaft geltenden Werte und Normen kennen lernen und die Bereitschaft entwickeln, sich an Grundsätzen zu orientieren, die sie vor ihrem Gewissen verantworten können. Sie sollen einsehen, dass individuelle und soziale Verpflichtungen bzw. die Einhaltung bestimmter Normen das Leben des Einzelnen und das Leben in der Gemeinschaft bestimmen (vgl. Lphs 1997, 35).

Es wird betont, dass der Ethikunterricht nicht bei der Reflexion stehen bleiben, sondern auch die Umgangsformen der Schüler erreichen solle. So sollen die Schüler zu einem wertgebundenen Verhalten angeleitet werden. Damit verbindet sich die Absicht, den Schülern die Notwendigkeit einer angemessenen Begründung ihrer Ansprüche, Urteile und Entscheidungen einsichtig werden zu lassen. Dies geht einher mit der Forderung nach einer dialogischen Verständigung und einer toleranten Grundhaltung anderen gegenüber (vgl. Lprs 1993, 36).

Im Ethikunterricht soll sich der Schüler als Individuum im Kontext sozialer Verpflichtungen erkennen. Im einzelnen Schüler soll das Bewusstsein gestärkt werden, dass er als „Person" zu einer eigenverantwortlichen Lebensgestaltung befähigt und aufgerufen ist. Zu berücksichtigen und zu respektieren sind dabei die Voraussetzungen, die durch die elterliche Moralerziehung geschaffen wurden (vgl. Lphs

1997, 35). Die Schüler sollen erkennen, dass es für die Bewältigung von Konflikten verschiedenartige Handlungsmöglichkeiten gibt und dass gewaltfreie Lösungen und dialogische Verständigung erfolgreich sein können. Dies soll auch bei der Planung und Durchführung von Projekten in konkreten Handlungssituationen realisiert werden.

Im Ethikunterricht der Hauptschule sollen die Schüler lernen, sich mit grundlegenden ethischen Maßstäben vertraut zu machen, mit deren Hilfe sie Situationen und Probleme aus ihrem unmittelbaren Erlebnisbereich untersuchen können. Sie sollen Entscheidungsmöglichkeiten herausfinden und versuchen, begründet eigenständige Meinungen zu entwickeln. Auf diese Weise sollen sie zu der Erfahrung gelangen, dass es zu vielen Fragen kontroverse Meinungen gibt, und sich auf der Basis einer toleranten Grundhaltung über wesentliche Grundsätze verständigen (vgl. Lphs 1997, 35).

Die individuelle Entfaltung der Persönlichkeit soll im Bewusstsein sozialer Bindungen auf der Grundlage von Wertmaßstäben gefördert werden, die einer pluralistischen Gesellschaftsordnung entsprechen. Normatives Fundament des Ethikunterricht ist die Annahme einer unhintergehbaren Würde des Menschen. Juristisch orientiert sich der Ethikunterricht an den sittlichen Grundsätzen, wie sie im Grundgesetz der Bundesrepublik Deutschland und in der Verfassung des Freistaates Bayern niedergelegt sind. Im Übrigen berücksichtigt er die Pluralität der Bekenntnisse und Weltanschauungen (Lphs 1997, 35).

1.2. Inhalte

Der Ethikunterricht beginnt in Bayern in allen Schularten in der fünften Klassenstufe. Die Inhalte werden in der Sekundarstufe I in folgende Bereiche unterteilt: Reflexion sozialer Umgangsformen (im Nahbereich), Verantwortung und Gewissen, Freundschaft/Partnerschaft, Sinn des Lebens (Glück, Zukunft), Religionskunde (vgl. Lphs 1997, 35).

Der Ethikunterricht der Realschule thematisiert das Thema Individuum und Gesellschaft unter verschiedenen Aspekten, etwa in der Familie, der Schule oder in der Arbeitswelt. Einen breiten Raum nehmen entwicklungspsychologische Themen ein, etwa der Jugendliche auf dem Weg zum Erwachsenwerden, Selbstfindung und Autorität oder Partnerschaft, Ehe und Familie. Religionskundliche Themen oder Fragestellungen der philosophischen Ethik treten hinter die Erörterung von Gesichtspunkten des sozialen Umgangs zurück.

Als Gegenstände dienen im Ethikunterricht des Gymnasiums auch Mythen, der Sintflutbericht, apokalyptische Erzählungen. Die Schüler sollen sich mit Unheilsprophezeiungen in der Bibel befassen oder antike Vorstellungen zum Totenreich kennen lernen. Der Unterricht enthält völkerkundliche Themen (Schamanismus und Totemismus), Überlegungen zu Aggressionsverhalten und bindenden Mechanismen in Ritualen, Bräuchen, Rangordnungen. Dies greift auch auf den Bereich von Sekten, Esoterik und Formen wie den Okkultismus, Satanismus aus (vgl. Lpgy 1992, 590).

Die Schüler sollen im Unterricht Situationen beschreiben, analysieren und bewerten, in denen Sinnerfüllung und Sinnleere erlebt werden können. Ferner sollen Alltags- und Grenzsituationen thematisiert werden als Formen von Lebenszielen (materieller Wohlstand, persönliche Anerkennung, private immaterielle Glücksformen). Nachgedacht werden soll über Ursachen, Folgen und Gefahren verfehlter Sinnorientierungen wie Sektierertum, Flucht in den Alkoholismus, Suizidabsichten.

In der gymnasialen Oberstufe werden Grundfragen philosophischer Ethik behandelt und etwa unterschiedliche Argumentationsformen unterschieden. Die Schüler sollen sich mit Hauptströmungen der philosophischen Ethik von der Antike bis zur Gegenwart vertraut machen und ausgewählte Autoren (Platon, Thomas von Aquin, Kant, J. S. Mill, H. Jonas) in Auszügen lesen und diskutieren. Diese philologischen Übungen werden ergänzt durch Ausgriffe auf ethische Probleme unserer Zeit (Lpgy 1992, 606f.).

Philosophische Fragestellungen wie die menschliche bzw. individuelle Freiheit werden erweitert durch wissenschaftstheoretische Überlegungen zur Begrenztheit von Willen und Wollen. Hier soll der Schüler Gedanken der Psychologie von Freud und Adler, der Lernpsychologie, Theoriemodelle der Soziologie (Sozialisationstheorie, Rollentheorie) wie der Humanethologie erfahren (Lpgy 1992, 608f.).

1.3. Methoden

In der Hauptschule sollen die Schüler grundlegende Kenntnisse über Wertvorstellungen in anderen Kulturen und den sie prägenden Religionen erhalten. Dies geschieht auch durch das Aufgreifen aktueller Themen und Probleme und unterrichtliche Versuchen, Vorschläge für einen vernünftigen und friedlichen Umgang mit möglichen Konflikten zu entwickeln (vgl. Lphs 1997, 35f.). Der Unterricht geht vom Beobachten des eigenen Verhaltens sowie von konkreten Beispielen aus. Die Schüler sollen dazu angeregt werden, ihr eigenes Verhalten zu beobachten und darüber nachzudenken, ob es im Hinblick auf ihre eigenen Interessen zugleich den Interessen anderer angemessen ist. Die Schüler sollen zur kritischen Stellungnahme angeleitet und zu Formen dialogischer Verständigung angeregt werden. Dies geschieht etwa aus Anlass von Text- und Bildinterpretationen bzw. der Auseinandersetzung über exemplarische Problemfälle (vgl. Lphs 1997, 36) oder auch durch das Einbeziehen von Perspektivenwechseln in Rollenspielen.

Auch im Gymnasium soll der Ethikunterricht sich nicht in theoretischen Analysen erschöpfen, sondern das Verhalten von Lehrern wie Schülern mit einbeziehen. Die konkreten Erfahrungen der Schüler sind zu berücksichtigen (Lpgy 1992, 575). Daher geht der Ethikunterricht des Gymnasiums in der Unter- und Mittelstufe von lebensnahen Entscheidungssituationen aus. Thematisiert wird etwa, wie Beurteilungen und Wertungen jeweils im Kontext äußerer Situationen stehen. Anhand von Texten oder Bildern wird untersucht, wie sich bestimmte Einstellungen, etwa Angst oder Lebensbejahung, Streitsucht oder Unzuverlässigkeit auf den Umgang von Menschen auswirken können. Nachgedacht wird beispielsweise auch über die

Art und Weise, wie Informationen aufgenommen werden, wie verlässlich bestimmte Informationsquellen sein können (Lpgy 1992, 588). Die Schüler sollen sich in die Situation behinderter, kranker und einsamer Menschen einfühlen und ihre Nöte, Bedürfnisse und Erwartungen kennen lernen (vgl. Lprs 1993, 193).

1.4. Zusammenfassung und Beurteilung

Die äußere Differenzierung in verschiedene Schulformen findet auch in der Gestaltung der Ethik-Lehrpläne Berücksichtigung. Sind die Inhalte im Hauptschul-Lehrplan durchgängig ‚lebensnah‘ gehalten, wird im Lehrplan des Gymnasiums schon in den mittleren Klassen der Sekundarstufe I ein höheres Abstraktionsniveau angesetzt.

Entsprechend der Bezeichnung des Schulfaches als „Ethik" stehen im Mittelpunkt des Faches Fragen der Beurteilung von Sitte bzw. von Moral. Der Unterricht ist altersgemäß angelegt und schreitet voran von der konkreten Anschauung in den unteren Klassen bis zu abstrakten Themen in der gymnasialen Oberstufe. Der Unterricht beinhaltet auch Elemente der ‚Lebenshilfe‘. D. h., der Schüler wird konkret dazu aufgefordert, zu Fragen des Umgangs in seinem sozialen Nahbereich Stellung zu nehmen. Im Ethikunterricht werden auch Arbeitsformen wie die Projektarbeit praktiziert, die Handlungsformen mit einschließen. Die Schüler sollen auch emotional angesprochen werden (durch entsprechendes Bild- oder Tonmaterial).

Insofern in der Sekundarstufe I weitgehend Fragen des menschlichen Umgangs thematisiert werden, wird dieser Unterricht auch durch psychologische und soziologische Überlegungen bestimmt. Ferner wird der Unterricht von religionskundlichen, kulturgeschichtlichen und anthropologischen Inhalten geprägt. Die Thematik ‚Sitte‘ und ‚Moral‘ wird auf diese Weise sehr weit gefasst.

Damit wird es letztlich schwierig, den spezifischen Gegenstand bzw. den spezifischen Zugang dieses Schulfaches zu benennen. Wenn die Schüler sich mit Themen wie Mythen, Drogenproblematik, Umgangsformen im sozialen Nahbereich oder Strategien der Konfliktlösung befassen sollen, so stellt sich die Frage nach der ‚Fachlichkeit‘ des Ethikunterrichtes. Handelt es sich hier um ein Schulfach im Sinne einer fachlichen Disziplin oder wird durch die Vielzahl von Themen und Fragestellungen lediglich deutlich, dass der Ethikunterricht gar nicht als ein Schulfach im Sinne einer Disziplin anzusehen ist?

‚Sitte‘ als solche kann bekanntlich nicht gelehrt werden. Der Ethikunterricht kann ferner nicht diejenige Sozialisation leisten, welche ansonsten in Familie, Freundeskreis und Schulleben zu leisten ist. Eine Theorie der Moral ist nur möglich in Gestalt der philosophischen Ethik. Letztere kann aus Gründen der Komplexität erst in der gymnasialen Oberstufe thematisiert werden.

Hat der Ethikunterricht der Sekundarstufe I es vermocht, die Eigenschaft eines Ersatzfaches abzulegen, dem der eigene Gegenstand fehlt? Oder wird hier lediglich der Versuch eines Schein-Faches aufrechterhalten, das sich als Disziplin gar nicht begründen lässt? Die Wissenschaftlichkeit eines Schulfaches wird üblicherweise durch eine entsprechende akademische Referenzdisziplin verbürgt. Welche soll das hier sein?

Die eingangs angeführte Typologie, derzufolge sich der bayerische Ethikunterricht als materiale Werteerziehung kennzeichnen lasse, lässt sich anhand der Lehrpläne nicht aufrechterhalten. Denn zum einen sind die sittlichen Maßgaben aufgrund der Bindung an Grundgesetz und Landesverfassung juristisch abgesichert. Zum anderen wird auch dem Pluralismusgebot Rechnung getragen. Denn es darf nach den Lehrplänen gar keine Verpflichtung des Schülers auf ein vorgängiges Weltbild bzw. auf eine vorgänge Weltanschauung versucht werden.

Somit lässt sich konstatieren, dass sich der Treml'sche Vorwurf der „materialen Werteerziehung" anhand der Lehrpläne nicht belegen lässt.

Literatur

Brezinka, Wolfgang: Werterziehung? Problematik und Möglichkeiten. In: Pädagogische Rundschau, 44. Jg. (1990), 371–394.

Körber, Sigurd: Das Problem mit der Ethik. Zwangsverordnung oder Chance eines neuen Schulfaches. In: Zeitschrift für Didaktik der Philosophie, 7. Jg. (1985), 171–179.

Lohse, Bärbel: Ethik. Werterziehung als Unterrichtsfach in Bayern. In: Zeitschrift für die Didaktik der Philosophie, 3. Jg. (1981), 158–162.

Lpgy: Amtsblatt des Bayerischen Staatsministeriums für Unterricht, Kultus, Wissenschaft und Kunst. Teil I. Lehrplan für das Gymnasium. München 1992.

Lphs: Amtsblatt des Bayerischen Staatsministeriums für Unterricht, Kultus, Wissenschaft und Kunst. Teil I. Lehrplan für die Hauptschule. München 1997.

Lprs: Amtsblatt des Bayerischen Staatsministeriums für Unterricht, Kultus, Wissenschaft und Kunst. Teil I. Lehrplan für die bayerische Realschule. München 1993.

Nipkow, Karl Ernst: Ethik und Religion in der Schule. Eine Streitfrage. In: Gestrich, Christof (Hg.): Ethik ohne Religion? Beiheft zur Berliner Theologischen Zeitschrift (BThZ), 13. Jg. (1996), 107–126.

Nipkow, Karl Ernst: Bildung in einer pluralen Welt. 2 Bde. Gütersloh 1998.

Schwan, Alexander: Pluralismus und Grundwerte. In: Politische Bildung, 12. Jg., (1979), Heft 3, 24–31.

Treml, Alfred K.: Ethik als Unterrichtsfach in den verschiedenen Bundesländern. Eine Zwischenbilanz. In: Ethik und Unterricht, 5. Jg., 1994, Sonderheft 1, 18–29.

Zehetmair, Hans: Werteordnung und Wertewandel. Eine Herausforderung für den Ethikunterricht. In: Huber, Herbert (Hg.): Sittliche Bildung. Ethik in Erziehung und Unterricht. Asendorf 1993, 363–372.

Jürgen Rekus

Was ist und wozu dient Ethikunterricht?

Eine Replik zum Gesprächsbeitrag von Herbert Huber[1]

Vorbemerkung

Die Einrichtung des Ethikunterrichts in Bayern versteht sich nicht als schulische Antwort auf eine besondere gesellschaftliche Problemlage, wie sie etwa bei den Herausforderungen der sog. Informationsgesellschaft, den gestiegenen Risiken des Straßenverkehrs oder den Ansteckungsgefahren durch AIDS gegeben scheint. Informationstechnische Grundbildung, Verkehrserziehung und Sexualerziehung sind schulische Problemantworten darauf, die allerdings nicht eigenständige Fächer bilden, sondern als „Unterrichtsprinzipien" alle Fächer begleiten sollen. Solche fach-übergreifenden Prinzipien haben unterschiedliche Sinnrichtungen. So können sie die gesellschaftlichen Herausforderungen *vorantreiben,* wie etwa beim Programm „Schulen ans Netz", oder in ihrer zunehmenden Komplexität *begleiten,* wie etwa bei der altersstufenspezifischen Verkehrserziehung, oder sogar *präventiv entgegen-wirken,* wie etwa bei der Vermittlung von Regeln des „safer sex" im Sexualkunde-unterricht. Es spricht heute einiges dafür, auch die ethische Fragestellung als aktu-elle Herausforderung einer offenen Gesellschaft aufzufassen und sie als begleiten-des „Unterrichtsprinzip" allen Fächern aufzutragen. Moralische Erziehung ist dann in der Tat eine Aufgabe jedes Fachunterrichts (vgl. Regenbrecht / Pöppel 1990).

Dieses ist aber nicht – zumindest nicht primo aspectu – die Intention des Ethik-unterrichts in Bayern. Vielmehr weist Huber ausdrücklich darauf hin, dass die Ein-richtung des Ethikunterrichts als eigenständiges Fach einem Verfassungsgebot ent-spricht. Es muss für diejenigen Schüler eingerichtet werden, die sich vom Religions-unterricht abgemeldet haben. Damit hat der Ethikunterricht zunächst, und das sicher ungewollt, eine negative Sinnrichtung: Potenziellen Religionsflüchtlingen sollen mögliche Fluchtmotive schon im Vorfeld abgeschnitten werden. In juristi-scher und politischer Hinsicht ist zwar nichts gegen ein solches „Ersatzfach" ein-zuwenden – das hat jüngst wieder ein Verwaltungsgericht bestätigt. Aber eine pä-dagogisch stichhaltige Begründung für die Einrichtung eines solchen Faches ist da-mit noch nicht geliefert. Denn der Ethikunterricht ist ja nicht deswegen pädago-gisch sinnvoll, weil er in der bayerischen Verfassung steht, sondern man darf um-gekehrt unterstellen, dass er in der bayerischen Verfassung verankert ist, weil es pädagogisch gute Gründe für ihn gibt.

---

[1] Die Zitate im folgenden Text entstammen dem gleichnamigen Beitrag von Herbert Huber in diesem Band. Der bibliographische Nachweis erfolgt durch Angabe der jeweiligen Kapitelbezif-ferung.

Huber weist deshalb zu Recht darauf hin, dass die Begründung des Ethikunterrichts in Bayern in der Tat mit den pädagogisch gemeinten „Hauptelementen eines Verständnisses von Ethikunterricht", wie sie in der bayerischen Verfassung aufgeführt sind, steht und fällt. Drei Elemente führt Huber an: Erstens sei Ethikunterricht „Unterricht", d. h. er setze auf Argument und Einsicht und nicht auf persuative Verfahren; zweitens habe Ethikunterricht die Sittlichkeit zum Gegenstand, und zwar nicht in einem usualistischen Sinne (gut ist, was alle tun), sondern in einem prinzipiellen Sinne (gut ist, was der Anerkennung würdig ist), und drittens sei Sittlichkeit *ein spezifischer Gegenstand* des Ethikunterrichts, da er unabhängig von bestimmten religiösen Bekenntnissen sei, ohne deswegen schon von Religion überhaupt unabhängig zu sein.

Nun sprechen auch diese „Hauptelemente" noch nicht ohne weiteres für die Einrichtung eines eigenständigen Faches „Ethikunterricht". Denn „Sittlichkeit" ist, darauf macht Huber ausdrücklich aufmerksam, nicht identisch mit „Sitte". Sie ist demnach gar kein „Gegenstand", wie etwa die „Französische Revolution", das „Fallgesetz" oder der „Satz des Pythagoras" und insofern auch nicht im Unterricht vermittelbar. Vielmehr fungiert Sittlichkeit als vorausliegende Idee, die eine Analyse von konkreten Sitten im Unterricht überhaupt erst sinnvoll möglich macht. Damit ist die Idee der Sittlichkeit ein Analogon zur Idee der Wahrheit, die auch vorausgesetzt werden muss, wenn Einsichten und Erkenntnisse etwa im Geschichts-, Physik- oder Mathematikunterricht gewonnen werden sollen. Da ein Schulfach „Wahrheit" ohne Bezugnahme auf fachlich Wahres sinnvollerweise nicht eingerichtet werden kann, weil Wahrheit als Idee allen fachlichen Einsichten und Erkenntnissen zu Grunde liegt und deshalb nicht selbst Gegenstand werden kann, so kann auch Sittlichkeit per se nicht zum Gegenstand eines Faches werden.

Die Frage, „Was ist und wozu dient Ethikunterricht?", lässt sich also im pädagogischen Verstande weder von der bayerischen Verfassung noch vom Anspruch der Sittlichkeit her beantworten. Deshalb benötigt Huber ein Tertium, das er im Begriff der Bildung erblickt und mit dem Verfassungsgebot zusammenbringt: „Das allgemeine Ziel von Schule ist Bildung. Ein Schulfach wird eingerichtet, um diesem Ziel auf spezifische Weise zu dienen. Indem die bayerische Verfassung Ethik als Unterrichtsfach an Schulen einführt, setzt sie voraus, dass zur Realisierung des Ziels ‚Bildung' die Sphäre des Ethischen unverzichtbar sei" (Vorbemerkung). Auf dieser Folie entfaltet Huber *Ziele*, *Inhalte* und *Methoden* eines Schulfaches Ethik.[2]

Wenn im Folgenden die entsprechenden Argumente von Huber in pädagogischer Perspektive kritisch gewürdigt werden, dann wird unbeschadet seiner Vorbemerkungen davon ausgegangen, dass die bildungstheoretisch gemeinten Begründungszusammenhänge für das Schulfach Ethik allgemeine Geltung beanspruchen sollen und nicht nur auf diejenigen Schüler gemünzt sein können, die sich vom Religionsunterricht abgemeldet haben.

---

[2] Herbert Huber ist Referent im „Staatsinstitut für Schulpädagogik und Bildungsforschung" in München und vertritt das bayerische Konzept des Ethikunterrichts in seiner theoretischen Grundlegung, nicht unbedingt in seinen Lehrplankonkretionen.

1. Zur Zielsetzung des Ethikunterrichts in Bayern

Gemäß der bayerischen Verfassung soll die Schule „nicht nur Wissen und Können vermitteln, sondern auch Herz und Charakter bilden" (1). Dabei geht es nach Huber einerseits um die Befähigung zur Mitwirkung innerhalb der funktionalen Systeme von Technik und Wirtschaft, andererseits um „eine Sicht- und Handlungsweise, die nicht alles schrankenlosem Nützlichkeitskalkül unterwirft, sondern das Andere auch anteilnehmend betrachtet und achtend bewahrt ... Der Ethikunterricht thematisiert den wechselseitigen Einschluss der beiden Bildungsteilziele" (1.5).

Begründet wird diese Aufgabe mit einem bestimmten Verständnis von Welt: Sie „ist nicht primär das, was an ihr äußere Wirklichkeit ist, sondern Sinntotalität, deren Vielschichtigkeit sich im menschlichen Gemüt in unterschiedlichen Rezeptionsweisen manifestiert" (1.1). Da für Huber diese Sinntotalität *gegeben* und nicht *aufgegeben* ist, liegt es in der Tat nahe, ein eigenes Schulfach einzurichten, in dem die Schüler einen Einblick in diese Totalität gewinnen. Und dagegen ist gar nichts einzuwenden, solange die Voraussetzung stimmt, daß nämlich „die Rede von ‚Welt' ... den die Wirklichkeit insgesamt tragenden Sinn (impliziert)" (ebd.).

Wer diese Überzeugung teilt, der wird auch davon überzeugt sein, dass das rechte *Verstehen* der Welt zugleich den normativen „Keim von Weltgestalten" beinhaltet. „Denn das Wirkliche zeigt sich dem Verstehen nicht nur als das, was ist, sondern vor allem als das, was sein soll" (1.2). Huber folgt damit ausdrücklich *nicht* einem neuzeitlichen Bildungsverständnis, wonach es Aufgabe des Subjekts sei, sich im Wissen, Werten und Handeln seines eigenen Verstandes bedienen zu lernen (vgl. Rekus 1993). Vielmehr gibt es nach Huber in Fragen des guten Handelns gar nichts zu entscheiden, denn jede Handlung zeigt bereits „aus sich selbst heraus", ob sie annehmbar ist oder nicht. Deshalb, so Huber, haben wir „beim Zustandekommen sittlicher Entscheidungen nicht den Eindruck, als würden wir entscheiden, sondern als wäre über uns entschieden. Wir entscheiden nicht darüber, wie die Dinge richtig sind, sondern allenfalls darüber, ob wir dem Richtigen Folge leisten" (1.2).

Damit scheint auch mutatis mutandis ein eigenständiges Fach „Ethik" bildungstheoretisch gerechtfertigt, denn ein Ethikunterricht, der den Lernenden das rechte Verstehen der Welt vermittelt, leistet auf diese Weise zugleich einen Beitrag zur Versittlichung der Schüler. Das in der wissenschaftlichen Pädagogik bis heute immer wieder thematisierte Problem der „didaktischen Differenz" von Wissen und Handeln scheint für Huber gelöst (vgl. Blankertz 1984; Prange 1995; Rekus 1999).

Die nahe gelegte Problemlösung ist freilich nur für denjenigen akzeptabel, der auch die ontologische Prämisse teilen kann, dass sich das Sittliche gleichsam von selbst in der Welt offenbart, sofern man sie nur in rechter Weise anschaut und versteht. Die Sittlichkeit des Handelns erweist sich dann in einem Tun oder Lassen, das nicht nur dem „Ich", sondern auch dem „Anderen", also dem Gegebenen bzw. Seienden dient. Sittlichkeit ist dann, so Huber, „die Überzeugung, dass nicht nur das Ich, sondern auch das Andere sein soll" (1.2). Wer dieser Überzeugung nicht folgen kann, der wäre in diesem Zusammenhang geneigt, von einem naturalistischen Fehlschluss zu sprechen, der bruchlos aus dem Sein ein Sollen folgert.

Freilich weist Huber zu Recht darauf hin, dass die sittlichen Probleme der Lebenspraxis nicht in einfach zu entscheidenden Alternativen im Sinne eines bloßen Tuns oder Lassens auftreten. „Das Schwierige an sittlichen Entscheidungssituationen ist, dass oft gar nicht klar ist, wo in einer komplexen Handlungssituation das sittliche Problem steckt, was eigentlich genau auf dem Spiel steht" (1.3). Und dieser Hinweis ist dazu angetan, die Begründung für das eigenständige Fach „Ethik" wieder zu schwächen. Denn die angesprochene Komplexität von Handlungssituationen enthält immer auch eine sachstrukturell zu klärende Komponente. Diese Klärung wird man vernünftigerweise dem Fachunterricht überlassen müssen, wenn sie nicht gleichsam dilettantisch nebenbei abgehandelt werden soll. Konsequent unterscheidet Huber deshalb einen „erziehenden" Fachunterricht, der Fachliches wie Sittliches thematisiert, vom einem Ethikunterricht, dem eine spezifisch synthetische Aufgabe zukommt.

Dem „erziehenden" Fachunterricht wird die Aufgabe zugesprochen, die Welt unter sachlich-funktionalem Aspekt zu klären, sowie einen antifunktionalen Kontrapunkt im Sinne des ontologischen Sittlichkeitsverständnisses zu setzen. Im „erziehenden" Fachunterricht sollen die Schüler „eine Sache daraufhin *betrachten* und *behandeln,* wie sie in Dienst zu nehmen sei", aber auch „daraufhin betrachten und behandeln, was sie ist, wenn wir sie nur für sich selbst sein lassen" (1.4). Dieser zweite Betrachtungsaspekt stellt für Huber die erzieherisch gemeinte Ergänzung des Fachunterrichts dar. Sie soll dadurch erfolgen, dass „man *angehalten* wird, von seinen eigenen Zielen abzusehen, sich auf Anderes einzulassen, ohne es bloß in Dienst zu nehmen" (ebd.). Dabei „spielen Vorbilder, Ermahnung, Zwang, Gewöhnung, Lob, Tadel und dergleichen die entscheidende Rolle" (ebd.). Ob die genannten Maßnahmen allerdings mit dem Ziel der Sittlichkeit zu vereinbaren sind, erscheint zumindest dann fraglich, wenn nicht nur über Anderes, sondern auch über Andere nicht verfügt werden soll (vgl. Kuld/Schmid 1999).

Dem Ethikunterricht kommt demgegenüber die eigenständige Aufgabe der „Charakterbildung" zu. Damit meint Huber den „Willen", das sittlich Erkannte „für den eigenen Lebensvollzug *dauerhaft maßgeblich* werden zu lassen" (1.3). Der Ethikunterricht geht insofern über die erzieherische Aufgabe des Fachunterrichts hinaus, als er versucht, die beiden Perspektiven des Fachunterrichts im Sinne einer „Haltung" zu vereinen. Denn nur „die gelungene Synthesis der funktionalen und der achtend-seinlassenden Sicht- und Handlungsweise (ist) gleichbedeutend mit gelungenem oder *gutem Leben*" (ebd.). Ziel ist also, die Lernenden „für die Frage nach dem gelingenden menschlichen Leben zu sensibilisieren und zu zeigen, wie man sachgerecht diese Frage stellt und mit der (teils konsenten, teils strittigen) Vielfalt der Antworten auf sie umgeht" (2).

2. Zu den Inhalten des Ethikunterrichts

Wenn die Zielsetzung des Ethikunterrichts in der Thematisierung der Antworten auf die Frage nach dem gelingenden Leben liegt, dann ist von vornherein kein Inhalt aus dem Unterricht auszuschließen. Alles und jedes muß Gegenstand werden können, da die „Sinntotalität der Welt" weder das eine noch das andere bevorzugen lässt. „Im Ethikunterricht ist daher der gesamte Weltbezug des Menschen unter einer spezifischen Perspektive thematisch. Man könnte es die Perspektive der Ganzheit nennen" (2). Dabei geht es nicht um „dieses oder jenes bestimmte Andere, sondern das Andere überhaupt – potenziell alles Andere" (ebd.). Die konkrete Inhaltsauswahl ist für Huber offenbar unproblematisch.

Die Wahl der Inhalte erscheint auch im Hinblick auf die auszuprägende Moralität gleichgültig. Denn der Schüler soll seine Moralität nicht in der kritischen Auseinandersetzung mit verschiedenen faktisch herrschenden Moralen selber ausdifferenzieren, sondern ihr eigentlich nur gehorchen lernen. Denn sie ist immer schon in den Dingen der Welt präsent: „Wenn das Gesetz meines Handelns von mir nicht gesetzt, sondern bloß entdeckt wird, dann muss es etwas sein, das nicht nur meine *Auffassung* der Dinge betrifft, sondern in den *Dingen* selber liegt" (2.2). Da kein „Ding" davon ausgenommen sein kann, kommt auch jedes „Ding" als Gegenstand des Ethikunterrichts infrage. So gesehen wäre es im Hinblick auf die intendierte Sittlichkeit der Schüler gleich, ob sie etwa am Thema „Ladendiebstahl" oder etwa am Thema „Apparatemedizin" gewonnen würde. In jeder Situation müßte sich das sittlich richtige Handeln gleichsam von selbst zeigen, wenn man sie nur richtig „versteht".

Sittlichkeit wird von Huber also in bestimmter Weise empirisch und nicht transzendental gedacht: „Etwas Wirkliches, das nicht empirisch wirklich ist, hat *metaphysische* Wirklichkeit. Das sittliche Sollen ist nur dann verpflichtend, wenn es nicht unsere subjektive Setzung, sondern in einem metaphysischen (d. h. nicht empirischen) Sinne ‚objektiv' ist" (ebd.). Dieses metaphysisch „Objektive" soll im Ethikunterricht zur Geltung gebracht werden, d. h. mit anderen Worten, „der Ethikunterricht muss den Begriff des Guten explizieren" (2.4). Dabei geht es gerade nicht um dieses oder jenes für gut Gehaltene, das im Unterricht diskutiert und dem eigenen reflexiven Urteil aufgegeben wird, sondern um das Gute überhaupt, das sich in allen Dingen zeigt, wenn sie in rechter Weise zur Darstellung gebracht werden. „Denn das Sittliche ist keine Sichtweise unter anderen, sondern der rechte Zusammenhang aller Sichtweisen" (ebd.).

Wie auch immer die Inhalte des Ethikunterrichts im Einzelnen bestimmt werden, am Ende geht es darum, das Gute sichtbar werden zu lassen. Ob freilich das Gute immer so eindeutig in den Sachverhalten zu erkennen ist, wie Huber es glauben machen will, erscheint fraglich. Der Diebstahl eines seltenen Medikaments zur Rettung der eigenen Ehefrau könnte anders beurteilt werden als das Mitgehenlassen eines Lippenstifts im Kaufhaus. Das Abschalten funktionserhaltender Apparate bei einer klinisch toten Person könnte je anders beurteilt werden, ob es sich um einen krebskranken 85-jährigen Mann oder um eine schwangere junge Frau handelt, deren Kind noch gesund zur Welt kommen kann.

Wenn sich das sittlich gute Handeln immer so eindeutig in den verschiedenen situativen Kontexten zeigen würde, dann bedürfte es gar keines Ethikunterrichts. Denn niemand könnte sich dem offenkundigen „Zwang" zur Sittlichkeit entziehen. Demgegenüber kann freilich geltend gemacht werden, dass gerade die Uneindeutigkeit heutiger Handlungssituationen die Notwendigkeit beinhaltet, die Sittlichkeit von Handlungen immer wieder neu zu beurteilen und sich für ein *bestimmtes* Handeln zu entscheiden. Dies spräche eher für die Einrichtung eines eigenständigen Ethikunterrichts, insbesondere auch deshalb, weil Kinder und Jugendliche eben nicht mehr in einer teleologisch vorgeordneten Welt aufwachsen, in der Leben und Lernen von Sittlichkeit noch identisch waren.

3. Zu Methoden des Ethikunterrichts

Wenn das Gute voraussetzungsgemäß in den Dingen der Welt selber liegt und wenn das Gute von der Zustimmung der Menschen unabhängig ist, dann sind für den Ethikunterricht alle Unterrichtsverfahren geeignet, die die rechte Sicht der Dinge befördern – „Sicht" nicht als sinnliche Wahrnehmung, sondern als sittliche „Anschauung" gemeint. Deshalb kann Huber sagen: „Die Hauptmethode des Unterrichts ist das Denken" (3).

Wie auch immer das Denken im Einzelnen angeregt wird, etwa durch einen Text, durch einen Film, durch Bilder, Interviews usw., entscheidend ist für Huber, dass die „Lebendigkeit der Präsentation" kein Selbstzweck ist. Sie soll vielmehr „geneigt machen" und „anregen zur *gedanklichen Erfassung* der Sache. *Ethisch* erfassen wir eine Sache, wenn wir sie so verstehen, (denken, begreifen), dass wir mit dieser (theoretischen) Sichtweise und der ihr entsprechenden (praktischen) Handlungsorientierung dem *gerecht* werden, was die Sache *selbst* innerhalb des *Gesamtkontextes* von Welt und Mensch ist" (ebd.).

Im Ethikunterricht geht es darum, „perspektivenbedingte Blindheiten sichtbar zu machen", wie sie etwa im Fachunterricht vorkommen, und „sie womöglich zu überwinden" (3.2). Zu einer solchen „Blindheit" gehört für Huber die „Vormachtstellung des funktionalen Aspekts", die er mit den herrschenden Interessen der Wirtschaft erklärt. Gegen diese wird seiner Ansicht nach „die Schule die Kultivierung transfunktionaler Haltungen verstärken müssen", wenn nicht nur das zählen soll, „was wirtschaftlich rentabel ist" (ebd.). Wenn auf diese Weise eine bestimmte Haltung bzw. Einstellung „kultiviert" werden soll, von der zunächst der Ethiklehrer bzw. „Erzieher" überzeugt ist, dann wird man das „Denken" der Schüler wohl nicht im Sinne des Mutes, sich seines Verstandes ohne Leitung eines Anderen zu bedienen (Kant), verstehen dürfen. Gemeint ist wohl eher ein Nach-Denken.

Gleichwohl soll die angestrebte „transfunktionale Haltung" aber nicht erzwungen werden. „Durch Gewöhnung, Zwang, Vorbild, Überredung oder sonst erzieherische Mittel kann man zwar bewirken, dass jemand sich so verhält, als sei er von etwas überzeugt, nicht jedoch, dass er tatsächlich überzeugt ist" (3.3). Denn eigene Überzeugungen hat er als Mensch immer schon. Vielmehr soll es im Ethikunterricht darauf ankommen, „diese Überzeugungen *bewusst zu machen*, zu *erörtern* (‚kritisieren', d. h. sie nach zustimmungswürdig und verfehlt zu unterscheiden) und sie damit weiter zu bilden" (ebd.).

Wenn dieses Bewusstmachen als „Angelpunkt gilt, von dem der Prozess der Kultivierung sittlicher Urteilskraft seinen Ausgang nimmt" (3.4), dann wird man fragen müssen, nach welchen Kriterien die Unterscheidung nach „zustimmungswürdig" oder „verfehlt" erfolgen soll. Wenn das „ich denke" alle meine Vorstellungen begleitet (Kant), dann gilt das wohl auch für das sittliche Urteil. Die Urteilskriterien sind dann mit der Urteilskraft selbst gegeben, die wohl geübt, aber nicht erlernt werden kann (vgl. Regenbrecht 1998). Wie anders wäre es denkbar, dass die Schüler schon „Überzeugungen" noch vor dem Ethikunterricht hätten? Warum sollten sie diese überhaupt noch nach „zustimmungswürdig" oder „verfehlt" beurteilen, wenn doch die eigene Überzeugung per se schon die eigene Zustimmung enthält – sie wäre sonst gar keine Überzeugung. Hubers Position wird nur verständlich, wenn man davon ausgeht, dass der Ethiklehrer schon eher oder besser weiß, welcher Überzeugung zugestimmt werden darf und welcher nicht. Erst dann kann er der Hauptmethode des Ethikunterrichts genügen: „Die fundamentale Methode des Ethikunterrichts (besteht) im *denkenden Bewusstmachen* der sittlichen Substanz, die man selbst latent immer schon in sich trägt und in deren Licht man Welt und Mensch immer schon versteht" (3.4).

Dieses „Bewusstmachen" soll mit Hilfe anschaulicher Beispiele bewirkt werden. Dabei haben „monumentale" Beispiele eine vermeintlich höhere Bedeutung als die „trivialen", „weil sie paradigmatische Kraft besitzen und damit Prozesse der Orientierungsgewinnung und -klärung in dem auslösen können, der sie rezipiert" (3.4). Deshalb soll auch nicht auf „plutarchsche Helden" und „monströse Immoralitäten" im Ethikunterricht verzichtet werden.

Auch hier wird wieder die Grundfigur dieser Konzeption des Ethikunterrichts deutlich. Lernen, auch sittliches Lernen, wird nicht als methodischer Prozess verstanden, der in eigener Anstrengung und Aktivität zu (selbst-)bestimmten Erkenntnissen und Urteilen führt, sondern als Übernahme von Einsichten und Ansichten, die von einem Lehrer „bewusst gemacht" werden. Das soll nicht als Indoktrination missverstanden werden. Denn es geht ja nicht um die Vermittlung subjektiver Überzeugungen, die in einer Person liegen, sondern um die rechte Darstellung der Welt: „Wenn sittliche Imperative gelten sollen, müssen sie in den Dingen selbst liegen, und dann muss in den Dingen nicht nur ein faktischer Ablauf, sondern die Intention auf ein Ziel hin – eine Teleologie – liegen" (2.2). Das gilt freilich nicht für den Menschen, der sich auch als „Weltding" begreifen und auf einen Zweck an sich selbst, ein Eigentelos, berufen könnte, sondern nur für die anderen Dinge der Welt, deren vermeintliches Telos Sittlichkeit verbürgt.

4. Zusammenfassende Würdigung

Man wird Huber zustimmen müssen, wenn er ausdrücklich darauf abhebt, dass die sittliche Bildung des Menschen eine Aufgabe aller Schulfächer, also keine exklusive Aufgabe des Ethikunterrichts ist. Insofern folgt die Argumentation in der Tat einem neuzeitlich-pädagogischen Duktus: In der modernen Welt, in der Leben und Lernen diskrepant geworden sind und in der „Ordnungen" deshalb nicht mehr urwüchsig erfahren und internalisiert werden können, bedarf es eines mit der Wissensvermittlung (Unterricht) verknüpften Prozesses sittlicher Haltungs- und Einstellungsbildung (Erziehung). Erziehender Unterricht ist die pädagogische Metapher der Moderne.

Allerdings nimmt sich die pädagogische Theorie der Moderne, anders als Huber sie denkt, nicht aus dem Prozess der Modernitätsentwicklung heraus, sondern fügt sich ihr ein. Alle pädagogischen Theorien des erziehenden Unterrichts – bei aller unterschiedlichen Differenzierung im Detail – sind sich darin einig, dass das Telos nicht mehr in der Welt, sondern im Subjekt selbst liegt, das sich autonom selbst bestimmt und diese Selbstbestimmung faktisch lernen soll. Die dabei entstehenden Differenzen und Spannungen der Menschen untereinander und im Hinblick auf die Gestaltung der Welt gehören zur Moderne und fordern stets von Neuem einen Prozess der Reflexion des für wahr und gut Gehaltenen. Insofern ist auch der Erziehungsprozess in der Moderne nur als Selbsterziehung zu denken, freilich unter dem Aspekt von Führung.

Angesichts der mit der modernen Welt verknüpften Antinomien ist es nur allzu verständlich, wenn Huber nach einer Sinngebung des Ethikunterrichts sucht, die jenseits des Pluralismus auf eine letzte „Sinntotalität" gerichtet ist. In der Tat ist mit der Proklamation der Autonomie des Subjekts der Verlust der „Ganzheit" der Welt einhergegangen.

Folgt man der Auffassung Hubers, dass das Sollen vom Sein ausgeht, agere sequitur esse, dann sind die sittlichen Grundsätze in der Tat nicht mehr das Ergebnis von Urteilen, sondern Qualitäten des Seins. Sie werden nicht beschlossen, sondern entdeckt. Vernunft ist dann das Ergebnis von Vernehmen. Und wer die „Sinntotalität" vernommen hat, der wird auch vernünftig, d. h. sittlich handeln. Diese Auffassung kann als vorkritische Metaphysik bezeichnet werden.

Eine solche Auffassung von Welt und Mensch verdient gewiss Respekt und ist selbst auch nicht kritisierbar. Denn sie beruht auf einer persönlichen Überzeugung, die mehr oder weniger „zustimmungsfähig" ist. Eine Aussage darüber, ob sie „verfehlt" sei, ist schlechterdings nicht möglich, weil sie nicht nach wahr oder falsch zu bemessen ist.

Etwas Anderes ist es allerdings, wenn die eigene Weltanschauung mit einer Bildungstheorie verknüpft wird. Hier wird man kritisch fragen müssen, in wessen Dienst die Bildung und ihre Theorie gestellt werden sollen: in den Dienst des Bildungssubjekts oder in den Dienst der eigenen Anschauung. Offenkundig liegt bei Huber das Letztere vor. Die Schüler sollen gerade nicht eine eigene Urteilsfähigkeit ausprägen und historisch-gesellschaftlich vermittelte Werte, Normen und Sitten in eigener verantwortlicher Entscheidung für sich maßgeblich werden lassen. Sie sollen vielmehr die Welt in einem bestimmten teleologischen Sinne „verstehen" und entsprechend handeln. Der Verpflichtungscharakter für das Handeln folgt nicht aus einem Urteil über die Welt, sondern aus dem Verstehen der Welt.

Hubers Begründung des Ethikunterrichts ist der Versuch, eine traditionelle Metaphysik mit einer neuzeitlichen Bildungstheorie zu verbinden, was zu einem vorneuzeitlichen Erziehungsverständnis führt. Erziehung ist dann ein affirmativer Prozess, der versucht, die Edukanden an vorgegebene Werte und Normen anzupassen. Konsequent formuliert Huber an anderer Stelle: „Erziehung sozialisiert" (Huber

1996, 119). Mit Sozialisation ist sicher ein begrenzt notwendiger Prozess zur Sicherung der gesellschaftlichen Existenz des Menschen wie der Gesellschaft gemeint. Aber mit Erziehung im Sinne einer Hilfe zum selbständigen und eigenverantwortlichen Handeln hat das nicht viel zu tun (vgl. Pöppel 1983, 25ff. und 95ff.).

Beeindruckend an der Position von Huber zum Ethikunterricht bleibt die Gewissheit, mit der sie vorgetragen wird. Ohne jeden Zweifel wird hier eine ausdrücklich metaphysische Sichtweise vorgetragen, die in sich schlüssig ist. Sofern man die ontologischen Prämissen teilt, wie etwa jene, dass die Dinge der Welt das Gute gleichsam entelechetisch in sich bergen, wird man seiner Auffassung von Ethik folgen können. Ob man sie allerdings legitimerweise zum Bildungsziel erheben kann, erscheint so lange fraglich, wie man zugesteht, daß auch andere Auffassungen von der Welt möglich sind.

Für Schüler mag es jedoch beeindruckend sein, eine diesbezüglich standfeste Position in ihrem Lehrer zu erfahren. Sofern diese Position befragbar bleibt, ist auch nichts dagegen einzuwenden, wenn der Lehrer „Farbe bekennt". Problematisch wird es allerdings, wenn andere Auffassungen mit dem Verdikt „verfehlt" versehen werden, die Möglichkeit eines solchen Verdikts für die eigene Position jedoch ausgeschlossen wird, weil Personen mit anderen Überzeugungen die Welt noch nicht recht verstanden haben. Die Gefahr, dass dann die Unterrichtsgespräche nicht mehr der Selbstklärung, sondern der gesetzten Ontologie dienen, ist zumindest bei eifrigen Lehrern nicht auszuschließen.

Ein Ethikunterricht, der dagegen die Ontologie zum Gegenstand der Auseinandersetzung und nicht zum Ziel erklärt, kann zumindest dieser Gefahr entgehen.

Literatur

Blankertz, Herwig: Theorien und Modelle der Didaktik. [11]Weinheim – München 1980.

Huber, Herbert: Sittlichkeit und Sinn. Donauwörth 1996.

Kuld, Lothar / Schmid, B.: Ethische Urteilskompetenz. Ein fächerübergreifender Aspekt des Realschulunterrichts. In: Rekus, Jürgen (Hg.): Die Realschule. Alltag, Reform, Geschichte, Theorie. Weinheim – München 1999, 139–152.

Pöppel, Karl Gerhard: Erziehen in der Schule. Hildesheim – Zürich – New York 1983.

Prange, Klaus: Zeit der Schule. Bad Heilbrunn 1995.

Regenbrecht, Aloysius / Pöppel, Karl Gerhard (Hg.): Moralische Erziehung im Fachunterricht. Münstersche Gespräche zu Themen der wissenschaftlichen Pädagogik. Münster 1990.

Regenbrecht, Aloysius: Reflektierende Urteilskraft als Kriterium moralischer Erziehung im Unterricht. In: Rekus, Jürgen (Hg.): Grundfragen des Unterrichts. Weinheim – München 1998, 95–114.

Rekus, Jürgen: Bildung und Moral. Zur Einheit von Rationalität und Moralität in Schule und Unterricht. Weinheim – München 1993.

Rekus, Jürgen: Schule als ethischer Handlungsraum? Möglichkeiten und Grenzen ethischer Erziehung in der Schule. In: Ladenthin, Volker / Schilmöller, Reinhard (Hg.): Ethikunterricht als pädagogisches Projekt. Grundfragen schulischer Werterziehung. Opladen 1999, 251–266.

Heinz Schirp

„Praktische Philosophie" in Nordrhein-Westfalen

Curriculare Strukturen und didaktische Regulative des Faches

Eingangsstatement

Zunächst will ich kurz auf die Eingangsfrage, warum das neue Fach „Praktische Philosophie" heißt, eingehen und dann die Grundstrukturen des curricularen Rahmenkonzeptes und des Kerncurriculums aufzeigen.

Warum „praktische" Philosophie?

Zum einen, um deutlich zu machen, dass im Mittelpunkt der unterrichtlichen Arbeit die alltags- und lebenspraktischen Wertfragen, -probleme und -konflikte der Schülerinnen und Schüler stehen sollen; zum zweiten, um darauf hinzuweisen, dass es dabei auch um „praktische", d. h. handlungsbedeutsame Orientierungsmuster geht, die im konkreten Zusammenleben von Individuen und Gruppen auf der Ebene gemeinsam geteilter Werte eine Rolle spielen; drittens schließlich auch, um klar erkennbar zu machen, was das Fach *nicht* ist. Es ist kein Fach, in dem die „Kunde" z. B. von Religionen, von philosophischen Positionen, von Wertsystemen etc. im Vordergrund steht. Es ist auch nicht auf eine systematische Darstellung von „Philosophie" angelegt und insofern kein Lehrgangsfach, das sich an der Struktur der fachwissenschaftlichen Leitdisziplin „Philosophie" orientiert.

Es geht vielmehr – kurz gesagt – um die Umsetzung der folgenden drei Leitideen:
– Förderung von Urteilsfähigkeit, um tragfähige Orientierungsmuster für das eigene Leben entwickeln zu können;
– Auseinandersetzung mit konkurrierenden Wertvorstellungen, um eigene Standpunkte gewinnen und begründen zu können;
– Beschäftigung mit wertstiftenden Ideen und ihren Wirkungen, um die Entwicklung von Wertvorstellungen und ihre Bedeutung für die eigene Wirklichkeit besser verstehen zu können.

Dazu möchte ich zunächst die Aufgaben und Ziele des Faches vorstellen.

Wie der Religionsunterricht, so soll auch das Fach Praktische Philosophie zur systematischen und zusammenhängenden Behandlung von Sinn- und Wertfragen beitragen. Während dies im Religionsunterricht auf der Grundlage der christlichen Bekenntnisse geschieht, soll das Fach Praktische Philosophie Vergleichbares in der Werteerziehung leisten, aber eben in religions- und weltanschauungsneutraler Form. Indem es im Bildungs- und Erziehungsprozess eine analoge Funktion im Sinne einer sittlich-moralischen Orientierung ohne eine Religion übernimmt, hat es die grundlegenden Prämissen für sittliches und moralisches Handeln offen zu legen. Dazu gehört als zentrales inhaltliches Element die Thematisierung der Möglichkeit einer pluralistischen Ausrichtung in Grundfragen der menschlichen Existenz. Das ist gewissermaßen die zentrale Aufgabe eines Faches Praktische Philosophie.

Um dieses Aufgabenbündel, das sich in dieser Formulierung abzeichnet, auffächern zu können, gibt es drei Zugangsperspektiven.

Die erste Perspektive, die für Praktische Philosophie bedeutsam ist, ist die *„personale Perspektive"*, also die des Individuums, der Schülerinnen und Schüler.

Im Sinne des Bildungs- und Erziehungsauftrags von Schule haben Schülerinnen und Schüler ein Anrecht darauf, dass sie Hilfen bekommen, die eigene Urteilsfähigkeit zu entwickeln und eigene begründete Standpunkte und Orientierungsmuster aufzubauen. Die entsprechende Aufgabe des Unterrichts heißt also: Urteilsfähigkeit entwickeln und Urteilsfähigkeit fördern.

Da ist zum zweiten die *„gesellschaftliche Perspektive"*, also die der gesellschaftlichen Vorstellungen, die unsere soziale, ökonomische und kulturelle Wirklichkeit und insofern auch die Alltagssituationen der Schülerinnen und Schüler prägen. In diesen gesellschaftlichen Kontexten gibt es sowohl allgemeine Wertvorstellungen (wie sie z. B. durch das Grundgesetz, durch Verfassung und allgemeine Menschenrechte formuliert sind) als auch jeweils durchaus spezifische Interessen, Wertoptionen und -orientierungen einzelner Gruppen. Diese existieren z. T. auch außerhalb der Wahrnehmungen der Schülerinnen und Schüler. Ziel eines Unterrichts „Praktische Philosophie" ist es, solche gesellschaftlichen Wertvorstellungen im eigenen Lebensbereich, in der eigenen Lebenswirklichkeit bewusst zu machen, sich damit auseinanderzusetzen, um so einen differenzierten Zugang zu anderen Wertvorstellungen herzustellen und entwickeln zu können.

Die dritte konstitutive Perspektive für praktisches Philosophieren ist die *„ideengeschichtliche Perspektive"*.

Die Wertvorstellungen in unserem demokratisch verfassten Gemeinwesen sind nicht zu deuten und nicht zu verstehen ohne einen Rückblick auf ihre ideengeschichtlichen Wurzeln, ihre Wirkungsgeschichten und ihre Ausprägungen in kulturellen, politischen, wirtschaftlichen und technischen Entwicklungen. Daraus entsteht die Aufgabe, den Schülerinnen und Schülern wichtige weltanschauliche und religiöse Entwicklungen nahe zu bringen, deren Ursprünge zu verdeutlichen und die darin erkennbaren Wertvorstellungen verstehbar zu machen. In der Umsetzung dieser Perspektive geht es also um wirkmächtige Wertvorstellungen, die unsere Gesellschaft und andere Gesellschaften beeinflusst haben und bis in unsere Lebenssituationen und Wirklichkeitserfahrungen hineinreichen.

Die Kernidee des Faches Praktische Philosophie und die Anlage unseres Kerncurriculums besteht darin, diese drei Perspektiven zusammenzuführen und dafür zu sorgen, dass der Zusammenhang der drei Perspektiven konstitutiv für die Unterrichtsgestaltung wird und einen Sitz in der Erfahrungswelt der Schülerinnen und Schüler bekommt. Es geht nicht darum, die einzelnen Perspektiven singulär, jede einzelne für sich, als spezifische Ausschnitte zu behandeln. Unterrichtsplanung und

-gestaltung werden dort stimmig, wo die drei Perspektiven – wie Scheinwerfer, die von unterschiedlichen Positionen auf einen Punkt gerichtet sind – zusammengeführt werden.

Das führt zu einigen wichtigen didaktischen Regulativen, auf die ich in meinem Referat noch genauer eingehen werde. Ich will jetzt nur ein solches Regulativ nennen, das mir besonders wichtig erscheint, nämlich das „Überwältigungsverbot". Niemand darf einen anderen zur Übernahme einer Argumentation, einer Wertposition drängen und sie um jeden Preis zu vermitteln versuchen.

Eigentlich wollte ich zur praktischen Verdeutlichung ein Beispiel aus den Unterrichtseinheiten vorstellen, die wir als Anregungen für die Lehrerinnen und Lehrer entwickelt haben, die z. Z. am Schulversuch teilnehmen. Das sind z. B. Einheiten zu „Wahrheit und Lüge, „Glück", „Freundschaft" etc. Dann fand ich heute Morgen beim Frühstück in der Tageszeitung den folgenden kleinen Artikel.

Zu kurze Röcke – Unterrichtsverbot

London: (rtr) Wegen zu kurzer Röcke sind in England 20 Schülerinnen im Alter von 11 bis 16 Jahren nach Hause geschickt worden. Lehrerin Barbara O'Connor wird zitiert, die Leute hätten den Eindruck, die Mädchen hätten gar keine Röcke an, da die Minis von den Jacken verdeckt seien: „Die Röcke sollten mindestens so lang sein, daß sie zwei Zoll (gut fünf Zentimeter) über den Knien enden. Viele Mädchen scheinen aber Röcke zu tragen, die schon zwei Zoll unterhalb der Hüfte enden.

Hier geht es nun in der Tat zunächst um ganz praktische Fragen: „Was darf ich eigentlich anziehen?", Darf eine Schule vorschreiben, was man anziehen darf und was nicht?, Sind diese Fragen – und die möglichen Antworten darauf – für mich wichtig? Diese praktischen Fragen führen aber sofort weiter: Wer bestimmt eigentlich, was „schicklich" ist, was „schamlos", was „anstößig" ist? Welche Vorstellungen von Werten und Konventionen stehen dahinter? Wie kultur- und zeitbedingt sind solche Vorstellungen? Darf der Staat, dürfen Behörden, Institutionen ... solche „Wertvorstellungen" vorschreiben? Darf man deswegen Schülerinnen und Schüler vom Unterricht ausschließen? Ist das wirklich eine Strafe? Wie ist das in unserer Gesellschaft, in anderen Kulturen, in unserer Schule, in anderen Schulen? Soll man solche Fragen überhaupt verbindlich regeln? Welche Maßstäbe gibt es dazu? Wie werden sie begründet? Welche würde ich selber aufstellen? Welche gelten für mich persönlich? Warum gelten diese nur für die Schule und nicht z. B. auch für Illustrierte, für Fernsehfilme …?

Jede einzelne Frage ist selbst wieder ein Einstieg in einen Komplex aus Überlegungen, Kenntnissen über Regelungen, andere Zeiten und Kulturen, Reflexion von Begründungen, Untersuchungen und Erkundungen von Lebenssituationen.

Ich denke, jeder von uns hat dabei schon sehr konkrete Vorstellungen davon, wie eine solche Unterrichtseinheit aussehen und wie sie sich entwickeln könnte.

In den Themenkreisen des Kerncurriculums findet sich im Fragenkreis „Die Frage nach dem Selbst" der Themenvorschlag: „Was ziehe ich heute an?" Er verweist just auf die Zusammenhänge, die zwischen Kleidung, den eigenen Identitätsvorstellungen und den Werten und Konventionen einer Gesellschaft bestehen. Der zitierte Zeitungsartikel könnte ein erster Einstieg in eine solche Unterrichtseinheit sein.

Nachfolgend sollen die zentralen Strukturen des Kerncurriculums Praktische Philosophie in NRW verdeutlicht werden. Damit lassen sich sozusagen die curriculare Tektonik und die Konstruktionsprinzipien kenntlich und bestehende Unterschiede zu anderen Lehrplankonzepten (z. B. zum LER-Ansatz in Brandenburg) nachvollziehbar machen.

In diese lehrplanbezogene Darstellung sind einige Exkurse eingelagert; sie beziehen sich
– auf Fragen, die in den diversen Diskussionen zum Kerncurriculum gestellt wurden,
– auf Erläuterungen zu didaktischen und lerntheoretischen Positionen, die im Kerncurriculum (zwangsläufig) nicht ausführlich dargestellt werden konnten,
– auf erste Erfahrungen mit der Umsetzung des Kerncurriculums und daraus herleitbaren Gestaltungsvorschlägen.

Es sei noch darauf hingewiesen, dass die Exkurse die jeweils spezifischen Sichtweisen und Nuancierungen des Autors wiedergeben.

1. Das Fach Praktische Philosophie –
Rahmenkonzept und Grundlagen des Schulversuchs in NRW

„Die Notwendigkeit einer systematischen Befassung mit Sinn- und Wertvorstellungen im Unterricht erweist sich als immer dringender. Angesichts der differenzierten gesellschaftlichen und sozialen Entwicklungen müssen Jugendliche befähigt werden, selbst begründete Maßstäbe für verantwortliches Urteilen und Handeln zu entwickeln. Der Schulversuch in Nordrhein-Westfalen wird – davon bin ich überzeugt – dazu beitragen, dass der umfassenden Aufgabe ‚Werteerziehung' fächerübergreifend im gesamten Unterrichtsgeschehen eine größere Aufmerksamkeit gewidmet wird" (Behler 1997, 5).

In Nordrhein-Westfalen erproben z. Z. ca. 300 Lehrerinnen und Lehrer in 258 Schulen in den Klassen 9 und 10 aller Schulformen und in den Vollzeitklassen des Berufskollegs das Kerncurriculum „Praktische Philosophie" als Grundlage für die

Unterrichtsplanung und Unterrichtsgestaltung. Wie in einigen anderen Bundesländern soll das – für NRW neue – Fach den Schülerinnen und Schülern, die nicht am Religionsunterricht teilnehmen, dabei helfen, Antworten auf Fragen nach dem Sinn menschlicher Existenz, nach tragfähigen Orientierungsmustern für die eigene Lebensperspektive zu finden. Entwicklungsverfahren und didaktische Ergebnisse weisen Unterschiede und spezifische Konturierungen zu den bisher vorliegenden Lehrplänen anderer Bundesländer auf.

Diese sollen kurz dargestellt werden.

Nach der bildungspolitischen Entscheidung zur Entwicklung und Erprobung curricularer Grundlagen für das neue Fach wurde das Landesinstitut für Schule und Weiterbildung in Soest beauftragt, ein curriculares Grundlagenpapier zu erstellen, das die Leitideen, Prinzipien und Perspektiven verdeutlichen sollte. Ein solches Konzept wurde nach einer Auswertung der vorliegenden Lehrpläne anderer Bundesländer entwickelt. Dieses Rahmenkonzept wurde mit dem damaligen Ministerium für Schule und Weiterbildung abgestimmt und bildete die Grundlage sowohl für die Lehrplankommission als auch für die vorbereitenden Arbeiten für eine begleitende Fortbildung.

Zur Vorbereitung der Lehrplanarbeiten wurden im Landesinstitut Workshops durchgeführt, in denen Experten aus den Bereichen Erziehungs- und Lernwissenschaften, Didaktik und Unterrichtspraxis über Ansätze und Ziele wertorientierten Lehrens und Lernens diskutierten. Daraus ergaben sich zahlreiche und richtungweisende Anregungen zu didaktischen und methodischen Gestaltungsprinzipien.

Zur Ausformulierung eines Kerncurriculums wurde eine Lehrplankommission berufen. Diese setzte sich zusammen aus wissenschaftlicher Begleitung, Schulaufsicht, Lehrerinnen und Lehrern unterschiedlicher Schulformen und Mitarbeitern des Landesinstituts für Schule und Weiterbildung. Einige der in die Lehrplankommission berufenen Kolleginnen und Kollegen arbeiteten parallel auch in der Lehrerfortbildung / Moderatorenausbildung zu dem neuen Fach mit, so dass eine frühzeitige Verbindung von Curriculumentwicklung und Lehrerfortbildung gewährleistet war.

1997 wurde das von der Lehrplankommission entwickelte Kerncurriculum vom Ministerium für Schule und Weiterbildung, Wissenschaft und Forschung den am Versuch beteiligten Schulen zur Erprobung vorgelegt.

2. Curriculare Strukturen

2.1 Die Aufgaben des Faches

Ausgehend von den und anknüpfend an die Leitideen zu Zielen und Inhalten des Faches werden im Kerncurriculum drei Aufgabenbereiche formuliert.

– Förderung von Urteils- und Handlungsfähigkeit
„Es ist . . . Aufgabe des Unterrichts im Fach Praktische Philosophie, den Schülerinnen und Schülern grundlegendes Wissen über Wert- und Sinnfragen zu vermitteln

und ihre Reflexions-, Empathie- und Urteilsfähigkeit zu fördern. Dadurch sollen sie dazu angeleitet werden, sich mit den wertbezogenen Voraussetzungen und Bedingungen eigenen und fremden Denkens, Fühlens und Handelns bewusst und verantwortlich auseinanderzusetzen und eine sinnstiftende Lebensperspektive zu entwickeln."

– Auseinandersetzung mit konkurrierenden Wertvorstellungen und Entwicklung eigener Wertorientierungen

„Der Unterricht im Fach Praktische Philosophie hat . . . die Aufgabe, den Schülerinnen und Schülern dabei zu helfen, Kriterien für die Beurteilung und Gewichtung konkurrierender Wertvorstellungen zu entwickeln und tragfähige kognitive, emotionale und soziale Orientierungen und Kompetenzen auszubilden."

– Verdeutlichung weltanschaulicher, religiöser und ideengeschichtlicher Grundlagen von Wertpositionen

„Der Unterricht im Fach Praktische Philosophie hat . . . die Aufgabe, den Schülerinnen und Schülern wichtige weltanschauliche und religiöse Entwicklungen sowie ideengeschichtliche Zusammenhänge nahe zu bringen. Dabei haben die Schülerinnen und Schüler die Möglichkeit, die religiösen und weltanschaulichen Vorstellungen, die unsere eigene und fremde Kulturen geprägt haben, aus ihren Ursprüngen und Traditionen heraus zu verstehen. Sie sollen sich mit den darin erkennbaren Wertvorstellungen im Sinne interkultureller Toleranz auseinandersetzen und dazu Stellung nehmen. Insgesamt sollen damit Grundlagen für verantwortliches Handeln gelegt werden" (8/9).

2.2 Die pädagogischen Prinzipien

Zu diesen drei Aufgabenbereichen werden pädagogische Prinzipien entfaltet, durch die deutlich gemacht wird, dass das Fach einen spezifischen Beitrag dazu leistet, den Schülerinnen und Schülern Anregungen und Hilfen zur Entwicklung einer mündigen Persönlichkeit zu geben, dies ohne religiöse und konfessionelle Ausrichtung, aber keineswegs wertindifferent.

Das erste pädagogische Prinzip verweist auf die *„Orientierung an den Erfahrungen und Handlungsmöglichkeiten der Schülerinnen und Schüler"*. Es geht dabei vor allem darum,

– bei den wertbezogenen Erfahrungen und Deutungsmustern der Schülerinnen und Schüler anzusetzen und auf die Fragen und Probleme einzugehen, die Orientierungs- und Klärungsbedarf signalisieren;

– solche Erfahrungen aufzuarbeiten, sie mit denen anderer zu vergleichen, zu prüfen, ob und inwieweit sie tragfähig, übertragbar, stimmig und gültig sind und dabei zu klären, welche Bedeutung sie für Wertentscheidungen und soziales Verhalten haben;

– systematische Zugänge zu solchen Klärungsverfahren zu entwickeln, Reflexionsprozesse in Gang zu setzen und diese durch Sachinformationen zu stützen.

Das zweite pädagogische Prinzip *„Orientierung an Vernunft und Empathie"* verweist darauf, dass im Fach Praktische Philosophie

– die Instanz, von der aus Ansprüche auf Wahrheit, Stimmigkeit und Gültigkeit von Aussagen und Wertpositionen geltend gemacht werden, in erster Linie die Vernunft ist;

- in das „Prinzip Vernunft" auch die biographischen und kulturspezifischen Kontexte einbezogen sind, durch die Verstehens- und Urteilsfähigkeit geprägt sind;
- ein „vernünftiges Aufarbeiten auf das Transparent-Machen von Positionen, Argumenten, Begründungen und Entscheidungen zielt;
- Entscheidungen und Wertoptionen über unsere sinnlichen Wahrnehmungen, über emotive Verarbeitungsprozesse, über kontextspezifisches Erleben eine „emotionale Basis" haben, die jeweils mit thematisiert und bedacht werden muss;
- die Entwicklung von Einfühlungsvermögen und von Perspektivwechsel wichtige Voraussetzungen sind, wenn es darum geht, Wertpositionen anderer Menschen und Gruppen zu verstehen;
- es einen zirkulären Zusammenhang zwischen solchen emotiven und kognitiven Klärungs- und Bearbeitungsprozessen gibt, der für die Gestaltung des Unterrichts konstitutiv sein muss.

Erster Exkurs:

Die Bedeutung von Rationalität und Emotionalität
für unterrichtliches Lehren und Lernen

In diesem zweiten pädagogischen Prinzip wird deutlich, dass im Kern der unterrichtlichen Beschäftigung solche Verfahren stehen, die einer kommunikativen und dialogischen Vernunft als klärende Instanz verpflichtet sind. Insofern geht es immer um eine rationale Bearbeitung fachlicher Inhalte. Zu diesen Inhalten gehören aber auch solche, die sich auf die Gefühlssphäre beziehen und in der spezifisch menschlichen „fühlbaren Wertsphäre" (Empörung über Unmoralität, Entrüstung über Ungerechtigkeit, Scham angesichts eigener Verhaltensweisen ...) angesiedelt sind. Insofern „geben eben Gefühle auch zu denken" (vgl. dazu etwa Blesenkemper 1998, 254–265).

Was ist nun mit dem Begriff der „emotionalen Basis für Prozesse des Verstehens, des Erkennens und des Handelns gemeint?

Dazu ist es notwendig, genauer auf die Beziehungen einzugehen, die zwischen Rationalität, Vernunft, kognitiv-analytischen Prozessen auf der einen Seite sowie Gefühlen, Empfindungen und emotiv-intuitiven Prozessen auf der anderen Seite bestehen.

Schon die Trennung kognitiver und emotiver Zugänge in Verstehensprozessen ist eigentlich kaum mehr zu begründen. Kognitionstheoretiker und Neurobiologen weisen gleichermaßen darauf hin, dass unsere grundlegenden Gefühle zu einer rationalen Organisation unseres Handelns beitragen, unsere „ratio" also viel stärker von emotionalen Prozessen präformiert wird, als wir das gemeinhin „denken" oder dies wahrhaben „wollen". Der Philosoph Ronald De Sousa spricht sogar davon, dass Gefühle von Haus aus rational seien. (Vgl. dazu etwa Damasio 1996, S. 272f.) Ergebnisse neuro-physiologischer Forschung weisen nachdrücklich darauf hin, dass diese Prozesse auf das Engste miteinander verknüpft sind. Es gibt eben nicht nur eine „kognitive", sondern auch eine „emotionale Intelligenz" (Goleman). Und es gibt auch „intelligente Emotionen", solche nämlich, die uns phylo- und ontogenetisch geholfen haben und helfen, tragfähige, „viable" Entscheidungen und Handlungen zur Bewältigung sozialer Konfliktsituationen zu finden.

Unsere „emotionale Basis", also das, was man als emotionale Ausstattung und emotionales Repertoire bezeichnen könnte, bestimmt unser Wollen, unser Denken, Reflexion und Handeln offensichtlich viel stärker, als es von denen gesehen wird, die von einer Dominanz rationaler Entscheidungsgrundlagen ausgehen. Wir tun nicht immer das, was wir wollen, wir wollen häufig das, was wir tun; und wir handeln häufig wider bessere Einsicht, wider jede Vernunft nach offensichtlich emotionalen Regeln und Mustern. Stimmungen, Emotionen, „emotionale Programme" beeinflussen unsere Reflexions-, Entscheidungs- und Handlungsfähigkeiten in einem so entscheidenden Maße, dass wir manchmal – z. B. wenn wir etwas zeitlich Abstand zu einer Situation haben – uns fragen, warum wir so „überzogen" reagiert haben. Es gibt offensichtlich auch so etwas wie eine „Tyrannei unserer Emotionen". Unser emotionales Repertoire kennt dabei auch Abwehrmechanismen, emotionale Widerstände und Blockaden, auch kognitiv sich äußernde, z. B. „Sie wollen mich wohl nicht verstehen!" oder: „Sie können mir sagen, was Sie wollen …!" Solche emotionalen Widerstände selbst wieder zu verstehen, sie für Verständigungsprozesse „bewusst" zu machen, ist auch und gerade in Kontexten von Praktischer Philosophie unerlässlich.

Eine große Zahl unserer biographischen Motivationen wird durch generalisierbare Motive bestimmt, die auf langfristige Entwicklungen unserer emotionalen Ausstattung verweisen. Sie sind z. T. hoch affin zu Wertoptionen.

„Bindungsgefühle" wie Treue, Anhänglichkeit, Kameradschaft, Freundschaft, Solidarität, Loyalität … sind überindividuell ausgeprägte emotionale Instrumente („emotional tools"), die darauf abgestellt sind, Beziehungen zwischen Partnern, zwischen Individuen und Gruppen, Gruppen und Gesellschaftsverband zu sichern, zu bewahren, zu stabilisieren.

„Ablösungsgefühle" wie Eigenständigkeit, Freiheitsdrang, Selbstständigkeit … lassen sich eher als emanzipatorische emotionale Ausrichtungen verstehen. Sie sind sozusagen die motivationale, emotionale Basis für die Entwicklung und Gestaltung neuer, eigener Lebensformen und -situationen sowohl auf der individuell-biographischen wie auf einer gesamtgesellschaftlichen Ebene.

„Wertaffine Gefühle" wie Scham, Empörung, Genugtuung, Schadenfreude … verweisen darauf, dass es so etwas gibt wie „vor-rationale" Bewertungs- und Beurteilungsmuster, die ganz „spontan" die Wahrnehmung von Situationen besetzen, uns eine erste emotionale Beurteilung nahe legen. Solche emotionalen Beurteilungen und Einschätzungen werden dann häufig revidiert, wenn z. B. die Hintergründe einer Situation klarer werden oder wenn auf einer rationalen Schiene die Konsequenzen des eigenen Verhaltens mitbedacht werden. Emotionen können aber nicht nur durch kognitive Zugänge bearbeitet und gewichtet werden; sie können auch durch andere Emotionen überlagert werden, wenn z. B. die spontane Schadenfreude in Mitleid mit den Betroffenen umschlägt und man sich sogar seiner eigenen ersten Schadenfreude schämt.

Häufig genug stehen „Bindungsgefühle", „Ablösungsgefühle", „Bewertungsgefühle" etc. in Konkurrenz zueinander, führen zu Verunsicherungen und auch zu emotionaler Orientierungssuche. Gerade bei Kindern und Jugendlichen sind diese Verunsicherungen etwa in der Phase der Pubertät wichtige Bedingungen und Voraussetzungen für Verstehensprozesse, für Wertorientierungen, für Verhaltens- und Handlungsmuster. Auch deswegen bedürfen „Emotionen", der besonderen Aufmerksamkeit in Prozessen wertorientierten Klärens.

Schließlich sind einige Anteile unseres emotionalen Repertoires – und ihr jeweiliger Stellenwert – eben auch gesellschaftlich-kulturell vermittelt.

Scham wird in unterschiedlichen Gesellschaften, in unterschiedlichen Situationen und angesichts ganz unterschiedlicher Phänomene empfunden und häufig tun sich Menschen anderer Kulturen schwer, die Schamgefühle anderer nachzuempfinden. Vergleichbares gilt für Gefühle wie Trauer, Stolz, Treue, etc., deren Ausdrucksformen und den damit zusammenhängenden wertbezogenen Konventionen einer kulturellen Gemeinschaft. Auch im Sinne interkultureller Verständigung über Werte, Konventionen und Normen sind Emotionen und Gefühle Zugänge, die zu denken geben müssen.

Zur Entwicklung moralkognitiver Urteilsfähigkeit und deren Förderung durch Schule und Unterricht liegen eine Fülle von Analysen, Theorien, Modellen und Konzepten vor. Sie reichen von grundlegenden kognitionsanalytischen Zugängen (z. B. Piaget, Kohlberg, Mosher ...) über kognitionstheoretisch-ethische Zugänge (z. B. Dewey, Rawls, Habermas ...) bis zu solchen, die diese Ansätze für Schule und Unterricht fruchtbar machen (z. B. Oser, Edelstein, Berkowitz, Lickona, Schreiner, Reinhardt ...) und dabei auch spezifische Bedingungen wie die Geschlechterrolle aufarbeiten (z. B. Gilligan, Nunner-Winkler ...). Aus solchen Arbeiten lassen sich in der Tat tragfähige Ansätze für unterrichtliche und schulische Gestaltungsprozesse gewinnen.[1]

Ähnlich differenzierendes und unterrichtlich nutzbares Material liegt für die Entwicklung der emotionalen Anteile in Wertklärungs- und Wertorientierungsprozessen noch nicht vor.

2.3 Die drei didaktischen Perspektiven

Die drei didaktischen Perspektiven
– *die personale*
– *die gesellschaftliche*
– *die ideengeschichtliche*
lassen sich direkt aus den Zielen und Aufgabenbereichen des Faches herleiten und beziehen sich auch explizit auf diese.

Die „personale Perspektive" verweist auf die Notwendigkeit und Zielsetzung, die Schülerinnen und Schüler bei der Entwicklung von Urteils-, Entscheidungs- und Handlungsfähigkeit zu unterstützen.

Dazu ist es erforderlich, ihre Lebenssituationen, ihre personalen Erfahrungen, „vermittelte" und „authentische" Wahrnehmungen ernst zu nehmen. In dieser per-

---

[1] Zur Förderung moralkognitiver Urteilsfähigkeit hat das Landesinstitut für Schule und Weiterbildung, Soest, einen Modellversuch durchgeführt. Ansätze und Ergebnisse finden sich in: Landesinstitut für Schule und Weiterbildung, 1991 und 1995.

sonalen Perspektive muss es auch darum gehen, die eigenen Urteils- und Handlungsmaßstäbe bewusst zu machen und aus Klärungsverfahren heraus Orientierungsmuster zu verdeutlichen.

Die „gesellschaftliche Perspektive" verweist darauf, dass die Werte, Normen, Konventionen und Ordnungsvorstellungen, die die Lebens- und Erfahrungswelt der Schülerinnen und Schüler prägen, gesellschaftlich vermittelt sind, aus gesellschaftlichen Entwicklungen, Veränderungen, Normsetzungen … sich herleiten und begründen lassen. Insofern verfolgt die Auseinandersetzung mit gesellschaftlich relevanten Problemen – „Schlüsselproblemen" – im Rahmen dieser zweiten Perspektive einen doppelten Zweck. Sie zeigt zum einen auf, inwieweit sich in den Wahrnehmungen und Erfahrungen der Schülerinnen und Schüler gesamtgesellschaftliche Fragen, Probleme, konkurrierende Werte, Interessen und Lösungsansätze spiegeln; sie macht zum zweiten aber auch darauf aufmerksam, dass sich Wertentscheidungen und Handlungsmöglichkeiten über die individuelle, personale Perspektive hinaus an Grundpositionen der Gesellschaft orientieren müssen, wenn sie Anspruch auf Tragfähigkeit und Verallgemeinerungsfähigkeit haben sollen.

Die dritte Perspektive, die ideengeschichtliche, verweist darauf, dass die kulturellen, ethnischen, ethischen, politischen, wissenschaftlichen, technischen, technologischen, sozialen Vorstellungen und Entwicklungen von Individuen und Gesellschaften immer auch Ausdruck und Ergebnis wirkmächtiger Leitvorstellungen und Ideen sind. Diese zu kennen, ihre jeweiligen Wirkungsgeschichten zu verstehen, ihre Bedeutung für Wertkonflikte und -positionen, für Entwicklungen und Traditionen, für Unterschiede und Gemeinsamkeiten zu erkennen, ist eine Voraussetzung dafür, dass

- eigene Wertoptionen begründet entwickelt,
- Grundwerte und Menschenrechte als konstitutiv für friedliches Zusammenleben erkannt und
- dialogische Verständigung und Toleranz akzeptiert werden können.

Diese drei didaktischen Perspektiven bilden somit so etwas wie eine curriculare Brücke zwischen den Aufgaben und Zielen und den Inhalten, die für das Lehren und Lernen in „Praktischer Philosophie" von Bedeutung sind.

Zweiter Exkurs:

Die ideengeschichtliche Perspektive als methodisch-didaktische Herausforderung

Der curriculare Ansatz des Kerncurriculums Praktische Philosophie geht von einer didaktischen Gleichgewichtigkeit aller drei Perspektiven (der personalen, der gesellschaftlichen, der ideengeschichtlichen) aus. Sowohl in curriculumtheoretischen Diskussionen als auch aus unterrichtlichen Erfahrungen wird allerdings immer wieder deutlich, dass die „systematische Berücksichtigung" der ideengeschichtlichen Perspektive auf ein nicht zu unterschätzendes Problem verweist, das sich mit der Frage eines Kollegen beschreiben lässt: „Wie schaffe ich es, in die Phasen schüler- und erfahrungsorientierten Arbeitens ideengeschichtliche Leitvorstellungen, philosophische Positionen und religionsspezifische Grundlagen einzubeziehen, ohne dass die Schülerinnen und Schüler plötzlich ‚abspringen' und ohne dass die philosophischen Texte und Materialien ‚aufgesetzt' wirken?"

Diese Frage berührt in der Tat eine Zentralstelle der Umsetzung des Kerncurriculums und seiner unterrichtspraktischen Gestaltung. Ein einfaches, lineares Planungsmodell wäre es z. B., mit einer erfahrungsorientierten Problemsituation zu beginnen, diese unter Einbeziehung von Erfahrungs- und Wissensbeständen der Schülerinnen und Schüler aufzuarbeiten, um dann – daran „anknüpfend" – entsprechende, passende philosophische Texte einzugeben, die zeigen, wie Philosophen das Problem gesehen und „gelöst" haben. Ein solches – hier vereinfachend dargestelltes – lineares Ablaufmodell entspräche allerdings nicht den Intentionen des Kerncurriculums, wenn es sich zum Standardverfahren verfestigen würde. Zu groß ist dabei die Gefahr, dass

– die Erfahrungen und die eigenen Reflexionen der Schülerinnen und Schüler nur als „motivationaler Auftakt" dienen;

– die – von Schülerinnen und Schülern schnell durchschaute – Botschaft des geheimen Lehrplans lauten würde: „Die wirklich wichtigen und bedeutsamen Gedanken und Bewertungen werden immer am Ende einer Unterrichtseinheit von den ‚großen Denkern' eingebracht";

– am Ende von Unterrichtseinheiten immer wieder die Arbeit an explizit philosophischen Texten stehen würde – letztlich fast in Form von „Belehrungstexten";

– die zum Verständnis solcher philosophischer Texte notwendigen historischen, philosophie- und ideengeschichtlichen Hintergrundinformationen doch letztlich wieder auf einen – propädeutischen – systematischen Philosophieunterricht zulaufen könnten.

Der curriculare und didaktisch-methodische Ansatz „Praktische Philosophie" legt ein anderes Planungsmodell nahe, das im nachfolgenden Kapitel skizziert werden soll.

An dieser Stelle soll nur auf ein immer wiederkehrendes Missverständnis hingewiesen werden. Um die dritte, die ideengeschichtliche Perspektive einzubringen, bedarf es nicht immer und nicht unbedingt explizit philosophischer Texte und Traktate.

Wichtiger und für die Schülerinnen und Schüler besser zu verstehen sind „implizit philosophische Zugänge". Darunter lassen sich alle medialen und literarischen Produkte verstehen, in denen Menschen ihre eigenen Empfindungen, Gedanken, Erlebnisse, Erfahrungen, Wertungen … ausdrücken. Solche „popularisierten" Zugänge liegen meistens näher an Alltagserfahrungen und Alltagssituationen und reflektieren diese zugleich.

Zu den Fragen- und Themenkreisen lassen sich eben nicht nur jeweils die klassischen philosophischen Autorentexte von *A* wie Aristoteles bis *Z* wie Clara Zetkin (um damit auch gleichzeitig auf das Problem „Frauen und Philosophie" zu verweisen) finden. Es geht eben auch um popularisierte Texte, Geschichten, Lieder, Gedichte, Leserbriefe, Plakate, Film- und Fernsehszenen …, in denen Menschen ihre ureigensten Erfahrungen ausdrücken, die letztlich auf verallgemeinerbare Bewertungen, auf kollektive Empfindungen, auch auf menschliche Grundbedürfnisse verweisen und damit wichtige Impulse für die eigene Reflexion bilden.

Welche literarischen Zugänge fallen uns nicht sofort ein, wenn wir an Themen wie „Geschlechterrolle" (Fragenkreis 1), „Freundschaft" (Fragenkreis 2), „Gewissen" (Fragenkreis 3), „Krieg und Frieden" (Fragenkreis 4), „Mensch und Natur" (Fragenkeis 5), „Vorurteile" (Fragenkreis 6) und „Tod und Sterben" (Fragenkreis 7) denken.

Zu allen Themen gibt es eine Fülle solcher „implizit philosophierender" Texte. Es wird eine wichtige Aufgabe der im Landesinstitut tätigen Arbeitsgruppe sein, für Lehrerinnen und Lehrer solche Texte zu sammeln und ggf. so aufzubereiten, dass sie neben und zusammen mit „klassischen, philosophischen" Texten die Auseinandersetzung der Schülerinnen und Schüler mit und ihr Interesse an den Erfahrungen anderer Menschen wachhalten.

2.4 Die Fragen- und Themenkreise

Da es in Lernprozessen eines „praktischen Philosophierens" nicht um fertige Antworten gehen kann, sondern um die Entwicklung einer immer differenzierter werdenden Auseinandersetzung mit Wertfragen im Sinne einer reflexiven Urteilsfähigkeit, sind die inhaltlichen Zugänge in Form von „Fragenkreisen" fachlich strukturiert.

Die sieben für den Unterricht konstitutiven Fragenkreise sind:[2]

(1) *Die Frage nach dem Selbst*
    (Handlungsinteressen und -bedürfnisse des Individuums)

(2) *Die Frage nach dem Anderen*
    (Von Handlungen und Entscheidungen betroffene andere Individuen und Gruppen)

(3) *Die Frage nach dem guten Handeln*
    (Der moralische Wert der Handlung und ihrer Folgen)

(4) *Die Frage nach Recht, Staat und Wirtschaft*
    (Der gesellschaftlich institutionalisierte Kontext der Handlung)

(5) *Die Frage nach Natur und Technik*
    (Objekte und Instrumente, Folgen und Nebenfolgen der Handlung)

(6) *Die Frage nach Wahrheit, Wirklichkeit und Medien*
    (Die Wahrnehmungen, Informationen und Erkenntnisse, die eine Handlung bestimmen)

(7) *Die Frage nach Ursprung, Zukunft und Sinn*
    (Die biographischen und universellen Sinnstiftungen und Wertpositionen, die der Handlung zu Grunde liegen)

---

[2] Die Klammern hinter den Fragenkreisen verweisen auf die damit verbundenen handlungsspezifischen Aspekte. Diese sind hier z. T. etwas ausführlicher formuliert als im Kerncurriculum.

Dritter Exkurs:

Die Herleitung der Fragen- und Themenkreise

Wie in jedem anderen Unterrichtsfach muss es auch für das zur Erprobung stehende Curriculum Aussagen zu inhaltlichen Verbindlichkeiten geben. Solche verbindlichen Inhaltsentscheidungen sind notwendig, damit Lehrerinnen und Lehrer einen verlässlichen Rahmen für unterrichtliche Entscheidungen und damit auch Hilfen für ihre sequentiellen Planungen bekommen.

Damit dienen inhaltliche Festlegungen auch der Kooperation zwischen Fachlehrerinnen und Fachlehrern; sie ermöglichen somit entsprechende Vereinbarungen für fächerübergreifende Themenbearbeitung etwa im Rahmen der Schulprogrammentwicklung.

Curriculare Inhaltsentscheidungen sind dabei überwiegend als begründete „Entscheidungs-Systeme" zu verstehen; sie müssen „vor Ort" angesichts der Bedingungen einer Lerngruppe, vorliegender Erfahrungen, angesichts aktueller Ereignisse, angesichts medialer Zugänge etc. in konkrete Entscheidungsprozesse und inhaltliche Konturierungen überführt werden. Inhaltliche Setzungen in Lehrplänen müssen also „systemisch" und „offen" zugleich sein.

Die Fragenkreise im Kerncurriculum Praktische Philosophie kommen diesen beiden Forderungen nach. Sie spannen einen Bogen

— von den direkt erfahrbaren Lebenssituationen der Schülerinnen und Schüler und den darin auftauchenden sinn- und wertbezogenen Fragen bis zu der, die Menschheitsgeschichte aller Kulturen durchziehenden Frage nach dem eigenen Ursprung, der Zukunft und dem Sinn menschlicher Existenz;

— von den Interessen und Handlungsmöglichkeiten des Einzelnen, über solche anderer Menschen, Gruppen und Gesellschaften bis zur Thematisierung universaler und universeller Sinnstiftungen;

— von den erfahrungsstiftenden Alltagstheorien bis zu den Teilbereichen der Philosophie (Ethik, Anthropologie, Erkenntnistheorie, Religionswissenschaft, Metaphysik ...), mit deren Hilfe Menschen unterschiedlicher Kulturen und Zeiten versucht haben, Antworten auf ihre Fragen zu finden.

Im Kerncurriculum wird der Bestimmung der sieben Fragenkreise ein Handlungsmodell zu Grunde gelegt. Es geht davon aus, dass in allen Fragezugängen das Ziel „Befähigung zu verantwortlichem Handeln" konstitutiv sein soll. Dabei wird ein umfassender Begriff von Handeln unterlegt, der Prozesse von Wahrnehmen, Erfahren, Reflektieren, Beurteilen und Entscheiden mit einbezieht. Damit wird ein „hermeneutischer Handlungsbegriff" zu Grunde gelegt, nach dem sich Handeln stets im Kontext eines Ganzen ereignet, von dem es selbst aber wieder auch ein Teil ist (vgl. Funkkolleg 1984, 168).

In diesem hermeneutischen Sinne ist eine Handlung „a) synchron in ihrem situativen und gesellschaftlichen und b) diachron in ihren biographischen und historischen Kontext eingebettet zu sehen" (Blesenkemper 1999).

Diese beiden Zugänge – und ihre Verbindungen zueinander – werden im Sinne von Planungshilfen in Kapitel 5 des Kerncurriculums ausdifferenziert. Es werden dazu einerseits die drei Perspektiven (die personale, die gesellschaftliche, die ideen-geschichtliche) wieder aufgenommen und als Lernperspektiven thematisch-inhalt-lich konkretisiert; außerdem werden zu den einzelnen Fragenkreisen jeweils affine Leitbegriffe aufgezeigt, mit deren Hilfe sich die Komplexität eines Fragenkreises erschließen lässt. Die Planungshilfen werden somit zu einem *didaktischen Re-flexionsinstrument*. Sie verstehen sich dabei nicht als eine Festlegung von Themen, sondern als Anregung, wie Themen schülerorientiert und zugleich fachspezifisch angemessen entwickelt werden können.

Die Fragenkreise dürfen auch nicht als „harte", voneinander getrennte, im Sinne einer linearen Progression zu bearbeitende „Blöcke" missverstanden werden. Sie sind vielmehr in vielfältiger Weise miteinander zu verbinden und durchlässig für Weiterfragen und Ausweitungen. Der Fragenkreis 1 „Die Frage nach dem Selbst" ist für die unterrichtliche Bearbeitung per se auch nicht einfacher als etwa der Fra-genkreis 7 „Die Frage nach Ursprung, Zukunft und Sinn". In der Gewichtung der Lernausgangslage, der Interessen und Erfahrungen der Schülerinnen und Schüler, ihrer eigenen Fragen, ihrer Problemwahrnehmung, ihrer Vorkenntnisse und Verste-hensmöglichkeiten … entscheidet sich erst, wie ein Fragenkreis sich thematisiert, welche Aspekte anderer Fragenkreise ggf. mit einbezogen werden.

Für Lehrerinnen und Lehrer kann die Planungshilfe somit auch zu einer Übersicht werden, in der sie festhalten, welche Aspekte aus welchen Fragenkreisen bearbeitet worden sind, welche noch gar nicht berührt wurden und wo es entsprechender neuer Akzentsetzungen im Unterricht bedarf. Diese Funktion eines *„didaktischen Kontrollinstrumentes"* würden die Thementableaus vor allem dann erhalten, wenn nicht nur in zwei Jahrgängen, sondern z. B. von den Klassen 5–10 das Kerncurri-culum gelten würde.

Dass diese Tableaus sich in der Tat auf mehr Fragenkreise und Themenaspekte beziehen als in zwei Jahren sinnvoll bearbeitet werden können, ist der Absicht der Lehrplankommission geschuldet, einen curricularen Gesamtzusammenhang be-gründet darzustellen und nicht nur einen Inhalts- und Themenkatalog für die Klas-sen 9 und 10, in denen das Kerncurriculum z. Z. erprobt wird.

3. Unterrichts- und Lerngestaltung

3.1 Regulative Aspekte der Unterrichtsplanung

Im Sinne obligatorischer Anforderungen an die Lehrerinnen und Lehrer werden für den Planungs- und Gestaltungsprozess im Fach Praktische Philosophie sechs Regulative aufgestellt.
– Die Berücksichtigung aller sieben Fragenkreise ist verbindlich.
– In den Planungs- und unterrichtlichen Gestaltungsprozess müssen alle drei Per-spektiven einbezogen werden.
– Die einzelnen Inhalte in den Perspektiven sind ausgewogen zu berücksichtigen.
– Der Planungsprozess muss offen und flexibel angelegt werden.
– Im Mittelpunkt des Planungsprozesses stehen die Erfahrungen und Fragen der Schülerinnen und Schüler.

– Dialogisch-reflektierende Verfahren haben Vorrang vor solchen, die auf formale Systematik angelegt sind (Kerncurriculum 1997, 28f.).

Zusammen mit dem in Kapitel 1.4 (Die Rolle der Lehrerinnen und Lehrer) ausgewiesenen „Überwältigungsverbot" wird in diesen sechs regulativen Aspekten die grundlegende didaktische Philosophie des neuen Unterrichtsfaches erkennbar.

Es geht nicht um eine systematische Aufarbeitung philosophischer Positionen, sondern darum, den Schülerinnen und Schülern systematisierende Hilfen anzubieten, Antworten auf ihre Fragen zu finden, ihr Erkenntnis- und Urteilsvermögen zu entwickeln, die Tragfähigkeit von Wertbegründungen zu überprüfen und letztlich die eigene Urteils-, Entscheidungs- und Handlungsfähigkeit in Richtung zunehmender Differenziertheit zu erweitern.

3.2 Prinzipien der Unterrichtsgestaltung

Methodische Hinweise in Lehrplänen zeigen den Lehrerinnen und Lehrern im Sinne von Anregungen auf, welche Lernebenen und -verfahren für die fachspezifische Konturierung von besonderer Bedeutung sind. Sie wenden sich damit an die methodische und professionsbezogene Kompetenz der Lehrerinnen und Lehrer.

Für das „neue" Fach Praktische Philosophie sind solche Hinweise deswegen wichtig, weil es ganz spezifische methodische Traditionen, Materialien und eine darauf bezogene Lehreraus- und -fortbildung dazu (noch) nicht gibt.

In diesem Sinne versuchen die einzelnen Abschnitte des „Methodenkapitels (Kap. 3) einen Zusammenhang herzustellen zwischen

den fachspezifischen Lernprozessen:
– Wahrnehmen, Erfahren und in Frage stellen,
– Reflektieren und Beurteilen,
– Tun und Lassen;

den unterrichtsmethodischen Prinzipien:
– Ganzheitlichkeit herstellen,
– individuelle Lernwege eröffnen,
– Reflexion und Auseinandersetzung ermöglichen,
– Sachwissen aufbauen,
– Argumentationsfähigkeit und dialogische Verständigung entwickeln;

und den Arbeitsformen:
– Philosophisches Gespräch,
– Philosophierender Umgang mit Texten,
– Produktion eigener Texte,
– Dilemmageschichten,
– Simulation und Rollenspiel,
– Konfliktschlichtung,
– Kreatives Gestalten,
– Umgang mit bzw. Einbeziehung von audiovisuellen Medien,
– Projektlernen,
– Realbegegnungen (Kerncurriculum 1997, 31ff.).

4. Überlegungen und Anregungen zur Unterrichtsplanung

Nachfolgend sollen einige Planungsschritte und Unterrichtsphasen knapp skizziert werden, wie sie aus den Intentionen des Kerncurriculums herzuleiten sind.

Im Mittelpunkt der Überlegung zu allen Phasen stehen die Schülerinnen und Schüler mit ihren jeweils spezifischen Erfahrungen, Kenntnis- und Wissensbeständen, Deutungsmustern, Wertvorstellungen, Lebensgefühlen, Lebensstilen und deren Einbindungen in konkrete Lebenssituationen. Gerade weil es – wie im Kerncurriculum Praktische Philosophie programmatisch ausgeführt – nicht um fertige Antworten, sondern um Förderung selbstständigen Lernens in Bezug auf Sinn- und Wertvorstellungen geht, ist der Schüler/innenbezug für den Planungsprozess die erste „entscheidende" didaktische Zugangsüberlegung.

Die von den Schülerinnen und Schülern zu klärende Leitfrage könnte also generell heißen:

① „Was geht mich das an?"

Erfahrungen, Kenntnisse und Wissensbestände, Lebensgefühle und -stile, Deutungsmuster, Meinungen, Wertvorstellungen, Lebenssituationen, soziale Kontexte

Häufig genug stellt man allerdings erst auf den zweiten Blick fest, dass man eigentlich viel stärker von einem Wertproblem betroffen ist, als man zunächst gedacht hat. Die Einsicht in diese Tatsache ist selbst schon ein wichtiges Reflexionsergebnis.

Auch in dieser ersten Phase kann es sinnvoll sein, nicht nur die individuellen Erfahrungen der Schülerinnen und Schüler der Klasse, sondern die Gleichaltriger z. B. aus anderen Ländern, Kulturen, Epochen ... zu nutzen, um das Bewusstsein für den eigenen Standpunkt zu schärfen.

Die zweite Planungsüberlegung bezieht sich auf die Frage, ob, in welchem Maße und mit welchen Modifikationen die individuellen Erfahrungen, Deutungen, Wahrnehmungen der Schülerinnen und Schüler und deren Artikulation zu einem konkreten Inhalt, zu einem „Unterrichtsthema" verallgemeinerbar sind. Wie sehen eigentlich andere dieses Problem? Welche Unterschiede gibt es bei der Beurteilung, Einschätzung, Interpretation ...? Wo gibt es gemeinsame Ideen, Positionen ...? Woher könnten solche Unterschiede, Gemeinsamkeiten kommen? Welches Spektrum an Einstellungen wird erkennbar?

Diese zweite Überlegungsphase ist sozusagen der Schritt von den eigenen Deutungsmustern zu denen anderer; sie verweist damit auf die Notwendigkeit, zu prüfen, ob es bei dem Inhalt/Thema um etwas geht, was von verallgemeinerbarer inter- oder intrapersonaler Bedeutung ist. Das setzt voraus, dass man einen Perspektivwechsel vornimmt, eine Sache mit den Augen anderer Menschen und Gruppen zu betrachten lernt und versucht, deren Meinungen, Positionen und Wertungen zu verstehen. Auch ein solcher Perspektivwechsel kann durch implizite und explizite „philosophische" Materialien gefördert werden. Es kann dabei so etwas entstehen wie die Einsicht in ein ganzes Spektrum begründeter Meinungen und Positionen.

„Wie sehen andere das?"

Bedeutung für andere Menschen, Gruppen, Kulturen, Ethnien …; Unterschiede, Gemeinsamkeiten, Positionen, Perspektiven, Deutungen

Diese zweite Phase muss dabei ganz bewusst auf die erste bezogen sein. Materialien, Medien, ggf. Texte, Beispiele … sollten daher im Rahmen der Erfahrungs- und Verstehensmöglichkeiten der Schülerinnen und Schüler bleiben, damit sich beide Seiten – die eigene und die anderer – gleichgewichtig miteinander in Beziehung bringen lassen.

Hinter den erkennbar gemachten Gemeinsamkeiten und/oder Unterschieden, die auf den Kern eines Werteproblems verweisen, stehen sowohl gesellschaftliche Wertvorstellungen und -konflikte (Perspektive II) wie auch damit verbundene Traditionen, „wirkmächtige Leitvorstellungen", ideengeschichtlich bedeutsame Positionen (Perspektive III).

Deren *Zusammenhang* zu verdeutlichen ist der Kern der dritten Planungsüberlegung. Das Aufzeigen dieses Zusammenhangs hat dabei unterschiedliche didaktische Funktionen. Zum einen wird dadurch verhindert, dass eine der drei Perspektiven sich verselbstständigt. Die Unterrichtseinheit darf weder zu einer gesellschaftspolitischen noch zu einer philosophisch-ideengeschichtlichen noch zu einer individualisierten Befindlichkeitssequenz umgestaltet werden. Die wertorientierte Problemhaltigkeit muss als roter Faden erkennbar werden. Solche „Kerne" lassen sich zwar im Sinne einer didaktischen Analyse häufig antizipieren; ob und inwieweit sie allerdings jeweils zum Tragen kommen, hängt nicht zuletzt davon ab, ob und inwieweit sie von den Zugehensweisen der Schülerinnen und Schüler und den dabei bewusst gewordenen Fragen, Überlegungen, Deutungen mitgetragen werden. Dies erfordert von den die Planungsprozesse initiierenden Lehrerinnen und Lehrern ein hohes Maß an Einfühlungsvermögen, an didaktischer Sensibilität und Flexibilität. Sie müssen in dieser Phase die Balance herstellen zwischen den konkreten Erfahrungen und Fragen der Schülerinnen und Schüler und der häufig abstrakteren Ebene des jeweiligen Wertekonflikts, wie er sich z. B. in aktuellen gesellschaftlichen Kontexten oder historisch artikuliert.

Das kann durchaus dazu führen, einem ideengeschichtlichen Strang genauer nachzugehen, die Wurzeln eines Wertekonzepts auszugraben, seine Wirkungsgeschichte für Menschen, Gruppen, Ethnien genauer zu verfolgen. Entscheidend bleibt aber in jedem Fall die Anbindung an den „Wertekern" des gewählten Inhaltes. Dieser Zusammenhang muss auch für die Schülerinnen und Schüler erkennbar bleiben. Insofern ist es sicherlich auch sinnvoll und notwendig, an unterschiedlichen Stellen Rückbezüge zur Ausgangsfrage, zu den anfangs erarbeiteten Positionen, Deutungen und Meinungen herzustellen.

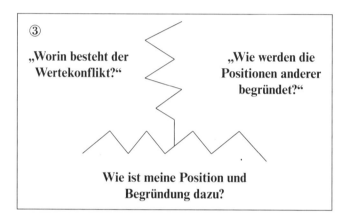

Die im Unterricht eingesetzten Materialien sollten dabei exemplarisch aufzeigen, welche aktuellen oder historischen Konstellationen von Wertekonflikten Bezüge zu den Ausgangsfragen der Schülerinnen und Schüler herstellen. Dies stellt hohe Anforderungen auch an die ausgewählten Materialien. Hilfreich sind dabei didaktische Fragen wie: „Bieten die ausgewählten Materialien zu den Perspektiven II und III wirklich Anknüpfungsmöglichkeiten an die Erfahrungen der Schülerinnen und Schüler? In welcher Weise zeigen sie deutlich erkennbare Parallelen oder Kontraste zu deren Deutungsmustern auf? Bieten sie praktische Konkretisierungsmöglichkeiten an? Lassen sie sich mit schülergemäßen Verfahren (Simulation, Rollenspiel, Dilemmageschichten, kreativen Gestaltungsformen …) erschließen? Können Schülerinnen und Schüler sich selbst Informationen dazu verschaffen? (Erkundungen, Recherchen, Interviews, Befragungen, ‚Experten' …)"

Ein – permanenter – Rückbezug auf das gemeinsam entwickelte Ausgangsproblem ist nicht nur deswegen wichtig, weil damit für die Schülerinnen und Schüler das Sinnhafte des unterrichtlichen Vorangehens transparent bleibt. Es geht ja schließlich darum, dass im Verlauf einer Unterrichtseinheit die Schülerinnen und Schüler Hilfen zum differenzierteren Denken, Urteilen, Beurteilen und Verstehen erhalten – und dass sie diesen Prozess auch selbst wahrnehmen können. Die Veränderungen eigener Wahrnehmungen und Wissensbestände müssten in einer vierten Phase auch erkennbar werden. „Wie sehen wir das Werteproblem jetzt? Kann ich jetzt besser, genauer, begründeter meine Meinung dazu artikulieren? Kann ich die Beurteilungen anderer besser nachvollziehen? Welche neuen Perspektiven und Hintergründe waren für mich besonders wichtig? Welche neuen Informationen haben meine bisherige Ansicht bestätigt, erschüttert, verunsichert? ... wären etwa schülerbezogene Leitfragen.

Veränderungen als Ergebnisse des gemeinsamen Bearbeitungsprozesses bewusst zu machen, ist sowohl für die Schülerinnen und Schüler als auch für die Lehrerinnen und Lehrer von Bedeutung.

Für die Schülerinnen und Schüler kann das Nachdenken darüber, an welchen Stellen und angesichts welcher Informationen und Diskurse neue Zugänge zum Verstehen und zur Beurteilung eines Wertekonflikts bei ihnen entstanden sind, selbst wieder verstehensfördernd wirken.

„Mit welchen Wertpositionen, Meinungen, Begründungen, Argumentationen ... habe ich Schwierigkeiten, welche will (oder kann) ich nicht akzeptieren – und woran könnte das liegen?"

„Wie stellt sich mir das Problem jetzt dar?"

Die Auswirkungen und Ergebnisse des Reflexionsprozesses: Welche neuen Informationen, Hintergründe, Anstöße, Wahrnehmungen, Positionen, Zusammenhänge ... haben Wirkungen auf meine, auf unsere Beurteilungen zum Werteproblem gehabt?
Welche neuen Perspektiven, Begründungen, Fragen, neue Deutungs- und Beurteilungsmuster sind bei mir und bei anderen entstanden?
Wo gibt es Ansatzpunkte zum Weiterfragen, Weitersuchen?
Was ist noch nicht geklärt?

Für den Lehrer / die Lehrerin entsteht in dieser Phase damit so etwas wie eine Beobachtungssituation, die Auskunft darüber geben kann, ob und in welchem Maße er/sie den Verständnis- und Verstehensmöglichkeiten der Schülerinnen und Schüler gerecht geworden ist, wo ggf. z. B. Überwältigungsformen, Abstraktionen, schwierige Texte, Modelle ... nicht den geeigneten Zugang hergestellt haben und er/sie ggf. bestimmte Aspekte nochmals modifiziert den Schülerinnen und Schülern nahe bringen müsste.

Alle Anstrengungen haben das Ziel, differenzierteres Reflektieren und Verstehen sowie ggf. auch neue oder veränderte Wertorientierungen zu entwickeln. Diese zielen letztlich auf veränderte Dispositionen von Verhalten, Haltungen, von Tun und

Lassen. Damit geht es um eine erweiterte, begründete Urteils, Entscheidungs- und Handlungskompetenz.

⑤

„Was müsste jetzt eigentlich geschehen?"

Fragen nach den „sozialen" Konsequenzen für mich und für andere. An welchen Stellen müssten sich, müsste man persönliche Verhaltensweisen, soziale Organisationsformen, Bedingungen, Strukturen verändern? Was müsste dazu getan werden? Wer müsste sich engagieren? Wie haben Menschen in ihren jeweiligen sozialen Kontexten gehandelt? Mit welchen Begründungen, Legitimationen von Werten?

Leitfragen in dieser Phase könnten etwa sein:

Wie kann diese erweiterte Urteils-, Entscheidungs- und Handlungskompetenz sichtbar, praktisch werden? Was lässt sich angesichts des bearbeiteten Wertekonflikts selbst tun? Gibt es überhaupt eigene Handlungsmöglichkeiten dazu? Wenn ja, wollen wir überhaupt etwas tun, wollen wir uns überhaupt engagieren?

„Handlungs-Überlegungen" bringen dabei auch neue, praktische und pragmatische Aspekte ins Spiel. Was können wir, kann ich selbst wirklich bewirken? Woran wollen wir den „Erfolg" unseres Handelns messen? Wen müsste man mit beteiligen, wen vorab überzeugen?

Auch die möglichen Handlungsfelder und die damit verbundenen Situationen wollen bedacht sein. Was lässt sich im Handlungsfeld „Unterricht", „Schulleben", „Schulumfeld", in Kooperation mit der Schulnachbarschaft, mit Institutionen der Kommune bewirken? In dieser Phase geht es eben auch darum, die Notwendigkeit zu begreifen, dass man sich selbst auch „kümmern" muss, wenn man etwas in Richtung wertorientierter Veränderungen bewirken will. Es geht um prosoziale Fähigkeiten wie Engagement, Kooperation und Empathie.

Die 6. Phase, auf die hier aufmerksam gemacht werden soll, bezieht sich auf die Reflexion dessen, was erarbeitet, reflektiert und an Ideen, Entscheidungen, Begründungen in einer Unterrichtssequenz entwickelt worden ist.

Leitfragen könnten etwa sein:

Was ist eigentlich bei dieser Unterrichtseinheit herausgekommen? Was ist für mich, für uns von besonderer Bedeutung gewesen? Wo und warum habe ich, haben wir neue Positionen und Einsichten gewonnen? Was sehe ich anders als vorher? Dabei kann es z. B. auch sinnvoll sein, auf die Ergebnisse anderer, früherer Unterrichtseinheiten einzugehen, um z. B. Wertbegründungen zu anderen Themen zu vergleichen und auf Generalisierbarkeit zu überprüfen.

„Was sehe ich jetzt anders als vorher?"

Reflexion des unterrichtlichen Prozesses, der vorgebrachten Wertpositionen, der gewählten Handlungsmöglichkeiten und deren Folgen und Konsequenzen. Ggf. Bezüge zu anderen ähnlichen Unterrichtseinheiten.

Die aufgezeigten sechs Planungsphasen beschreiben einen idealtypischen Planungsverlauf. Selbstverständlich ist dieser Phasenverlauf nicht selbst wieder als rigides Schema zu verstehen. Es ist im Sinne erwünschter Offenheit und Variabilität von Unterrichtsplanung und unterrichtlichen Gestaltungsprozessen vielmehr unverzichtbar, die Ausgangssituationen zu variieren.

An dieser Stelle ist es auch notwendig, einem möglichen Missverständnis vorzubeugen. Das, was in den skizzierten Phasen 4, 5 und 6 an Reflexion, Begründung, Wahrnehmung, Auseinandersetzung … in Gang gesetzt werden soll, muss insgesamt als ein langfristiger Entwicklungsprozess gesehen werden. Es wäre eine fatale Überforderung der Lehrenden und vor allem der Lernenden, wenn man glauben würde, nach jeder Unterrichtseinheit könne man die „Ergebnisse" gewachsener Einsicht, differenzierter gewordener Urteilsfähigkeit und tieferen Verstehens von Wertzusammenhängen schon wahrnehmen. Sowohl aus unterrichtspraktischen Erfahrungen als auch aus Effektstudien zu moralkognitiven Förderansätzen wird deutlich, dass sich Einsicht, Verstehen, Differenziertheit ganz allmählich, oft „in Sprüngen" und letztlich auch unplanbar und unvorhersagbar entwickeln. Lehrerinnen und Lehrern fällt es häufig schwer, eine Unterrichtseinheit zu beenden, wenn sie das Gefühl haben, dass noch nicht alle Schülerinnen und Schüler verstanden haben, worum es geht. Sie sollten nicht zu viel von einer einzelnen Unterrichtseinheit und von den Schülerinnen und Schülern verlangen, sondern vielmehr darauf vertrauen, dass jedes neue Thema, jede neue Lernsituation ein Mosaiksteinchen ist, das mithilft, ein erkennbares Gesamtbild zu konturieren. Wann und wie die Schülerinnen und Schüler in der Lage sind zu verdeutlichen, dass sie Zusammenhänge verstanden haben, das lässt sich nicht an einer einzigen Unterrichtseinheit verifizieren. Insofern legt das didaktische Konzept Praktische Philosophie es den Lehrerinnen und Lehrern auch nahe, in längerfristigen „terms of effectiveness" zu denken und zu planen.

Die bisherigen unterrichtspraktischen Erfahrungen zeigen übrigens auch, dass diese sechs Phasen zwar relevant und konstitutiv für den Planungs- und Gestaltungsprozess sind, dass sich daraus aber keine automatische Reihen- und Abfolge begründen lässt. Vielmehr ist der Einstieg in eine Unterrichtssequenz prinzipiell mit jeder ausgewiesenen Phase – mit Ausnahme der 6. – möglich und sinnvoll.

Die Entscheidung darüber können z. B. Lehrerinnen und Lehrer und Schülerinnen und Schüler gemeinsam treffen; manchmal ergibt sie sich auch aus einer Situation im Schulleben, aus einer aktuellen Berichterstattung in den Medien, aus Konflikten zwischen Schülerinnen und Schülern oder Schüler/innen und Unterrichtenden oder Eltern oder aus Aktionen und Initiativen im Rahmen der Gestaltung des Schullebens.

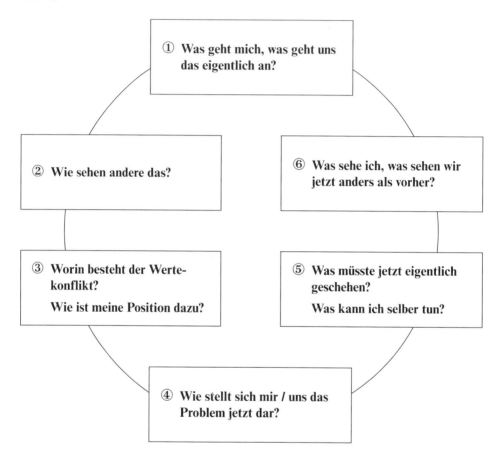

Wer seinen Planungsprozess etwa mit der Phase 3 beginnt, der muss sicher sein, dass der gewählte Wertekonflikt und die in diesem enthaltenen ideengeschichtlichen und gesellschaftlichen Kontexte auch Betroffenheit und Interesse bei den Schülerinnen und Schülern auslösen und dass es erkennbare Zugänge zu ihrer Lebenswelt gibt. Die Phasen ① („Was geht mich das eigentlich an?") und ② („Wie sehen andere das?") werden dann ebenfalls wieder für den Verstehensprozess benötigt.

Ebenso ist auch denkbar, dass aus einer noch eher diffusen Situation der spontane Wunsch nach Handeln entsteht. „Da muss man doch etwas unternehmen!" Aus einer solchen spontanen Veränderungsinitiative und bevor überhaupt – vorschnell – etwas getan wird, müssen dann vielleicht erst die Fragen ① ② und ③ geklärt werden. Dazu muss dann die Anfangssituation, die den Wunsch nach Veränderung ausgelöst hat, daraufhin befragt werden, ob und inwieweit sie von Relevanz für die Aufarbeitung der Perspektiven II und III ist. Geht es wirklich um einen Wertekonflikt, der von verallgemeinerbarer Bedeutung für Sinn- und Wertfragen ist? Weist die als problematisch oder konflikthaltig angesehene Situation über sich hinaus? Trägt der geplante Bearbeitungs- und Reflexionsprozess dazu bei, die Einsichten der Schülerinnen und Schüler bezogen auf die Handlungsnotwendigkeiten und -möglichkeiten differenzierter und begründeter werden zu lassen?

Entscheidend – bei allen möglichen Varianten und Variationen im Planungsvorgehen – ist es, dass die Meinungen und Wertemuster der Schülerinnen und Schüler selbst Bezugspunkt sind und bleiben.

Das jedenfalls ist die didaktische und lerntheoretische Botschaft des Kerncurriculums.

Literatur

Behler, Gabriele: Vorwort: In: Ministerium für Schule und Weiterbildung (Hg.): Kerncurriculum „Praktische Philosophie", Erprobungsfassung 1997.
Blesenkemper, Klaus: Gefühle geben zu denken. Zur Philosophie der Affekte am Beispiel der Scham. In: Zeitschrift für Didaktik der Philosophie und Ethik, (1998), Heft 4, 254–265.
Blesenkemper, Klaus: Anmerkungen zum Handlungsbegriff im Kerncurriculum Praktische Philosophie. (Manuskript) 1999.
Damasio, Antonio R.: Descartes' Irrtum. Fühlen, Denken und das menschliche Gehirn, München, 2. Aufl. 1996.
Ministerium für Schule und Weiterbildung (Hg.): Kerncurriculum „Praktische Philosophie", Erprobungsfassung 1997.
Landesinstitut für Schule und Weiterbildung (Hg.): Werteerziehung in der Schule – aber wie? ^{2}Soest 1995.
Landesinstitut für Schule und Weiterbildung (Hg.): Schule und Werteerziehung – Ein Werkstattbericht. Soest 1991.
Funkkolleg Praktische Philosophie / Ethik: 3 Bände. Bd 1. Weinheim – Basel 1984, 168.

Volker Ladenthin/Gabriele Schulp-Hirsch

Stellungnahme zum Kerncurriculum „Praktische Philosophie"

1. Einleitung

Das Kerncurriculum „Praktische Philosophie" des Ministeriums für Schule und Weiterbildung des Landes NRW vom Juni 1997 ist als politischer Kompromiss anzusehen. War es anfangs verstanden als Versuch, das Fach Philosophie aus der Sekundarstufe II in die Sek. I auszudehnen, so ist mittlerweile deutlich geworden, dass es nicht als „Philosophie", sondern als „Ersatzfach Ethik" verstanden werden will. In einer dpa-Meldung vom 24. 2. 1999 ist zu lesen:

„Behler: Ethik-Unterricht ein ‚Renner an Schulen'. Ein nordrhein-westfälischer Schulversuch mit Ethikunterricht als Ersatz für die Schüler, die nicht am Religionsunterricht teilnehmen wollen, hat sich nach den Worten von Bildungsministerin Behler (SPD) als ‚Renner' erwiesen. (...) Nach Ende des Schuljahres 2000/01 soll der Landtag über den weiteren Verlauf des Projekts entscheiden. (...) Ein ergänzendes schulisches Angebot für eine systematische Einführung in Sinn- und Wertfragen [so der Staatssekretär Meyer-Hesemann im Bildungsministerium] habe sich als notwendig erwiesen" (FAZ vom 24. 2. 1999, 47).

Die folgende Analyse bezieht ihre Erwartungshaltung aus dieser offiziellen Perspektive, die das Fach ausdrücklich nicht als Philosophie, sondern als Ersatzfach für den Religionsunterricht begreift. Sie fragt, ob das Kerncurriculum geeignet ist, „eine systematische Einführung in Sinn- und Wertfragen" zu sein.

Unsere Analyse ist durch die Grundfrage geleitet, welchen spezifischen Beitrag der Ethikunterricht zur Erziehung und damit zur schulischen Bildungsaufgabe insgesamt leistet. Unbeschadet von vielen zustimmungsfähigen Aspekten des Kerncurriculums – so die Förderung der Urteilsfähigkeit als Ziel des Ethikunterrichts und die Thematisierung der Sinnebene – sollen kritische Rückfragen formuliert werden.

2. Gliederung des Kerncurriculums

Das Kerncurriculum „Praktische Philosophie" des Ministeriums für Schule und Weiterbildung des Landes NRW vom Juni 1997 (Kerncurriculum 1997) ist in fünf Teile untergliedert:

Aufgaben und Ziele des Faches

Grundlagen des Faches
Ziele des Unterrichts

Pädagogische Prinzipien:
Orientierung an den Erfahrungen und Handlungsmöglichkeiten der Schülerinnen und Schüler
Orientierung an Vernunft und Empathie
Die Rolle der Lehrerinnen und Lehrer
Praktische Philosophie im Kontext der Fächer

Didaktische Konzeption des Faches
Didaktische Perspektiven: personal; gesellschaftlich; ideengeschichtlich

Fragenkreise und Themenkreise

Fragenkreise:
Die Frage nach dem **Selbst**
Die Frage nach dem **Anderen**
Die Frage nach dem guten **Handeln**
Die Frage nach **Recht, Staat** und **Wirtschaft**
Die Frage nach **Natur** und **Technik**
Die Frage nach **Wahrheit, Wirklichkeit** und **Medien**
Die Frage nach **Ursprung, Zukunft** und **Sinn**

Themenkreise
(Ausdifferenzierungen der Fragenkreise nach Themen)

Unterrichtsgestaltung
Fachspezifische Lernprozesse:
Wahrnehmen, Erfahren und in Frage stellen
Reflektieren und Beurteilen
Tun und Lassen
Unterrichtsmethodische Prinzipien
Arbeitsformen

Leistung und ihre Bewertung

Planungshilfen

Zuerst werden Aufgaben und Ziele benannt, dann wird die didaktische, anschließend die methodische Konzeption entfaltet. Im vierten Teil geht es um Leistungsmessung, im fünften Teil werden konkrete Planungsskizzen vorgestellt.

135

Wir werden dieser Gliederung folgen und vier Fragen ansprechen:
- Die Reichweite des Anspruchs – als Antwort auf die Frage nach dem Gegenstand des Faches, den Zielen und den Inhalten.
- Die Frage nach den Fähigkeiten, die im Fach herausgebildet werden.
- Die Frage nach den Unterrichtsmethoden.
- Die Frage nach der Leistungsbeurteilung.

3. Zustimmendes Votum

Das Kerncurriculum unterscheidet sich einerseits von anderen Entwürfen und Lehrplänen (Schilmöller 1998, Ladenthin 1997) dadurch, dass es Abstand davon nimmt, Werte als Gegebenheiten der Welt selbst zu postulieren und als zu vermittelnde Unterrichtsziele auszuweisen. Damit reagiert das Kerncurriculum angemessen auf den politischen und sozialen Pluralismus unserer Gesellschaft, auf die demokratische Verfasstheit unseres Gemeinwesens und schließlich auf die philosophische Einsicht in die Unmöglichkeit, in einem nachmetaphysischen Selbstverständnis (Habermas 1988) Letztbegründungen intersubjektiv Geltung zu verschaffen.

Andererseits aber will das Kerncurriculum nicht in die naheliegende aber problembehaftete Alternative verfallen, den Vermittlungsprozess selbst als Telos ethischer Bemühungen anzusehen und die Indifferenz, die dann von Beliebigkeit nicht zu unterscheiden wäre, als Bildungsziel zu setzen.

Statt dessen stellt das Kerncurriculum völlig richtig die entscheidende Frage danach, wie angesichts von Geschichtlichkeit, Pluralismus und individuellen Sinnsetzungen, Geltungsansprüche erhoben und begründet werden können.

Dass vom Kerncurriculum „Vernunft" und „Empathie" als unüberbietbare Bedingungen aller ethischen Geltungsansprüche ausgewiesen werden, ist in doppelter Hinsicht begrüßenswert:

Erstens weil der benutzte Vernunftbegriff weder material (durch gesetzte, bzw. im Unterricht zu setzende) Werte reduziert wird. Das Kerncurriculum weist keine „überzeitlichen" Werte aus. Es verhindert zudem durch einen Rückgriff auf die Geistesgeschichte einerseits und auf die Erfahrungswelt der Schüler andererseits (als zwei Gegenstände, an denen sich ethische Vernunft abzuarbeiten hat), dass sittlich urteilende Vernunft lediglich formal aufgefaßt wird: „Ziel des Unterrichts im Fach Praktische Philosophie ist es deshalb, [den Schülern] Möglichkeiten zu erschließen, die Wirklichkeit in ihren vielfältigen Dimensionen differenzierter wahrzunehmen und zu beurteilen sowie Empathiefähigkeit, Wert- und Selbstbewusstsein zu entwickeln" (8). Die besondere Lernleistung wird ausdrücklich nicht in der Übernahme von Werten und nicht im formalen Training von Urteilsfähigkeit, sondern im Prozeß des sachangemessenen Urteilens gesehen: Es sollen „Kriterien für die Beurteilung und Gewichtung konkurrierender Wertvorstellungen" entwickelt werden (8).

Zweitens ist der Hinweis auf Vernunft und Empathie insofern zu begrüßen, als so die Frage nach der Verbindung von Gefühl und Verstand bei ethischen Urteilen explizit gestellt wird.

Ein weiterer positiv hervorzuhebender Aspekt des Kerncurriculums ist, dass im Begriff der „Empathie" auf die Kategorie einer durch Reflexion nicht einzuholenden „Würde" bzw. die ethische Frage erst auslösenden (und nötig machenden) „Mit-Menschlichkeit" aller Menschen, eines „Mitgefühls" verwiesen wird.

Ebenso ist der Hinweis des Kerncurriculums positiv hervorzuheben, dass verantwortliches moralisches Urteilen Kenntnis (1) über Urteilsformen, (2) über die Voraussetzungen von Urteilen und (3) der tatsächlichen (vorgefundenen) Urteile zur Bedingung hat. Die Geschichte der Ethik, die (im weitesten Sinne) sozialen Bedingtheiten moralischen Urteilens sowie eine dem Urteilen vorgängige Praxis werden als mögliche Inhalte von Unterricht in ihrer Vernetzung angesprochen. Die Schüler sollen sich mit „den wertbezogenen Voraussetzungen und Bedingungen eigenen und fremden Denkens, Fühlens und Handelns bewusst und verantwortlich auseinandersetzen und eine sinnstiftende Lebensperspektive (...) entwickeln" (8). Diese Auseinandersetzung soll einerseits analytisch erfolgen, andererseits aber nicht in der Kälte ich- und wertdifferenter Sachurteile verbleiben, sondern – durch Beurteilung und Gewichtung von Wertvorstellungen – vielmehr „Eigenverantwortlichkeit" aktivieren und letztlich die Frage nach dem Sinn des eigenen Tuns auslösen.

Begrüßenswert ist weiter, dass ethische Fragen nicht als reine Geistesgeschichte erarbeitet werden, andererseits aber auf die Kenntnis der Tradition ethischen Denkens großer Wert gelegt wird; dass ethische Fragen nicht allein als Aufarbeitung eigener Erfahrungen verstanden werden, andererseits explizit auf Erfahrungen als Reflexionsanlaß zurückgegriffen wird; dass ethische Fragen nicht als allein sozial und politisch zu lösende Aufgaben angesehen werden, andererseits aber als in der Sozietät eingebettete und in ihr zu lösende Konflikte verstanden werden, deren konfliktgesättigter Istzustand den Schülern Probleme („Verunsicherung", „Orientierungsbedarf" (8)), aber zugleich Handlungsfreiräume („Chance zur eigenen Entfaltung" (8)) schafft.

Positiv hervorzuheben ist, dass das Kerncurriculum grundsätzlich davon ausgeht, dass ethische Fragen nicht neben anderen Fragen (und damit Fächern) stehen, sondern die „Inhalte aller Fächer und Lernbereiche" „durchziehen" (13). Der Fachbezug wird ausdrücklich hergestellt: „Zum einen können Sinnfragen und Wertkonflikte, die in den einzelnen Fächern in fachbezogenen Zusammenhängen auftreten, (...) aufgegriffen werden, um unter spezifischen, wertklärenden Fragestellungen aufgearbeitet zu werden" (13). Richtig ist zudem, dass so das Fach „anderen Fächern (zu)arbeitet" (ebd). Bildung wird hier – in Übereinstimmung mit allgemeinpädagogischen Konzeptionen – als Einheit von Unterricht und Erziehung gesehen.

Der Verweis auf Pluralismus einerseits und der daraus erwachsenden Verantwortung des einzelnen andererseits, der Verweis auf die Notwendigkeit der Kenntnis der Tradition einerseits und auf reflektierende Urteilskraft als entscheidende Denkweise in ethischen Urteilen andererseits, der Verweis auf nachprüfbaren historischen und sozialen Sachbezug und den institutionell nicht lös- aber zugleich unabweisbaren Zugang zur Sinnfrage, auf Wissenschaft einerseits und Erfahrung andererseits sind (schlagwortartig zusammengefasst) jene Leitideen, die das Curriculum auszeichnen.

Es fragt sich, ob die Konzeption konsequent durchgehalten wird und angemessen umgesetzt wird.

4. Rückfragen und Einwände

4.1. Die Reichweite des Anspruchs – als Antwort auf die Frage nach dem Ziel, nach dem Gegenstand und den Inhalten des Faches.

Das Kerncurriculum Praktische Philosophie unterscheidet – um diesen Anspruch einlösen zu können – zwischen *Zielen*, dem *Gegenstand* und den *Inhalten* von Unterricht.

In den Zielen wird angegeben, mit welcher Absicht ein Fach unterrichtet wird. Als Gegenstand versteht man die erkenntnisleitende Frage, das Proprium eines Faches. Und Inhalte sind dasjenige, an dem sich die erkenntnisleitende Frage aufweisen und das Ziel erreichen läßt.

– Inhalte des Faches

Als Inhalte benennt das Kerncurriculum Praktische Philosophie Unterrichtsthemen, die sieben Fragenkreisen zugeordnet werden. Diese Fragenkreise werden aus einem „Handlungsbegriff" (23) abgeleitet, der – von den Verfassern systematisch analysiert – zu genau diesen sieben Fragen führe.

„Die sieben Aspekte von Handlung lassen sich zu sieben zentralen und für den Unterricht *konstitutiven* Fragenkreisen bündeln:

Die Frage nach dem Selbst
Die Frage nach dem Anderen
Die Frage nach dem guten Handeln
Die Frage nach Recht, Staat und Wirtschaft
Die Frage nach Natur und Technik
Die Frage nach Wahrheit, Wirklichkeit und Medien
Die Frage nach Ursprung, Zukunft und Sinn" (23)

Diese Aufgliederung wird folgendermaßen kommentiert: „Mit dieser Aufgliederung in sieben Fragenkreise wird zugleich ein Bogen gespannt über *alle* jene Teilbereiche der Philosophie, die als Ausdruck menschlicher *Grundprobleme* und ihrer Bearbeitung gelten können. Neben Ethik, Sozial- und Staatsphilosophie als traditionellen Bereichen der praktischen Philosophie werden Anthropologie, Erkenntnistheorie, Sprachphilosophie, Ästhetik und Metaphysik sowie Psychologie, Soziologie, Naturwissenschaften und Religionswissenschaften berücksichtigt" (24).

Obwohl das Fach „Praktische Philosophie" heißt, worunter man in der üblichen philosophischen Systematik neben der „Theoretischen Philosophie" ein Teilgebiet der Philosophie versteht, will das Fach ausdrücklich „neben Ethik", also wohl zusätzlich zu ihr, nicht nur philosophische Disziplinen, sondern auch andere Disziplinen lehren: Ausdrücklich werden „Psychologie, Soziologie" und „Naturwissen-schaften" genannt. Das Schulfach Praktische Philosophie geht also bereits von den Inhalten weit über das hinaus, was man in der philosophischen Disziplin unter Praktischer Philosophie versteht.

Die Formulierung, dass „*alle* jene Teilbereiche" angesprochen werden, die als „Ausdruck menschlicher Grundprobleme und ihrer Bearbeitung" gelten (24), legt es nahe, die sieben Teilbereiche als Ausdruck *aller* menschlichen Grundprobleme zu verstehen.

Nun fällt auf, dass die im Kommentar erwähnten Grundprobleme gar nicht zwingend in den sieben Fragenkreisen aufgehen. *Sprachphilosophie* und *Ästhetik* werden zwar bei der Erläuterung, nicht aber bei den sieben Teilbereichen genannt. *Psychologie* und *Soziologie* sind in den sieben Teilbereichen überhaupt nicht zu verorten. Die *Pädagogik* fehlt völlig – sowohl bei den Teilfragen als auch bei den Erläuterungen. Ist Bildsamkeit kein menschliches Grundproblem?

Entweder also sind die von den Verfassern des Kerncurriculums „Praktische Philosophie" genannten Teilfragen entgegen der Behauptung gar nicht alle menschlichen Grundprobleme – oder psychologische Befindlichkeit, gesellschaftliche Verfaßtheit und Bildsamkeit sind keine Grundprobleme.

Warum also sieben Fragenkreise und warum gerade diese sieben Fragenkreise? Allein aus dem angeführten Handlungsbegriff läßt sich diese Aufteilung nicht herleiten.

So lassen sich Handlungen zwar unter verschiedenen Perspektiven („Aspekten") betrachten, etwa in lebensweltlicher oder in wissenschaftlicher Sicht; sie enthalten aber ohne diese Betrachtungsart(en) von sich aus noch keine Grundprobleme (vgl. Schöpf 1997; vgl. Bubner 1976, 135ff.; vgl. Werbik 1978, 18ff.). Diese können erst entstehen, wenn ein Bezugsrahmen angegeben wird, in dem Handlungen bewertet werden. Dieses Kriterium wird im Kerncurriculum nicht benannt; daher bezeichnet die Auswahl der sieben Fragenkreise auch kein strukturierendes Gefüge (23) für den Unterricht, sondern die Auswahl muß als zufällig und dezisionistisch bezeichnet werden.

Weiter fällt auf, dass in den sieben Teilfragen Begriffe unterschiedlicher Abstraktion parataktisch gereiht werden, so als wären sie sich gleich: Beispiele stehen neben Oberbegriffen (vgl. Skizze S. 30).

Zudem beinhaltet die Frage drei – die Frage nach dem guten Handeln – vier der anderen Fragen: die Frage nach dem Selbst und die Frage nach dem Anderen. (Denn wogegen soll man gut handeln, wenn nicht gegen sich oder den anderen?) Ebenso sind die Fragen nach Recht, Staat oder Technik nur Konkretionen der einen allgemeinen Frage nach dem guten Handeln: Sie betreffen das gute Handeln in Institutionen. Der Frage nach Wahrheit sind Teile der letzten Frage (Frage nach Ursprung und Zukunft) wie die Frage fünf (nach Natur und Technik) unterzuordnen.

Sind es also nicht nur drei (statt sieben) Grundfragen, die gestellt werden können, von denen nur eine – nämlich die zweite – in den Bereich „Praktische Philosophie" gehört? Diese drei Fragen sind die Frage nach der Erkenntnis, nach dem sittlichen Handeln und nach dem Sinn von Erkennen und Handeln.

Und sind die Aspekte Selbst, Anderer, Recht, Staat, Wirtschaft, Natur, Technik und Medien nicht historische Ausdifferenzierungen, Bedingtheiten dieser drei systematischen Grundfragen? Ausdifferenzierungen, die in einzelnen Fächern verortet sind, die für die Beantwortung dieser Fragen zuständig sind?

Das Curriculum erweckt den Eindruck, dass das Fach „Praktische Philosophie" mit den sieben Fragen für alle Bereiche menschlichen Lebens kompetent ist. Man bräuchte eigentlich die Fächer gar nicht mehr, weil die Praktische Philosophie überall Antworten geben kann, denn sie gibt an, alle Grundfragen des Menschen anzusprechen: Probleme in Recht, Politik, Wirtschaft, Natur und Technik.

Im Kerncurriculum „Praktische Philosophie" liegt – so unsere These – eine grundlegende, das ganze Kerncurriculum „Praktische Philosophie" betreffende folgenschwere Verwechslung von *menschlicher Gesamtpraxis* und *praktischer Frage* vor. Es gibt in der Neuzeit keine Wissenschaft mehr, die legitimerweise den Anspruch erheben kann, menschliche Gesamtpraxis in Totalität zu umfassen (Benner 1987, 233ff.). Auch über den Handlungsbegriff erschließt sich die Gesamtpraxis nicht, wie es das Curriculum „Praktische Philosophie" versucht, wenn es formuliert: „Alle jene Teilbereiche der Philosophie, die als Ausdruck menschlicher Grundprobleme und ihrer Bearbeitung gelten können", sollen thematisiert werden. Denn Grundprobleme können nur dann an Handlungen ausgemacht werden, wenn man sie zuvor (logisch) identifiziert hat; dasgleiche gilt für den Versuch, Grundprobleme aus einem übergeordneten oder einem zugrundeliegenden Handlungsbegriff ableiten zu wollen.

– Gegenstand des Faches

Die sieben Teilfragen geben vor, menschliche Gesamtpraxis in Aspekten zu thematisieren, anstatt – gemäß der Bezeichnung des Faches – an das mannigfaltige Handeln der Menschen die *eine* praktische Frage zu stellen, nämlich die nach dem guten Handeln. Diese Frage sollte der einzige Gegenstand der Praktischen Philosophie sein, ein Gegenstand, der an unterschiedlichen Inhalten thematisiert werden muß.[1] Im Kerncurriculum „Praktische Philosophie" ist aber der identitätsstiftende Gegenstand lediglich ein Inhalt unter vielen: „*Neben Ethik*, Sozial- und Staatsphilosophie als traditionellen Bereichen der praktischen Philosophie werden Anthropologie, Erkenntnistheorie, Sprachphilosophie, Ästhetik und Metaphysik sowie Psychologie, Soziologie, Naturwissenschaften und Religionswissenschaften berücksichtigt" (24).[2] Auf Grund der Verwechslung von *Gesamtpraxis* und *prakti-*

[1] Dabei gehen wir von der Annahme aus, dass, wer handelt, prinzipiell voraussetzt, dass man Handlungen sittlich beurteilen kann. Insofern lässt sich als eine Aufgabe, die alle Menschen angeht, jene herausarbeiten, die das Handeln der Menschen vom Standpunkt der Sittlichkeit aus betrachtet. Letzteres ist Proprium des Faches Ethik oder Praktische Philosophie.

[2] Dass die Auswahlproblematik noch ungeklärt ist, zeigt sich an folgender, in sich widersprüchlichen Passage: „Der Unterricht ist *nicht* an einer vorgängigen Systematik orientiert (…); vielmehr geht es um eine Reflexion (…) als Antworten auf *fundamentale* Fragen des Menschseins" (35). Ob aber eine Frage fundamental oder kontingent ist, läßt sich nur beantworten, wenn man an einer vorgängigen Systematik orientiert eine Verortung der Frage vornimmt. Eine Positionie-

scher Frage kommt es zu einem schwerwiegenden curricularen Problem. Das Kerncurriculum „Praktische Philosophie" verwechselt Bildungsziel und Fachinhalt.

Alle Fächer zielen auf Bildung; aber Bildung kann nicht durch ein einziges Fach erreicht werden. Natürlich dient z. B. die Mathematik der Bildung. Aber wer nur Mathematik beherrscht, ist nicht schon gebildet. Das Kerncurriculum „Praktische Philosophie" aber erweckt den Eindruck, dass man nur das Fach zu unterrichten braucht, um das Gesamtziel von Bildung zu erreichen: „Das Fach zielt auf die Befähigung zu verantwortlichem Handeln. Damit sind vielfältige Wahrnehmungs-, Reflexions- und Entscheidungsprozesse eng verbunden. (...) Handeln wird hier also in einem *umfassenden* Sinne verstanden" (23).

– Ziel des Faches

Der Gegenstand der Ethik als praktischer Philosophie ist die Beurteilung von Praxis unter dem Aspekt der Sittlichkeit – sie richtet sich nicht, wie das Kerncurriculum „Praktische Philosophie" auf „Handeln (...) in einem umfassenden Sinne" (23). Diese umfassende Zielvorstellung, die gar nicht mehr nach dem spezifischen Beitrag des Faches für die Bildung fragt, sondern Bildung und Fach gleichsetzt, ist in der Zielbestimmung am Anfang des Textes explizit formuliert:

„Ziel des Unterrichts im Fach Praktische Philosophie ist es deshalb, (den Schülern) die Möglichkeiten zu erschließen, die Wirklichkeit *in ihren vielfältigen Dimensionen* differenzierter wahrzunehmen und zu beurteilen" (8).

Statt einer Beschränkung auf die fachspezifische Perspektive wird hier der Totalitätsanspruch eines Faches formuliert. Was hier als Ziel des Unterrichts im Fach Praktische Philosophie ausgewiesen wird, ist in Wirklichkeit ein universales Bildungsziel, das umfassender gar nicht zu formulieren ist[3] (Fischer 1989, 117ff.; Menze 1965; Ruhloff 1996, 148ff.).

Konsequenz: Es wird in der Formulierung des Fachziels der Anspruch erhoben, allein das Fach „Praktische Philosophie" garantiert schon Bildung. Bildung aber ist ein umfassendes Ziel, das von den Fächern immer nur perspektivisch eingelöst werden kann. Es gibt kein Fach Bildung, weil es keinen Gesamtbegriff von Welt mehr gibt. Die Einheit stiftet die handelnde Person, nicht ein einzelnes Fach. Es gibt keine einzelne Wissenschaft, die als Einzelwissenschaft das Ganze thematisiert. Genau diesen Anspruch aber erhebt das Kerncurriculum Praktische Philosophie: „Dazu kann der Unterricht in Praktischer Philosophie einen besonderen Beitrag leisten; denn Philosophieren bedeutet immer auch, selbstdenkend und methodisch bewusst die Anstrengung zu wagen, ohne Aus- und Einklammerungen, ohne Vorentscheidungen und Tabus, die Fragen und Probleme, die als bedeutsam erlebt werden, in ihrer Ganzheitlichkeit anzugehen" (13).

---

rung ohne vorgängige Systematik ist logisch nicht möglich. So hat auch das Kerncurriculum eine solche Systematik – behauptet aber es wäre keine.

[3] Wir verstehen unter „Bildung" die prinzipielle Fähigkeit des Menschen, sich zu sich selbst, zu anderen und zu den Dingen in ein selbstbestimmtes und am Maßstab von Wahrheit und Sittlichkeit orientiertes Verhältnis setzen zu können.

Verspricht hier ein Fach, die ganze Welt zusammenzuhalten? Verspricht hier ein Fach Totalität – „Ganzheitlichkeit" schreibt das Kerncurriculum „Praktische Philosophie"?

Exkurs: Religionsunterricht und Praktische Philosophie

Der Religionsunterricht wird von den anerkannten Glaubensgemeinschaften unterrichtet und dahingehend verstanden, dass in ihm Aussagen über den Sinn menschlichen Lebens überhaupt thematisiert werden. Da diese Aussagen – zumindest bei allen großen Religionen – in Geoffenbartem gründen, das überliefert wird, nicht aber intersubjektiv begründet werden kann, muß eine Gewissensfreiheit des Einzelnen gegenüber dem Geoffenbarten bestehen. Der Staat darf deshalb diese Gewissensfreiheit nicht außer Kraft setzen; er muß sie ermöglichen. Er muß neutral bleiben (Vgl. Schelke 1996, 34ff.; Schneider 1995, 74ff.).

Ganz in diesem Sinne fordert das Kerncurriculum „Praktische Philosophie" die religiöse und weltanschauliche Neutralität des Staates und postuliert für seinen Unterricht eine „Orientierung ohne Bindung (. . .)" (7).

Diese Position entspricht dem säkularisierten Staatsverständnis und überdies einem bestimmten, nicht unumstrittenen Verständnis von ethischer Autonomie.

Allerdings findet sich dann im Kerncurriculum „Praktische Philosophie" eine erste Formulierung, die der Trennung der Frage nach Sittlichkeit von der nach dem Lebenssinn ein wenig die Schärfe nimmt, und Sinnfragen doch in den Bereich des Unterrichts in Praktischer Philosophie holt: „Das Fach Praktische Philosophie trägt zu einer *zusammenhängenden* Behandlung von Sinn- und Wertfragen bei" (7). Noch entschiedener ist folgende Formulierung: „Der Unterricht im Fach Praktische Philosophie hat (…) die Aufgabe, (…) wichtige weltanschauliche und religiöse Entwicklungen sowie ideengeschichtliche Zusammenhänge nahezubringen. Dabei haben die Schülerinnen und Schüler die Möglichkeit, die religiösen und weltanschaulichen Vorstellungen, die unsere eigene und fremde Kulturen geprägt haben, aus ihren Ursprünge heraus zu verstehen (. . .)" (9).

In dieser Formulierung sind eine Reihe ungeklärter Voraussetzungen verborgen, die wir benennen möchten: Religion wird zum Kulturereignis. (Unklar ist in der zitierten Formulierung: Wer prägt wen?) Was ist nun der „Ursprung" der Religion – aus dem man sie verstehen soll? Die Religionen gehen in ihrem Selbstverständnis von einem göttlichen Ursprung ihrer selbst aus: Wieso aber soll über diesen Ursprung im Unterrichtsfach „Praktische Philosophie" entschieden werden? Oder meint man den sozialen, letztlich psychologischen Ursprung (in der Tradition Feuerbachs und Freuds vgl. Feuerbach 1938, 329ff.; Freud 1974, 568ff.). Dann werden religiöse Themen so unterrichtet, dass ihre spezifische Zweckbestimmung fortfällt: Der absolute, von keiner Vernunft einzuholende Verbindlichkeitsanspruch. Damit wird das, was Religion ausmacht, gerade nicht unterrichtet. Vielmehr wird Religion auf das reduziert, was sich psychologisch von ihr sagen läßt.

Analog wäre es, wenn man im Musikunterricht nur über Noten spräche, aber ein Musikstück weder hört noch selbst Musik produziert. Natürlich geht das: Aber es geht am Sinn des Faches vorbei. Bringt man dadurch ein Fach „nahe", dass man das Proprium des Faches außer acht läßt?

Der Plural der oben zitierten Definition macht deutlich, dass nicht Religiosität (als anthropologische Befindlichkeit des Menschen, als Grundfrage, wie doch in den sieben Grundfragen gefordert) vorgestellt wird, sondern Religionen als ethnologische Folklore: Buddhismus, Naturreligionen, Christentum (welches?), Islam (welchen?). Wonach urteilt man? Ist dieses Urteilen beliebig?

Wieso mischt sich ein vom Staat eingerichteter und durchgeführter Unterricht in die Vorstellung von und Entscheidung für Religionen ein? Der Staat hat nicht das Recht, Religionen vorzustellen und zur Bewertung freizugeben. Nach welchem Kriterium wählt der Staat in Form seiner staatsbeamteten Lehrer zwischen den Religionen aus, die vorgestellt, und denen, die verschwiegen werden?

Die Thematisierung ‚religiöser Vorstellungen' (9) in einem völlig vom Staat verantworteten Unterricht gerät in Konflikt mit der eingangs proklamierten Neutralität: Sollte diese Thematisierung („Verständigung") nicht nur als Zurkenntnisnahme von Positionen gemeint sein („verstehen", nicht aber „akzeptieren"), dann kann es gerade nicht Aufgabe des Staates sein, auf „*Verständigung* über grundlegende weltanschauliche und religiöse Vorstellungen" zu zielen (35).

Schließlich aber – und hier übersteigt ein Schulfach seine Kompetenzen – erfüllt das Kerncurriculum „Praktische Philosophie" seinen eigenen Anspruch nicht, indem es genau das als Aufgabe des Unterrichts in Praktischer Philosophie ausweist, was bisher den Religionsgemeinschaften vorbehalten blieb: „Das Fach Praktische Philosophie trägt zu einer *zusammenhängenden* Behandlung von Sinn- und Wertfragen bei." Es „ist durch die Planung zu sichern, dass erworbene Kenntnisse nicht unverbunden nebeneinander stehen bleiben, sondern *sinnstiftend* verknüpft werden." (7/29) Sind diese Sätze so zu verstehen, dass ein vom Staat veranstalteter Unterricht zum Sinnstifter wird? Es ist zu fragen, wessen Sinn hier verknüpft wird: wer die Verknüpfung leistet und wie diese sich von religiösem Sinn abgrenzt. Sollte der Anspruch erhoben werden, dass der Staat den Zusammenhang stiftet, dann verspräche das Kerncurriculum „Praktische Philosophie" etwas, was in den Bereich individueller Lebensplanung gehört. Der Staat mischte sich in die Sinnorientierung seiner Bürger.

Im Unterschied zum Religionsunterricht ist im Fach „Praktische Philosophie" eine solche Sinnstifung an keinen von der Glaubensgemeinschaft gemeinsam anerkannten Text, an keine verbindliche Tradition gebunden. Und man kann sich – im Unterschied zum Religionsunterricht – von dieser Art staatlicher Sinnverordnung, die zudem in Widerspruch zu der erklärten Absicht einer Förderung von Urteilsfähigkeit steht, – nicht abmelden.

Die didaktischen Bedenken können in drei Hinsichten zusammengefaßt werden.

In Bezug auf die *Ziele* kann festgestellt werden:

Das Fachziel wird so formuliert, dass der Eindruck entsteht, dieses sei mit dem Bildungsziel identisch; dann würde, was Bildung insgesamt leisten soll, allein durch ein Fach geleistet werden.

In Bezug auf den Gegenstand kann festgestellt werden:

Das Kerncurriculum „Praktische Philosophie" verwechselt menschliche Gesamt-praxis mit der praktischen Frage: Statt Handeln unter dem Aspekt von Sittlich-keit zu betrachten, wird eine auf Totalität ausgerichtete Handlungstheorie unter-richtsleitend, die das Fach strukturell überfordert.

In Bezug auf die Inhalte kann festgestellt werden:

Die Inhalte sind, weil eine genaue Gegenstandsbestimmung fehlt, beliebig – ein konsequentes Ordnungsprinzip ist nicht erkennbar. Unter dem Etikett „Prak-tische Philosphie" kommen fachfremde Inhalte hinein, die von den Fächern viel besser verwaltet werden können.

4.2. Die Frage nach den Fähigkeiten, die im Fach herausgebildet werden.

Gleich zu Beginn weist das Kerncurriculum „Praktische Philosophie" als „Ziel des Faches" aus, dass die Schülerinnen und Schüler lernen sollen, „Wirklichkeit" nicht nur wahrzunehmen, sondern auch „zu beurteilen". Das Fach soll dabei hel-fen, so heißt es weiter, „Kriterien für die Beurteilung und Gewichtung" auszubil-den (8). Diese herauszubildenden Fähigkeiten sind nun genau jene, mittels derer sich die ehemaligen Schüler im späteren Leben als autonome Subjekte in sittlichen Fragen entscheiden werden. Sind methodische Prinzipien für die Gestaltung von Unterricht mit den Inhalten dieses Unterrichts identisch?

Das Kerncurriculum betont im Rahmen dieser Frage die Bedeutung des Erfah-rungs,- Gesellschafts – und Wissenschaftsbezuges für die methodische Gestaltung von Lehr/Lernprozessen. „Die Bestimmung möglicher Inhalte des Faches geschieht mit Hilfe von drei Perspektiven, die darauf verweisen, dass sich fachliche Inhalte durch ihre personale, gesellschaftliche und ideengeschichtliche Bedeutung legiti-mieren müssen" (15). Diese didaktischen Perspektiven für die Gestaltung von Un-terrichtsinhalten sollen aber zugleich die Inhalte von Unterricht selbst begründen und die konkrete Unterrichtsplanung[4] (vgl. 27) anleiten.

An prominenter Stelle werden vier „Pädagogische Prinzipien" benannt, die die Planung des Unterrichts bestimmen, zugleich aber die „Instanz" sind, „von der und vor der Ansprüche auf Wahrheit und Richtigkeit" (10) geltend gemacht werden müs-sen. Das Kerncurriculum „Praktische Philosophie" nennt zwei Paare derartiger Prinzipien: Zum einen Wissenschaft und Erfahrung, zum anderen die „Orientierung an Vernunft und Empathie" (10). Dieses letzte Begriffspaar wird später bei der Er-läuterung der „unterrichtsmethodischen Prinzipien" (34) noch einmal aufgegriffen: „Menschen sind vernunftbegabte Wesen. Ihr Leben und Handeln wird gleichzeitig durch Emotionalität, Sinnlichkeit und gesellschaftlich vermittelte Haltungen be-stimmt" (34). Was bedeutet in diesem Satz „gleichzeitig"? Einleitend wird als gel-tungsprüfende Instanz „in erster Linie" (10) die „Vernunft" ausgewiesen. Dann aber wird diese prioritätssetzende Aussage durch die Bemerkung relativiert, dass die Ver-

---

[4] Vgl. dazu: Das Kerncurriculum führt als „Planungshilfen" gedachte Unterrichtsentwürfe an. S. 43ff.

nunft von kulturellen Kontexten geprägt werde. Wie immer man diese Metapher interpretiert: Vernunft wird letztlich als kulturell ausgeprägt und damit relativ aufgefaßt, was dazu führt, dass „verschiedene begründbare Standpunkte nebeneinander bestehen bleiben (. . .)" (10).[5] Dieser kulturbezogene Relativismus, der sich aber immer noch auf „vernunftorientierte Auseinandersetzung"(en) (10) bezieht, wird nun noch einmal relativiert, wenn gesagt wird, dass „Erkennen (,) (. . .) Verstehen (und) (. . .) Handeln eine emotionale Basis haben (. . .)" (10). Ungeachtet dessen soll aber „der Unterricht im Fach Praktische Philosophie (. . .) das Spannungsverhältnis zwischen Gefühl und Verstand" (aufgreifen) (34). Im Kapitel über unterrichtsmethodische Prinzipien wird dieser Gedanke folgendermaßen formuliert: „Konstitutiv (. . .) ist daher das Einfühlen und Eindenken in die Perspektiven anderer" (35).

Welche Bedeutung kommt dem Wörtchen „und" zu? Sind Gefühl und Verstand gleichermaßen legitimierend für sittliche Urteile? Wie aber entscheidet man sich, wenn Gefühl und Verstand unterschiedlicher Auffassung sind?

Das Verhältnis von Gefühl und Verstand kann nicht additiv durch ein „und" bestimmt werden. Zwar mögen Gefühl und Verstand gleichzeitig aktiv sein – aber sie sind nicht gleich gültig. Es fehlt eine Hierarchisierung des Begriffspaars – zumal es sich um ein konstitutives Begriffspaar handelt, eines der beiden, die das ganze Konzept des Kerncurriculums tragen sollen.

Doch das Kerncurriculum gibt Hinweise zur Klärung des Verhältnisses – allerdings versteckt und im Widerspruch zu den eben genannten Formulierungen: Einleitend wird als geltungsprüfende Instanz die „Vernunft" (10) ausgewiesen. Es wird gesagt, dass „Erkennen (,) (. . .) Verstehen (und) (. . .) Handeln eine emotionale Basis haben" (10). Wenn man „Basis" in Übereinstimmung mit dem Duden als „Grundlage" versteht, so ist zu folgern, dass sittliches Handeln und Erkennen *letztlich* (also in ihrem letzten Grund) *emotional* fundiert sind. Was sittlich ist, entscheidet letztlich unser Gefühl? Und Gefühle können nicht täuschen? Gefühle sind nicht manipulierbar?

Sicherlich gehören Emotionen zum sittlichen Handeln. Aber Emotionen sind nicht die „Basis" sittlichen Handelns. Um z. B. einem durch einen Autounfall gräßlich entstellten Menschen zu helfen, muß man seine Emotionen sehr stark zurückdrängen. Man möchte viel lieber flüchten und wegsehen – man unterdrückt aber diese Gefühle aus Einsicht.

Dass es sich bei dem Zitat nicht um eine redaktionelle Nachlässigkeit handelt, zeigt sich daran, dass aus der Auffassung, Gefühle seien die Basis von Sittlichkeit, Folgerungen für die Unterrichtsgestaltung gezogen werden: „Schülerinnen und Schüler erhalten die Chance, die Gegenstände des Unterrichts (. . .) mit allen Sinnen wahrzunehmen (. . .)" (31).

Zusammenfassend läßt sich sagen, dass das Verhältnis von Gefühl und Verstand nicht geklärt wird (vgl. Edelstein/Nunner-Winkler 1986, 377ff.; Goleman 1996;

---

[5] Wenn dem so ist, ist unklar, wieso das Kerncurriculum selbst sogenannte „Grundprobleme" formulieren kann, die nur solche sein können, wenn sie nicht relativ sind. Das Kerncurriculum bezieht sich legitimierend auf eine Vernunft, die als relative, kulturspezifische ausgewiesen wird und folglich gar nicht das begründen kann, was sie begründen soll.

Heitger 1994, 9ff.) oder aber man stößt auf einen Widerspruch: Einmal nämlich soll das Gefühl Basis von Sittlichkeit sein; ein anderes Mal wird das Gefühl der Vernunft resp. Sittlichkeit beigeordnet.

4.3. Die Frage nach den Implikationen der Unterrichtsmethoden.

Bei der Unterrichtsgestaltung werden vom Kerncurriculum „fachspezifische Lernprozesse" benannt: „Wahrnehmen, Erfahren und in Frage stellen" (31), „Reflektieren und Beurteilen" (32) und „Tun und Lassen" (34). Bei dem Hinweis auf „Arbeitsformen" unter denen – neben dem philosophischen Gespräch, dem Umgang mit Texten (vgl. 36) – auch „Realbegegnungen" (40) erwähnt werden, werden „unterrichtsmethodische Prinzipien" benannt, u. a. folgende: „Dialogische Verständigung fördert (der Unterricht) auch hinsichtlich *verbindlichen Tuns*, indem er Formen von Vertragslernen vermittelt und einübt. Im *konkreten Tun*, für das der Unterricht Möglichkeiten eröffnen sollte, wird das eigene Urteil der Schülerinnen und Schüler *erprobt*" (35).

Dreimal wird an prominenter Stelle auf die Handlungsorientierung des Unterrichts verwiesen – ein naheliegender Gedanke, da mittlerweile alle Fächer handlungsorientiert dimensioniert wurden (Büttner 1992; Gudjons 1986; Wöll 1998). Das ist lernpsychologisch betrachtet sinnvoll: Denn wie soll man Schreiben anders lernen als durch's Schreiben? Wie soll man Rechnen anders lernen als durchs Rechnen?

Gilt diese Gedankenreihe auch für die praktische Philosophie? Muß man, wenn man lernen soll, ethisch zu handeln, auch im Lernprozeß schon ethisch handeln? Das Zitat oben zeigt, dass das Kerncurriculum „Praktische Philosophie" diese Auffassung vertritt.

Ist es – so ist zu fragen – nicht auch wünschenswert, wenn Schülerinnen und Schüler sich im Unterricht sittlich verhalten, wenn sie kameradschaftlich sind und den Anweisungen der Lehrerinnen und Lehrer (von „es kann nur einer reden" bis „sei pünktlich") folgen, damit das Lernen nicht gestört wird?

Dieses zuletzt beschriebene Handeln umreißt jedoch keine sittlichen Handlungen im strengen Sinne des Wortes. Vielmehr ist die Disziplin angesprochen, die jede Institution einfordert. In der Schule haben sich die Schüler in die Klassen- und Lerngemeinschaft einzupassen. Das ist nicht wenig; viele Lehrer sagen sogar, dass es ihre Kraft hauptsächlich in Anspruch nimmt, diese Disziplin herzustellen. Aber eine sittliche Entscheidung wird von den Schülern nicht verlangt. Es macht vermutlich dem Gewissen keine große Schwierigkeit, sich der Regel zu fügen, dass in einer größeren Gruppe immer nur einer reden kann und man pünktlich zum Unterricht erscheint.

Als sittliche Entscheidungen versteht man gemeinhin solche, die zwischen zwei bedeutsamen Werten eine Entscheidung treffen müssen, deren Folge die Würde der eigenen oder einer anderen Person betrifft. Die Regeln der Urteilsbildung lassen sich kognitiv erarbeiten – vielleicht auch spezifisch einüben – aber die Motivation zu dieser Entscheidung und die Deutung der Werte, zwischen denen wir uns entscheiden müssen, hängt letztlich von einer stets einmaligen Situation und von individuellen Lebensentwürfen ab, die ein Außenstehender nicht einsehen kann.

In der Konzeption des Kerncurriculums „Praktische Philosophie" aber soll genau diese Art sittlicher Entscheidung eingefordert, sogar ‚eingeübt' (35) werden; sie soll so eingeübt werden, dass sich das Entscheidungsmodell in der Gesellschaft bewähren und für die Gesellschaft zum Modell werden kann.

Dagegen gibt es starke Bedenken: Sittliche Entscheidungen können nicht im Klassenverband, also kollektiv getroffen werden. Wenn es um Sittlichkeit geht, dann kann der Lehrer (wie ein Freund oder Nachbar) vielleicht lebensweltlich beraten: er darf und kann aber nicht als Lehrer „richtiges" Verhalten einfordern. Genau das aber geschieht unausweichlich, wenn die Klassengemeinschaft zum Ort wird, sittliche Urteile zu erproben.

Autonome Urteile kann man in einem Lehrer-Schüler-Verhältnis nicht einfordern, wohl aber diszipliniertes Verhalten. Ist nämlich der Schüler zu autonomem Handeln fähig, dann braucht er keinen Lehrer mehr. Wenn er aber unfähig ist, selbstverantwortlich zu handeln, dann wird er auch nicht dadurch autonom, dass er ausführt, was ihm der Lehrer vorgibt und in der Einlösung kontrolliert (weil er die institutionelle Verantwortung trägt).

In Ausnahmefällen können vielleicht sittliche Entscheidungen auch von Schülern in der Schule nötig sein. Aber solche Situationen sind nicht vorhersehbar (vgl. Giesecke 1996). Und ob man jedesmal über sie vor allen Mitschülern im Unterricht sprechen soll, sei dahingestellt.

Aus diesen Gründen darf moralische Unterweisung nicht handlungsorientiert sein: Das unterscheidet diesen Unterricht von anderen Fächern. Der Gegenstand des Unterrichts, das sittliche Urteil, kann selbst nicht im Unterricht erprobt werden.

Das Kerncurriculum „Praktische Philosophie" übersteigert aber dann die Handlungsorientierung noch einmal. Es fordert in der Handlungsorientierung nicht nur ein, was bestenfalls vorbereitet werden kann: Das moralische Handeln in der Schule. Sondern es beansprucht, dass die Schule das Handeln der Schüler in der Lebenswelt bestimmt und – eine nächste Steigerung – schließlich sogar die Lebenswelt selbst sich nach den Regeln der im Unterrichtsfach Praktische Philosophie erarbeiteten Konfliktlösungsmodelle bestimmen soll. Andeutungen finden sich schon in der eingangs zitierten Passage. Sie werden aber im Laufe des Textes noch deutlicher akzentuiert: „In der Konzeption des Fachs Praktische Philosophie wird der Dimension des Handelns der Schülerinnen und Schüler innerhalb *und außerhalb* der Schule eine besondere Bedeutung zugewiesen. Eine Möglichkeit in diesem Zusammenhang ist die Verlagerung des Lernortes von der Schule nach außen. Mögliche Lernorte können sein: Behörden, Beratungsstellen, Bürgerinitiativen, Fabriken, Friedhöfe, Jugendzentren und auch Versammlungsorte der Religionsgemeinschaften" (40).

Die Schule bestimmt mittels eines Faches, wie sich Schüler z. B. in Behörden, Beratungsstellen, Fabriken zu verhalten haben? Bestimmt die Schule dann auch, in welchen Behörden, Beratungsstellen, Fabriken, sich die Schüler zu engagieren haben?

Hier drückt sich ein Ubiquitätsanspruch von Schule aus, den die Schule weder für sich in Anspruch nehmen kann noch sollte. Ist damit gemeint, dass die Schule zum Modell für die Gesellschaft werden soll?

In der Lebenswelt kann Schule als Institution keine normgebenden Ansprüche stellen. Die Regeln, die in Behörden, Beratungsstellen, Fabriken, Friedhöfen oder Jugendzentren gelten, sind nicht die Regeln, die in der Schule gelten sollen. Und umgekehrt: In der Schule geht's doch etwas anders zu als in Behörden, Beratungsstellen, Fabriken, Friedhöfen und Jugendzentren. Über die Teilnahme am öffentlichen Leben und die Art der Teilnahme sollen Kinder in Beratung mit ihren Eltern ganz allein entscheiden: Die Vorstellung, dass die Schule diese zugleich private wie politische Entscheidung *für* die Kinder trifft, ist eine Anmaßung und Überlastung der Schule.

Die Schule ist kein Modell für die Gesellschaft; sie ist ein Teil der Gesellschaft. In der Schule geht es um die Bildung des Einzelnen, nicht um die Regelung politischer Konflikte, um die Erwirtschaftung und Verteilung von gesellschaftlichem Wohlstand.

Die Vorstellung, dass ein Fachunterricht sich zum Ziel setzt, „das friedliche Zusammenleben in einer pluralen Gesellschaft einzuüben" (7), ist also in doppelter Hinsicht eine Anmaßung: Es verhindert eine autonome Entscheidung der Kinder über Formen des richtigen Zusammenlebens und macht die Schule zum Modell für die Wirklichkeit: „Als Praxis von eigenem Wert strahlt (das Verfahren des ‚Philosophischen Gesprächs', G. S-H., V. L.) aus auf verantwortliches Miteinanderumgehen" (36).

Eine besondere Pikanterie ist es, wenn das Kerncurriculum als lebensweltlichen Lernort ‚Versammlungen der Religionsgemeinschaften' angibt. Besucht man diese wie einen Friedhof – so ja die Reihe, in der dieser Lernort angegeben wird – oder wie ein Jugendzentrum? Ist an eine Art ethnologischer Exkursion in terra incognita gedacht oder eher an eine Art Zoobesuch? Und wieso mischt sich der Staat, der doch laut Grundgesetz den Religionsunterricht den religiösen Gemeinschaften übertragen hat, auch hier in die religiöse Bildung der Kinder? Hat er dafür besondere Qualifikationen? Die Argumente, die auch hier gelten, wurden oben vorgebracht.

Zusammenfassend läßt sich festhalten:

– Unterricht in Praktischer Philosophie kann wohl die gesellschaftliche Regelung von ethischen Fragen hermeneutisch und anamnetisch aufarbeiten; er kann faktische und ideale Formen zur Regelung sittlicher Probleme vorstellen und begründen: Aber er darf nicht glauben machen, dass die idealen Formen bruchlos in die Wirklichkeit übersetzt werden könnten, geschweige denn, dass sie dort gelten würden oder gelten sollten.
– Die Öffentlichkeit selbst kann und soll nicht aus dem Schulzimmer heraus bevormundet werden; denn die Regeln, die in Institutionen gelten, müssen diese selbst finden.
– Schließlich ist die Schule nicht der Ort sittlicher Bewährung. Die Kinder sind in der Schule, weil sie dort etwas lernen sollen, was sie noch nicht können. Die Schule ist ein Schonraum. Sie entlastet gerade durch ihre institutionelle Eigenart die Schüler von in der Regel folgenreichen sittlichen Entscheidungen, damit sie

unterschiedliche Verfahren kennen lernen und sich künftig kundig entscheiden können. (Ladenthin 1997, 6ff.; Ladenthin 1993, 4f.; Regenbrecht 1998, 95ff.)

4.4. Das Leistungsparadox

Unter dem Aspekt der Leistungsbeurteilung nimmt das Kerncurriculum „Praktische Philosophie" noch einmal die Grundvoraussetzung auf, dass der Unterricht im Fach „Praktische Philosophie" nicht religiös gebunden sein darf:

„Wegen der weltanschaulichen und religiösen Neutralität des Faches Praktische Philosophie bleiben (von der Leistungsbewertung,) (…) ausgenommen diejenigen Wertungen und Urteile von Schülerinnen und Schülern, in denen sich ihre religiöse und weltanschauliche Bindung ausdrückt" (41). Folglich können alle Einübungen von sittlichen Handlungen, alle modellhaften Diskussionen, alle Aktivitäten an lebensweltlichen Lernorten gar nicht bewertet werden: Weil ein Handeln – nach Aussage des Kerncurriculums „Praktische Philosophie" – ohne „Verständigung über grundlegende weltanschauliche und religiöse Vorstellungen" (35) gar nicht möglich ist. Es wird also genau das nicht bewertet, weswegen der Unterricht veranstaltet wird. Was aber wird dann im Unterricht gemessen und bewertet? Die formalen Argumentationsfähigkeiten? Wenn also ein Schüler rhetorisch geschickt für die Aussonderung von Behinderten argumentiert, bekommt er eine bessere Zensur als ein anderer Schüler, der sich für Behinderte einsetzt, dieses aber (vielleicht aus Bescheidenheit) nicht an die große Glocke hängt? Praktische Philosophie als Einübung in die Rationalisierung von Unmoral?

Natürlich ist das Beispiel konstruiert – aber es zeigt das Dilemma des Faches: Entweder reduziert sich das Lernziel des Faches auf formale Qualifikationen – dann wird Denkerziehung wie im Fach Mathematik, Argumentation wie im Fach Deutsch und Wissensaufnahme wie im Fach Soziologie oder Geschichte abgeprüft.

Oder der Unterricht benotet das, was er als Ziel ausweist, benotet also Gesinnungen: Damit greift er massiv in weltanschauliche Entscheidungen ein. Damit benotet die Schule Optionen der Person, die in einem demokratischen Staat als Gewissensfreiheit gerade vor einer Zensur geschützt werden sollen.

Aus diesem Dilemma findet das Kerncurriculum „Praktische Philosophie" keinen Ausweg.

Literatur

Benner, Dietrich: Allgemeine Pädagogik. Eine systematisch-problemgeschichtliche Einführung in die Grundstruktur pädagogischen Denkens und Handelns. Weinheim. München 1987
Bubner, Rüdiger: Handlung, Sprache und Vernunft. Grundbegriffe praktischer Philosophie. Frankfurt/a. M. 1976 (erste Auflage)
Büttner, Manfred (Hg.): Neue Lerninhalte für eine neue Schule. Grundlegung und Beispiele für ein handlungsorientiertes Lernen. Neuwied 1992
Edelstein, Wolfgang, Nunner-Winkler, Gertrud (Hg.): Zur Bestimmung der Moral. Frankfurt/a. M. 1986
Fischer, Wolfgang: Über Recht und Grenzen des Gebrauchs von Bildung. In: Fischer, Wolfgang: Unterwegs zu einer skeptisch – transzendentalkritischen Pädagogik. Ausgewählte Aufsätze 1979 bis 1988. St. Augustin 1989. S.117ff.

Feuerbach, Ludwig: Das Wesen der Religion. Dreißig Vorlesungen. Mit einer Einleitung von Kurt Leese. Stuttgart 1938

Freud, Sigmund: Fragen der Gesellschaft. Ursprünge der Religion. Studienausgabe. Bd. IX. (Hg.): Mitscherlich, Alexander; Richards, Angela; Strachey, James. Frankfurt/a. M. 1974

Giesecke, Hermann: Wozu ist die Schule da? Die neue Rolle von Eltern und Lehrern. Stuttgart 1996

Goleman, Daniel: Emotionale Intelligenz. Aus dem Amerikanischen von Friedrich Griese. München. Wien 1996

Gudjons, Herbert: Handlungsorientiert Lehren und Lernen. Projektunterricht und Schüleraktivität. Bad Heilbrunn 1986

Habermas, Jürgen: Nachmetaphysisches Denken. Philosophische Aufsätze. Frankfurt/M. 1988 (zweite Auflage)

Heitger, Marian: Schule der Gefühle. In: Schaufler, Gerhard (Hg.): Schule der Gefühle. Zur Erziehung von Emotion und Verhalten. Innsbruck 1994. S. 9ff.

Kerncurriculum „Praktische Philosophie" Erprobungsfassung Curriculares Rahmenkonzept, Ministerium für Schule und Weiterbildung des Landes Nordrhein – Westfalen, 6/1997

Ladenthin, Volker: Ethische Handlungsfelder. In: 5 bis 10 Schulmagazin 12/1993. S. 4f.

Ladenthin, Volker: Ethikunterricht in der Aufklärung. Überlegungen zum Ersatzfach Ethik an allgemeinbildenden Schulen. In: Vierteljahrsschrift für wissenschaftliche Pädagogik 73 (1997). S. 6ff.

Menze, Clemens: Wilhelm von Humboldts Lehre und Bild vom Menschen. Ratingen 1965

Regenbrecht, Aloysius: Reflektierende Urteilskraft als Kriterium moralischer Erziehung im Unterricht. In: Rekus, Jürgen, (Hg.): Grundfragen des Unterrichts. Bildung und Erziehung in der Schule der Zukunft. Weinheim/ München 1998. S. 95ff.

Ruhloff, Jörg: Bildung im problematisierenden Vernunftgebrauch. In: Borelli, Michelle; Ruhloff, Jörg, (Hg.): Deutsche Gegenwartspädagogik. Bd. II. Baltmannsweiler 1996. S. 148ff.

Schelke, Christian Thomas: Religion in der Schule einer pluralen Gesellschaft. In: Recht der Jugend und des Bildungswesens. (1996). S. 340ff.

Schilmöller, Reinhard: L-E-R – ein Modell für den Religionsunterricht der Zukunft? In: Vierteljahrsschrift für wissenschaftliche Pädagogik 74 (1998). S. 421ff.

Schneider, Wolfgang: Religionsunterricht: Staatlicher Bildungsauftrag oder Privileg der Kirchen? In: Göllner, Reinhard; Trocholepczy, Bernd (Hg.): Religion in der Schule? Freiburg. Basel. Wien 1995. S. 74ff.

Schöpf, Alfred: Art.: Handlung. In: Höffe, Otfried (Hg.): Lexikon der Ethik. München 1997 (fünfte Auflage) S. 97ff.

Werbik, Hans: Handlungstheorien. Stuttgart. Berlin. Köln. Mainz 1978

Wöll, Gerhard: Handeln. Lernen durch Erfahrung. Handlungsorientierung und Projektunterricht. Hohengehren 1998

Christian Lange

Das Unterrichtsfach
„Lebensgestaltung–Ethik–Religionskunde" (LER)

Auf dem Hintergrund eines offensichtlich allgemein „westlichen" Verständnisses bestimmter Aussagen im Programm dieser Tagung und innerhalb der Tagung selbst will ich meine Ausführungen zu LER mit einer verneinenden Feststellung beginnen: LER versteht sich nicht als Ethikunterricht – weder in der Form eines Ersatznoch eines Wahlpflichtfaches, und es versteht sich auch nicht als Alternative zum Religionsunterricht. Das bezieht sich sowohl auf den Inhalt als auch auf die Struktur. LER versucht – aus einem bestimmten Kontext heraus – bildungspolitisches und bildungstheoretisches Neuland zu betreten. Dieser Kontext ist außerordentlich wichtig; stichwortartig zusammengefasst könnte er lauten: gesellschaftlicher und sozio-kultureller Zusammenbruch der DDR-Gesellschaft und die verschiedenen Aufbrüche und Umbrüche der modernen Industriegesellschaft (Postmoderne) am Ende unseres Jahrhunderts. Das „und" zwischen DDR-Gesellschaft und den verschiedenen anderen „Brüchen" oder Wandlungen ist von entscheidender Bedeutung. LER ist eben nicht bloß eine „Ostreaktion" auf den Zusammenbruch der DDR, sondern auch der Versuch, sich einer veränderten sozio-kulturellen Gesamtsituation zu stellen. Ich hoffe, dass diese Aussagen im Laufe meiner Ausführungen deutlicher werden und vielleicht auch ein produktiver Streitpunkt sind.

Eine zweite Vorbemerkung: Das Fach LER ist im Zusammenhang mit den politischen und sozio-kulturellen Umbrüchen am Ende der DDR und des Anschlusses der DDR an die Bundesrepublik in den Jahren 1989/91 entstanden – damals noch unter der Bezeichnung „Lebensgestaltung–Ethik–Religion". Es hat sich sowohl aus ganz unmittelbar pragmatischen als auch grundsätzlichen bildungspolitischen Notwendigkeiten und Bedürfnissen heraus entwickelt; es ist also z. Z. noch nicht das ausgereifte Ergebnis langer, fundamentaler, hochdifferenzierter bildungstheoretischer Überlegungen. Erst nach und nach versuchen wir, die theoretische Grundlegung für LER genauer zu fixieren bzw. zu konstruieren, seine bezugswissenschaftliche Verankerung differenziert abzuklären und eine Matrix zu entwickeln, die dem Fach sein scharfes Profil gibt.

Dieser Prozess ist noch nicht abgeschlossen; er wird vor allem vom Wissenschaftlichen Beirat für LER und vom Pädagogischen Landesinstitut vorangetrieben; dabei zeigt sich aber, wie hochkomplex und neu diese ganze Materie ist und welche grundsätzlichen Fragen dabei zu lösen sind. Erst auf einer solchen, einigermaßen klaren Basis ist dann ein begründetes und in seiner Struktur durchsichtiges Curriculum zu entwerfen.

Ich schicke das deshalb voraus, weil deutlich sein muss: LER ist ein Fach im status nascendi; es will bildungspolitische und bildungstheoretische Herausforderungen aufnehmen, die am Ende unseres Jahrhunderts unabweisbar sind, es hat aber nicht schon fertige Konzepte und Lösungen dafür.

1. Der gesellschaftliche und schulische Zusammenhang des Faches LER

Es ist von entscheidender Bedeutung für ein sachgerechtes Verständnis von LER, die Perspektive zu bestimmen, unter der das Fach gesehen werden will und nicht ein vorhandenes Koordinatensystem anderen Ursprungs zu nehmen und an ihm LER zu messen und zu beurteilen.

Ich zitiere zu diesem Zweck einen Satz aus dem Grundsatzpapier vom Oktober 1991: „Wir wollen auf die Chancen und Herausforderungen reagieren, die mit den gesellschaftlichen Veränderungen verbunden sind, auf die dringenden sozialen Probleme der Gegenwart, auf das Nebeneinander verschiedenster Kulturen, Lebensauffassungen und Lebensweisen, Weltanschauungen und Religionen in einer sich verändernden Welt" (S. 3).

Stichwortartig will ich beschreiben, was im Zitat „Chancen und Herausforderungen" heißt und auch als sozio-kulturelle und gesellschaftliche Gesamtsituation definiert werden könnte. Dabei ist zu beachten, dass hier nicht bloß von der reinen Gegenwart gesprochen wird, sondern der Blick sehr deutlich auf eine „sich verändernde Welt" gerichtet ist.

1. Wir stehen vor dem Zerbruch aller politischen, sozio-kulturellen und ideologischen Systeme, die von einem allgemein anerkannten, verbindlichen, objektiv begründeten Bild der Wirklichkeit, des Menschen, der Welt und des Zusammenhanges aller drei Größen ausgegangen sind und von dieser Position her gültige Erkenntnisse abgeleitet oder handlungsrelevante Konsequenzen gezogen haben.

2. Im Zusammenhang damit müssen wir den Verlust eines relativ einheitlichen, verbindlichen Systems von Werten und Normen zur Kenntnis nehmen, das vorgegeben ist und innerhalb einer Gesellschaft ziemlich reibungslos tradiert werden kann.

3. Statt dessen haben wir die Freiheit und die legitime Möglichkeit, höchst verschiedene Werte- und Normensysteme zu handhaben und in ihnen zu agieren; Systeme, die generell als Setzungen von Gruppen, Institutionen oder gesellschaftlichen Subsytemen (z. B. Wirtschaft, Recht) begriffen werden, deshalb nicht mehr unabänderlichen Charakter haben, sondern eben auch „außer Kraft gesetzt" (verändert) werden können.

4. Folgen davon sind u. a. eine Pluralisierung von Lebenswelten im Hinblick auf Kultur, Lebenspraxis, Religion bzw. Weltanschauung u. ä.; dabei ist diese Pluralität samt ihrer Gegensätzlichkeit generell legitimiert und nicht bloß faktisch vorhanden. Auf diesem Hintergrund erwarten wir ein respektvolles Nebeneinander und einen vernünftigen Diskurs.

5. Aus all dem ergeben sich vielfältige Möglichkeiten und hohe Anforderungen an das Individuum, seine Biographie selbst zu gestalten, seinen eigenen Lebensweg zu zimmern und zu verantworten, eigene Entscheidungen auf dem Hintergrund persönlicher Gewissensbildung und Normsysteme zu treffen. Zugleich aber kor-

respondiert dem die Notwendigkeit, sich in eine Art „Maschinerie" einzufügen, die sich rasant und anhaltend verändert und aus der es kaum ein Entkommen gibt.

6. Wir sind konfrontiert mit der Hilflosigkeit oder Marginalisierung von Sozialisationsinstanzen, die bisher allgemein wirksam waren und eine weitreichende Homogenität in vielerlei Hinsicht produzierten, z. B. Kirchen und bestimmte Familienmodelle.

7. Statt dessen haben wir es mit einer Vielzahl von Sozialisationsgrößen zu tun, die Chancen und Spielräume eröffnen, denen aber kein einheitliches, alles überwölbendes Muster von Sozialisation mehr zugrunde liegt. Für dieses Faktum ist es unerheblich, ob wir das positiv oder negativ empfinden.

8. Verlorengegangen ist der als selbstverständlich verstandene und oft unbewusst vorausgesetzte Zusammenhang von hochqualifizierter, moderner Schulbildung mit allem, was dazu gehört, und einer beruflich und ökonomisch abgesicherten und damit sinnhaften Lebensgestaltung in einem funktionierenden Wohlfahrtsstaat.

Auch wenn im einzelnen ein anderes Bild der gesellschaftlichen Situation der sogenannten Postmoderne gezeichnet wird und der einen oder anderen Aussage widersprochen wird, so sind wir uns aber vermutlich einig, dass sich unsere Gesellschaft insgesamt in einer erheblichen Umbruchsphase befindet.

Wenn das so ist, dann muss Schule als Bildungs- und Sozialisationsinstanz ersten Ranges für alle Heranwachsenden darauf reagieren – und zwar sachgemäß. Die Frage lautet deshalb: Wie sieht eine angemessene Reaktion darauf aus?

In diesem Zusammenhang will LER gesehen werden; nicht mit dem Verständnis, dass das Fach eine Art Gesamtantwort wäre, wohl aber als der reflektierte Versuch einer Teilantwort, auch wenn die noch nicht nach allen Seiten abgeklärt ist; eine Teilantwort, die sich freilich in eine schulische Gesamtreaktion einfügen will und muss.

Ich will zunächst relativ formal die Konsequenzen aus den bisherigen Ausführungen ziehen.

Aus meiner Sicht muss Schule auf die oben genannten Entwicklungen etwa mit folgenden Aktivitäten reagieren:

– Schule muss eine Initiative entwickeln, die alle Schülerinnen und Schüler betrifft; denn die Aufgabe, als Mensch (als Heranwachsender und Erwachsener) neben und mit anderen Menschen in der Realität, wie sie oben beschrieben wurde, zu leben, sich darin zu orientieren, sich zu verhalten und zu handeln, gilt für alle.

– Dabei geht es nicht um ein schlichtes „leben und handeln wie auch immer", sondern um bewusstes und reflektiertes Agieren.

– Auch wenn jemand eine ganz andere Analyse der Situation vorlegt und eine andere Perspektive bevorzugt, an dieser Notwendigkeit dürfte sich nichts ändern, wenn wir denn eine plurale und demokratische Gesellschaft wollen.

– Schule sollte mit einer Einrichtung reagieren, die einzelne Aspekte oder Dimensionen der jeweiligen Thematik oder des jeweiligen Problems nicht trennt, so dass Fragen der Lebensgestaltung *eine Sache* sind (von der womöglich noch behauptet wird, sie hätte in der Schule gar nichts zu suchen), ethisch-moralische Implikationen *eine andere* und gar Fragen der Religion und Weltanschauung *eine eigene dritte*.

Unterricht oder ein Fach, das darauf reagiert, muss deshalb einen integrativen Ansatz haben, der die einzelnen Themen im Zusammenhang bearbeitet, ohne die einzelnen Dimensionen zu verwischen oder aufzulösen.

– Dieser Unterricht oder dieses Fach darf nicht zentral auf Wissensvermittlung ausgerichtet sein, sondern muss die unentbehrliche Wissensvermittlung in den Dienst eines Lernprozesses stellen, der das Ziel hat, den einzelnen Schüler/ die einzelne Schülerin zu befähigen, in einer Realität, wie ich sie oben beschrieben habe, zusammen mit anderen Menschen reflexiv, eigenständig, verantwortlich und sinnhaft zu leben.

– Dabei kann die Reaktion der Schule aus unserer Sicht nur in einem Unterricht bestehen, der die weltanschauliche Neutralität der Schule respektiert und untermauert. Denn diese Neutralität der Schule – und zwar der ganzen Schule – ist ein hohes Gut und ein konstitutives Element einer pluralen, demokratischen Gesellschaft. Sie muss und kann aus meiner Sicht dadurch eingehalten werden, dass einerseits die gesamte Thematik (einschließlich ihrer ethisch-moralischen und religiösen bzw. weltanschaulichen Komponenten) zum legitimen Gegenstand eines Schulfaches gemacht wird. Andererseits darf aber dabei weder die Intention dieses Faches noch die des Unterrichtes und des gesamten Lernprozesses an einer ganz bestimmten ethischen Position (z. B. utilitaristischer Art) festgemacht werden oder auf einer ganz bestimmten Religion oder weltanschaulichen Grundlage fußen oder sie direkt oder indirekt vermitteln wollen.

Positiv gewendet: Schule muss ein Fach oder einen Unterricht anbieten, in dem Perspektivenwechsel selbstverständlich ist und ganz verschiedene ethische und religiöse bzw. weltanschauliche Positionen kennengelernt, diskutiert, in ihren Begründungen und Zusammenhängen wahrgenommen und reflektiert werden.

Das hat überhaupt nichts mit strukturaler oder inhaltlicher Beliebigkeit zu tun und schon gar nichts mit Standpunktlosigkeit der Lehrkräfte oder der Schülerinnen und Schüler. Es heißt nur, dass der Unterricht (oder das Fach) keiner bestimmten Ethik oder Religion bzw. Weltanschauung verpflichtet ist – so wie jeder andere Unterricht auch.

Wenn ich das alles bedenke, wüsste ich nicht, wie das anders zu realisieren wäre als in einem Fach mit einem Ansatz oder einer Struktur wie LER, wobei es natürlich nicht auf die Bezeichnung ankäme.

2. Der Gegenstand von LER

Der Gegenstand des Faches LER sind persönliche und gesellschaftlich vermittelte Aufgaben, Themen, Fragen und Probleme der Lebensgestaltung der Menschen. Sie sollen unter besonderer Berücksichtigung grundlegender anthropologischer, sozialer und psychologischer Gegebenheiten (Dimension L) und den notwendig damit verbundenen ethisch-moralischen Implikationen (Dimension E) bearbeitet werden. Hinzu kommt, ebenso notwendig damit verknüpft, das Feld der Sinn- und Wertsetzungen und Sinn- und Wertbindungen, wie sie sich in Religionen und Weltanschauungen manifestieren, und der damit verbundenen Sichten, die diese im Bezug auf den Menschen und die Welt entwickelt haben.(Dimension R).

„Unter Verwendung der Begrifflichkeit einer älteren philosophischen Tradition könnte man formulieren: Es geht um Fragen des guten Lebens, des richtigen Handelns und des Sinns des Lebens" (zitiert nach W. Edelstein/bisher unveröffentlicht).

Ein Charakteristikum von LER ist dabei die integrative Verbindung der drei Dimensionen. Der Begriff der „Dimension" signalisiert in diesem Zusammenhang eine inhaltliche Schwerpunktsetzung, unter der die jeweilige Thematik erschlossen werden soll.

„Integrative Verbindung" will deutlich machen, dass diese Schwerpunktsetzung nicht jeweils für sich an unterschiedlichen Themen realisiert werden soll, sondern dass es zum notwendigen Selbstverständnis des Faches gehört, dass alle drei Schwerpunktsetzungen möglichst an einer Thematik erarbeitet werden. Nur so kann nach unserer Meinung eine bestimmte Tiefendimension für das jeweilige Thema erreicht werden.

3. Die Dimensionen von LER

Der Begriff „Lebensgestaltung" – vorgegeben durch die Anfänge des Projektes LER in der Wendezeit – enthält zwei „Bestandteile", die für das bessere Verständnis des Faches zu trennen sind. Einerseits enthält er die konkrete, gesellschaftlich und biographisch bestimmte Lebenswelt der Schülerinnen und Schüler mit all ihren Faktoren, Erfahrungen und Herausforderungen. Sie bildet – grob formuliert – den Stoff für das Fach.

Andererseits steckt im Begriff „Lebensgestaltung" die Dimension L, also eine Perspektive, die grundlegende anthropologische und psychosoziale Erkenntnisse zu zentralen Gegebenheiten, Erfahrungen und Bedürfnissen des Menschen, wie z. B. Kontingenz, Glück, Ruhe, Geborgenheit oder Gemeinschaft samt Kommunikation ins Blickfeld von Lernen und Unterricht stellt.

Die einzelnen Komponenten dieser Dimension, die sich aus den Erkenntnissen verschiedener Wissenschaften zusammensetzen, müssen noch zu einer abgestimmten, sich als stringend erweisenden sogenannten Basisstruktur verdichtet werden. Daran wird im Wissenschaftlichen Beirat intensiv gearbeitet. Diese Dimension bildet dann, neben der Basisstruktur E und R, ein wesentliches Strukturelement des Faches.

Ethik als Dimension richtet die Aufmerksamkeit auf alle ethisch-moralischen Implikationen, die mit der jeweiligen Thematik verbunden sind. Sie zielt auf moralisches Sensibilisieren und auf eine entsprechende Urteilsfähigkeit der Schülerinnen und Schüler.

Anhand einer konkreten Thematik fragt sie nach unterschiedlichen Möglichkeiten des Verhaltens und Handelns und nach den jeweiligen Begründungen und Folgen.

Aufgedeckt werden sollen in diesem Zusammenhang die Prinzipien, nach denen Menschen handeln wollen oder sollen, und reflektiert wird auch die Rolle, die Verstand und Emotionen als Regulative menschlichen Verhaltens haben.

In den Zusammenhang der ethisch-moralischen Dimension gehört natürlich auch die Frage nach einer jeweils „letzten, verbindlichen Größe" und nach der Art, wie sich von ihr her ethische Normen und Regularien begründen lassen.

Die religionskundliche Dimension will zunächst darauf hinweisen, dass allem, was mit dem menschlichen Selbst- und Weltverständnis und dem, was sich daraus ergibt, zu tun hat, eine im weitesten Sinne weltanschauliche bzw. religiöse Komponente inhärent ist. Werden solche Themen Gegenstand von Unterricht, dann muss auch diese Perspektive eine wichtige Rolle spielen.

„Religiös" bzw. „weltanschaulich" heißt in diesem Zusammenhang, dass unsere Vorstellungen von der Welt und ihrer Entwicklung, von Wirklichkeit und von allem, was dazugehört, und vom Menschen in all seinen Zusammenhängen – bewusst oder unbewusst – von Grundüberzeugungen oder Grundannahmen mitbestimmt sind, die in unserer sozio-kulturellen Entwicklung entweder als religiös oder als weltanschaulich bezeichnet wurden und werden. (Ob das immer so ganz sachgemäße Bezeichnungen sind, sei dahingestellt.)

Die religionskundliche Dimension bringt Religionen und Weltanschauungen auf der Ebene der Religionswissenschaft ins Spiel, nicht auf der Ebene einer bekenntnisgebundenen Theologie. Religionswissenschaft heißt aber nun nicht „bloße Außenansicht" – so wie das fälschlicherweise immer wieder hingestellt wird. „Religionswissenschaftliche Ebene" heißt im Bezug auf LER zunächst, dass die unterschiedlichen, je spezifischen Vorstellungen und inhaltlichen Aussagen von Religionen und Weltanschauungen zu einzelnen Problemkreisen kennengelernt und reflektiert werden. Es geht darum, sich mit einzelnen Elementen und ansatzweise mit Religionen und Weltanschauungen im Ganzen vertraut zu machen.

Religionswissenschaftliche Ebene heißt dann aber auch, dass die existenziell und inhaltlich qualifizierten Antworten im Hinblick auf ihre Wahrheit oder existenzielle Gültigkeit vom Fach LER her nicht entschieden werden. Darüber hinaus bedeutet diese Ebene noch, dass Schülerinnen und Schülern merken, dass sie herausgefordert sind, ihre, wie auch immer geartete eigene Antwort auf solche Fragen zu finden.

4. Die Ziele von LER

Im Gesetz über die Schulen im Land Brandenburg heißt es zu den Aufgaben und Zielen von LER (§ 11 Abs. 2):

„Das Fach Lebensgestaltung–Ethik–Religionskunde soll Schülerinnen und Schüler in besonderem Maß darin unterstützen, ihr Leben selbstbestimmt und verantwortlich zu gestalten und ihnen helfen, sich in einer demokratischen und pluralistischen Gesellschaft mit ihren vielfältigen Wertvorstellungen und Sinnangeboten zunehmend eigenständig und urteilsfähig zu orientieren."

Da LER seinem Selbstverständnis entsprechend bewusst ein Teil des schulischen Lernprozesses insgesamt sein will, ist auch bei der Bestimmung der Ziele zu beachten, dass zwischen der Fachebene und der Ebene übergreifender Kompetenzenförderung unterschieden werden muss, wobei selbstverständlich beides eng miteinander verzahnt ist.

Wir haben uns in Brandenburg in der Sekundarstufe I – und LER gibt es z. Z. nur dort – für vier zentrale Kompetenzen entschieden, deren Ausbildung und Förderung den gesamten Lernprozess bestimmen soll: Es geht um Fachkompetenz, Methodenkompetenz, soziale und personale Kompetenz.

Das Fach LER versucht nun, diese übergreifenden Kompetenzen dadurch zu befördern, dass es in seinem Bereich Fachziele verfolgt und realisiert. Stichwortartig können diese fachlichen Ziele etwa folgendermaßen benannt werden:
– Die Entwicklung ethischer Urteilsfähigkeit;
– die Vermittlung von Orientierungswissen und die Befähigung zur Auseinandersetzung mit existenziellen Fragen;
– die Bereitschaft und Fähigkeit zur Begegnung mit Menschen unterschiedlicher Lebensgestaltung und Wertorientierung;
– die Förderung der Identitätsentwicklung.

Was damit jeweils konkret gemeint ist und welche Erfordernisse sich daraus für den Unterricht ergeben, sollten wir anschließend in unserer Diskussion bedenken. Klar ist den Verantwortlichen für LER, dass diese fachlichen Ziele für die jeweiligen Unterrichtssequenzen noch einmal aufgeschlüsselt und im Hinblick auf das jeweilige Thema entfaltet werden müssen.

5. Die Inhalte von LER

Bei der Bestimmung der Inhalte von LER waren zwei Anliegen zu berücksichtigen: Einmal sollten die thematischen Anliegen, die Fragen und Probleme der Schülerinnen und Schüler aufgenommen und zum Unterrichtsgegenstand erhoben werden, und natürlich musste zugleich eine allgemein gültige Fachthematik geschaffen werden.

Den jetzt strukturierten, möglichen Gesamtstoff von LER haben wir gewonnen, indem wir
1. Entwicklungsaufgaben Heranwachsender nach Havighurst
2. Schlüsselprobleme nach Klafki
3. Grunddaseinsfunktionen nach der Konvention von Athen 1968
4. Felder sozio-kultureller Lebenswelt Jugendlicher und
5. existenzielle Fragen des Menschseins zusammengeführt und daraus 7 Lernfelder gebildet haben.
Diese sieben Lernfelder heißen jetzt (stichwortartig):
– Heranwachsen
– Menschen leben in Beziehungen
– Schule als Lebensort
– Orientierung in der Vielfalt und im Wandel

– Deutungen von Welt und Existenz
– Wie ich leben will.
– Was ist der Mensch?

Diese Lernfelder sind mehrfach untergliedert und ergeben so nach unserem Verständnis einmal die Grundlage für verbindlich festzulegende Themen und zugleich den nötigen Spielraum, um Anliegen und Probleme der jeweiligen Schülerinnen und Schüler in den Unterrichts- und Lernprozess aufzunehmen.

Wichtig bleibt dabei, dass im Prinzip alle Themen mit Hilfe der LER-spezifischen Dimensionen bearbeitet und auf diesem Hintergrund reflektiert werden.

Der spezifische Akzent der Unterrichtsgestaltung in LER ergibt sich aus dem Gegenstand und der Intention des Faches. LER lässt sich ein auf Themen und Fragen, die eine direkte existenzielle Relevanz besitzen und erklärtermaßen auf Orientierungshilfe für eine selbstbestimmte und verantwortliche Lebensgestaltung hinauslaufen. Damit befinden sich alle am Lernprozess Beteiligten in einer Situation, in der neben Wissensvermittlung, Leistungsbewertung etwa biographische Erfahrungen, persönlich bestimmte Wertpräferenzen und weltanschauliche bzw. religiöse Entscheidungen unmittelbar zu beachtende Elemente des Unterrichtsprozesses sind. Das erfordert sowohl von den Lehrkräften als auch von den Heranwachsenden bestimmte Haltungen und Einstellungen zueinander, die in der Unterrichtsgestaltung sowohl ermöglicht als auch zugleich gelernt und gefördert werden müssen.

Ich will im Folgenden einige Prinzipien – ohne Rangfolge – nennen, die den LER-Unterricht bestimmen sollen. Was dies dann im Einzelnen jeweils heißt, muss konkret im jeweiligen Kontext geklärt und auch methodisch verwirklicht werden. Für das Verständnis des Faches LER genügt aus meiner Sicht vorläufig folgende Aufzählung:

Die Unterrichtsgestaltung in LER ist verpflichtet
dem Prinzip des konstruktiven Diskurses;
dem Prinzip der Kontroversität und der Pluralität;
dem Prinzip der Erfahrbarkeit von Werten.

Unabdingbar für das Gelingen des Faches ist weiterhin die Schaffung und Aufrechterhaltung einer vertrauensvollen Arbeitsatmosphäre und ein vielfältiger und genau reflektierter Einsatz unterschiedlicher Arbeits-, Sozialformen und Medien.

Indem wir uns in Brandenburg schrittweise diese und andere Eckwerte von LER klargemacht haben, wurde offenkundig, dass LER nicht einfach ein neues Unterrichtsfach in der Stundentafel sein kann. LER muss vielmehr eingebettet sein in eine erneuerte, übergreifende Planung und Gestaltung von Unterricht, wenn das Fach gelingen soll.

Reinhard Schilmöller

L-E-R als Ethikunterricht

Eine kritische Stellungnahme zu den „Unterrichtsvorgaben" für das Fach

1. Fragestellung und Vorgehen

Das Fach L-E-R, so hat uns Christian Lange informiert, ist noch im Werden begriffen; es hat sich verändert und wird sich weiter verändern. Entstanden und konzipiert worden ist es in Reaktion auf die Defizite des DDR-Bildungssystems und im Hinblick auf die besondere Situation des Landes Brandenburg. Es wurde zunächst als „Lebensgestaltung-Ethik-Religion" bezeichnet und vom Ende des Schuljahres 1992/93 an bis zum Ende des Schuljahres 1994/95 in einem Modellversuch unter Beteiligung der evangelischen Kirche erprobt. Als diese ihre Mitwirkung aufkündigte, wurde das Fach programmatisch in „Lebensgestaltung-Ethik-Religions*kunde*" umbenannt und mit Beginn des Schuljahres 1996/97 als ordentliches, allgemeinbildendes und bekenntnisfreies Pflichtfach für alle Schüler eingeführt. Religionsunterricht ist dagegen in Brandenburg nicht Pflichtfach, sondern wird als konfessioneller Religionsunterricht in der Verantwortung der Kirchen außerhalb der Stundentafel als freiwilliges Wahlfach angeboten.

Richtlinien für das neue Fach wurden während der Versuchsphase 1993/94 erarbeitet und vom Beginn des Schuljahres 1994/95 an erprobt. Diese „Hinweise zum Unterricht im Modellversuch" genannten vorläufigen Richtlinien wurden dann überarbeitet und mit Rundschreiben vom 25.06.1996 als „Unterrichtsvorgaben" für den Unterricht in der Sek I in Kraft gesetzt. Auf sie beziehen sich die folgenden Aussagen. Weitere Überarbeitungen sind offensichtlich geplant, liegen aber gegenwärtig noch nicht vor und können deshalb (bis auf Tendenzen, die in den Ausführungen von Lange erkennbar sind) nicht berücksichtigt werden.

In diesem Beitrag untersucht und kritisch erörtert werden sollen die Aussagen der „Unterrichtsvorgaben" zum Gegenstand, zur Zielsetzung, zu den Inhalten und Methoden des neuen Fachs. Dabei wird eine bestimmte Perspektive eingenommen: Die Analyse orientiert sich am Anspruch des Faches (im Rahmen des schulischen Fächerkanons) Werterziehung zu leisten. Ausdrücklich nicht thematisiert wird die Frage, inwieweit das Fach L-E-R den Religionsunterricht zu ersetzen vermag. Dem eigenen Selbstverständnis zufolge will L-E-R ein solcher Ersatz zwar nicht sein, doch wird es in der öffentlichen Diskussion gleichwohl vielfach als ein solcher Ersatz, als ein Modell gar für den Religionsunterricht der Zukunft betrachtet (vgl. dazu Schilmöller 1998). Demgegenüber soll L-E-R hier in seiner Eigenart als werterziehendes Fach betrachtet werden, das Vergleichbares leisten will wie der (unterschiedlich benannte) Ethik-Unterricht in anderen Bundesländern. Dem

Selbstanspruch des Faches, eine neue und neuartige schulische Antwort auf die Herausforderungen einer neuen Zeit zu sein, soll dabei Rechnung getragen, d. h. eine Beurteilung nach einem sachfremden Koordinatensystem vermieden werden. Vorgesehen ist eine Analyse und Stellungnahme in folgenden Schritten:

● In einem ersten Schritt wird zunächst der spezifische Ansatz des L-E-R-Konzepts in seiner Eigenart zu charakterisieren versucht. Dazu werden nacheinander in beschreibender Absicht kurz die Aussagen der „Unterrichtsvorgaben" (2.1) zu Gegenstand, Zielsetzung und Inhalten von L-E-R vorgestellt, dann die Aussagen (2.2) zur Begründung der Ziel- und Inhaltsvorgaben und schließlich (2.3) zu den Prinzipien und Methoden der Unterrichtsgestaltung.

● In einem zweiten Schritt werden darauf bezogen dann kritische Anfragen formuliert. Analysiert und befragt werden (3.1) die Gegenstandsbestimmung für das Fach, (3.2) die damit verknüpfte Zielvorstellung, (3.3) das vorherrschende Verständnis des schulischen Bildungsauftrags sowie (3.4) die Inhaltsentscheidungen und der Integrationsanspruch.

2. Die Eigenarten den brandenburgischen L-E-R-Konzepts

Worin Eigenart und spezifischer Auftrag des Faches L-E-R bestehen, wird zusammenfassend im Brandenburgischen Schulgesetz vom 12. 4. 1996 formuliert. Lt. § 11, Abs. 2 soll das neue Fach „Schülerinnen und Schüler in besonderem Maße darin unterstützen, ihr Leben selbstbestimmt und verantwortlich zu gestalten und ihnen helfen, sich in einer demokratischen und pluralistischen Gesellschaft mit ihren vielfältigen Wertvorstellungen und Sinnangeboten zunehmend eigenständig und urteilsfähig zu orientieren". Das Fach, so heißt es dann weiter, „dient der Vermittlung von Grundlagen für eine wertorientierte Lebensgestaltung, von Wissen über Traditionen philosophischer Ethik und Grundsätzen ethischer Urteilsbildung sowie über Religionen und Weltanschauungen". Das Spezifikum des neuen Faches ist demnach seine Orientierungsfunktion im Hinblick auf eine verantwortliche Lebensgestaltung.

2.1 Gegenstand, Zielsetzung und Inhalte von L-E-R

Dieser globalen Aufgabendefinition entsprechend erfolgt die Gegenstandsbestimmung für das neue Fach. „Gegenstand des Faches L-E-R", so heißt es in den Unterrichtsvorgaben, „ist die Lebensgestaltung von Menschen unter besonderer Berücksichtigung der ethischen Dimension und der Sicht unterschiedlicher Weltanschauungen und Religionen" (9). Auf diese Gegenstandbestimmung bezogen wird die spezifische Zielsetzung von L-E-R wie folgt ausgewiesen: „L-E-R soll *Leben lernen* fördern durch das Aufnehmen und die integrative Bearbeitung von Fragen der Identitätsfindung und des Zusammenlebens, der Wertorientierung, des Weltverständnisses und der Sinngebung" (9). „Integrative Bearbeitung" in inhaltlicher Hinsicht meint dabei, so heißt es an anderer Stelle, „daß zwischen konkreten Themen des Alltagslebens, ethischen Normen, Werten und Regeln sowie Sichtweisen von Weltanschauungen und Religionen nicht ‚fein säuberlich' getrennt wird, sondern daß unterschiedliche Momente miteinander in Beziehung gebracht werden" (21). Weil die Lebensgestaltung von Menschen ein solches In-Beziehung-setzen erfordert und dafür den Anwendungsfall darstellt, bildet sie den integrativen Kern des Faches, ist Gegenstand und Ziel zugleich. Wenn man die Schüler befähigen wolle, selbstständig einen eigenen Lebensentwurf entwickeln zu können, so wird argumentiert, müssten sie zuvor unterschiedliche Möglichkeiten der Lebensgestaltung kennenlernen und sich reflexiv mit ihnen auseinandersetzen. „Der Prozess des Lebens und Lernens", so heißt es weiter, werde damit „selbst Gegenstand des Lernens im Sinne einer reflexiven Aneignung der Lebens- und Lerngeschichte" (20). Im Fach L-E-R, so lässt sich zusammenfassen, sollen die Schüler demnach „leben lernen" in Auseinandersetzung mit unterschiedlichen Formen der Lebensgestaltung, also gelebten Lebens.

Sowohl auf der Inhalts- wie auf der Zielebene wird dieses als „Spezifik" von L-E-R bezeichnete Globalziel weiter ausdifferenziert. Die Fähigkeit, „sein Leben sinnvoll, selbstverantwortlich und aktiv gestalten zu können", so heißt es, „erfordert die Entwicklung verschiedener Kompetenzen" (21). Als solche Kompetenzen, die hier nicht näher erläutert werden können, werden genannt und jeweils einzeln gekennzeichnet: Selbstkompetenz, Sozialkompetenz, Kompetenz zur Auseinandersetzung mit Sinnangeboten, ethische Kompetenz sowie eine Art „Begegnungskompetenz". Erworben werden sollen diese fünf Kompetenzen in Auseinandersetzung mit Inhalten und Themen, die zu sechs Lernfeldern angeordnet sind. Funktion dieser Lernfelder ist es, „aus der Fülle der Lebensaufgaben, Chancen, Fragen und Probleme heraus eine Struktur anzubieten" (28). Die sechs Lernfelder lauten: 1. Menschen als Individuen – ihre Bedürfnisse, Lebensgeschichten, Lebenswelten und Lebensgestaltung, 2. Menschen in Gemeinschaft – Wahrnehmen und Gestalten von Beziehungen, 3. Gefährdungen und Belastungen menschlichen Lebens – mögliche Ursachen, Auswege , Grenzen, Hilfen und das Maß eigener Verantwortung, 4. Auf der Suche nach einem erfüllten und sinnvollen Leben, 5. Die Menschen und ihre Religionen, Weltanschauungen und Kulturen, 6. Persönliche Lebensgestaltung und globale Perspektiven – Probleme und Chancen. Jedes Lernfeld ist so aufgebaut, dass zunächst die anzustrebenden Intentionen genannt und dann inhaltliche Schwerpunkte ausgewiesen werden, denen jeweils einer Auswahl möglicher Themen zugeordnet ist. Die Behandlung von Themen aus allen Lernfeldern ist für die jeweiligen Jahrgangsstufen verbindlich vorgeschrieben; als verbindlich erklärt werden zudem Gegenstand, Spezifik und integrativer Charakter des Faches sowie die genannten Kompetenzen.

Veränderungen auf der Ziel- und Inhaltsebene von L-E-R sind den Ausführungen von Christian Lange zufolge offensichtlich insofern geplant, als bei der Ausdifferenzierung des Globalziels jetzt zwischen anzustrebenden Kompetenzen und Fachzielen unterschieden werden soll. Die (nun) vier Kompetenzen (Fach-, Methoden-, soziale und personale Kompetenz) sind dabei dem Anschein nach eher formal und die Fachziele (Entwicklung ethischer Urteilsfähigkeit u. a.) stärker inhaltlich definiert. Mit dem Ziel, deutlicher als bisher eine „Fachthematik" auszuweisen, sollen offenbar auch die nun zu sieben Lernfeldern angeordneten Inhalte und Themen des Unterrichtes neu geordnet und benannt werden (vgl. die Aufstellung bei Lange in diesem Band).

2.2 Zur Begründungsstruktur der Ziel- und Inhaltsvorgaben

Eine Begründung von Gegenstand und Zielsetzung des Faches L-E-R, die *explizit* so genannt würde, findet sich in den Unterrichtsvorgaben nicht; gleichwohl wird sie *implizit* dadurch gegeben, dass das Fach in den Kontext der Situation Jugendlicher und aktueller gesellschaftlicher Probleme hineingestellt wird (vgl. 11ff). Verwiesen wird dabei auf die gesellschaftliche Umbruchsituation, den Wandel der familiären Lebens- und Sozialisationsbedingungen, den fortschreitenden Verfall überlieferter Lebensmuster und Traditionen, den großen Einfluss der Medien, die wirtschaftlichen Schwierigkeiten und ökologischen Probleme, die Pluralisierung der Lebenswelten und das Nebeneinander einer Vielzahl von Weltbildern und Wertorientierungen etc., Erscheinungen, die einen „hohen Orientierungsbedarf" mit sich brächten und eine „Sozialisationsbegleitung" der in der Phase der Identitätsentwicklung sich befindenden Jugendlichen notwendig machten. Eine vergleichbar ausführliche und dezidierte Bezugnahme auf gegenwärtige gesellschaftliche Problemlagen in legitimierender Absicht findet sich in den Richtlinien für den Ethikunterricht anderer Bundesländer nicht.

Wird so einerseits unter Bezugnahme auf diese Problemlagen die Notwendigkeit des neuen Faches mit dem „spezifischen Schwerpunkt existentieller Lebensfragen" (10) zu begründen versucht, so wird andererseits davor gewarnt, das Fach mit Ansprüchen und Erwartungen zu überfordern, denn es sei „weder eine therapeutische Institution noch eine Reparaturwerkstatt für gesellschaftliche Missstände" (11). Im Fach L-E-R gelte es vielmehr, ausgehend von „den biographischen und lebensweltlichen Erfahrungen der Kinder und Jugendlichen" solche Lernprozesse zu initiieren, „die eine eigenständige und (selbst-)verantwortliche Lebensgestaltung in einer komplexen Welt fördern" (11). Diese „Förderung einer ganzheitlichen Entwicklung junger Menschen" (14) soll dadurch geschehen, dass Erwachsene am Dialog Jugendlicher in einer Weise teilhaben, dass diesen Jugendlichen nicht nur „das kritische Verstehen von Lebensentwürfen und Gestaltungen aus unterschiedlichen weltanschaulichen und religiösen Traditionen" (14) ermöglicht wird, sondern sie auch dabei unterstützt werden, „kulturelle, ästhetische, ethische, religiöse und weltanschauliche Identifikationsangebote und Sinnstiftungen zu finden und zu ordnen, um sie zu eigenen Erfahrungen und Einsichten kritisch in Beziehung zu setzen" (15). Angestrebt wird demnach nicht nur das Kennenlernen, „das kognitive Erfassen eines Sachverhalts", sondern die Anwendung und Umsetzung im Hinblick auf das eigene Leben, also „eine engagierte Stellungnahme und aktives Handeln" (44). Entsprechend soll L-E-R „nicht nur ein Ort sein, wo über Bedingungen einer menschen- und naturfreundlichen Zukunft verhandelt wird. L-E-R soll auch ein Ort sein, wo die Entwicklung von Sensibilität, Erlebnisfähigkeit und Kreativität sowie Erfahrungen einer solidarischen Gemeinschaft ermöglicht werden, wo Schülerinnen und Schüler fair miteinander umgehen, wo Schwächere geschützt und Übergriffe zurückgewiesen werden" (16). Was in L-E-R als Ziel angestrebt wird, soll demnach im Unterricht in der persönlichen Begegnung von Lehrern und Schülern selbst modellhaft erfahrbar sein.

Gleichwohl versteht sich L-E-R als *Unterricht* und ist als solcher auf konkrete Inhalte und Themen verwiesen, die den komplexen Aufgabenbereich „Lebensgestaltung" interpretierend auslegen, ihn strukturieren und für die jeweiligen Klassenstufen in eine thematische Abfolge bringen. Das geschieht in den sechs Lernfeldern, die die Unterrichtsvorgaben ausweisen. Diese Lernfelder seien nicht linear den angestrebten Kompetenzen zuzuordnen, heißt es, wenngleich einzelne Kompetenzen „eine besondere Affinität zu einem Lernfeld" hätten (vgl. 28). Eine weitergehende Begründung für die gewählte Struktur findet sich nicht. Das gilt ebenso auch für die den Lernfeldern zugeordneten, konkret und ausführlich benannten und unter Oberbegriffen relativ plausibel geordneten „inhaltlichen Schwerpunkte", deren Auswahl nicht eigens begründet wird. Dieses Defizit soll bei der Neufassung der Unterrichtsvorgaben aber offensichtlich behoben werden. Die Strukturierung des „Gesamtstoffes von L-E-R", so Lange, erfolge dort unter Berufung auf die Entwicklungsaufgaben Heranwachsender nach Havighurst, die Schlüsselprobleme nach Klafki, die Grunddaseinsfunktionen nach der Konvention von Athen 1968, auf Felder soziokultureller Lebenswelt Jugendlicher und auf existentielle Fragen des Menschseins.

2.3 Prinzipien und Methoden der Unterrichtsgestaltung

Aussagen zur Unterrichtsgestaltung finden sich in den „Unterrichtsvorgaben" in zwei Kapiteln: Ein Kapitel („Ansprüche an die Unterrichtsgestaltung") nennt allgemeine, für alle Fächer geltende Unterrichtsprinzipien wie Schülerorientierung, Handlungsorientierung, Problemorientierung, Offenheit etc., die für L-E-R aber in besonderer Weise spezifiziert und erweitert werden. Ein weiteres Kapitel („Methoden, Sozialformen, Medien") listet eine große Anzahl möglicher Arbeitsformen auf und nennt Gesichtspunkte für die Auswahl. Als Unterrichtsprinzipien, die über die für alle Fächer geltenden hinaus für L-E-R kennzeichnend sind, werden Pluralität und Kontroversität einerseits sowie Authentizität, Partnerschaft und gegenseitige Achtung andererseits aufgeführt. Das Prinzip der Pluralität und Kontroversität soll dazu beitragen, dass der „offene Diskurs" gefördert und einseitige Beeinflussungen verhindert werden (vgl. 19). Berücksichtigt werden sollen jeweils *gegensätzliche* Normen, Wertorientierungen und Sinngebungen. Entsprechend sollen sich die Lehrkräfte (lediglich) „als Organisatoren und Moderatoren des Dialogs verstehen" (20). Sie sollen, so wird das Prinzip „Offenheit" spezifiziert, den Unterricht für die Vielfalt der Positionen öffnen, „authentische Vertreter" dieser Positionen zu Wort kommen lassen, sich selbst „voreiliger Schlüsse und Wertungen enthalten" und „Offenheit vorleben" (18). Andererseits wird „Authentizität" auch von den L-E-R Lehrkräften erwartet: Sie sollen ihre eigene Haltung und Überzeugung zu erkennen geben und verdeutlichen und sich „um eine Einheit zwischen Fühlen, Denken, Reden und Handeln im eigenen Leben und im Umgang mit den Schülerinnen und Schülern bemühen" (19). Zu beachten sei dabei, so heißt es zum Prinzip „Partnerschaft und gegenseitige Achtung", dass „persönliche Überzeugungen unter Berücksichtigung des Mäßigungsgebotes und mit standpunktbezogener Toleranz vertreten werden" (19).

Das der methodischen Unterrichtsgestaltung gewidmete Kapitel der „Unterrichtsvorgaben" geht zunächst auf Gesichtspunkte zur Auswahl von Methoden, Sozialformen und Medien ein und nennt als solche die erläuterten Ansprüche an die Unterrichtsgestaltung, den Entwicklungsstand der Schüler, die Nutzung von Methoden relevanter Fachwissenschaften, das persönliche Methodenrepertoire des Lehrers etc. (vgl. 42). Anschließend wird dann eine Vielzahl geeigneter Arbeitsformen aufgeführt, und zwar jeweils bezogen auf bestimmte übergreifende Intentionen wie „Zur Entspannung und Einstimmung", „Zur Sensibilisierung der Wahrnehmung", „Zur Verbesserung des Gruppenklimas", „Zum Neuerwerb von Wissen", „Zur Ausdrucksgestaltung" u. a. Die genannten Intentionen verweisen nochmals darauf, dass sich die Zielsetzung von den L-E-R nicht nur auf kognitive Prozesse bezieht. Die ihnen zugeordneten Arbeitsformen sind teils allgemeiner, teils eher sozial-psychologischer Art und nicht unbedingt schulüblich, teils auch insofern typisch für den Ethikunterricht, als „Zur Reflexion und Verarbeitung" auf die Analyse von und den Diskurs über Dilemma-Situationen sowie auf Verfahren der Folgenabschätzung verwiesen wird. Worauf L-E-R letztlich abzielt, wird nochmals deutlich, wenn als Arbeitsformen „Zur Interaktion und Kooperation", „praktisches Handeln in simulierten und echten Situationen", „Selbstbehauptungstraining" und „Trainingsformen zur Erprobung, Einübung und Anwendung neuer Verhaltensweisen" (44) genannt werden.

3. Kritische Anfragen an die Konzeption des Faches L-E-R

Auffälliges Charakteristikum von L-E-R ist den bisherigen Ausführungen zufolge sein ganzheitlich-integrativer, auf die Bewältigung des Lebens ausgerichteter und mit dem Terminus „Lebensgestaltung" programmatisch bezeichneter Ansatz. Dieser lebenskundlicher Ansatz hat dem Fach den Ruf einer innovativen Konzeption eingebracht, scheint es doch die allenthalben beklagte fachlicher Zersplitterung zu vermeiden und endlich das zum zentralen Anliegen zu machen, wozu der selbstzweckhaft entartete Fachunterricht den schulischen Bildungsplänen zufolge ja letztlich dienen und beitragen soll: zur Befähigung der Schüler zu einer selbstverantwortlichen Lebensgestaltung hier und heute. Als ein solcher Versuch interpretiert, die Konsequenzen aus der Kritik an der gegenwärtigen Praxis des schulischen Fachunterrichts zu ziehen, der Forderung also nach fächerübergreifendem, ganzheitlichem Lernen, nach stärkerer Schüler- und Lebensweltorientierung und nach einer am Bildungsauftrag der Schule orientierten erzieherischen Ausrichtung des Unterrichtes Rechnung zu tragen, verdient L-E-R sicherlich Beachtung und Anerkennung. Gleichwohl bleibt zu fragen, inwieweit der Versuch gelungen ist. Eine erste Anfrage bezieht sich auf die Gegenstandsbestimmung für das Fach.

3.1 Lebensgestaltung – wiederbelebter „Gesamtunterricht"?

Wenn die „Unterrichtsvorgaben" für das Fach „die Lebensgestaltung von Menschen" als Gegenstand von L-E-R bestimmen, so wird für die unterrichtliche Bearbeitung damit ein Feld abgesteckt, das umfassender nicht sein könnte. Menschliche Lebensgestaltung erfolgt ja immer in Reaktion auf Welt und Umwelt, so dass jede nur erdenkliche Erscheinung sie direkt oder indirekt tangiert und damit zum Gegenstandsbereich des Faches zählt. Alles und jedes kann insofern zum Thema gemacht und kaum etwas ausgeschlossen werden. Man spricht über „Gott und die Welt". Dass dies auch durchaus so gewollt ist, verdeutlicht die Aussage von Marianne Birthler, die zu den Initiatoren des neuen Faches zählt: „Gott und die Welt" war demnach als Name für das Unterrichtsfach anfangs ernsthaft im Gespräch, habe sich aber leider nicht durchgesetzt (vgl. 1999, 71). Als typisch für den Ethikunterricht kann diese umfassende Gegenstandsbestimmung nicht gelten. Gegenstand des Ethikunterrichts, so Aloysius Regenbrecht (in diesem Band), „ist die Aufklärung über den Standpunkt der Moral aus Anlass von Erfahrungen". Diese Gegenstandsbestimmung wird im Fach L-E-R weit überschritten, so dass die Aussage Langes verständlich ist, dass L-E-R sich nicht als Ethikunterricht verstehe. Der Maxime entsprechend, dass die Entwicklung junger Menschen „ganzheitlich" zu fördern sei, soll nicht nur der „Standpunkt der Moral" Gegenstand sein, sollen vielmehr „kulturelle, ästhetische, ethische, religiöse, weltanschauliche" Aspekte in die Betrachtung einbezogen und nicht getrennt voneinander, sondern integrativ bearbeitet werden. L-E-R gerät damit zu einer Art „Gesamtunterricht", wie er von Berthold Otto zu Beginn des 20. Jahrhunderts konzipiert wurde. Otto sah im Tischgespräch des gebildeten Vaters mit seinen Kindern eine Grundform „natürlichen Unterrichts". Diese Gesprächsform „wurde zum Vorbild seines Gesamtunterrichts, einer Gesprächsrunde zwischen Schülern, Lehrern und ggf. Eltern oder interessierten Erwachsenen, in denen die Thematik grundsätzlich von den Schülern bestimmt wurde" (Neuhaus 1977, 8). Auch im Fach L-E-R wird diese von den Fragen der Schüler bestimmte „Gesprächsrunde" offensichtlich als ideale und anzustrebende Form des Unterrichts betrachtet. Das läßt sich mit vielen Aussagen der „Unterrichtsvorgaben" belegen, etwa wenn gefordert wird, dass „Erwachsene am Dialog junger Mensch teilhaben" (11) und dass „authentische Vertreterinnen und Vertreter" sowohl von Religionen und Weltanschauungsgemeinschaften als auch aus gesellschaftlichen Bereichen und Institutionen in das Unterrichtsgespräch einbezogen werden sollen (vgl. 10), wenn betont wird, dass L-E-R ein Ort sein soll, wo Jugendliche bei ihrer Suche „solidarische Begleitung" (20) durch Erwachsene erfahren, wo man zusammenkommt, um „miteinander herauszufinden, worauf Menschen setzen können, was ihnen lieb und wichtig ist, damit sie ihr Leben als gelungen ansehen können" (20), oder wenn die Erwartung ausgesprochen wird, dass „die Beachtung der Interessen und Bedürfnisse der Schülerinnen und Schüler, das Anknüpfen an ihre Fragen und Probleme, ihre Beteiligung an Entscheidungen im Vordergrund stehen" (41). Wirklich gut, so Marianne Birthler, sei Unterricht erst dort, wo er „schülerorientiert und offen gestaltet" werde, wenn Ernst damit gemacht werde, „die Kinder in den Mittelpunkt zu stellen, darauf zu hören, was sie brauchen, ihnen Gesprächspartner zu sein, im Gespräch neue Räume zu öffnen" (1999, 85). Dann, so Birthler weiter, werde der Unterricht – und gemeint ist seine Thematik – „weitgehend von der Lebenswelt der Kinder und Jungendlichen bestimmt, von ihren Fragen, Problemen und auch von ihrer kulturellen oder religiösen Vielfalt" (ebd.). Im Fach L-E-R soll demnach (ebenso wie im Gesamtunterricht Ottos), alles das Gegenstand des Unterrichts sein, was von den Schülern zum Gegenstand gemacht wird. Ein Unterrichtsfach im herkömmlichen Sinne, das sich orientiert an Gegenstand und Methode einer wissenschaftlichen Bezugsdisziplin, ist L-E-R folglich nicht und insofern ein „neuartiger Ansatz", der allerdings ein altes Modell nur wiederbelebt. L-E-R macht ein für alle Fächer geltendes Unterrichts*prinzip,* die Schülerorientierung, zu einem eigenen Unterrichts*fach* mit der Konsequenz, dass es einen spezifischen, eingrenzbaren und von anderen Fächern abgrenzbaren Gegenstandsbereich nicht aufweist. Mit dem Begriff „Lebensgestaltung" wird dieses Defizit zu legitimieren versucht und das Fach in anspruchsvoller, die fehlende Gegenstandsbestimmung verdeckender und gleichwohl nicht völlig unzutreffender Weise gekennzeichnet.

Die Kritik, die an der unzureichenden, alles ein- und kaum etwas ausschließenden Gegenstandsbestimmung von L-E-R zu üben ist, bezieht sich nicht auf die intendierte Schülerorientierung, die ein anerkanntes Prinzip jeglichen Unterrichts darstellt. Dass Unterricht anzuknüpfen hat an die Fragen, Probleme und Interessen der Schüler, kann und soll nicht bestritten werden. Zur Legitimation des Gegenstandsbereichs eines Schulfachs reicht die Berufung auf Schülerfragen und -interessen aber nicht aus. Solche Fragen und Interessen der Schüler sind von vielerlei Einflüssen abhängige, prinzipiell unter Ideologieverdacht stehende Reaktionen auf Welt und Umwelt, die nicht unhinterfragter Ausgangspunkt des Unterrichts und alleiniges Auswahlkriterium dafür sein können, was dort gelehrt und gelernt wird. Unterricht wird dann zum Spielball zufallsbedingter Vorlieben und setzt sich der Gefahr aus, den Schülern das für das spätere Leben Notwendige vorzuenthalten (vgl. dazu ausführlicher Schilmöller 1995b, 197ff.).

Gravierender noch ist, dass L-E-R mit der fehlenden wissenschaftlichen Bezugsdisziplin nicht nur ein Kriterium zur Eingrenzung des Gegenstandsbereichs des Faches, sondern auch für die Richtigkeit des im Fach Vermittelten fehlt. Dafür nämlich fungiert die Wissenschaft als „Wahrheitskriterium", d. h. im Unterricht darf nichts gelehrt und gelernt werden, was nicht dem gegenwärtigen Erkenntnisstand wissenschaftlicher Forschung entspricht (vgl. Schilmöller 1995a). Die „Unterrichtsvorgaben" für L-E-R verweisen denn auch auf die Notwendigkeit eines „Wissenschaftsbezugs" (18), ohne dabei allerdings eine bestimmte Wissenschaftsdisziplin zu benennen, zu der ein Bezug hergestellt wird. Wissenschaft aber ist wesentlich (historisch gewachsene) Disziplinarität, d. h. nur in Disziplinen aufgegliedert existent und vorfindbar. Die einzelnen Wissenschaftsdisziplinen verfügen über je spezifische Fachsprachen, Theorien und Methoden, die Ausdruck sind „einer disziplinenspezifischen Strukturierung der Realität und damit einer disziplinenspezifischen Weltsicht" (Defila / DiGuilio 1998, 113). Die Disziplinen der Wissenschaft und ebenso das Fächerprinzip der Schule realisieren die erkenntnistheoretische Einsicht der Moderne, dass dem Menschen das Wissen um das Ganze der Welt verwehrt ist und er sie immer nur bruchstückhaft und perspektivisch zu erkennen vermag. Weil Wissenschaft folglich eine Orientierung über das Ganze der Welt, ihren Sinn und ihre Ordnung nicht zu geben vermag, Lebensprobleme, auf deren Lösung die Schule die Schüler vorbereiten will, aber immer komplexer Natur sind und ein ganzheitliches Handeln erfordern, muss das Subjekt das von der Wissenschaft zutage geförderte aspekthafte Wissen über die Welt nach eigenen Sinnkategorien ordnen, einordnen und bewerten lernen und ist dazu auf Bildungsprozesse verwiesen, die zu initiieren und zu führen den Bildungsauftrag der Schule und jedes Unterrichtsfachs ausmacht. In Brandenburg, so scheint es, wird dieser Bildungsauftrag, dessen fachspezifische Umsetzung das Konzept des „erziehenden Fachunterrichts" (vgl. dazu Pöppel in diesem Band) leisten will, an ein einzelnes Fach delegiert, – an L-E-R. Das, was in den einzelnen Unterrichtsfächern nur aspekthaft in den Blick kommt, soll in L-E-R ganzheitlich-fächerintegrierend behandelt werden. Die Antwort der brandenburgischen SPD-Landtagsfraktion auf die Frage nach dem Verhältnis von L-E-R zu anderen Unterrichtsfächern belegt dies deutlicher noch als entsprechende Stellen in den „Unterrichtsvorgaben": „Es ist bekannt", heißt es dort, „dass auch andere Unterrichtsfächer wie z. B. Deutsch, Geschichte und Politische Bildung in ihrem Rahmen Fragen der Lebensgestaltung, der Ethik und der Religionskunde ansprechen. Während dies dort jedoch aspekthaft, d. h. literaturbezogen, historisch oder politisch erfolgt, steht im Fach L-E-R die Lebensgestaltung in ihrer Komplexität im Mittelpunkt des Unterrichts und die Inhalte werden ganzheitlich auch auf Lebens- und Orientierungsfragen der Schülerinnen und Schüler bezogen" (1996, 51). Verkannt wird hier, dass die Aspekthaftigkeit des Erkennens auch durch interdisziplinäres Vorgehen nicht aufhebbar und „heilbar" ist. Das „Ganze" entsteht nicht durch die Summierung von Aspekten, sondern muss vom Subjekt als „einheitsstiftendem Prinzip" (Heitger) selbst hervorgebracht werden. In der Moderne kann kein Fach mehr beanspruchen, objektiv und verbindlich um das „Ganze" zu wissen (vgl. dazu ausführlich Schilmöller 1997, 100ff.). Deshalb gibt es für „Lebensgestaltung" auch keine wissenschaftliche Bezugsdisziplin und kann L-E-R nicht auf sie verweisen. Die Richtigkeit dessen, was im Fach L-E-R ganzheitlich geordnet, eingeordnet und erkannt wird, ist daher auch nicht wissenschaftlich verifizierbar; *über sie läßt sich nur noch weltanschaulich-ideologisch befinden.* Dass den Schülern eine Abmeldemöglichkeit vom offiziell bekenntnisfreien und weltanschaulich neutralen Pflichtfach L-E-R eingeräumt wird, läßt sich als (inoffizielles) Eingeständnis dieser Weltanschauungsabhängigkeit interpretieren, mit der das „neuartige" Fach sich als „vormoderner", wissenschaftlichem Weltverständnis nicht entsprechender Ansatz erweist.

3.2 Orientierung durch Deskription?

Das Ziel der Beschäftigung mit der „Lebensgestaltung von Menschen" im Fach L-E-R besteht den „Unterrichtsvorgaben" zufolge darin, die Schüler zur Gestaltung des *eigenen* Lebens und zur Bewältigung ihrer Lebensaufgaben zu befähigen (vgl. 9). Für diese Zielvorstellung werden eigenartige Formulierungen gefunden. Aus der Gegenstandsbestimmung, so heißt es, ergebe sich als „Spezifik" von L-E-R: „L-E-R soll *Leben lernen* fördern durch das Aufnehmen und die integrative Bearbeitung von Fragen der Identitätsfindung und des Zusammenlebens, der Wertorientierung, des Weltverständnisses und der Sinngebung" (9). In Erstaunen versetzen hier insbesondere die Zielbestimmung „Leben lernen fördern" und auch der Ausdruck „gemeinsam leben lernen" in der Kapitelüberschrift. Kritiker haben es nicht zu Unrecht als eine absurde Vorstellung bezeichnet, dass man das Leben erst noch lernen solle, da man ja immer schon lebe. Nicht das Leben schlechthin, sondern das „gute" Leben werde deshalb gemeint sein (vgl. Tiedtke / Wernet 1998, 744). Ob es sich tatsächlich so verhält, läßt sich allerdings bezweifeln. Auf einen „Standpunkt der Moral", von dem aus sich menschliches Leben und Handeln als „richtig", „gut" oder „gelungen" ausweisen ließe, wird in den „Unterrichtsvorgaben" nämlich kaum oder höchstens am Rande Bezug genommen. Dort jedenfalls, wo man diese Bezugnahme erwartet, erfolgt sie zumeist nicht. „Leben lernen fördern" will L-E-R und nicht „richtig leben lernen", Jugendliche will es auf der Suche „nach sich selbst" und nicht „nach dem Richtigen" begleiten (vgl. 20). Unklar bleibt insofern, ob die „Unterrichtsvorgaben" überhaupt von der für die ethische Fragestellung *denknotwendigen* Voraussetzung ausgehen, dass es ein „richtiges Handeln" gibt. Ohne diese Voraussetzung hätte Ethik keinen Gegenstand und wäre überflüssig. Die „besondere Berücksichtigung der ethischen Dimension" (9) ist aber erklärte Absicht und namensgebender Bestandteil des Faches, so dass das Fehlen von Hinweisen auf den Geltungsanspruch der Moral aufmerken läßt. Vielleicht ist diese Zurückhaltung aber auch damit zu erklären, dass L-E-R „nur" Ethikunterricht ja offensichtlich nicht sein will. Einräumen muss man außerdem, dass sich in den „Unterrichtsvorgaben" auch Textstellen finden, die von der „gemeinsamen Suche nach verbindlichen Werten" (24) sprechen und es als Aufgabe des Faches bezeichnen, im Unterricht miteinander herauszufinden, „worauf Menschen setzen können, ... damit sie ihr Leben als gelungen ansehen können" (20).

Kann man das Vorhandensein eines normativen Standpunkts demnach nicht völlig in Abrede stellen, so ist weiter zu fragen, woher er denn gewonnen wird. Hierzu sind die Aussagen der „Unterrichtsvorgaben" eindeutig: Grundlagen für das Fach L-E-R, für seine Wertorientierung und zugleich der „Maßstab für die Grenzen der Toleranz", so heißt es in auffälliger Häufung an insgesamt vier Stellen (10, 20, 25, 41), seien „das Grundgesetz der Bundesrepublik Deutschland, die Verfassung des Landes Brandenburg, die Allgemeine Erklärung der Menschenrechte und die UN-Konvention über die Rechte des Kindes" (10). Diese Texte bilden den letzten Bezugspunkt für die angezielte „ethische Kompetenz", aus ihnen sollen „ethischen Kriterien zur Reflexion der gegenwärtigen gesellschaftlichen Situation sowie individuellen und staatlichen Verhaltens und Handelns" (25) entwickelt werden. Der Geltungsanspruch ethischen Sollens wird in L-E-R also durch Berufung auf das faktisch Geltende begründet; eine weitergehende Begründung dafür findet sich nicht. Betrachtet man die Frage nach der Begründbarkeit des Anspruchs der Moral, das richtige Handeln bestimmen zu können, als Gegenstand der Ethik und als Kernaufgabe eines werterziehenden Unterrichts, muss man diese Rückführung auf legalistische Werte als Bezugspunkt für erzieherische Maßnahmen als unzureichend betrachten (vgl. Pfeifer 1995, 17). Moralität liegt dem Recht voraus; aus ihr leitet es sich ab und nicht umgekehrt. „Gesetze sind kein letzter Geltungsgrund; sie stehen vielmehr unter sittlichem Geltungsanspruch" (Ladenthin 1999, 49). Die Schüler auf (faktisch oder gesetzlich) geltende Werte verpflichten zu wollen, reicht deshalb als Ziel der Werterziehung nicht aus. L-E-R allerdings scheint sich mit dieser Zielsetzung begnügen zu wollen. Es stellt die Information über die geltenden Werte in den Vordergrund und erhofft sich davon eine Orientierung, die die Schüler zu einer eigenen Werthaltung führen soll. „Schülerinnen und Schüler", so heißt es in den „Unterrichtsvorgaben", „können sich nur dann eine eigene Position in der Vielfalt der ihnen angebotenen Wertvorstellungen, Wertungen und Ideologien erarbeiten, wenn sie umfassend über die Grundlagen der heutigen gesellschaftlichen Realität informiert sind und die für unsere Gesellschaft tragenden Werte kennengelernt haben" (10). Zur eigenen Wertposition, so legt diese Aussage nahe, gelangt man durch die Wahl unter geltenden Werten. Um wählen zu können, muss man die „angebotenen" (sic!) Werte kennen. In und mit dieser Wahl erweist man seine ethische Kompetenz und Urteilsfähigkeit. Dass hier keine Überinterpretation einer Textstelle vorliegt, verdeutlicht die folgende Aussage von Marianne Birthler: „Hilfe zur Orientierung für Schülerinnen und Schüler ... heißt nicht, um es im Bilde auszudrücken, eine Wegbeschreibung in die Hand zu geben, aus der hervorgeht, wie ich am besten von Punkt A zu Punkt B gelange. Vielmehr heißt Orientierung, eine Landkarte oder einen Stadtplan anzubieten, der zeigt, welche Wege es gibt, wie Straßen heißen, wo ich mich befinde und welche Wege mich wohin führen" (1999, 75). Nicht einen bestimmten, den *richtigen* Weg gilt es zu kennen, meint das doch offensichtlich, sondern *mögliche* Wege und entsprechend auch nicht die richtigen Werte und das richtige Leben, sondern *mögliche* Werte und *mögliche* Lebensformen. Die Formulierung „Leben lernen" ist demnach durchaus kein Lapsus. *Die ethische Dimension von L-E-R wird soziologisch ausgelegt.* Nicht Aufklärung über den Standpunkt der Moral will das Fach leisten, sondern Aufklärung über die faktisch geltende, die gelebte, die gesellschaftlich kodifizierte und sanktionierte Moral. So wie geographische Orientierung nicht mehr zielorientiert (ursprünglich als Ausrichtung an der aufgehenden Sonne), so soll ethische Orientierung nicht mehr in Ausrichtung an einem Standpunkt der Moral erfolgen: Orientierung soll durch Deskription als Voraussetzung für Wahlentscheidungen ermöglicht werden. Ob der Begriff „Ethik" zu Recht Bestandteil der Fachbezeichnung ist, wird man deshalb bezweifeln müssen; jedenfalls orientiert sich das Begriffsverständnis nicht an den Ansprüchen einer normativen Ethik als Teildisziplin der Philosophie.

3.3 Schule als Ort positiver Gegensozialisation?

Wenn sich die „Unterrichtsvorgaben" für die angezielte Werterziehung auf bestimmte Rechtsdokumente beziehen, sie zur Grundlage für die unterrichtliche Vermittlung erklären (vgl. 10, 25) und zum „Maßstab für die Grenzen der Toleranz" bei der Bewertung von Aussagen, Dingen und Sachverhalten machen (vgl. 20), dann stellt sich als Frage, auf welche Weise denn die Schüler im Fach L-E-R zur Anerkennung des normativen Geltungsanspruchs der genannten Verfassungen und Deklarationen, zur Einsicht also in das dort als richtig und geboten Kodifizierte geführt werden sollen. Betrachtet man die Aussagen der „Unterrichtsvorgaben" unter dieser Fragestellung, so ergibt sich, dass dieses Ziel vor allem auf zwei (miteinander verbundenen) Wegen erreicht werden soll: 1. durch Gemeinschaftsorientierung und 2. durch Handlungsorientierung.

Zu 1: Den programmatischen Aussagen zufolge erweist sich der integrative Charakter von L-E-R nicht nur in seiner „ganzheitlichen" Zugriffsweise, sondern zuallererst im „gemeinsamen Lernen" von Kindern unterschiedlicher Religion und Weltanschauung (vgl. 10), durch die ein Unterricht in Konfessions- oder Weltanschauungsgruppen vermieden wird. Diese gemeinsame Unterricht war der „Kerngedanke" des L-E-R-Konzepts (vgl. Birthler 1999, 73ff.) und mehr als eine bloße Organisationsmaßnahme: Das Fach will eine „Lerngemeinschaft" konstituieren, in der die Schüler „gemeinsam leben lernen" (9). Lernen soll „kommunikatives Lernen" sein, wird also nicht als individueller Vorgang betrachtet oder funktional definiert, vielmehr soll in L-E-R „ein auf kommunikative Erfahrungen, Verständigung und Vergewisserung ausgerichteter Lernbegriff Gestalt gewinnen" (11). Die Bereitschaft zu lernen, Neues also und Neuartiges wahrzunehmen, so wird argumentiert, korrespondiere wechselseitig mit der Erfahrung, selbst wahrgenommen, angenommen und ernstgenommen zu werden. Die Lerngemeinschaft gilt entsprechend als der Ort, wo „Akzeptiertwerden und andere akzeptieren, Verstandenwerden und verstehen, der tolerante Umgang mit Andersdenkenden und Anderslebenden im Sinne einer dialogbereiten Fähigkeit zu gewaltfreier Konfliktlösung ... in persönlicher Begegnung und Auseinandersetzung gemeinsam erlebt und erprobt werden" (11). In einer infolge gesellschaftlicher Umbrüche von Vereinzelung und Entfremdung, von emotionaler Kälte und Ellenbogenmentalität geprägten Welt, so wird deutlich, soll L-E-R „ein Ort sein, wo die Entwicklung von Sensibilität, Erlebnisfähigkeit und Kreativität sowie Erfahrungen einer solidarischen Gemeinschaft ermöglicht werden, wo Schülerinnen und Schüler fair miteinander umgehen, wo Schwächere geschützt und Übergriffe zurückgewiesen werden" (16). Die Lerngemeinschaft soll Marginalisierung oder Ausfall bisheriger Sozialisationsinstanzen (Familie, Jungendclubs u. a.) kompensieren, dafür Ersatz sein, Beheimatung bieten und einen Raum der positiven Gegen-Sozialisation gegen die Prägekraft defizitärer gesellschaftlicher Verhältnisse schaffen. Auf indirekte Weise wird demnach durchaus bestimmt, worin das „gute" Leben besteht: die Lerngemeinschaft ist der Modellfall dafür. Das Lernen geht deshalb mit in die Definition ein und wird zum Bestandteil des „guten" Lebens gemacht. Entsprechend heißt es: „Der Prozess des Lebens und Lernens wird selbst Gegenstand des Lernens im Sinne einer reflexiven Aneignung der Lebens- und Lerngeschichte" (20). Damit klärt sich der Sinn der eigenartigen Zielformel „Leben lernen fördern" auf: Sie bezieht sich nicht funktional darauf, dass die Schüler „leben" lernen sollen, will vielmehr ausdrücken, dass der offensichtlich stets neu notwendige Prozess des „Lebenlernens" befördert werden soll, greift also die modische Forderung nach einem „Lernen des Lernens" auf (vgl. Tiedtke / Wernet 1998, 746). Diese Forderung bezieht sich auf die Erzeugung einer Lernbereitschaft als „ein Modus der Bewältigung von Unsicherheit angesichts einer sich ändernden Realität" (Ruhloff 1998, 87), zielt also ab auf das Erlernen der Dauerbereitschaft, Neuem durch die Änderung von bereits erlernten Erwartungsmustern zu begegnen (vgl. ebd.). Pädagogisch gerechtfertigt ist ein solches „Lernen des Lernens" nur, „wenn der Einzelne in die Lage versetzt wird zu beurteilen, welchem Neuen er sich umstellungsbereit zuwenden und welchem er abweisend begegnen sollte" (ebd.). Ansonsten würde bloße Anpassung gefordert. Damit das „Lernen des Lernens" nicht zur „ungehemmten Anpassungswilligkeit" degeneriert, sind also Urteilskriterien erforderlich. Gewinnen lassen sich solche Urteilskriterien nur in Ausrichtung an einen Standpunkt der Moral. Darauf, einen Standpunkt der Moral geltend zu machen, verzichtet L-E-R aber bei der Bestimmung dessen, was „Leben lernen" inhaltlich meint. *Das angezielte Lernen in der Lerngemeinschaft ist demnach nur als Anpassungsvorgang möglich: das „Leben lernen" erfolgt in Affirmation zur Lerngemeinschaft.*

Zu 2: Lernprozesse schließen den Aussagen der „Unterrichtsvorgaben" zufolge innere und äußere Tätigkeiten ein und umfassen daher auch „das Handeln und Gestalten" (10). Das Lernen in der Lerngemeinschaft ist deshalb „auf eine aktive Mitgestaltung der individuellen, schulischen und gesellschaftlichen Lebensräume" (17) ausgerichtet. Handelnd soll „in authentischen oder auch in simulierten Situationen" (17) gelernt werden. Werte und Normen sollen demnach nicht nur kognitiv erfasst, erkannt und anerkannt, sie sollen auch in das eigene Handeln übernommen werden. Eine solche Übernahme in den Handlungsvollzug ist im Fach L-E-R ausdrücklich intendiert; Handeln, Erproben und Gestalten werden nicht nur als legitimer, sondern als wichtiger und entscheidender Teil des schulischen Lernprozesses betrachtet (vgl. 10, 11, 17, 44). Auch in dieser Hinsicht folgt L-E-R einem aktuellen, auf die Veränderung des Unterrichts durch Formen handelnden Lernens gerichteten Trend. Für die geforderte Handlungsorientierung lassen sich sicherlich gute Gründe anführen (vgl. Gudjons 1992, 12ff.) und ohne Zweifel ist sie in manchen Fächern bei manchen Lerngegenständen (z. B. dem Erwerb von Fertigkeiten) sinnvoll und angemessen. Ob das auch für die schulische Werterziehung gilt, muss man allerdings bezweifeln. Dem Trend zufolge ist sie auch dort legitim und wird entsprechend zu einem wesentlichen Element in Konzepten moralischer Erziehung gemacht, so etwa im „Just-community-Ansatz" von Lawrence Kohlberg (vgl. 1986) oder im Konzept einer „Triforischen Moralerziehung" von Fritz Oser (vgl. den Beitrag in diesem Band). Wenn immer noch gilt, dass der Zweck nicht die Mittel heiligt, muss man den Verweis auf den Erfolg dieser Konzepte, wie er sich bei Oser findet, allerdings als zu ihrer Rechtfertigung nicht ausreichend betrachten: Ob die Übernahme von „Werthaltungen" in Anpassungsprozessen oder autonom erfolgt, ist für das Ergebnis sicherlich nicht gleichgültig. Es ist ein anderes. In diesem Unterschied liegt begründet, weshalb hier Vorbehalte gegen die im Fach L-E-R intendierte Handlungsorientierung erhoben werden. Diese Vorbehalte, wie sie ebenfalls von Jürgen Rekus (vgl. 1999) und bezogen auf das Fach „Praktische Philosophie" in NRW von Volker Ladenthin und Gabriele Schulp-Hirsch (vgl. den Beitrag in diesem Band) artikuliert werden, richten sich allgemeiner noch gegen alle Positionen, die die Schule als Lebens- und Handlungsraum verstehen und konzipieren und sie damit zum Sozialisationsort machen, wie es im Fach L-E-R intendiert ist und in den „Unterrichtsvorgaben" formuliert wird, wenn die Aufgabe des Faches als „Beitrag zur Begleitung der Entwicklung und Sozialisation der Heranwachsenden" (9) oder als „Sozialisationsbegleitung" (11) bestimmt wird. Angesichts der (zumindest auf den ersten Blick) großen Attraktivität dieser Vorstellung von Schule als einer „Lerngemeinschaft", in der man lernend und handelnd „einen Zipfel der besseren Welt" (von Hentig) erfassen kann, ist es sicherlich nicht jedermann leicht vermittelbar, weshalb sie hier nicht geteilt, sondern kritisiert wird. Die Vorbehalte sind bildungstheoretisch begründet, gehen also von der Voraussetzung aus, dass die Schule Ort der Bildung (und nicht der Sozialisation) ist und lassen sich dabei von einem Bildungsverständnis leiten, das sich der Tradition der Aufklärung verpflichtet weiß, folglich die Selbstermächtigung des Subjekts anstrebt und jegliche Funktionalisierung, Normierung und Anpassungserwartung selbst dort noch zu vermeiden sucht, wo diese sich auf allgemein geteilte, mit guten Gründen vertretbare, gesetzlich festgelegte oder diskursiv ermittelte, aber eben nicht der Selbstbestimmung des Subjekts überlassene Verhaltensnormen richtet, und deshalb Maßnahmen mit diesem Ziel dort – und gerade dort! – vermeiden will, wo sie von einer Institution veranlasst werden, die zu besuchen Pflicht ist und die insofern „Zwangscharakter" hat, so dass man sich ihr und dem Kollektiv der Klasse oder einer „Lerngemeinschaft" nicht entziehen kann und Sanktionen für den Fall befürchten muss, dass man sich Verhaltenserwartungen nicht fügt. Diesem Bildungsverständnis, das den Auftrag der Schule nicht in der *Einübung* in das (von anderen als erstrebenswert bestimmte) Gute, sondern in der *Führung zu selbstbestimmter Einsicht* in das Gute kraft moralischer Urteilsfähigkeit sieht, wird L-E-R nicht gerecht. *„Bildendes Lernen" in diesem Sinne ist das Lernen im Fach L-E-R demnach nicht.*

3.4 Inhaltliche Beliebigkeit und unerfüllter Integrationsanspruch?

Eine Analyse der getroffenen Inhaltsentscheidungen hat die ausgewiesenen sechs Lernfelder, die jeweils in eine unterschiedliche Anzahl von inhaltlichen Schwerpunkten aufgegliedert sind und durch stichwortartig benannte Aspekte interpretiert werden, genauer zu untersuchen und zu beleuchten. Die Funktion dieser Lernfeldereinteilung besteht den „Unterrichtsvorgaben" zufolge darin, „aus der Fülle der Lebensaufgaben, -chancen, -fragen und -probleme heraus eine Struktur anzubieten" (28) und damit Anhaltspunkte für die unterrichtliche Behandlung in den einzelnen Klassenstufen zu geben. Die Lernfelder sollen zudem die inhaltliche Breite des Unterrichts gewährleisten und einen angemessenen Themenwechsel ermöglichen (vgl. ebd.). In welcher Weise die Schwerpunktthemen der einzelnen Lernfelder auf die jeweiligen Klassen aufgeteilt werden können, verdeutlicht eine Übersicht mit Empfehlungscharakter (vgl. 26/27). Bezogen auf diese durch Lernfelder umrissene und abgesteckte Inhaltsstruktur von L-E-R lassen sich folgende Aussagen machen:

1. Eine *Begründung* für die Auswahl der für die unterrichtliche Behandlung gewählten Lernfelder erfolgt nicht. Allenfalls könnte man die ausführliche Beschreibung der Situation Jugendlicher im Kontext der aktuellen gesellschaftlichen Problemlage (vgl. 11–16) als den Versuch einer solchen Begründung ansehen. Im Hinblick darauf mag man der Auswahl eine gewisse Plausibilität zugestehen. Die beschriebene Situation Jugendlicher stellt allerdings nur das Bedingungsfeld für inhaltliche Entscheidungen dar und reicht zu ihrer Begründung nicht aus. Aus dem Sein ist das Sollen bekanntlich nicht abzuleiten. Zudem könnte man aus der Situationsbeschreibung auch andere Folgerungen ziehen und tut dies inzwischen wohl auch, wie Lange ja berichtet (vgl. den Beitrag in diesem Band). *Eine gewisse Beliebigkeit der Inhaltsauswahl ist demnach offensichtlich* (und in Ermangelung einer wissenschaftlichen Bezugsdisziplin wohl auch nicht vermeidbar).

2. Wenn eine zureichende Begründung für die Inhaltsauswahl auch nicht gegeben wird, so folgt die Aufgliederung und *Strukturierung* des inhaltlichen Gesamtfeldes von L-E-R doch erkennbaren Prinzipien. In den sechs Lernfeldern wird die umfassende und komplexe Aufgabe „Lebensgestaltung" nämlich jeweils unter einer anderen Perspektive betrachtet, und zwar (1.) unter der Perspektive der individuellen Entwicklung, (2.) des Zusammenlebens mit anderen, (3.) von Gefährdungen und Belastungen, (4.) der Sinnfrage, (5.) der Begegnung mit Religionen und Weltanschauungen und (6.) globaler Probleme. Das strukturierende Prinzip dieser Aufgliederung ist also (nicht nur, aber vorrangig) das der zunehmenden Ausweitung vom Individuellen zum Globalen.

3. Die ausgewiesenen Lernfelder stehen in engem Zusammenhang mit den angestrebten Kompetenzen. Den „Unterrichtsvorgaben" zufolge ist eine lineare Zuordnung zwar nicht möglich, wenngleich es bestimmte Affinitäten gäbe (vgl. 28). Wo sie vorliegen, ist leicht erkennbar. Zuzuordnen sind: Selbstkompetenz-Lernfeld 1, Sozialkompetenz-Lernfeld 2 und 3, Kompetenz für Sinnfragen-Lernfeld 4, „Begegnungskompetenz"-Lernfeld 5 und 6. Nur für die ethische Kompetenz gibt es keine Entsprechung. Geht man davon aus, dass in allen Lernfeldern ethische Fragen thematisiert werden, ist das auch plausibel: Ethische Kompetenz müsste dann in allen Lernfeldern zu erwerben sein.

4. Um ethische Fragen, so ergibt die Durchsicht der Stichworte, mit denen die inhaltlichen Schwerpunkte umschrieben werden, geht es in den Lernfeldern nicht durchgängig. Ethische Fragen werden insgesamt erstaunlich wenig und eher am Rande angesprochen. Diese Aussage gilt auch dann noch, wenn man unterstellt, dass sie sich in manchen Formulierungen „verstecken" mögen und nicht überall erkennbar sind. Ethische Fragestellungen sind jedenfalls kein das Ganze des Faches strukturierendes Prinzip, sie kommen allenfalls als Unteraspekt hin und wieder vor. Der ausführlichste Verweis findet sich unter dem Schwerpunkt 4.3 („Gutes", „erfolgreiches", sinnvolles Leben), wo ein Spiegelstrich lautet: „unterschiedliche Begriffe des Guten, des Erfolges, des Sinns; Einführung in Grundfragen und Konzepte der Ethik; „Gut" und „Böse"; Moralvorstellungen, -vorschriften und -praxis in der Gesellschaft" (35). Auch die inhaltliche Schwerpunktsetzung bestätigt also, dass L-E-R nicht bzw. nicht vorrangig Ethikunterricht ist. Ob sich im Fach

eine ethische Kompetenz (unabhängig davon, welcher Art sie ist) überhaupt erwerben läßt, ist demnach eine berechtigte Frage.

5. Den auffälligsten und angesichts des programmatischen Selbstanspruchs erstaunlichsten Mangel der Inhaltsstruktur von L-E-R bildet die beschriebene Aufgliederung in voneinander getrennte Betrachtungsperspektiven, wie sie mit den Lernfeldern vorgenommen wird. Diese Aufgliederung steht in völligem Gegensatz zur beanspruchten „Ganzheitlichkeit" des Zugriffs und vermag die unterrichtliche Integration, die man doch anstrebt und mit der man das Fach legitimiert, gerade nicht zu ermöglichen und zu gewährleisten. *Dass L-E-R einen neuartigen, ganzheitlich-integrativen Ansatz darstellt, ist insofern ein uneingelöster Anspruch und bloße Fiktion.* Belegt werden soll diese Aussage hier durch eine etwas eingehendere Betrachtung eines Lernfeldes.

Das Lernfeld vier lautet: „Auf der Suche nach einem erfüllten und sinnvollen Leben". Es ist in neun inhaltliche Schwerpunkte unterteilt. Sie lauten:

4/1 Wünsche, Vorstellungen und Träume Jungendlicher für ein sinnvolles Leben

4/2 Stars und Idole, Ideale und Leitbilder

4/3 „Gutes", „erfolgreiches", sinnvolles Leben

4/4 Verhaltensnormen und Regeln in Familien, Schule und Gruppen

4/5 Alltag-Gewohnheiten und Rituale

4/6 Beispielhafte Lebensbilder und Schicksale

4/7 Der eigene Lebensentwurf: Auf der Suche nach Glück – Selbstverwirklichung und verantwortliches Leben

4/8 Schuld und Gewissen, Strafe und Vergebung

4/9 Grundwerte und Menschenrechte – Möglichkeiten des Engagements

Wie diese Vorschläge, die ihnen vorangestellte Erläuterung zum Lernfeld sowie die angegebenen Intentionen ausweisen, wird die Sinnfrage in diesem Lernfeld auf einen innerweltlich vorfindbaren, von individuellen und gesellschaftlichen Bedingungen abhängigen, in der Befriedigung von Wünschen und Bedürfnissen sich erschöpfenden Sinn reduziert (vgl. 34). Die religiöse Dimension der Sinnfrage kommt nicht in den Blick. Das ist insofern nicht verwunderlich, als sich die Sinnfrage als den Menschen existentiell betreffende, ihn umtreibende und beunruhigende Frage nach einem Gesamtsinn menschlicher Existenz erst stellt angesichts von „Grenzerfahrungen menschlichen Lebens". Diese sind jedoch Bestandteil von Lernfeld 3 („Gefährdungen und Belastungen menschlichen Lebens") und werden in anderem Zusammenhang erörtert. Das gilt auch für die Antworten der Religionen auf die Sinnfrage, die in einem weiteren Lernfeld thematisiert werden. Die Lernfelder trennen also, was zusammengehört. Selbst wenn man es für möglich hält, die isolierten Perspektiven im Unterricht zusammenzuführen, bleibt ihre Trennung dennoch problematisch, weil sie zu einer völlig unzureichenden Problemsicht und -definition führt, wie es bezogen auf die Sinnfrage evident ist. Dass die Sinnfrage nicht nur im Religions-, sondern auch im Ethikunterricht wesentlich angemessener und integrativer als im Fach L-E-R angegangen wird, zeigt ein Blick in entsprechende Schulbücher. Der Band „Leben leben" für den Ethikunterricht des 9./10. Jahrgangs etwa, der ein eigenes Kapitel zur Sinnfrage aufweist (vgl. 1997, 63–96), stellt sowohl den Zusammenhang her mit menschlichen Grenzsituationen als auch mit den Sinndeutungen der Weltreligionen. Was hier ganz selbstverständlich geleistet wird, leistet das „Integrationsfach L-E-R" nicht, so dass sich als Quintessenz der Beispielanalyse ergibt: *Mit seiner Inhaltsstruktur wird L-E-R dem selbstgesetzten Integrationsanspruch nicht gerecht.*

4. Fazit

Versucht man abschließend ein kurzes Fazit zu ziehen, so ist als Bilanz der Analyse der „Unterrichtsvorgaben" darauf zu verweisen, dass das Fach L-E-R
- mit seiner Orientierung an den „Gott und die Welt" betreffenden Fragen der Schüler zur „Lebensgestaltung" keinen sonderlich „neuartigen" Ansatz darstellt, vielmehr eine alte Unterrichtskonzeption nur wiederbelebt,
- mit der angestrebten „Ganzheitlichkeit" einem „vormodernen" Unterrichtsverständnis folgt, das dem Weltverständnis der Neuzeit und der von daher geforderten Wissenschaftsorientierung allen Lehrens und Lernens nicht entspricht,
- eine „ethische Kompetenz" der Schüler zwar anstrebt, Ethik aber soziologisch interpretiert und sich in seiner Zielsetzung deshalb darauf beschränkt, die Schüler zum Kennen und Anerkennen der die Gesellschaft tragenden, gesetzlich verankerten Werte und Normen (und nicht zu eigener Werturteilsfähigkeit) führen zu wollen,
- die pädagogische (Führungs-)Aufgabe darin sieht, Schule und Unterricht zu einem Ort zu gestalten, an dem die positive Prägekraft dieser Werte und Normen konkret erfahrbar ist und handelnd eingeübt werden kann, den Auftrag der Schule also als Sozialisations- und nicht als Bildungsaufgabe begreift,
- mit seiner zu „Lernfeldern" angeordneten Inhaltsstruktur dem selbstgesetzten, seine Einführung begründenden Integrationsanspruch in keiner Weise gerecht wird und sich (auch) deshalb nicht als eigenes Schulfach zu legitimieren vermag.

Das Ergebnis der Analyse fällt damit wenig positiv aus. Ausweiten ließe sich die Kritik noch durch eine Untersuchung der Aussagen der „Unterrichtsvorgaben" zu den Anforderungen an die Lehrerrolle. Diese Anforderungen sind insofern widersprüchlich und kaum erfüllbar, als die Lehrer sowohl neutrale Moderatoren in weltanschaulichen Fragen sein und Offenheit „vorleben" sollen und gleichzeitig als „authentische Vertreter" für die Glaubwürdigkeit der von ihnen persönlich vertretenen Weltsicht einstehen sollen. Auch an dieser Rollendefinition ließe sich nochmals das defizitäre, soziologisch reduzierte Ethikverständnis von L-E-R aufzeigen, dessen Konsequenz sie ist und für das sie einen weiteren Beleg darstellt. Hier sowohl wie andernorts sind demnach noch viele und entscheidende Änderungen nötig, wenn L-E-R jenen Ansprüchen gerecht werden will, die an das bildende Lernen in einem werterziehenden Schulfach der Schule von heute zu stellen sind.

Literatur

Birthler, Marianne: Gott und die Welt. In: Scheilke, Christoph Th. / Schweitzer, Friedrich (Hg.): Religion, Ethik, Schule: bildungspolitische Perspektiven in der pluralen Gesellschaft. Münster 1999, 71–86.

Defila, Rico / Di Gulio, Antonietta: Interdisziplinarität und Disziplinarität. In: Olbertz, Jan H. (Hg.): Zwischen den Fächern – über den Dingen? Universalisierung versus Spezialisierung akademischer Bildung. Opladen 1998, 111–137.

Gudjons, Herbert: Handlungsorientiert Lehren und lernen. Projektunterricht und Schüleraktivierung – Selbsttätigkeit – Projektarbeit. 3. , neubearb. Und erw. Auflage. Bad Heilbrunn 1992.

Kohlberg, Lawrence: Der „Just-Community"-Ansatz der Moralerziehung in Theorie und Praxis. In: Oser, Fritz / Fatke, Reinhard / Höffe, Otfried (Hg.): Transformation und Entwicklung. Frankfurt 1996, 21–55.

Leben leben. Ethik 9/10. Hrsg. von Richard Breun. Leipzig 1997.

Ladenthin, Volker: Menschenrechte, Recht und Bildung. In: Ders. / Schilmöller, Reinhard (Hg.): Ethik als pädagogisches Projekt. Opladen 1999, 43–61.

Ministerium für Bildung, Jugend und Sport des Landes Brandenburg (Hg.): Unterrichtsvorgaben Lebensgestaltung – Ethik – Religionskunde. Sek I. Potsdam 1996.

Neuhaus, Elisabeth: Artikel: Gesamtunterricht, Fächerübergreifender Unterricht. In: Willmann-Institut (Hg.): Wörterbuch der Pädagogik. 2 Bde. Freiburg – Basel – Wien 1977.

Pfeifer, Volker: Ethikunterricht und Lebensgestaltung. In: ZDPE 1 (1995), 17–22.

Rekus, Jürgen: Schule als ethischer Handlungsraum. Möglichkeiten und Grenzen ethischer Erziehung in der Schule. In: Ladenthin, Volker / Schilmöller, Reinhard (Hg.): Ethik als pädagogisches Projekt. Grundfragen schulischer Werterziehung. Opladen 1999, 251–265.

Ruhloff, Jörg: Lernen des Lernens? In: Rekus, Jürgen (Hg.): Grundfragen des Unterrichts. Weinheim – München 1998, 83–94.

Schilmöller, Reinhard: Wissenschaftsorientierter Unterricht – ein Weg zur Bildung? In: Vierteljahrsschrift für wissenschaftliche Pädagogik, 71. Jg. (1995), Heft 1, 32–54.

Schilmöller, Reinhard: Projektunterricht. Möglichkeiten und Grenzen entschulten Lernens in der Schule. In: Regenbrecht, Aloysius / Pöppel, Karl-Gerhard (Hg.): Erfahrung und schulisches Lernen. Zum Problem der Öffnung von Schule und Unterricht. In: Münstersche Gespräche zu Themen der wissenschaftlichen Pädagogik, Heft 12. Münster 1995, 166–212.

Schilmöller, Reinhard: „Fächerübergreifender Unterricht" – Recht und Grenzen einer bildungspolitischen Forderung. In: Vierteljahrsschrift für wissenschaftliche Pädagogik, 73. Jg. (1997), Heft 1, 90–115.

Schilmöller, Reinhard: L-E-R (Lebensgestaltung – Ethik – Religionskunde) – ein Modell für den Religionsunterricht der Zukunft? In: Vierteljahrsschrift für wissenschaftliche Pädagogik, 74. Jg. (1998), Heft 4, 421–440.

SPD-Landtagsfraktion Brandenburg (Hg.): 22 Fragen und Antworten zu L-E-R. Broschüre, Potsdam 1996.

Tiedtke, Michael / Wernet, Andreas: Säkularisierte Prophetie. Das Fach „Lebensgestaltung – Ethik – Religionskunde" (L-E-R) in der verwissenschaftlichten Schule. In: Zeitschrift für Pädagogik, 44. Jg. (1998), Nr. 5, 737–752.

Fritz Oser

Triforische Moralerziehung:
Das eklektische moralische Subjekt und
die Situativität moraldidaktischen Handelns

1. Zur Trennung von Zielen und Verfahren

Moralerziehung lebt von den ihr zugrunde liegenden Zielen und Ansprüchen, wie sie die Erzieher und die Gesellschaft artikulieren. Die Didaktisierung dieser Ziele ist ein problematisches Unterfangen, weil die Unterscheidung für das, worauf erzogen werden soll und wie erzogen werden soll, fast unmöglich ist. Es geschieht Ähnliches wie beim Ratschlag der Entwickler des Harvard-Konzeptes betreffs Verhandlungserfolg, man möge die Gefühle und Beziehungen von den Sachen, die zu verhandeln sind, trennen. Diese Trennung ist aber faktisch unmöglich. Die Unterscheidung dessen, worauf erzogen werden soll, vom Wie des Vorgehens ist auch deshalb schwer nachzuvollziehen, weil die Transformationen, die angestrebt werden, immer schon durch die Inhalte, die aktuell sind, mitbestimmt werden. Und Erziehung ist nichts anderes, als Transformationen zu initiieren, die immer schon in den Zielen vorwegbestimmt sind. Ob man z. B. mathematische Formeln auswendig lernen soll oder ob man Formeln sinnvoll anwenden soll, führt je zu einem anderen didaktischen Verhalten. Ob man ein Wertsystem übertragen soll oder ob man lernen soll, eine moralische Handlung öffentlich zu legitimieren, führt je zu einem anderen didaktischen Vorgehen. Der Kampf spielt sich nie auf der Ebene der Didaktiken ab. Der Kampf ist stets einer der Ziele. Die zentrale Frage ist, was getan werden soll, damit die nächste Generation verantwortungsbewusst handeln lernt, gerecht und unparteiisch entscheiden kann und solidarisch mit den Schwachen, Alten, Kranken, Behinderten, Vertriebenen ihr Leben zu gestalten weiß.

Wenn das Schwergewicht der Moralerziehung auf die Frage der Ziele gelegt wird, dann muss allerdings zugegeben werden, dass es technische Verfahren gibt, die von der Lehrperson mehr Wissen und Handlungskompetenz erfordern als andere. So ist es von großer Bedeutung, dass jemand weiß, dass man Schüler und Schülerinnen nicht zu einer höheren Stufe des moralischen Urteils stimulieren kann, indem Wissen vermittelt oder indem Erfahrungs- oder Problemlöseunterricht betrieben wird oder indem Erlebnisse musisch verarbeitet oder Strategien des Behaltens vermittelt werden u.ä. All dies ist auch wichtig. Aber es führt nicht zu akkommodativer Veränderung der kognitiven moralischen Strukturen. Auch kann man den Erfolg einer solchen Stimulierung zu einer höheren Stufe nicht kurzfristig bewirken, und es ist auch entscheidend, dass gewusst wird, dass Transformationen dieser Art nur auf dem Hintergrund einer Entwicklungstheorie und der entsprechenden Transformationsgrammatik im Durchlaufen von Argumentationskrisen zustande kommen. Man muss also einiges über die Veränderung des kognitiven moralischen Urteils wissen, um wirklich erfolgreich zu einer höheren Stufe stimulieren zu können, und es ist notwendig zu erkennen, dass Menschen nichts so ungern tun, wie ihre Strukturen zu verändern und zu verbessern. – Ein ähnliches, aber anderes komplexes Wissen ist notwendig, wenn man geteilte Normen aufbauen will (shared norms) oder wenn man eine Handlungskompetenz entwickeln möchte. Ich komme darauf noch zu sprechen.

2. Komplexität durch situiertes moralisches Lernen

Dies alles deutet an, dass moralische Erziehung in situierten Kontexten komplex und multidirektional ist, dass durch sie ein Netz von Handlungsvorschlägen stimuliert werden kann, dass Normen eine Rolle spielen und dass Legitimationen notwendig sind. Wenn nun, wie das zurzeit in den USA geschieht, eine einzige Methode als die allein richtige betont wird oder Lehrpersonen einer einzigen Methode anhängen (z. B. dem bag of virtue – bzw. Character Education-Ansatz oder der entwicklungsorientierten Erziehung), so führt dies unweigerlich zu falschen kausalen Annahmen über Antezedenzien und Konsequenzen dieser Erziehung. Wenn Leming (1997, S. 47) behauptet, dass die Bewegung der Character Education eklektisch sei „both in terms of it's psychological premises and it's pedagogical practices", so ist ihm entgegen zu halten, was immer man für eine Erziehung bevorzugt, dass die Praxis auf alle Fälle eklektisch ist und dass es bis jetzt wenig Forschung gibt, die das, was gleichzeitig verschieden wirkt, auseinander zu filzen versucht. Ein Resultat der Diskussion der letzten Jahre ist, dass es nicht mehr nur einen Typ von Moralerziehung und entsprechend nur eine Didaktik gibt; vielmehr wird versucht, unterschiedliche Ziele gleichzeitig und bewusst differenziell zu erreichen und entsprechendes Lernen zu stimulieren.

Aber wie kann man nun eine Synthese all dieser Kräfte schaffen? Wie kann man eine Moralerziehung postulieren, die eine komplexe Architektur des Moralischen im jungen Menschen ermöglicht? Was sind die minimalen Vorbedingungen, und was ist der unverzichtbare Kern einer moralischen Erziehung?

3. Das triforische System der Moralerziehung: ein Beispiel

Um das Konzept einer triforischen moralischen Erziehung vorzustellen (andere Autoren, wie etwa Berkowitz 1996 sprechen vom ganzen moralischen Menschen, andere wiederum vom holistischen Ansatz u. ä.), sei ein Beispiel vorweggenommen:

Eine Lehrperson lässt die Schüler und Schülerinnen ein moralisches Dilemma in Gruppen diskutieren. Die Schüler nehmen nun Stellung zum je besten und zum je schlechtesten Argument der Pro- und Kontraseite. In der anschließenden Klassendiskussion sagt ein Kind: „Ich denke, Hans sollte das Versprechen halten, weil ansonsten sein Freund recht traurig ist." Die Lehrperson gibt eine Rückmeldung. Sie lobt das Argument der Schülerin. „Kannst du dies bitte wiederholen, damit alle es hören?" Das Mädchen wiederholt das Argument. Da steht ein Schüler auf und sagt: „Aber letzte Woche haben *Sie* uns auch versprochen, wir würden ein Geburtstagsfest für Katrin veranstalten, und wir haben nichts getan. Sie haben das Versprechen nicht gehalten." Die Lehrperson ist einen Moment lang erschrocken. Dann sagt sie: „Du hast Recht, wir wollen morgen Nachmittag feiern. So haben wir Zeit alles vorzubereiten. Wer bringt was mit …?"

Eine genaue Analyse dieser Szene ergibt, dass drei völlig unterschiedliche Dynamiken eine Rolle spielen:

1. Die Schüler diskutieren ein moralisches Dilemma, und sie versuchen, entsprechend ihrer Argumentationsstufe, Sinn aus der Situation zu ermitteln (urteilen, begründen, universalistischer Kern).
2. Die Lehrperson unterstreicht ein wichtiges Argument, und damit betont sie einen wichtigen Inhalt (Wertorientierung, lokale Dimension).
3. Eine Handlung wird gefordert, sie muss vorbereitet werden (individueller Teil).

In jeder moralerzieherischen Situation sind mindestens diese drei Kerne zugleich angesprochen: 1) Urteile, Rechtfertigungen und Reflexionen, 2) moralische Normen und Werte und 3) Handlungen. Normativ gewendet heisst dies: Jede fruchtbare moralische Situation muss drei Kerne enthalten. Jeder dieser drei Kerne kann anders geformt sein, jeder hat ein anderes soziales Gewicht, jeder hat eine andere Quelle der Genese und jeder führt zu anderen Resultaten, oder negativ gewendet: Wenn nicht alle drei Kerne beachtet werden, so ist nicht gewährleistet, dass Moralität überhaupt berührt wird.

4. Das triforische System der Moralerziehung: eine Theorie

Wir bezeichnen den Ansatz mit den gleichzeitig wirkenden drei Kernen „triforisch", weil damit angedeutet wird, dass die Kerne etwas gemeinsam haben, nämlich die Stützung, Unterstützung und Zur-Geltung-Bringung einer moralischen Architektur. Basierend auf drei Fenstern wird etwas anderes je anders getragen. Ein Triforium (s. Abb. 1) ist ein „im Innenraum romanischer und besonders gotischer Kirchen … sich in meist dreifachen Bogenstellungen öffnender schmaler Laufgang unter den Fenstern des Chors, dann auch des Mittel- und Querschiffs" (dtv. Lexikon). Mit allen Problemen der Analogie beladen kann das Triforische leicht auf die moralische Erziehung übertragen werden, wobei die dreifachen Bogenstellungen die drei Kerne bedeuten, das was sie tragen, die generelle Allgemeinbildung, zu der die drei Kerne führen (vgl. Klafki 1991; Klafki 1993). Warum sprechen wir nun von dieser „dreifaltigen" oder „triforischen" moralischen Erziehung und damit von einer dreifachen Didaktik, (wobei das Dreifache immer ein Minimum einer stets vorhandenen Vernetzung von erzieherischen Handlungsweisen zum Ausdruck bringen soll)? Ich möchte versuchen, triforisch negativ zu formulieren: 1. Moralische Erziehung ist mehr als nur Nachdenken über antagonistische Situationen. Dieses Räisonieren stimuliert zwar das moralische Urteil, aber nicht mehr. Das moralische Urteil stellt z. B. nur eine Vorbedingung für moralisches Handeln dar. – 2. Umgekehrt kann man auch sagen, dass Charakter- und Werterziehung nur eine Art Überzeugungsversuch an Schülern und Schülerinnen darstellt und als sol-

Abb. 1: Triforium der Kathedrale von Autun

cher oft blind und unreflektiert bleibt. Das kann anhand von Werten zweiter Ordnung, wie Sauberkeit, Pünktlichkeit, Disziplin, Exaktheit u. ä. (vgl. Höffe 1992) gezeigt werden. Man muss diese Werte stets an übergeordnete Werte (Gerechtigkeit, Fürsorglichkeit, Unparteilichkeit) zurückbinden, ansonsten drohen sie brüchig oder gefährlich oder gar fundamentalistisch zu werden. Im Extremfall können wir im Namen der „Exaktheit" Genozide und Ähnliches verüben. – 3. Wenn wir aber nur Handeln stimulieren, dann müssen wir uns ja stets auf spezifische Situationen einlassen und unsere Intuition gebrauchen. Intuitionen aber sind oft ungerecht und unfürsorglich und stumpf.

Jeder dieser einzelnen Ansätze allein greift zu kurz, entweder wird man unempathisch oder fällt einem falschen Glauben anheim oder meint durch Handeln (durch die Praxis) seien alle Probleme aus der Welt zu schaffen. Man läuft Gefahr, quasimoralisch zu sein und quasimoralisch zu denken und zu deuten. Eine tiefere Analyse zeigt, dass eine Theorie allein stets nur ein Extrem anvisiert und die zentralen Ziele einer umfassenden moralischen Erziehung so nicht erreicht werden können. Wir brauchen also eine übergreifende Theorie, die uns hilft, verschiedene Ziele in richtiger Weise zu verbinden. Unter dieser Theorie sind verschiedene methodische resp. didaktische Handlungsweisen in unterschiedlicher Weise vernetzt. Anstatt jedes der oben angedeuteten Ziele allein zu verfolgen, benötigen wir eine

triforische Theorie der Moralerziehung, die mindestens drei zentrale technologi-
sche Bedingungsraster ermöglicht. Abb. 2 zeigt diese drei Felder, die einander überschneiden.

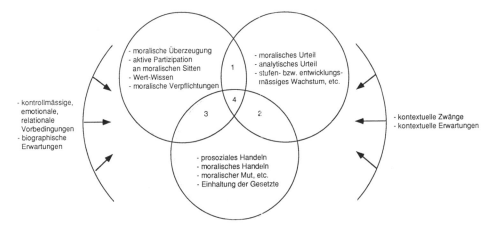

Abb. 2: Eine triforische Theorie der moralischen Erziehung: deskriptiver Teil

Der Urteilskreis beinhaltet moralische Analysen, moralische Legitimationen und
eine stufenmäßige Verankerung des moralischen Denkens. Man kann auf einer
Stufe die jeweiligen kognitiven und wissensmäßigen Auseinandersetzungen führen.
Der Wertkern (zweiter Kreis) beinhaltet Wertwissen, das intuitive Wissen um moralische Sitten und um die jeweils spezifische moralische Kultur. In ihm kommen
moralische Überzeugungen und moralischer Kommunitarismus (unbewusstes Ein-
gebettetsein und unmittelbare Partizipation) zur Geltung. Der Handlungskreis (3)
beinhaltet Formen des prosozialen, moralischen und partizipativen Handelns. Hier
sind moralischer Mut, moralische Performanz und moralischer Umgang mit dem
Recht gefordert.

In Abbildung 2 haben wir auch besonderen Wert auf die Überschneidungen der
Kernbereiche gelegt. Überschneidung 1 bezieht sich auf den Inhalt, der stufenspezi-
fisch interpretiert wird. Z. B. werden Erzählungen vom Kind durch die Augen der
Stufenzugehörigkeit interpretiert. Stufe 2 etwa betont die Austauschmoral. (Du er-
hälst nur etwas, wenn du auch etwas für jemanden tust.) Umgekehrt gehen Werturteile und moralische Inhalte der Kultur mit ins Urteil hinein und modifizieren es. –
Überlappung 2 betont die Notwendigkeit des Zusammenhangs von Urteil und
Handeln. Hier wird der Hiatus zwischen dem Urteil und dem Handeln aktualisiert.
Eine ganze Reihe Modelle dieses Zusammenhangs (vgl. Garz, Oser & Althof 1999)
stehen zur Verfügung; immer neue Variablen werden auf ihre Wirkung bezüglich
der Bestimmung des Handelns untersucht, so etwa Stufenhöhe, Willensstärke, Ausmaß an Verpflichtungen etc. – Die Wirkung der moralischen Kultur auf das moralische Handeln (Überschneidung 3) ist – obwohl wenig untersucht – möglicherweise
eine bedeutende Einflussvariable. Denn die subjektive Wertverantwortung definiert

sich über den inneren und äusseren Druck gegen oder für ein bestimmtes moralisches oder prosoziales Handeln. Wenn kein Gegendruck gegen den unmittelbaren Willen vorliegt, kann auch nicht von Wertverantwortung gesprochen werden (vgl. Oser 1999, S. 168–219). – Überlappung 4 stellt das moralische Selbst einer Person dar (Damon & Hart 1982). Das moralische Selbst verbindet das Urteil, das Wissen (consent) und das Handeln in einer äquilibrierten Weise. Es unterstützt und kontrolliert durch das moralische Bewusstsein und die moralischen Emotionen die kontextuellen Teile, die die Moralität bestimmen, so die äußeren und inneren Erwartungen und das, was bei jeder Person als kristallisiertes biographisches negatives Wissen bis jetzt angesammelt worden ist.

Es ist nun möglich, die triforische Theorie unter dem Gesichtspunkt verschiedenster erziehungstheoretischer Aspekte zu beschreiben, a) vom Standpunkt der unterschiedlichen Ziele aus, b) unter dem Gesichtspunkt verschiedenster Quellen des Moralischen, c) aus der Sicht eines Modells der moralischen Transformation (Didaktik der Moral), d) vom Standpunkt der negativen Moral aus und e) unter dem Aspekt des Messens von Moralität etc. Ich möchte einige dieser Standpunkte ausführen.

5. Die triforische Theorie und die Zielproblematik

Die Debatte um die richtige Moralerziehung geht – wie gesagt – zurück auf die Frage des Setzens und Erreichens unterschiedlichster Typen von Zielen. Noddings (1997) hat dies präzis herausgearbeitet; sie sagt, dass der Kerngedanke des Liberalismus, der die Heterogenität des Moralischen in der Gesellschaft betont, eher mit dem kognitiven entwicklungsmäßigen Ansatz sympathisiert, während der Kommunitarismus eher die Tradition, die gemeinsamen Werte, die Verpflichtungen der Einzelnen gegeneinander und die Gefühle für bestimmte Tugenden aufrecht erhält; er steht somit eher dem Ansatz der Charaktererziehung nahe. Genau diese verschiedene philosophische Verwurzeltheit führt zu unterschiedlicher Rechtfertigung und zu unterschiedlichen Zielen. Während die entwicklungsorientierten Lehrverfahren eher das kritische Denken und das autonome Beurteilen moralischer und politischer Probleme fördern, haben die Anhänger von Tugendlehren ganz andere Absichten. Ihnen geht es um eine „geteilte" Praxis, um „shared sense of belonging to a common society" und um geteilte kulturelle Leistungen z. B. in der gemeinsamen Literatur. Diejenigen hingegen, die das moralische Handeln betonen, stimulieren eher prosoziales Verhalten; sie betonen das pragmatische „Machen" einer freundlichen, gerechten Welt. Ihnen geht es um den moralischen Mut, ohne den nichts zustande kommt; sie möchten, dass man sich für die Deprivierten einsetzt, dass man gegen Ungerechtigkeit kämpft und dass man sich gegen eine Lebensführung stark macht, die andere behindert oder sie gefährdet. – Unter dem Gesichtspunkt der triforischen Moralerziehung müssten die drei Formen von Zielen wiederum so zusammengebracht werden, dass sie die Entwicklung eines moralischen Selbst ermöglichen. Indem in allen drei Bereichen Transformationen angestrebt werden, berühren und überschneiden sich die Bereiche, stehen sie miteinander auf

Konfrontation, ergänzen einander und stimulieren sich gegenseitig. Und genau dieses wird wiederum in den Überschneidungen sichtbar.

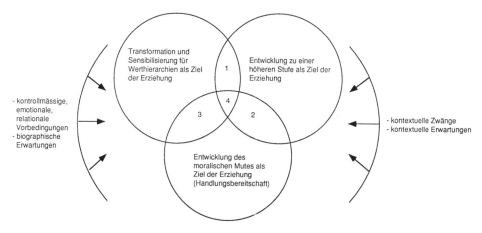

Abb. 3: Ziele einer triforischen Moralerziehung

Abb. 3 zeigt die drei Zielbereiche und die entsprechenden Überschneidungen. Wiederum sind es genau diese Überschneidungen, die verhindern, dass jedes dieser Ziele extreme Blüten treibt. Denn die Nur-Handelnden könnten die Todesstrafe erwirken, die Liberalisten dem gröbsten Rigorismus anheim fallen und die Kommunitaristen ihre eigene Kultur von den anderen unangenehm abgrenzen oder alles relativieren. Überschneidung 1 zeigt, dass man keinen moralischen Inhalt (Wissen) aufbauen kann ohne Reflexion und ohne Entwicklung von Urteilsstrukturen hin zu höherer Reversibilität, Toleranz und Autonomie. Die kulturellen Normen können auf diese Weise nicht durch Extreme, Fundamentalismen, Faschismen u. a. einfach besetzt werden. Auf der anderen Seite ist es aber wichtig, nicht einfach nur moralisch zu reflektieren, sondern auch die Inhalte einer moralischen Kultur zur Kenntnis zu nehmen und zu verarbeiten. Nur auf diese Weise kann man verhindern, dass Reflexion zur Überheblichkeit und zu Zynismus u. ä. führt. Die Überschneidung 2 sorgt dafür, dass das Handeln nicht blind, und umgekehrt, das Urteil handlungsbezogen ist. Wer in der Erziehung Handeln betont, läuft Gefahr, diese zu sehr von den Rechtfertigungen abzukoppeln, und umgekehrt, Rechtfertigungen ohne echte Partizipationsgegebenheiten können zu überheblichem Denkgetöse führen. In der Überschneidung 3 kommen die Ziele der kulturellen Wertvermittlung in Konflikt mit der eigenen vorgegebenen Lebenswelt. Das Handeln kann verhindern, dass man die Augen schließt und angesichts kultureller negativer Zustände untätig zuschaut, dass man kriminelle Ungerechtigkeiten in der Nachbarschaft einfach duldet etc. Umgekehrt kann das moralische Verhalten durch die kulturelle Tradition zu stark überformt oder von dieser negativ beeinflusst werden. Überschneidung 4 integriert alle vier Ziele so, dass ein ganzes moralisches Selbst, eine moralische Person hervorgeht, oder anders gesagt, dass ein Gleichgewicht zwischen den unterschiedlichsten Zielansprüchen herausgebildet wird. Die Überlegenheit des einen oder anderen Ziels führt am pädagogischen Ethos der Differenzierung vorbei. Moralische Erziehung ist hinsichtlich der Ziele im guten Sinn eklektisch, wie dies überhaupt Bildung nur sein kann. Aber dieser Eklektizismus ist nicht zufällig.

6. Zu einer Didaktik des moralischen Lernens unter triforischem Gesichtspunkt: Transformationseffekte

Die pädagogische Psychologie sagt uns, dass unterschiedliche Dinge unterschiedlich gelernt werden. Diese Unterschiedlichkeit ist aber nicht zufällig. Es gibt Gesetzte des Lernens (Choreographien des Unterrichts; vgl. Oser, im Druck), die diesem – eigentlich trivialen Anspruch – entgegenkommen. Jeder Teil einer triforischen Theorie muss somit einem anderen Transformationsmodell der Aneignung entsprechen.

Die Methode der Dilemmadiskussion (Dilemmabewusstsein, Kontroverse, plus 1-Konvention, offenes Ende) ist vom strukturgenetischen Ansatz zur Genüge beschrieben worden (vgl. Kohlberg 1995; Oser & Althof 1992). Das Paradigma „Entwicklung als Ziel der Erziehung" ist darin in der Weise verankert, dass Veränderungen vor allem Stufenzuwachs bedeuten; dieser Stufenzuwachs ist durch eine Reihe von Interventionsstudien erhärtet worden (Lockwood 1978; Rest 1979; Higgins 1980; Oser 1986; Walker 1986; Rest et al. 1999).

Der zweite Kreis, der die moralischen Werte und eine Art kommunitaristische Charaktererziehung umfasst, ist gerichtet auf den Aufbau oder die Bewusstmachung von Wertkonzepten. Die Methode ist entweder die Werterklärung (Abwägungen von Werthierarchien, gruppendynamische Übungen zur Wertbewusstmachung) oder Aufbau von Konzepten (1. Abrufen des bisherigen Wertwissens; 2. Vorstellen von Prototypen eines Wertes; 3. Kriterielle Analyse des neuen Wertes; 4. Anwendung dieses Wertes auf textuelle oder kontextuelle Situationen; 5. Transfer).

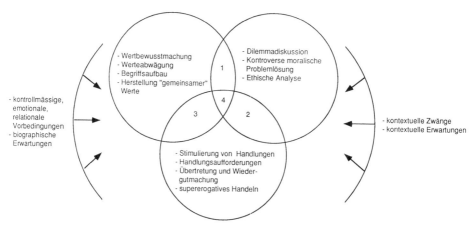

Abb. 4: Triforische Theorie der Moralerziehung: Methoden

Die Wertklärung geht auf Simon, Howe & Kirschenbaum (1972) zurück; der Begriffsaufbau gehört zu den allgemeinen pädagogischen psychologischen Verfahren des Wissensmanagement (vgl. Mandl et al. 1994; Oser 1999 in Vorbereitung). Wertklärung geht davon aus, dass alles Gute irgendwie im Kinde schon vorhanden ist, dass also Kinder und junge Menschen sich z. B. nur des Rassismus, der Vorurteile, des Holocaust, der Intoleranz bewusst werden müssen und schon alles in bester Ordnung sei. Begriffssaufbau nimmt das Gegenteil an, nämlich dass gewisse inhaltliche Bereiche dem Kind nicht bewusst gemacht werden können, weil sie nicht da sind, sondern dass man sie eben instruktional erst aufbauen muss (Wissensvermittlung).

Der dritte Kreis, die Stimulierung des Handelns muss sich nochmals anderer Methoden bedienen. Wer Handeln stimuliert, muss die Motivation wecken, z. B. anderen zu helfen, andere zu unterstützen, einen Beschluss durchzuführen (Watson, Battistich, Solomon 1997). Will man dies erreichen, so kann eine Demokratisierung der Schulwelt im Kleinen hilfreich sein, weil hier Handeln geplant, beschlossen und durchgeführt wird, weil ansonsten Handeln nur erzwungen werden kann. Die Annahme, dass der gemeinsame Beschluss einer Schulversammlung einen echteren sanften Zwang zum Handeln bewirkt als die direkte Aufforderung einer Lehrperson, entspricht dem Glauben, dass Handlungswissen und Handlungskontrolle der kognitiven und interaktiven Steuerung einer Gemeinschaft (Just Community) unterliegen. Dieser Glaube muss allerdings noch empirisch belegt und bestätigt werden. Watson et al. sagen:

„Developmental Discipline is an approach to classroom management that explicitly focuses on building caring, respectful relationship among all members of the classroom community, and that uses teaching and problem-solving approaches rather than rewards and punishments to promote responsibility and competence. This component is the one most explicitly directed toward developing and maintaining a culture of caring in the classroom" (1997, p. 11). Der Kern dieser Aussage besagt, dass man nicht vom Urteil auf Handeln schliessen kann und umgekehrt. Dies ist in Studien zum Urteils-Handlungs-Problem gezeigt worden. Ich möchte die Ergebnisse dieser Studien zusammenfassen (vgl. Garz, Oser & Althof, 1999).

1. Das Ausmaß an äußerem und/oder innerem situativen Druck ist entscheidend dafür, ob eine Handlung ausgeführt wird.

2. Das Ausmaß an Verantwortung für eine Person oder eine Sache entscheidet mit, ob das Handeln mit dem Urteil in Übereinstimmung gebracht werden kann.

3. Auch die vier Hauptfunktionen, wie sie Rest (1986) formuliert (Interpretation der Situation, Formulierung eines moralischen Ideals, Entscheidung und Durchführung), unterliegen nochmals situativen und kommunitären Gegebenheiten. Man kann sie nicht ohne diese verstehen, und auch die Universalisierung der „richtigen" Handlung unterliegt nochmals den psychischen Eigenschaften, wie sie in der Situation politischer Diktaturen gefordert ist, so etwa dem Ausmaß an persönlichem Mut.

4. Das von Walker (1999) geforderte Wechselspiel von Verhalten, Denken und Emotionen und die daraus resultierende moralische Sensibilität muss erziehe-

risch in Anwendungsfeldern ausprobiert und aktualisiert werden können, damit diese eine stabile Handlungskompetenz wird.

5. In der Adoleszenz wird das moralische Handeln in jedem Fall mehr von der Einbindung in und dem Ausschluss aus der Gruppe diktiert als von Gerechtigkeits- und Fürsorgekomponenten (Oser 1999). Dasselbe gilt für jüngere Kinder, nur ist hier der Hedonismus des eigenen Vorteils die ausschlaggebende Handlungsvariable.

6. Prosoziales Handeln und moralisches Handeln haben unterschiedliche Antriebe und Legitimationskonstituenten. Es kann jemand prosozial handeln und moralisch versagen und umgekehrt.

7. Die Normstärke (Garz 1999) beeinflusst das Handeln. Aber sie muss – was Garz zu wenig betont – je anderen erzieherischen Übungssituationen ausgeliefert werden, damit die Rationalität, die ihr jeweils zugrunde liegt, nicht ungebührlich überansprucht wird.

8. Handeln hängt nicht bloß von moralischem Urteil, sondern vor allem von der Einschätzung der Situation ab (vgl. Beck et al 1998).

Handeln lernen – wir werden darauf noch zu sprechen kommen – ist eine der am schwierigsten zu erreichenden moralerzieherischen Komponenten.

Nun wäre es aber ein Missverständnis, zu glauben, diese drei erwähnten Methoden stünden allein, in sich, getrennt voneinander, in Bewegung. Auch gerade bei den Methoden sind die normativen Motivationen durch Überschneidungen vorhanden. Überschneidung 1 deutet an, dass es einerseits keine Dilemmadiskussionen ohne Werturteile gibt. Wie das Beispiel zu Eingang dieses Aufsatzes zeigt, sind schon allein durch die Begutachtung der Argumente Werturteile und Urteile über normative Charaktereigenschaften mit im Spiele. Andererseits kann man Werterklärung und Wertbewusstsein lediglich mit den zur Verfügung stehenden kognitiven Strukturen erfassen. Der kompetente Moralbeurteiler ist immer nur kompetent entsprechend seiner aktualisierten Stufe des moralischen Urteils. – Überschneidung 2 macht deutlich, dass jede Entscheidung in einem Dilemma und jede entsprechende Argumentation immer schon durch eine vorgestellte Handlung geprägt ist. „Heinz soll das Medikament nicht stehlen, weil ..." bedeutet genau dieses, nämlich den Vorentwurf einer Handlung als vorgestellte Variante des Tuns, damit überhaupt Rechtfertigungen Platz erhalten. So entsteht ein Zusammenhang zwischen dem, was getan werden soll, und einem System handlungsleitender Regeln und ihrer Beziehung, die überführt werden in Kooperativität. Überschneidung 3 gibt an, wie die Wertsensibilität und das Wertbewusstsein überhaupt eine Situation als moralisch ausweisen und wie die Werthierarchie einen Menschen überhaupt seine Handlung erst zu einer Notwendigkeit werden lässt. Umgekehrt ändert jeder Handlungserfolg die Werthierarchie, und diese muss wiederum auf dem Hintergrund gesellschaftlich akzeptierter Werte nochmals reflektiert werden.

Überschneidung 4 markiert die Situation eines wirklich komplexen moralischen Lernprozesses, bei dem triforisch sowohl kontrovers als auch wertvermittelnd und handlungstimulierend unterrichtet wird.

Weitere Reflexionen hinsichtlich moralrelevanter triforischer Bereiche seien hier nur angedeutet. Abb. 5 zeigt die Quellen der Moral unter dem Gesichtspunkt des triforischen Gedankens.

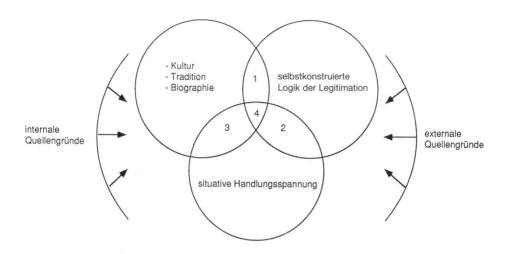

Abb. 5: Triforische Quellen der Moral

Überschneidung 1 deutet an, dass Normen und Werte an übergeordnete moralische Prinzipien zurückgebunden werden müssen; zugleich wird umgekehrt moniert, dass es gefährlich ist, wenn ein Argument, das Verbundenheit mit einer Kultur, Tradition oder Gruppe (Partei, Kirche, Betrieb) signalisiert, unter den Tische gekehrt wird. Überschneidung 2 zeigt, dass auch durch die prosoziale oder moralische Handlung ein Argument verändert werden kann. Der Akt selber beeinflusst rückwirkend das Argument. Überschneidung 3 meint, dass ein Wert einen Akt oder eine Handlung einen Wert beeinflussen kann. – Selbstverständlich könnte weiterhin triforisch gedacht werden in Bezug auf die Wirksamkeitsüberprüfung jedes Teils der triforischen Erziehung (Messen) und auch in Bezug auf Kontrastbildungen, wie sie durch das Konzept der negativen Moral vorgenommen wird.

7. Erziehungskonzeptionen auf dem Prüfstand

Wie wir oben angedeutet haben, kann man sich keine Praxis vorstellen, die nicht eklektisch oder mindestens triforisch ist. Nichtsdestoweniger muss man sich ins Bewusstsein rufen, dass, unabhängig davon, wie subjektive Bewertungen zustande kommen, in jedes der triforischen Felder auch die gegensätzlichsten Erziehungs- und Bildungskonzepte eingehen.

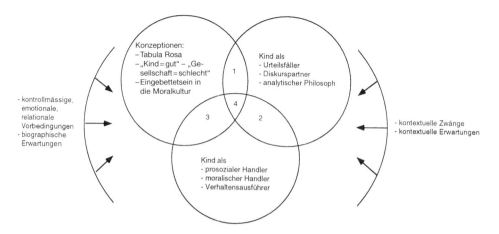

Abb. 6: Triforische Erziehungsgrundlagen

Auch wenn die Überschneidungen hier nicht ausgeführt werden, wird doch deutlich, dass in den einzelnen Kreisen unterschiedlichste auch gegensätzlichste Erziehungskonzeptionen Platz haben. Es können Werte unter der Vorstellung vermittelt werden, dass sie das Kind noch nicht kennt (Tabula rasa), und es können Übungen und Reflexionen dahingehend geschehen, dass im Kind etwas geweckt wird, das es schon immer in sich getragen hat (entelechia). Im Urteils-Kreis wird die autonome Person, der kompetente Diskurspartner angenommen. Zugleich können Diskurse im Rahmen einer angenommenen Problemlöse- und Kompromissgemeinschaft stattfinden. Im dritten Kreis wird der Mensch als Hersteller und Macher gesehen. Sowohl supererogatives Tun als auch ein ganz anderes moralisches Handeln kann hier vonstatten gehen, jenes nämlich, bei dem die notwendigen Pflichten eine Rolle spielen und Verhinderung des Diebstahls, der Verleumdung, der Tötung etc. angestrebt wird. Auch können hier Kinder ein Verhalten automatisieren, was auf den Willen zu einer Gedächtnisentlastung hinsichtlich bestimmter Reaktionen hinweist. Es sind also die unterschiedlichsten Wertbilder, Menschenbilder und Verbindungen und Referenzen möglich, die das triforische Konzept bestimmen; die gemeinsamen erzieherischen Wertvorstellungen kommen aber durch die situativen Gegebenheiten zustande: Keiner dieser Ansätze ist ganz falsch oder ganz richtig. Additive, substitutive, ausdiffernzierende oder integrative Verfahren einer moralerzieherischen Beeinflussungskonzeption müssen je zu einem Bewusstsein der jeweiligen Einflusskomponente und ihrer Betonung führen. Man kann erzieherisch fast alles tun, wenn man verantwortbare Gründe dafür hat, es zu tun, und wenn das Bewusstsein der jeweiligen Wirkung mit dieser selber kongruent ist.

8. Ein triforisches Schulmodell

Regenbrecht sagt in seinem Vortrag (in diesem Band): „Wer eine umfassende Theorie moralischer Erziehung schreiben wollte – und nicht nur eine didaktische Konzeption eines Unterrichtsfaches Ethik – müsste eine Theorie der Stärkung des

Selbst schreiben, die bis heute ein Desiderat der Erziehungswissenschaft ist" (S. 52). Mit diesem Satz stimme ich beinahe überein; nur der Teil, dass dies noch ein Desiderat ist, trifft nicht zu. Ich würde sagen, dass sowohl Damon & Hart (1982), Power (1986), Oser & Althof (1992) solche Entwürfe geliefert haben. Insbesondere würde ich auch das triforische Konzept der Moralerziehung als einen Entwurf einer erziehungswissenschaftlichen Theorie der Genese des moralischen Selbst bezeichnen; dies weil sowohl Kognition, Emotion als auch Handeln als drei zentrale sich gegenseitig kontrollierende Teilbereiche miteingehen. Damon & Hart haben sich vor allem mit der Entwicklung des Selbst von der Kindheit bis zum späten Jugendalter beschäftigt und ein Entwicklungsmodell des „Self understanding" geschaffen. Darin sind folgende Annahmen enthalten: Eine Bewusstmachung des Selbst, das schon im frühen Kindesalter mit der eigenen Aktivität zu tun hat; der Umgang mit der Körperlichen Erscheinung; unterschiedliche Selbst-Definierungen je nach Alter; und eine altermässig je andere Tendenz, das Selbst in ein kohärentes System zu integrieren. Die Stufen ihrer Selbstentwicklung haben denn auch drei Ausprägungen a) Alter, b) Selbst als Objekt und c) Selbst als Subjekt. Eine Interpretation der letzten beiden Dimensionen auf dem Hintergrund des Moralischen ist darin nur implizit gegeben. Das verweist auf die gesuchte Ganzheitlichkeit des sozial-moralisch gebildeten „Selbst-Bewusstseins".

In einer Just Community-Schule lernt man mutig seine Meinung öffentlich kundzutun, Entscheidungen durch Abstimmungen herbeizuführen und umzusetzen, prosoziales Handeln zu planen und durchzuführen u. ä. Die Resultate sind überzeugend: Althof (in Vorbereitung) kann zeigen, dass eine Verminderung abweichenden Verhaltens mit einer Zunahme helfenden Handelns einhergeht. Er kann zeigen, dass positive Werte wie Toleranz, Fürsorglichkeit, Verpflichtungseinhaltung schon nach einem Jahr in entscheidendem Maße höher eingeschätzt werden. Letztlich konnten wir bei verschiedenen Just Community-Schulen zeigen, dass eine Zunahme der Stufe des moralischen Urteils mit einer fundementalen Diskurshaltung (realistischer Diskurs) einhergeht. Das bedeutet, dass Schüler fähig werden, sich gegenseitig ein Urteil, eine verantwortbare Aussage, eine Problemlösung oder doch wenigstens einen akzeptierten, gelebten Dissens „zuzu-muten". Das triforische Modell aber stellt nur eine Basisstruktur für ein solch umfassenderes Konzept einer moralischen Erziehung dar.

9. Der Ernst des Lebens beginnt in der Schule

An anderer Stelle seines Aufsatzes schreibt Regenbrecht: „Ethikunterricht bleibt ein Spiel, das den ‚Ernst des Lebens', den tatsächlichen Vollzug noch außer sich hat" (S. 52). Dieser Satz verweist auf die Vorstellung, dass Schule eine künstliche Lebenswelt sei. Aber Schule ist für Kinder bitterer Ernst, und Ethik kann nie ein Spiel sein, weil ansonsten das Gefühl ethischer Überheblichkeit unweigerlich aufträte. Die Parole: „Wir tun keine Fehler, nur die anderen da draußen" führt zur Abwertung des Gegenstandes des Ethischen und zum Glauben, dass die Welt des Kindes und Jugendlichen „ohne" Ethik eine reine Welt sei, die auf das wirkliche

Leben vorbereite. Es gibt in der Tat Dinge, wo das Spiel eine angemessene Handlungsform ist; aber es gibt auch wichtige Dinge, so etwa die Vernetzung der Schüler mit anderen im Schulleben, die täglichen Konflikte, Aushandlungen, die erlebten Verrate, die erfahrene Feigheit, das Verpassen mutiger Intervention etc. Die Schule ist ein Leben, das voller Moralität ist (vgl. Jackson et al 1993), und wo, wie an anderen Orten, Moral hergestellt werden muss. Die Moral ist eine der wenigen Geschäfte ohne Spielregeln; aber triforisch kann sie allemal selber eine Welt bauen, die wirksam ist. Verantwortlichkeit hat nie Spielcharakter; denn das Spiel setzt Freiwilligkeit voraus, Moral aber kann diese nicht erlauben. In der Moral haben Menschen, auch wenn sie nichts tun, Stellung bezogen. Moral ist eine Architektur des Sozialen und der Citoyennetée. Wenn diese durch philosophische Modelle der Ethik, die junge Menschen in der Tat auch kennen lernen sollen, unterstützt wird, so ist diese Unterstützung zu begrüßen. Aber sie stützt nicht nur: Rein theoretischethische Modelle können unter erzieherischem Gesichtspunkt die Genese des Moralischen behindern. Konzepte, ohne Lebensbezug zum „Jungsein" oder ohne Lebensbezug „Schülersein", taugen nicht viel. Sie sind wie Lerntheorien für jemanden, der noch nie gelernt hat. Oder frei nach Lichtenberg: Vögel fliegen normalerweise ohne ornithologische Kenntnisse. Aber fliegen muss wohl gelernt sein.

10. Triforische Moralität: Ein neues Forschungsprogramm

Ich denke, dass Inhalte (Werte, Tugenden, Konzepte, Wissen), Urteile (moralische, soziale und persönliche Aspekte entsprechend verschiedener Stufen) und moralisches und prosoziales Handeln (supererogatorisches Tun) die großen Pfeiler eines neuen moralerzieherischen Programmes und der entsprechenden Forschung sind. Die Forschung könnte herausfinden, wie es möglich ist, diese Bereiche miteinander optimal zu verbinden. Wir brauchen Instrumente, die alle drei messen, und wir brauchen Instrumente, die die Verwobenheit der drei zu ihrem Maße erheben. Wir benötigen auch Interventionsprogramme, die genau dies ermöglichen: die Verbindung unterschiedlicher triforischer Zielarten. Unsere Gerechten-Gemeinschafts-Programme, die sich sehr verfeinert haben, sind nicht zuletzt dazu da, dies zu überprüfen. Sie triforisch zu erforschen, könnte eine neue Grundlagenprogrammatik erfordern.

Literatur

Althof, W. (in Vorbereitung). Neue Untersuchungen zur Just Community Schule.
Damon, W. & Hart, D. (1982). The Development of Self-Understanding form Infancy through Adolescence. In *Child Development,* 53, 841–864.
Damon, W. & Hart, D. (1988). *Self-understanding and Moral Development form Childhood to Adolescence.* Cambridge, MA: Cambridge University Press.
Garz, D. (1999). Also die Annahme, dass die Welt gerecht ist, das wäre sehr irrational. Urteil, Handeln und die Moral des Alltagslebens. In D. Garz, F. Oser & W. Althof (Hrsg.), *Moralisches Urteil und Handeln.* Frankfurt am Main: Suhrkamp, S. 377–405.
Garz, D., Oser, F. & Althof, W. (Hg.): *Moralisches Urteil und Handeln.* (1999). Frankfurt am Main: Suhrkamp.

Higgins, A. (1980). Research and Measurement Issues in Moral Education Interventions. In R. Mosher (Ed.), *Moral Education. A first Generation of Research and Development.* New York: Praeger, p. 92–107.

Jackson, Ph. W., Boostrom, R. E. & Hansen, D. T. (1993). *The Moral Life of School.* San Francisco: Jossey-Bass.

Klafki, W. (1991²). *Neue Studien zur Bildungstheorie und Didaktik.* Weinheim: Beltz

Kohlberg, L. (1995). Psychologie der Moralentwicklung. Frankfurt/M.: Suhrkamp.

Leming, J. S. (1997). Research and Practice in Character Education: A Historical Perspective. In A. Molnar (Ed.), *The Construction of Children Character.* Chicago. University of Chicago Press, p. 31–44.

Lockwood, A. (1978). The Effects of Values Clarification and Moral Development Curricula on School-Age Subjects: A Critical Review of Recent Research. *Review of Educational Research*, 48, 325–364.

Mandl, H., Gruber, H. & Renkl, A. (1994). Problem of Knowledge Utilization in the Development of Expertise. In W. J. Nijhof & J. N. Strumer (Ed.), *Flexibility in Training and Vocational Education.* Utrecht: Lemma, S. 291–305.

Noddings, N. (1997). Character Education and Community. In A. Molnar (Ed.), *The Construction of Children's Character.* Chicago. University of Chicago Press, S. 1–16.

Oser, F. (1986). Moral Education and Values Education: the Discourse Perspective. In M. C. Wittrock (Hrsg.), *Handbook of Research on Teaching,* 3rd Edition (S. 917–941). New York und London: Macmillan.

Oser, F. (1998). *Ethos – die Vermenschlichung des Erfolgs.* Opladen: Leske + Budrich.

Oser, F., & Althof, W. (1992). *Moralische Selbstbestimmung. Modelle der Erziehung und Entwicklung im Wertebereich. Ein Lehrbuch.* Stuttgart: Klett-Cotta

Oser, F. (im Druck). Choreographien des Unterrichts.

Rest, J. R. (1979). *Development in Judging Moral Issues.* Minneapolis: University of Minnesota Press.

Rest, J. R. (1986). Ein interdisziplinärer Ansatz zur Moralerziehung und ein Vierkomponenten-Modell der Entstehung moralischer Handlungen. In F. Oser, W. Althof & D. Garz (Hrsg.), *Moralische Zugänge zum Menschen – Zugänge zum moralischen Menschen.* München: Kindt, S. 20–41.

Rest, J., Narvaez, D., Bebeau, M. J., Thoma, St. J. (1999). *Postconventional Moral Thinking.* Mqhwah, NJ: Lawrence Erlbaum.

Simon, S. B., Howe, L. W. & Kirschenbaum, H. (1972). *Values Clarification. A Handbook of Practical Strategies for Teachers and Students.* New York: Hart.

Walker, L. J. (1986). Cognitive Processes in Moral Development. In G. L. Sapp (Ed.), *Handbook of Moral Development* (S. 109–145). Birmingham, AL: Religious Education Press.

Walker, L. J. (1999). The Prerceived Personality of Moral Exemplars. *Journal of Moral Education*, Vol. 28, 2, 145–162.

Watson, M., Battistich V. & Solomon, D. (1997). Enhancing Students' Social and Ethical Development in Schools: An Intervention Program and its Effects. *International Journal of Educational Research*, 27, 7, 571–586.

191

Diskussion zum Vortrag von Fritz Oser

(Moderation: Jürgen Rekus)

Rekus:

Dass Wissen, Werten und Handeln zusammenhängen, wird in dieser Runde wohl niemand bezweifeln. Wenn Herr Oser sein vorgestelltes Modell als triforisch bezeichnet, dann darf man wegen der Assoziation mit bedeutenden Kirchenbauten vor allem in diesem Kreis schon mit einem gewissen Akzeptanzbonus rechnen. Dennoch kann es sein, dass dieser Zusammenhang, vor allem unter dem Aspekt des Zusammenhangs von Werten und Handeln, mehr Fragen aufwirft, als es auf den ersten Blick erscheint.

Pöppel:

Bei Dietrich Benner heißt es in einem Artikel: „Wo es um die Fragen des Handelns geht, gibt es keine Lehrer und Schüler mehr." Damit ist natürlich nicht das intrasubjektive Lehrer-Schüler-Verhältnis gemeint, sondern das inter-subjektive bzw. inter-aktive. Deshalb kann Benner auch fortfahren: „Zwar gehören auch die sich dann stellenden Fragen zum Gebiet der pädagogischen Fragen, nicht jedoch zu den pädagogisch-didaktischen, sondern zu den auf Selbsterziehung und Selbstbildung ausgerichteten Fragen eines verantwortlichen Handelns." Als Grenze des erziehenden Unterrichts nennt Benner im Anschluss an Herbart den Gedankenkreis, der sich zwar unterrichtlich ergänzen, aber nicht unmittelbar in Handeln überführen lasse. Das Handeln selbst gehört nach dieser Vorstellung nicht mehr zum pädagogischen Geschäft des erziehenden Unterrichts. Er erschöpft sich vielmehr in den eben von Herrn Rekus genannten zwei Momenten, nämlich im Wissen und im Urteilen, im Wissen und im Werten. Daher meine Frage an Herrn Oser, ob im dritten Punkt seines triforischen Konzepts wirklich gehandelt wird oder das nicht auch im Bereich des hypothetischen Handelns verbleibt?

Wir haben uns in Hildesheim lange Zeit Gedanken gemacht um eine Differenzierung und Systematik der Unterrichtsformen. Diese haben zur Frage der moralischen Erziehung jeweils eine unterschiedliche Nähe. Wir kennen so etwas wie einen lehrgangsorientierten Unterricht, etwa bei den Fremdsprachen. Wir kennen so etwas wie einen fachüberschreitenden, projektorientierten Fachunterricht und wir kennen als dritte Unterrichtsform die Freiarbeit. Sie haben wir beschrieben als Möglichkeit der eigenverantwortlichen Lernarbeit der Schüler durch sich selber, als „Lern-Handeln". Dort taucht bei uns zum ersten Mal der Begriff des Handelns auf. Wir begegneten damit der Frage, wie man aus der Dualität von Wissen und Werten dieses Triforische machen kann – freilich mit der Eingrenzung, dass das (Lern-) Handeln sich in die Aufgabe von Schule und erziehendem Unterricht: die Bildung, einordnen lässt. Ist das nicht möglicherweise eine Form, die wir heute in die Schulpädagogik hineinziehen müssen, weil das rechte Handeln nicht mehr durch die gesellschaftlichen Bedingungen gestützt wird?

Kurth:

Die folgende Frage knüpft nicht an den letzten Beitrag an, sondern geht an Herrn Oser. Wenn ich seine Ausführungen richtig verstanden habe, liegt der Handlungsaspekt in seinen Auswertungen gerade darin, dass sich die Schüler im Verlaufe der verbleibenden Schuljahre tatsächlich auch innerhalb des schulischen Handelns verändert haben, und ich denke, da wird Schule selber zum Handlungsraum. Schüler sollen nicht Handeln üben für eine Welt ganz woanders; sie sollen vielmehr Handeln üben in der Welt, in der sie leben. Das habe ich als sehr wohltuend empfunden, weil für mich z. B. auch in die Oberstufe des Gymnasiums hinein im Psychologie- oder Pädagogikunterricht immer folgender Grundsatz herrscht: Wenn die Schüler etwas gelernt haben, erwarte ich auch, dass sie das Gelernte anwenden können. Wenn sie etwas über Kommunikationsstrukturen gelernt haben, müssen sie auch im Sinne dieser Strukturen miteinander kommunikativ umgehen. Wenn sie das nicht tun, können sie z. B. keine sehr gute Note bekommen; denn sie beherrschen möglicherweise die Fakten, beherrschen aber nicht die Anwendung. Ich denke, dass dieses auch im gezeigten Diagramm ausgesagt wird, dass sich die Handlung wirklich im praktischen Fortgang des Unterrichtes sich verändert. Und zwar nicht nur als Bewusstsein, sondern auch als Verhalten.

Ladenthin:

Ich möchte auch noch einmal auf das Handeln zu sprechen kommen. Ich denke, es dient einer Präzisierung, wenn man das, was mit Handeln überhaupt gemeint ist, etwas umreißt. Wenn man schreiben lernen will, dann kann man das nur dadurch tun, dass man schreibt. Man kann „Schreiben" nicht lediglich erklären. Wenn man Schwimmen lernen will, dann kann man dem anderen nicht nur erklären, wie man schwimmt, er muss selbst schwimmen.

Jetzt könnte man ja diese Argumentationsreihe fortsetzen und sagen, wenn man moralisch handeln lernen will, dann muss man das auch durchs Tun lernen. Das Problem bei der Sache ist nur, dass Handlungen bestimmte Bedingungen erfüllen müssen, um als moralisch zu gelten. Eine der Bedingungen ist die Freiheit der Entscheidung. Die Frage ist aber die, ob ich in der Schule, in einem institutionellen Rahmen, die Freiheit bei Entscheidungen habe, die ich brauche, um überhaupt moralisch handeln zu können. Dass ich in einer Schule diszipliniert handle, dass ich mich an die Regeln halte, die in der Institution gelten, das ist selbstverständlich. Dies sind aber keine Handlungen im eigentlichen Sinne, die uns interessieren. Das ist vielmehr diszipliniertes Verhalten. Hier würde ich auch noch nicht davon sprechen, dass Kinder, die das tun, moralisch handeln. Sie handeln vielmehr diszipliniert.

Die Frage ist nun, wo kann es in der Schule einen Raum geben, in dem Kinder moralisch handeln können. Sie sind immer in der Situation, dass der Lehrer letztlich verantwortlich ist für das, was geschieht. Im Rahmen dieser Vorgabe ist aber auch Handeln möglich, wenn etwa die Schüler einander hänseln. Dort aber kann der Lehrer auch nicht intervenieren. Entweder also sind die Schüler in einer Situation, in der sie frei sind, dann haben wir Erzieher keine Möglichkeit einzugreifen, oder sie sind in einer Situation, die der Lehrer verantwortet, dann können sie nicht frei handeln. Die Frage lautet, allgemein gestellt: Kann man überhaupt in einem institutionellen Rahmen, der derart durchorganisiert ist wie die Schule, frei, also moralisch handeln?

Regenbrecht:

In der Einleitung zu diesem Kongress, den wir sehr bewusst *„Ethik als Unterrichtsfach"* genannt haben, habe ich hinsichtlich seiner Zielsetzung zwei Einschränkungen gemacht. Die eine bezog sich darauf, dass wir unsere Fragestellung aus Zeitgründen auf das *Unterrichtsfach* Ethik begrenzen müssten und dass daher Darstellung, Analyse und Kritik entsprechender Curricula im Mittelpunkt stünden. *Außerunterrichtliche Veranstaltungen* jeglicher Art sowie Bestrebungen, die Schulklasse oder gar die gesamte Schulgemeinde zu einer „just community" zu entwickkeln, könnten daher – unbeschadet der Anerkennung ihrer Bedeutung für den Beitrag der Schule zur moralischen Erziehung – *nicht Gegenstand der Erörterung auf dieser Tagung* sein.

Ich möchte daher fragen, ob bzw. wieweit das triforische Modell auch eine Bedeutung für das *Unterrichtsfach Ethik* gewinnen kann oder ob unter der Forderung nach Handlungsorientierung ein Unterricht in diesem Fach seine moralerzieherische Valenz erst in einer Verbindung mit dem Ausbau der Schule zu einer „just community" erhält. Anders gefragt: Kann man überhaupt von einem „triforischen" Modell für den *Unterricht* im Fach Ethik sprechen oder ist damit nicht vielmehr die Einbettung dieses Faches in das Ganze des Schullebens gemeint?

Oser:

Ich denke in dieser Frage nicht orthodox. In dem Buch „Moralisches Urteil und Handeln", das ich mit Detlef Garz und Wolfgang Althof herausgegeben habe, verfasste ich selber einen sehr kritischen Artikel über das Verhältnis von Urteilen und Handeln. Ich möchte dazu drei Aspekte anmerken. Erstens: Es gibt ein stellvertretendes, sogenanntes advokatorisches Handeln. Es steht unter dem Motto: „Man muss nicht alle Sünden, die die Menschheit begangen hat, noch einmal tun." Es gibt in der Tat Dinge, die wir nicht selber tun, die wir aber innerlich so vollziehen, dass sie bei uns Warnungen und Schutz (Resistenzen) bewirken. Zweitens: Ich bestreite nicht, dass ein mögliches Ethikfach wissenschaftlich basiert ist. Es beinhaltet dann ein „reines" Nachdenken über Praktische Philosophie. Dies gibt es, dies kann es und dies soll es geben. Ich rede hier von Moral*erziehung.* Und Moralerziehung ohne Handeln finde ich tot.

Und jetzt zur nächsten Frage: Wenn die Schule nur als Unterrichtsraum gedacht wird, dann wird der Schule ein großes Stück Leben weggenommen. Sie ist die Lebenswelt von Kindern und Jugendlichen. In dieser Welt gibt es Tausende Probleme, die gelöst werden wollen; an den Lösungsprozessen lernen wir. Es gibt jeden Tag

Konflikte, die aufgegriffen oder eben nicht aktualisiert werden, die aber immer zum Handeln auffordern. Die Schule ist ein Handlungsraum zur Universität hin. Die Frage ist für mich, ob wir genug Wissen, genug Zeitfenster bereitstellen, um die jeweiligen Handlungen auch auszuführen, so dass wir z. B. wirklich lernen, in kritischen Situationen aufzustehen, Mut zu bekennen, dass wir unsere Schwächen überwinden und zu einer Sache stehen, wenn wir unter Druck geraten. Die Frage, warum Handeln nicht zustande kommt, ist immer eine Angelegenheit des Widerstandes gegen äußeren Druck. Moralisches Handeln geschieht nur in und gegen äußeren (oder auch manchmal inneren) Druck. Das ist das Spezifikum des moralischen Handelns. Der äußere Druck des moralischen Handelns kann sogar von der Gruppe ausgehen, in der ich beheimatet bin. Die Gruppe kann zwar meiner Überzeugung sein, aber oft ist es doch anders. Der Druck kann auch unter dem Gesichtspunkt entstehen, dass die Gesellschaft im Grunde etwas erlaubt, was gar nicht moralisch ist. Oder es kann ein Druck entstehen zwischen den Philosophenkönigen und der Gesellschaft, wenn die einen sagen, dass es so nicht gehe, aber die Gesellschaft dieses erlaubt. Das Lernen, gegen einen Druck zu handeln, muss nicht an jedem Tag geschehen. Im Film, den Althof über die Just Community gedreht hat, sind es nur fünf Situationen in einem Jahr, die dem Handlungszwang unterliegen. Eine von diesen Szenen war das Friedenstiften. Das wurde so lange geübt, solange behandelt, bis in dieser Schule beim Streit zweier Hähne ein Mädchen dazwischen ging und sagte: „Halt! Wir haben doch abgemacht ...!"

Wo *wird* Schule Handlungsraum? Dies ist für mich der entscheidende Punkt, nicht ob sie es *ist*. Dass wir für dieses Fach Ethik und ähnlich gelagerte Fächer, ich denke etwa an L-E-R, dass wir dort Handeln wissenschaftlich fundieren, muss selbstverständlich werden. Die Umsetzung ins Leben aber kann nur gelingen, wenn die Schule selber das Leben ist.

Hier beginnt die eigentliche Didaktisierung der Lebenswelt. Dazu gibt es Beispiele. Ich erwähne eines: Bei uns in der Schweiz gibt es für die Gymnasiallehrerausbildung wie in Deutschland Fachdidaktiker. Aber ein Fachdidaktiker ist dort kein Professor, sondern ein Expertenlehrer, der die Studierenden betreut. Er zeigt aufgrund seiner Zusatzausbildung theoretisch und praktisch, wie man das Fach unterrichtet. Er unterrichtet auch selber, er ist also ein Praktiker. Wenn diese Personen gewählt werden, dann sind sie Leute, die den Posten unbedingt wollen. Wir hatten eine Auswahlkommission für einen Fachdidaktiker mit fünf Biologie- und zwei Pädagogikprofessoren. Am Schluss standen noch zwei Kandidaten im Rennen. Der erste Kandidat hat eine Superlektion gehalten: Experimente von Tisch zu Tisch, Gruppenarbeit, er hat technisch möglichst vieles gut gemacht. Wenn die kleinste Unebenheit im Unterricht auftrat, hat er alles sofort geregelt. Der zweite hat ein Experiment mit Fischen durchgeführt. Die Schüler hatten Wasserbehälter und in diese hinein hat er aus einem Aquarium Fische gegeben. Er hat den Schülern mitgeteilt, dass sie 20 bis 30 Minuten Zeit hätten, um herauszufinden, was getan werden müsse, damit die Fische nicht verenden. Alles notwendige Material lag bereit. Die Schüler haben angefangen zu arbeiten und zu „forschen". Doch plötzlich, mitten in dieser Arbeit, fängt ein Mädchen an zu schreien, als ob sie mit einem Messer gestochen worden wäre. Sie schreit und schreit. Was ist passiert? Ein Junge hat ihr den Fisch in den Ausschnitt gesteckt. Da stehen fünf Biologieprofessoren, da stehen zwei Pädagogikprofessoren, und es steht die Wahl für diesen Posten an. Es war genau das passiert, was die Schule zum Handlungsraum machen kann. Dieser Junge zerzaust die Welt. Was hat der Lehrer gemacht? Dieser Lehrer hat nun den Unterricht abgebrochen, hat die Fische ins Aquarium zurück getan, dann hat er einen „runden" Tisch gebildet, die Schüler daran gesetzt und gesagt: „Das lass ich mir von euch nicht bieten, das ist nicht in Ordnung, es ist ungerecht." Ein Mädchen hat von „Spiel" geredet, ein Schüler sagt: „Ich möchte jetzt gerne das Experiment fertig machen." Ein anderer meint: „Warum machst du das hier mit uns, wenn Leute und Gäste da sind?". Der Diskurs dauerte 20 bis 30 Minuten. Am Schluss hat der Junge, der zunächst gesagt hatte, er habe nur Spaß gemacht, sich entschuldigt. Nach dieser heftigen Diskussion ist der Unterricht weitergegangen und nach 5 Minuten war die Stunde zu Ende. In dieser Situation ist die Schule in ganz entscheidender Weise zum moralerzieherischen Handlungsraum gemacht worden. Die Frage war nur, welchen Kandidaten wählen jetzt die Professoren?

Wir, als Pädagogen, haben sofort gewusst, dass wir den zweiten wählen wollten, aber die Biologen, was machten die? Wir glaubten, sie würden den ersten wählen. Aber auch sie wollten den zweiten; sie sagten, dass das, was er getan habe, den Ernst der Sache ausmache, nämlich offensichtlich Verantwortung sichtbar werden zu lassen. Eine Umsetzung in einem solchen Handlungsraum ist allerdings immer nur dann möglich, wenn eine Verletzung vorliegt, wenn es tatsächlich ernst wird. Das Problem für uns alle ist, dass wir im Grunde genommen immer Mühe haben, den Unterricht zu unterbrechen und das ernst zu nehmen, was menschlicherseits geschieht. So wird nichts geregelt und weil tatsächlich nichts geregelt wird, lernt man auch nicht, weil es nichts zu lernen gibt. Das Wichtige aber ist die Unterbrechung, das Schaffen des runden Tisches. Das kann an vielen Orten geschehen, das kann ein kleiner Kreis, das kann eine Klasse, eine Schule sein. Wesentlich ist dann als zweites die Garantie des kontroversen Austausches. Ein drittes Element besteht in der „Zumutung", dass diese Schüler fähig sind, eine Lösung zu finden. Das vierte Element schließlich besteht darin, dass dieser Vorgang die Koordinationsfähigkeit, moralisch zu diskutieren und zu handeln, ermöglicht. Handeln bedeutet nicht bloß: Je höher die Stufe, umso mehr stimmt das Urteil mit der Tat überein. Das ist vermutlich Unsinn. Denn schon die Datenlage erschwert die Überprüfung der Validität einer solchen Aussage. (Auf der postkonventionellen Ebene besteht das N bei diesen Studien oft nur aus zwei oder drei Personen.) Zudem: Dass Personen in höheren Stufen viel komplexere Probleme zu bewältigen haben, liegt auch auf der Hand. Wenn man gleichgeartete Probleme für die Kleinen wir für die Erwachsenen zur Feststellung des moralischen Urteils verwendet, so gibt es Unterschiede, die nicht entwicklungsbedingt sind. So wird ein artifizieller Effekt generiert. In der Schule dagegen führen nur echte Probleme zum Handeln. Eine Schule – und da muss ich mich mit Herrn Regenbrecht ja nicht einig sein – ist nie nur Unterricht, in keinem Augenblick.

Hilgenheger:

Ich möchte drei Fragen stellen. Die erste ist eine Informationsfrage, die Bitte um eine Ergänzung. Herr Oser hat von den bekannten Stufen in der Entwicklung des moralischen Urteilens gesprochen, dann jedoch andere Stufungen danebengestellt, insbesondere eine Stufung der Gefühlsentwicklung. Dazu meine erste Frage: Welche Stufungen sind gemeint, und wie hängt insbesondere die Stufung der Gefühlsentwicklung mit den Stufen der Urteilsentwicklung zusammen? Handelt es sich lediglich um andere Aspekte in der Stufenbeschreibung des moralischen Urteils oder lassen sich die Stufen der Gefühlsentwicklung auch unabhängig von jenen identifizieren?

Dann meine zweite Frage: Es wurden erstaunliche Ergebnisse beschrieben, die sich im Vergleich Versuchsgruppe-Kontrollgruppe abgezeichnet haben. Zu diesen Ergebnissen möchte ich fragen, wie stabil sie sind und was diese Stabilität trägt. Man könnte sich doch vorstellen, dass sie sich nur zeigen, solange das Kind in der jeweiligen Gruppe verbleibt. So war z. B. die Rede von dem Mädchen, das einen Streit schlichtet. Wie ist es dann aber, wenn sich auf der Straße zwei Mädchen aus einer anderen Schule streiten? Besteht nicht die Gefahr, dass das Mädchen, wenn es dazwischentritt, einen „gewischt bekommt", so dass es dann nie wieder versuchen wird, den Streit zweier fremder Menschen zu schlichten? Was trägt also diese Stabilität des sich zeigenden Verhaltens? Ist es im Charakter der Schüler verankert, was bedeuten würde, dass der Charakter tatsächlich verändert wurde. Oder wurden mit und in dieser Schule lediglich *soziale Strukturen* geschaffen, so dass die sich zeigenden Ergebnisse nur so lange andauern, wie die Strukturen bestehen.

Und dann meine dritte Frage: Herr Oser hat uns sein Triforium vorgestellt und zudem gesagt, wie L-E-R auf religionswissenschaftlicher Basis bzw. wie die religionskundlichen Anteile von L-E-R begründet werden sollen. Ist aber das Triforium in diesem Bereich überhaupt einsetzbar, wenn es in ihm kein gemeinsames religiöses Handeln gibt, sondern lediglich gesagt wird: Es gibt Menschen, die dieses oder jenes glauben? Ist also Ihr Modell der Moralischen Erziehung in diesem Bereich überhaupt von Belang, da das gemeinsame Handeln fehlt?

Wittenbruch:

Nicht alle Zuhörer sind der Ansicht, dass man das Handeln aus der sittlichen Erziehung ausschließen muss. Zunächst haben wir ein historisches Bewusstsein, das uns daran erinnert, dass das Handeln in den Konzepten der sittlichen Erziehung des 18. und 19. Jahrhunderts miteingeschlossen war. Außerdem diskutieren wir bis heute die Konzepte „Schulleben und Schulkultur". In ihnen wird betont, dass das Handeln im schulischen Raume unabdingbar mit zur sittlichen Erziehung zählt. 1993 haben wir einen eigenen Kongress mit dem Thema „Schule – gestalteter Lebensraum" durchgeführt, wo dieses Prinzip nachdrücklich reflektiert und unterstützt wurde. Als dritten Einwand möchte ich noch anfügen, dass ein vertikaler Transfer nach der heutigen Lernpsychologie immer ergänzt werden sollte durch

197

einen horizontalen Transfer. Das bedeutet, dass das Gelernte auch angewendet werden muss, da sonst der Lernerfolg erheblich gefährdet ist. Es wurde zwar durch eine vorgängige Definition gesagt, hier solle nicht über das Handeln gesprochen werden, aber erlaubt sein müsste es jedoch.

Eine weitere Frage möchte ich noch anschließen: Herr Oser hat sicherlich ein ausgefeiltes methodisches Instrumentarium zur Hand, mit dem er ermittelt hat, dass durch seinen triforischen Ansatz die soziale und sittliche Erziehung von Grundschulkindern erheblich gestärkt werden kann. Ich möchte fragen, nicht zuletzt deshalb, weil Herr Oser in vielen Regierungskommissionen tätig ist, wie er diesen Ansatz gegen den möglichen Missbrauch schützen will, dass sein empirisches Instrumentarium dazu benutzt wird, um das zu verwirklichen, was zum Beispiel nach der Erschütterung durch die Ergebnisse der TIMSS-Studien unter dem Schlagwort „Qualitätssicherung an deutschen Schulen" bildungspolitisch gefordert wird?

Petermann:

Ich habe noch eine grundsätzliche Frage zur Relevanz des triforischen Modells. Das triforische Modell, wie es geschildert wurde, eignet sich ja praktisch für alle Unterrichtsfächer. Unser hier zu verhandelndes Rahmenthema aber ist, was auch Herr Regenbrecht mit seiner Frage anmerkte, das Spezifikum des Ethikunterrichtes. Und da stellt sich für mich die Frage, ob man hier nicht über das triforische Modell hinaus eine weitere Kategorie benötigt. Ich mache einen Vorschlag und nenne sie einmal Reflexivität. Was will ich damit andeuten? Sicher sollte Schule etwas anderes sein als eine blutleere, lebensferne Institution; doch wir sollten auch nicht Leben und Schule vertauschen; wir sind uns hier im Saal gewiss alle einig, dass das Leben in die Schule mit einbezogen werden muss; die Schule bietet aber mehr als Handeln und Lebensvollzug und sollte mehr bieten. Sind hier nicht auch Folien gefragt, die Leben und Handeln selber noch einmal auf einer anderen Ebene zur Sprache bringen, nämlich als Reflexion auf das Handeln, indem ich aufgefordert werde zu fragen, was die Bedingungen sind, die Vorstellungen, die Maximen, unter denen ich lebe und mein Leben führe? In gleicher Weise geht es bei der Wissensvermittlung ja auch nicht nur um bloße Ansammlung von Kenntnissen. Diese Wissensausbildung sollte vielmehr immer unter dem Aspekt von Bildung stehen: Ich will in der Schule nicht nur Wissen im Sinne von Kenntnissen erwerben, sondern immer auch das Wissen darum, wie ich etwas weiß oder wissen kann. Solche Anforderungen meine ich mit der Kategorie der Reflexivität. Sie würde das vorgestellte triforische Modell ergänzen; vor allem aber liefert erst sie eine Begründung, warum wir Philosophie- und Ethikunterricht in der Schule brauchen. Ein weiteres Argument: Wenn man die Ebene des Handelns zu sehr in unterrichtliches Geschehen mit einbezieht, was ja in einigen der hier vorgestellten Beispielen zum Ausdruck kam, besteht m.E. die Gefahr einer Übermächtigung der Schüler. Die Reflexivität auf Handeln als notwendiges Element einzubinden würde eine solche unerwünschte Übermächtigung verhindern helfen.

Oser:

Zunächst zu der Informationsfrage. Es gibt eine Auseinandersetzung über den Zusammenhang zwischen emotionaler Entwicklung und kognitiver Entwicklung, der vor allem von Gertrud Nunner-Winkler untersucht worden ist. Dort zeigt sich, dass, wenn man Emotionalität mit kognitiven Begriffen zu beschreiben versucht – anders kann man dies ja kaum tun –, die Emotionalität sich stets später, d. h. ein bis zwei Stufen hinter der Kognitivität heranbildet. Ich kann dies an einem Beispiel zeigen. Wenn Kindern einen Film sehen, bei dem ein Schüler einem anderen aus einem Turnbeutel etwas klaut, dann kann sich schon das 5jährige Kind sehr gut in die Rolle des *Opfers* hineinfühlen. Das ist emotional gegeben. Das gleiche Kind kann sich aber noch nicht in die Rolle des Täters hineinbegeben. Es meint im allgemeinen, der Täter sei glücklich und nur glücklich, da es ihm gelungen ist, nicht erwischt zu werden. Die Forschungstradition, die zeigt, dass sich die emotionale Fähigkeit, sich in die Situation des Täters hineinzustellen, erst sehr viel später entwickelt wird als die kognitive, beginnt allmählich unter dem Stichwort „happy victimer" Fuß zu fassen. Dies ist aber nur ein Teil der Antwort. Eine vollständige Abtrennung der emotionalen Stufen gibt es aber nicht. Am stärksten wird das vielleicht durch Forschungen von Dieter Uhlich gezeigt; dieser hat den starken Zusammenhang zwischen Emotionalität und Kognitivität überzeugend herausgearbeitet.

Die zweite Frage betraf die Stabilität der Ergebnisse zur Just Community-Schule. Zwei Antworten dazu. Die erste Antwort lautet: Ja, die Ergebnisse sind stabil. Wir haben dies in post-post-Tests untersucht. Auch die Eltern bestätigen, dass die Kinder zu Hause in gleich positiver Weise reagieren wie in der Schule. Das Ausmaß der jeweiligen Veränderungen ist jedoch nicht so umfassend wie in der Schule. Es sind etwa 60% der Eltern, die meinen, die Kinder hätten sich auch zu Hause verändert.

Nun aber eine zweite Antwort: Sie geht genau in die Richtung, die vorher angedeutet worden ist, nämlich, dass eine gute Sache nicht missbraucht werden darf, um eine andere gute Sache zu erreichen. Wenn die Kinder hic et nunc auf den drei durch das triforische System beschriebenen Ebenen und in der jeweiligen Überschneidung dieser drei Ebenen handeln und dadurch für das Jetzt im Sinne der klafkischen Dimension, d. h. für das Leben heute eine Bedeutung setzten, dann ist dieses, meine ich, doch ein großartiges Ergebnis an sich. Es ist unabhängig davon, ob die Schulleistungen später höher sind oder ob ein Schul-Projekt eine Ewigkeitswirkung hat. Wir haben als Pädagogen die Pflicht, die pädagogische Arbeit auch dann zu tun, wenn nicht langfristige Ergebnisse und Erfolge verzeichnet werden können, sondern auch nur jetzt die Dinge so geklärt werden, dass eine Erfahrung gewonnen wird, an die vielleicht erst in 20 Jahren wieder, wenn in einer ähnlichen Situation Ähnliches geschieht, gedacht wird. Ich habe den Glauben, dass es erstens sehr große Langzeiteffekte gibt, die wir nicht kennen, und dass alles, was in Schulen geschieht, irgendwo unbewusst verallgemeinert wird. Ich möchte mit Schulen Modelle entwickeln, die zeigen, dass eine Veränderung bezüglich der drei Ebenen möglich ist. Das ist eine Frage der Wirksamkeit, ja aber vor allem eine Frage der deontologischen Begründung des Pädagogischen. Denken wir an das Beispiel mit den Forschungen zum Schulklima: Dort wird gesagt, dass ein gutes Schulklima zu höherer Leistung führe. Eigentlich ist die Tatsache erfreulich, die Formulierung aber korrumpiert, denn ein Schulklima ist per se wichtig und nicht, weil es zu höheren Leistungen führt. Wir können – im Gegenteil – durch ein schlechtes Klima oft mehr erreichen, wenn wir z. B. die Kinder zwingen, etwas zu leisten, was sie von sich aus nicht leisten würden. Es geht also nicht um eine Leistungssteigerung, sondern um eine deontologische Begründung. Es geht nicht um Leistungssteigerung, sondern um die Auseinandersetzung mit der Situation.

Für mich ist zudem die Schule nie und nimmer eine künstliche Welt. Sie ist eine der härtesten Lebenswelten. Sie ist eine Zwangsanstalt. Sie ist eine Institution, wohin die Kinder müssen und sie ist für die Kinder Leben. Ein Großteil dieses ihres Lebens ist Interaktion unter dem Gebot der Schule und nur unter diesem kann das triforische Konzept Gestalt annehmen. In diesem Leben der Schule gibt es Konflikte und es gibt Probleme, an denen Lernen möglich wird. Reflexivität in diesem Feld gehört dazu. Sie muss aber genauer bestimmt werden. Sie besteht aus drei Teilen: a) Begründung von Normen, b) Legitimierung der Normen, c) Begründung des Handelns. Kohlberg hat dies als Handeln in künstlichen Situationen genannt. „Soll Heinz einbrechen oder soll er nicht einbrechen?", wie die Frage in dem bekannten Dilemma lautet. Reflexivität muss aber ausgedehnt werden auf konkrete Situationen, z. B. wenn ein Schüler klagt, er sei geschlagen worden. Die Frage ist dann, ob er zurückschlagen soll oder was er anders daraus machen will. Dieses ist dann das Material, an dem moralisch gearbeitet wird. Ich möchte noch einmal betonen, dass es für mich außerordentlich wichtig ist, dass das Material, an dem gelernt wird, den sozialen Abfall der Schule darstellt. In ihm kann Triforisches zum Zuge kommen. Die Schule hat zu viele soziale Papierkörbe, in denen die sozialen Konflikte immer je neu abgelegt werden.

Lothar Krappmann hat untersucht, was alles unter den Tischen der Schule an kindlicher Interaktion abläuft. Ein unglaubliches Konfliktfeld tut sich dort auf. Es muss von uns aufgegriffen und in Handlungsmöglichkeiten transformiert werden, auch im Ethikunterricht. Das ist meine Position. Wenn wir die drei Fächer, die drei Basisstrukturen in L-E-R ansehen, dann ist für alle drei Wissenschaft mit im Spiel. Die Basisstrukturen geben von den jeweiligen Wissenschaften her (Anthropologie, Ethik, Religionswissenschaft) eine bestimmte Richtung vor. Sie sagen aber nicht, wie Handeln aufgebaut werden soll. Es ist andererseits aber gefährlich, wenn man dieses der Lebenssituation außerhalb der Schule überlässt. Die Wissenschaft muss es ermöglichen, dass bestimmte Felder abgerufen werden können. Und die Aufgabe der Didaktik ist es sicherzustellen, dass dieses Triforische geschieht. Das bedeutet, dass auch bei der Lebensgestaltung Wissen und Rechtfertigung in die Handlungsabläufe mithineinkommen. Sie müssen einander die Hand geben und nicht einander ausschließen. So müsste manchmal auch der Ethikunterricht triforisch sein. Denn der Ethikunterricht hat eine wissenschaftliche Basis, er muss sich aber auch um die Umsetzung kümmern, dazu ist die Didaktik eben triforisch dienstbar zu machen. Und deswegen ist die grundsätzliche Idee auch so einfach und *überzeugend*.

Gottfried Leder

Ethikunterricht und Religionsunterricht in einem pluralen Staat – Recht und Grenzen staatlicher Einflussnahme (I)

Das Bundesverfassungsgericht genießt seit Jahrzehnten in der tatsächlichen Einschätzung der Bevölkerung wie vom normativen Anspruch der Verfassung her gleichermaßen ein hohes Ansehen. Auch gewisse Irritationen, wie sie etwa durch die Rechtsprechung seines ersten Senats zu Fragen des Persönlichkeitsschutzes und der Meinungsfreiheit ausgelöst worden sind, haben daran Entscheidendes nicht geändert. Das Vertrauen auf das Bundesverfassungsgericht droht nun aber auch in einem weiteren Punkte zunehmend enttäuscht zu werden. Seit dem Sommer des Jahres 1996 liegen dem Gericht im Zusammenhang mit der Einführung des Schulfaches L-E-R im Land Brandenburg und der dadurch entstandenen Negierung des Religionsunterrichts als einem ordentlichen Lehrfach nach der Maßgabe des Grundgesetzes eine Normenkontrollklage der CDU/CSU-Bundestagsfraktion sowie drei Verfassungsbeschwerden der Kirchen und einer Gruppe von Eltern und Schülern vor, die die Verfassungsgemäßheit von Teilen des brandenburgischen Schulgesetzes bezweifeln bzw. die Verletzung von Grundrechten durch diese Gesetzgebung rügen.

Ursprünglich sollte in diesem Beitrag über die dazu aus Karlsruhe erwarteten Urteile und Beschlüsse informiert und in die Diskussion über sie eingeführt werden. Im November 1998 ist jedoch amtlich mitgeteilt worden, daß die entsprechenden Entscheidungen nicht vor dem Spätherbst des Jahres 1999 zu erwarten seien. Das Bundesverfassungsgericht habe andere Verfahren nach Wichtigkeit oder Dringlichkeit vorziehen müssen.

Was anders *vielleicht* zu einer *Urteils*schelte geworden wäre, wird damit fast notwendig zu einer Art von *Gerichts*schelte. Es ist ein verantwortungsvolles Privileg, als höchste Instanz der staatlichen Rechtsprechung verfassungsrechtliche Streitfälle mit Verbindlichkeit für alle entscheiden zu dürfen. Da kann es auch die zweifelsfrei hohe Belastung des Gerichts eigentlich nicht mehr rechtfertigen, daß ordnungsgemäß beantragte Entscheidungen so spät und erst dann getroffen werden, wenn die inzwischen *möglicherweise contra constitutionem* geschaffenen Fakten gegebenenfalls gar nicht mehr oder nur noch mit großem Schaden rückgängig zu machen sind. Bedenkt man die Entschlossenheit, mit der in Brandenburg ungeachtet aller Zweifel an der Verfassungsmäßigkeit von Teilen seines Schulgesetzes ständig weiter Fakten geschaffen werden, kann auch der sicher nicht unzutreffende Einwand der Überlastung ein derartig langes Hinausschieben der Entscheidungen eigentlich nicht rechtfertigen.

Damit ist schon eine erste Aussage zum Thema „Recht und Grenzen des Staates" getroffen. Man kommt kaum noch um die Frage herum, ob dies nicht angesichts der Umstände auf eine sehr problematische Form temporärer Rechtsschutzverweigerung durch das höchste Gericht hinausläuft.

Auch drei vor wenigen Tagen bekannt gewordene Kammerentscheidungen aus der Mitte des ersten Senats, die in einem gewissen Zusammenhang mit der angesprochenen Problematik stehen, ändern daran nichts, zumal sie in der Sache noch nichts verbindlich klären. Zwei davon haben Verfassungsbeschwerden gegen eine Pflichtteilnahme am Ethikunterricht in einem alten Bundesland aus formalen Gründen als unzulässig bzw. als unbegründet abgelehnt; mit der dritten wurde ein Vorlagebeschluss des Verwaltungsgerichts Hannover, das die Verfassungsmäßigkeit einer Verpflichtung zur Teilnahme am Unterrichtsfach „Werte und Normen" nach der Abmeldung vom Religionsunterricht bezweifelt hatte, wegen unzureichender Begründung an das Gericht zurückverwiesen.[1]

Nach jener Nachricht aus Karlsruhe bin ich dann gebeten worden, doch auch ungeachtet des Ausbleibens der Urteile einen Beitrag zur Ausleuchtung der verfassungsrechtlichen und staatskirchenrechtlichen Aspekte des Gesamtthemas zu leisten. Dabei haben sich zwischen den beiden diesem Teilbereich nun gewidmeten Beiträgen auch ohne intensive Absprache gewisse arbeitsteilige Schwerpunktsetzungen zum einen beim Religionsunterricht bzw. beim Ethikunterricht und zum anderen bei verfassungsrechtlichen bzw. pädagogischen Gesichtspunkten ergeben. Zunächst war freilich bei den Veranstaltern auch die Erwartung im Spiel, dass man doch vielleicht am besten in zwei getrennten Beiträgen zunächst über das *Recht* des Staates zur Einflussnahme in Sachen Religionsunterricht und Ethikunterricht, zum anderen dann aber über die *Grenzen* dieses Rechts berichten lassen könnte. Die übereinstimmende Formulierung des Themas für beide Beiträge lässt das immer noch erahnen. Ich habe mich diesen Erwägungen schließlich in einer Mischung aus, Resignation und unverbesserlicher Neugier nicht länger widersetzt. Mein Einwand, dass eine derartige Separierung schon aus der Sache heraus kaum durchzuhalten sein würde, hat sich dann freilich in den verbleibenden Wochen der Vorbereitung voll bestätigt.

---

[1] Die erst nach Abschluss des Münsterschen Gesprächs mögliche Einsichtnahme in die Entscheidungsgründe der Kammer läßt indirekt erkennen, daß die Kammer dazu geneigt hätte, die Verpflichtung eines vom Religionsunterricht abgemeldeten Schülers zur Teilnahme an der niedersächsischen Form des Ethikunterrichts zu bejahen. Auch mit einer dieser – übrigens auch im obigen Beitrag incidenter vertretenen – Auffassung entsprechenden Entscheidung in der Sache wäre aber im Hinblick auf die das brandenburgische Schulgesetz betreffenden Verfahren noch nichts endgültig präjudiziert, weil in Niedersachsen der Religionsunterricht an den öffentlichen Schulen ordentliches Lehrfach ist, während die Verneinung einer entsprechenden Verfassungsverpflichtung durch das Land Brandenburg gerade Anlass und integrierter Bestandteil der seit 1996 in Karlsruhe anhängigen Klagen und Beschwerden ist. Die strittigen Sachverhalte sind also nur sehr bedingt kommensurabel.
Eine ausführliche Erörterung des umfangreichen Vorlagebeschlusses des Verwaltungsgerichts Hannover und seiner nicht weniger ausführlichen Zurückweisung durch das Bundesverfassungsgericht kann hier auch als Nachtrag zum Referat schon aus zeitlichen Gründen nicht erfolgen; die für den Druck erforderlichen Schlussarbeiten mussten zum 15. 4. 1999 abgeschlossen werden.

Ich werde deshalb im Folgenden zuerst eben diesen Einwand wenigstens stichwortartig begründen. Die Konsequenzen scheinen mir von beträchtlicher Relevanz für die Beurteilung des Gesamtproblems zu sein (1). Danach werde ich – im Sinne der erwähnten Schwerpunktbildungen – versuchen, zunächst das *Recht* des Staates zur Einflussnahme im Hinblick auf den *Religionsunterricht* an seinen Schulen nach der gegebenen Verfassungslage möglichst kurz zu skizzieren. Nach den begrifflichen Vorklärungen stellen die diesem rechtlichen Anspruch gesetzten *Grenzen* dabei, sofern es wirklich um das *Recht* zur *Einflussnahme* geht, *verfassungsrechtlich betrachtet* kein gesondertes Teilthema mehr dar (2). In einem dritten Abschnitt folgen einige Basissätze zum Thema „Neutralität und Wertgebundenheit des Staates" (3). Im Hinblick auf den akuten Streit um das Schulgesetz des Landes Brandenburg und damit um das Schulfach L-E-R geht es dann allerdings mindestens ebenso darum, ob denn für den Staat nicht auch das Recht der *Nichteinflussnahme* an verfassungsrechtliche Grenzen stößt. Damit steht zur Frage, ob das Land Brandenburg nicht im konkreten Konfliktsfall eine Verfassungs*pflicht* zum Tätigwerden im Hinblick auf den Religionsunterricht verletzt hat und weiter verletzt (4). In diesem Zusammenhang bedarf die sog. Bremer Klausel des Art. 141 GG angesichts der gegebenen Umstände einer gesonderten Betrachtung (5). In einem sechsten Abschnitt ist die verfassungsrechtliche Frage nach Recht und Grenzen staatlicher Einflussnahme dann im Hinblick auf den *Ethikunterricht* zu wiederholen. Dabei wird im Rahmen der hier gegebenen Möglichkeiten auch abzuklären sein, wie weit die staatliche Kompetenz reicht, Religionsunterricht und Ethikunterricht als getrennt zu haltende und strukturell unterschiedene Fächer im Rahmen des gesamten Fächerkanons einander zuzuordnen: alternierend oder auch kombinierbar – und mit welchen Modalitäten der Verpflichtung zur Teilnahme (6). Danach ist kurz zu summieren, ob sich aus den *staatskirchenvertraglichen* Normen noch zusätzliche, über das Gesagte hinausreichende Gesichtspunkte zu unserer Thematik ermitteln lassen (7). Abschließend werden dann freilich alle vorgetragenen Erwägungen noch einmal mit der Faktizität der gesellschaftlichen Lage in unserem Lande und ihren Entwicklungstendenzen zu konfrontieren sein. Es bleibt ja für alle unsere Überlegungen eine verfassungspolitische Basisfrage, in welchem Maße es möglich sein wird, auch gegen die normative Kraft des Faktischen die normative Kraft der Verfassungsnorm wieder faktisch zu machen (8).

1. „Recht und Grenzen" staatlicher Einflussnahme: begriffliche Abklärungen

Wenn über „Recht und Grenzen staatlicher Einflussnahme" gesprochen werden soll, ist zuerst und noch ganz unabhängig vom Objekt dieses Einfluss-Nehmens an die Mehrdimensionalität des Begriffs „Recht" zu erinnern. In einer ersten Bedeutung verschmilzt „das Recht" des Staates – hier verstanden als sein für legitimiert oder legitimierbar gehaltener *Anspruch* darauf, *Einfluss nehmen* zu *dürfen* – letztendlich mit der Identifikation der *Grenzen,* die diesem Anspruch gezogen sind. Denn diese Grenzen definieren ja den Inhalt und die Reichweite dieses Anspruchs entscheidend mit. Ein subjektives Recht, ein Rechts*anspruch* also, ist *inhaltlich* ohne Bezugnahme auf seine Grenzen gar nicht zu bestimmen; es gehört gleichsam zu seinem Wesen, *nicht* grenzenlos zu sein. Das Faktum dieser Begrenztheit lässt insoweit das „Recht" und seine „Grenzen" fast zu Synonymen werden, und eine völlige *Ent*grenzung würde am Ende auf die Legitimierung jeder Art von Willkür hinauslaufen. Dies ist der Zusammenhang, der eine scharfe Sonderung beider Aspekte nahezu unmöglich macht.

Bei alledem ist aber im Blick zu behalten, dass mit der Rede vom „Recht des Staates" *auch das staatliche Recht insgesamt* gemeint sein kann: seine Verfassung, seine Gesetze und die anderen nachgeordneten Rechtsnormen, in denen festgelegt ist, was der Staat – hier nun etwa im Hinblick auf Religionsunterricht und Ethikunterricht – darf und was er nicht darf. In diesem Sinn stellt das Wort „Recht" also den Oberbegriff dar, der das subjektive Recht des Staates, *seinen* „Anspruch" also, genauso aber eben auch die „Grenzen" dieses Anspruchs und darüber hinaus die Ansprüche anderer Akteure und deren Grenzen übergreift. Dabei ist es *der Staat* und zunächst niemand sonst, der in diesem seinem „objektiven" Recht die „subjektiven" Rechte ordnet, die ihm selbst und anderen Akteuren, z. B. den Eltern, den Schülern und den Lehrern, zustehen sollen. Der Tatsache, dass *kirchliches* Recht mit diesem staatlichen Recht durchaus konfligieren kann, ist, was unseren Staat betrifft, durch die Verfassung und durch das kooperativ geschaffene Staatskirchenvertragsrecht der Stachel genommen. Das ändert aber nichts daran, dass das staatskirchenrechtliche System der Bundesrepublik Deutschland sich nach der *staatlichen* Verfassung des Grundgesetzes als der Verfassung unseres freiheitlich-demokratischen, pluralen Rechtsstaates richtet.

Es ist also „das Recht des Staates", das selbst die Grenzen seines Anspruchs festlegt. Und wenn da etwas streitig wird, ist es zunächst Sache der staatlichen Gerichte und ihrer lege artis erfolgenden Auslegung der gesetzlichen Normen, den Streit zu erledigen. Gegebenenfalls kann der Staat auch die von ihm selbst gemachten Gesetze *ändern*, um klarzustellen, wie die Streitfrage zu entscheiden ist. Auch dabei muss er jedoch die Grenzen der Verfassung achten. Wenn diese selbst jedoch strittig werden, entscheidet das Bundesverfassungsgericht letztverbindlich. Der verfassungs*ändernde* Gesetzgeber könnte sich dieser Letztverbindlichkeit zwar entziehen, indem er nun die Verfassung ändert. Er bliebe freilich auch dann wiederum an die ihm in Art. 79 GG gezogenen Grenzen gebunden.

Es ist dieser Zusammenhang, der auch die *Separierung* verschiedener Zugänge zu unserem Problem nach *verfassungsrechtlichen* und *pädagogischen* Aspekten jedenfalls diffizil macht. Zumindest muss präzise unterschieden werden. Einerseits ändern pädagogische Erwägungen über „Recht und Grenzen staatlicher Einflussnahme" an den dargestellten rechtlichen Zusammenhängen zunächst überhaupt nichts. Auch aus der pädagogischen Perspektive sollte zudem im Blick behalten werden, dass das Verfassungsrecht in vielerlei Hinsicht pädagogische Grundforderungen sichert und dass der Pädagogik um der Gewährleistung ihrer Autonomie willen an der Funktionsfähigkeit des von der Verfassung gestützten und normativ eingegrenzten Gesamtsystems gelegen sein muss. Das „Unverträglichkeitstheorem" dürfte, wenn es effektiv würde, zuallererst der Pädagogik schaden.[2]

Dennoch *können, sollen* und *müssen pädagogische* Erwägungen natürlich sehr wohl eine in das politische System hinein wirksame Relevanz gewinnen, wenn sie in pädagogikspezifischer Argumentation zu der These gelangen, dass der Staat sich im Hinblick auf etwas seiner Einflussnahme enthalten oder mindestens die Grenzen seiner Einflussnahme anders bestimmen sollte. Aber diese pädagogischen Erwägungen werden dann eben selbst zugleich zu recht*politischen* und gegebenenfalls sogar zu *verfassungspolitischen* Erwägungen. Sie müssen dann eben auch *politisch* verfochten und durchgesetzt werden, und wenn das erfolgreich gelingt, werden es wieder Organe des *Staates* sein, die diesen *pädagogischen* Erwägungen politisch und *rechtlich* Rechnung tragen.

2. Recht und Grenzen staatlicher Einflussnahme im Hinblick auf den *Religionsunterricht*

Das Recht des Staates zur Einflussnahme auf den Bereich von Bildung, Erziehung und Unterricht *prinzipiell* verneinen zu wollen, hieße, das Gesamt der Verfassungs-, Staats- und Demokratietheorie hier zur Diskussion zu stellen. Das könnte kaum Sinn machen. Auch im Hinblick auf den *Religionsunterricht* ist hier also zunächst von der gegebenen verfassungsrechtlichen Lage auszugehen, die die Besonderheiten der staatskirchenrechtlichen Konstruktion in Deutschland einschließt. Der Religionsunterricht stellt danach eine der besonders typischen Materien der sog. res mixtae dar. Er ist also eine Angelegenheit von *beiderseitigem* Interesse (Hollerbach 1997, 133).

Das Interesse des *Staates* ist dabei durchaus mehrschichtig. Er will mit der institutionellen Garantie des Religionsunterrichts seinem *Freiheits*auftrag gerecht werden, indem er den Kirchen und Religionsgesellschaften einen gesicherten Freiraum für die Verwirklichung ihrer Bildungs- und Erziehungsziele schafft. Er respektiert das dort vermittelbare Bildungsgut und erkennt an, dass dieses über den Kreis der jeweiligen Mitglieder einer Kirche hinaus von allgemeiner Bedeutung ist. Er sieht das Wirken der Kirchen als bedeutsam „für die Bewahrung und Festigung der religiösen und sittlichen Grundlagen des menschlichen Lebens" an,[3] wie einige ältere Landesverfassungen ausdrücklich sagen. Tatsächlich ist der Staat hier also im eigenen Interesse um günstige Bedingungen dafür bemüht, dass andere, insbesondere auch die Kirchen, an der Schaffung der „Voraussetzungen" mitwirken können, von denen er nach dem berühmten Dictum von E. W. Böckenförde lebt (1976, S. 60), ohne sie selbst garantieren zu können.[4]

---

[2] Vgl. zu dieser wohl noch immer virulenten Debatte Löwisch/Ruhloff 1973, 383–394 und Leder 1986, 88–115.

[3] Dies ist im übrigen schon eine alte Verfassungsformel: Vgl. dazu Hollerbach (1968, 133).

[4] Dass der freiheitliche, säkularisierte plurale Staat bestimmte Voraussetzungen seiner Existenz nicht garantieren kann, bedeutet also eben nicht, dass er keinerlei Einfluss auf deren Entstehen oder Fortbestehen nehmen könnte (vgl. dazu Leder 1998, 276).

Der demokratische Staat ist nicht „Wahrheits- und Tugendordnung". Aber für die Verwirklichung seiner „Freiheits- und Friedensordnung" (Böckenförde 1967, 91) ist es wichtig, „dass aus dem, was an religiösen Kräften und Institutionen tatsächlich vorhanden ist, dem Staat das zufließt, was er im Sinne eines sozialethischen Fundaments und einer wirklichen ‚Bedingung der Möglichkeit' von freiheitlicher Verfassung zu seiner Abstützung und Legitimierung braucht" (Hollerbach 1989, 516f.). Wie hoch der Staat des Grundgesetzes die Bedeutung dieses Beitrags einschätzt, geht unter anderem aus der Tatsache hervor, dass das Thema des Religionsunterrichts nicht im Rahmen der nach Art. 140 GG einfach übernommenen Bestimmungen aus der Weimarer Reichsverfassung geregelt ist, sondern im Grundrechtsteil der Verfassung eine besondere Berücksichtigung erfahren hat. Die mit der Gewährleistung dieser institutionellen Garantie zusammenhängenden subjektiven Grundrechte der Glaubens- und Gewissensfreiheit können hier nur erwähnt, nicht aber im einzelnen behandelt werden.

Aus der allgemeinen Rechtfertigung des staatskirchenrechtlichen Modells des Grundgesetzes, das eben *nicht* von einer strikten Trennung von Staat und Kirche (vgl. dazu Link 1975, 542f.), sondern von ihrer fundamentalen Verschiedenheit bei gleichzeitiger Zueinanderordnung im Hinblick auf wichtige Felder der Kooperation zum Nutzen des allgemeinen Wohls ausgeht,[5] ergibt sich zugleich die grundsätzliche Legitimation des Staates zur Einrichtung des Religionsunterrichts als eines ordentlichen Lehrfaches an seinen öffentlichen Schulen, für deren Erfolg er gleichsam die unternehmerische Gesamtverantwortung trägt. Aber diese Legitimation ist in mehrfacher Hinsicht *konditioniert.* Sie ist zum einen von der Beachtung der allgemeinen Grenzen abhängig, zu denen sich dieser Staat nach seinem gesamten Selbstverständnis und insbesondere in Art. 1 GG selbst bekennt. Sie ist aber ebenso abhängig von den konkreten verfassungsrechtlichen Grenzen, wie sie insbesondere in den Artikeln 4 und 7 des Grundgesetzes sowie in Art. 6 GG und im Gesetz über die religiöse Kindererziehung markiert sind. Die Qualifikation des Religionsunterrichts als ordentliches Lehrfach *verpflichtet* zu seiner Einrichtung und *verbietet* jede Diskriminierung des Faches im Vergleich zu anderen Fächern.

Aus den *allgemeinen* Grenzen der staatlichen Zuständigkeit auf dem fraglichen Feld folgt, dass der Religionsunterricht „in Übereinstimmung mit den Grundsätzen der jeweiligen Religionsgemeinschaft" zu erteilen ist. Diese tritt hier also in eine eigenständig wahrzunehmende Mitverantwortung. Sie wirkt bei der inhaltlichen Strukturierung des Unterrichts mit dem Staat zusammen und hat insoweit auch das letzte Wort, während das Aufsichtsrecht des Staates sich in der Substanz auf die Gewährleistung konzentriert, dass die Unterrichtsinhalte nicht den Grundsätzen der Verfassung widersprechen. Das ergibt sich nicht zuletzt auch aus der Bestimmung, dass die Religionsgemeinschaften ihre Angelegenheiten im Rahmen der geltenden Gesetze selbst regeln. Der Erwerb der *Unterrichtsqualifikation* für das Fach setzt ihre Bestätigung von staatlicher wie von kirchlicher Seite voraus.

---

[5] Hollerbach spricht von einem System „demokratisch-paritätischer Konkordanz" (1968, 100f.).

Zu den *speziellen* Grenzen für die staatliche Einflussnahme, die mit der institutionellen Garantie des Religionsunterrichts verbunden sind, gehören insbesondere das Elternrecht aus Art. 6 Abs. 2 GG und natürlich die Grundrechte der Religions- und der Gewissensfreiheit aus Art. 4 GG. Danach darf niemand zur Teilnahme am Religionsunterricht gezwungen werden. Auf die Einzelheiten des damit gegebenen Rechts sowie der Pflicht zur Abmeldung und deren Wahrnehmung nach Maßgabe des Art. 6 Abs. 2 und des Gesetzes über die religiöse Kindererziehung braucht hier nicht näher eingegangen zu werden. Auch die Lehrerinnen und Lehrer dürfen nicht gegen ihren Willen verpflichtet werden, Religionsunterricht zu erteilen – und zwar selbst dann nicht, wenn sie die Missio canonica bzw. die Vocatio beantragt und erhalten haben. Insgesamt gilt dabei, dass – von Fällen nachweisbaren Rechtsmissbrauchs abgesehen – im Hinblick auf Gründe und Motive wegen Art. 136 Abs. 3 Satz 1 WRV i. V. mit Art. 140 GG kein Offenbarungszwang besteht (vgl. Link 1975, 522).

3. Neutralität und Wertgebundenheit

Im Hinblick auf das Recht und die Grenzen staatlicher Einflußnahme auf den Religionsunterricht ergeben sich aus der These von der *weltanschaulichen Neutralität* des pluralen Staates einige *zusätzliche* Erkenntnisse. Die staatliche Pflicht zur Neutralität bedeutet zunächst keineswegs in einem negativen Sinne die Pflicht zu „konsequenter Indifferenz" und damit „zur Ausklammerung der Religion aus dem staatlichen Blickfeld" (Link 1975, 545; vgl. dazu ausführlich Schlaich 1972, 241f.). Sie verpflichtet den Staat vielmehr zur *Offenheit* gegenüber der *Pluralität* gesellschaftlicher Kräfte und der angemessenen Berücksichtigung ihrer Beiträge zur Erfüllung seines Bildungs- und Erziehungsauftrags. Dass sich der Staat dabei mit *keinem* spezifischen religiösen oder areligiös-weltanschaulichen Wertesystem *identifiziert,* schließt nicht aus, dass seine Verfassung ihn selbst als einen wertgebundenen Staat verstehen lässt. Denn er ist an den Wert der Menschenwürde und an die aus ihr folgenden Menschenrechtsideen gebunden, die ihn veranlasst haben, dies in Grundrechte und damit in unmittelbar geltendes Recht umzuformen. Auf diese Weise verwirklicht er seine kulturstaatliche Freiheits- und seine Sicherungsfunktion, und es ist nur konsequent, dass er diese Werte auch in seinem Bildungs- und Erziehungssystem wirksam werden lassen möchte. Die Wertgebundenheit des Staates schließt das – übrigens nicht nur pädagogisch, sondern auch demokratie- und verfassungstheoretisch begründbare – Übermächtigungs- und Indoktrinationsverbot in keiner Weise aus, sondern geradezu als integrierten Bestandteil seines Selbstverständnisses als pluralem Verfassungsstaat ein. Jede Art von Staatsreligion ist durch dieses Verständnis in der Tat ausgeschlossen. Aber es eröffnet konsequent die Chance „zur Realisation eines Wertbewusstseins, dass das formale Ethos des demokratischen Staates in seinem humanen Bekenntnis zur Pluralität nicht vermitteln kann und das doch die ethische Basis des Menschen auch als *civis* bildet" (Link 1975, 546).

4. Gibt es auch eine *Pflicht* des Staates zum Tätigwerden?

Die *Neutralität* des Staates läuft also in diesem Sinne *nicht* auf eine, von der Verfassung auch *nicht* gewollte, strikte Trennung von Staat und Kirche und damit auf die strikte Privatisierung der Religion hinaus. Seine Neutralität lässt den Staat vielmehr in der Bereitschaft zu positiver Offenheit *gleichermaßen allen* gesellschaftlichen Kräften begegnen, die sich um wertverwirklichende Lebensorientierung der Menschen bemühen. Der Pflicht des Staates zu solcher Neutralität steht es nicht entgegen – ja es entspricht ihr geradezu –, den Religionsunterricht an seinen Schulen obligatorisch zu machen. Die verfassungsmäßig verbürgte Möglichkeit der Abmeldung trägt ihrerseits zur Verwirklichung des Freiheitsauftrags bei, dem der Staat auch auf diesem Feld unterliegt.

Zugleich folgt aber nun gerade auch aus diesem Freiheitsauftrag, dass der Staat sogar *gehalten* ist, in seinem Bildungssystem, zu dessen Besuch er verpflichtet, auch den Religionsunterricht als integrierten Bestandteil seines Schulsystems bereitzustellen. Die positive Verfassungsaussage des Art. 7 Abs. 3 GG vollzieht im Grunde nur, was logische Konsequenz des Selbstverständnisses dieses freiheitlich-demokratischen Staates ist.

Umso kritischer ist zu prüfen, mit welchen Begründungen es dem Staat erlaubt sein könnte, sich der Erfüllung dieser Pflicht zu entziehen. Solche Begründungen begegnen zum einen in der Ebene der Demokratietheorie. Ein bis ins letzte konsequentes Konzept eines Wertrelativismus müsste angesichts der pluralen Gegebenheiten wohl fast zwangsläufig der Faszination postmodernistischer Denkspiele erliegen und nicht nur alle Religion, sondern auch die gesamte Wertproblematik zur Privatsache erklären. Es ist hier nicht der Ort, erneut die Diskussion mit diesen Positionen aufzunehmen, so notwendig das wäre. Wir müssen es bei der These belassen, dass ihre Forderungen sich keineswegs stringent auf zwingende Ergebnisse des demokratie- und verfassungstheoretischen Diskurses stützen können.

Auf einige Fragen, die aus der Perspektive der pädagogischen Theorie in diesen verfassungstheoretischen Diskurs eingebracht werden, wird im folgenden Referat näher eingegangen werden.

Was jedoch direkt die Ebene des *Verfassungsrechts* anbetrifft, so ist eine Befreiung des Staates von der Pflicht zur Einführung des Religionsunterrichts nach Maßgabe von Art. 7 Abs. 3 GG nur in einem Falle vorgesehen: dann nämlich und insoweit, als Art. 141 GG die Nichtanwendung von Art. 7 Abs. 3 GG als Ausnahme von der verpflichtenden Regel vorsieht. Mit dem Blick auf die konkrete Streitlage ist also nun zu erörtern, welches Gewicht nach meiner Meinung der Behauptung des Landes Brandenburg zukommt, Art. 141 GG treffe genau auf dieses Bundesland zu, so dass es nicht zur Einführung des Religionsunterrichtes als einem ordentlichen Lehrfach verpflichtet sei.

5. Zu Art. 141 des Grundgesetzes

Die dahingehende Argumentation des Landes Brandenburg und einiger Protagonisten des Unterrichtsfaches L-E-R[6] vermag nicht zu überzeugen. Das Ergebnis einer entsprechenden Prüfung fällt nach der in der einschlägigen Literatur ganz überwiegend vertretenen Meinung in allen denkbaren Hinsichten negativ aus.

Das Land Brandenburg kann sich für die Nichteinrichtung des Religionsunterrichtes als ordentliches Lehrfach nicht darauf berufen, dass es am 1. 1. 1949 auf seinem Gebiet eine von Art. 7 Abs. 3 GG abweichende Rechtslage bestanden habe. Die Länder im Bereich der früheren sowjetischen Besatzungszone bzw. der DDR sind sämtlich nach dem Fall der Mauer und dem Zusammenbruch der SED-Herrschaft durch das Ländereinführungsgesetz der DDR vom 22. 7. 1990 neu konstituiert worden. Die unmittelbar nach dem Krieg in der SBZ entstandenen Länder waren bald nach der Gründung der DDR aufgelöst worden. An ihre Stelle war eine völlig neue Gliederung in Bezirke getreten. Das im Sommer 1990 konstituierte und am 3. Oktober 1990 zu einem Bundesland gewordene Brandenburg kann also keine staatsrechtliche Kontinuität im Verhältnis zum alten Land Brandenburg in Anspruch nehmen (Heckel, 125). Dieses ist vielmehr „nicht nur faktisch, sondern auch rechtlich untergegangen" (Campenhausen 1997, 339; – damit übereinstimmend Heintzen 1997, 819).

Darüber hinaus hat Art. 141 GG seinerzeit eindeutig den Sinn gehabt, einer innerhalb der neu zu gründenden Bundesrepublik existierenden verfassungsrechtlichen Teiltradition durch eine verfassungsmäßige Ausnahmeregelung zu entsprechen. Auf diesem Wege wurde insbesondere der Fortbestand von Art. 32 der Landesverfassung der Freien Hansestadt Bremen vom 21. 10. 1947 ermöglicht, der für die bremischen allgemeinbildenden öffentlichen Gemeinschaftsschulen einen „bekenntnismäßig nicht gebundenen Unterricht in Biblischer Geschichte auf allgemein christlicher Grundlage" vorsieht. Es käme einer völligen Verbiegung des Sinns dieser aus dem Freiheitsprinzip gefolgerten Toleranz- und Ausnahmenorm gleich, wenn das Land Brandenburg sich zur Rechtfertigung der Nichterfüllung seiner Verfassungspflichten aus Art. 7 Abs. 3 GG nun „auf die freiheitsfeindlichen Errungenschaften" der SED-Herrschaft berufen wollte, wie sie letztlich auch schon in den landesrechtlichen Bestimmungen der ersten Nachkriegsjahre im Machtbereich der Sowjetunion enthalten waren. Bei der Beratung des Grundgesetzes dürfte jedenfalls „niemand daran gedacht" haben, „die kommunistische Beseitigung des Religionsunterrichts in der Ostzone anzuerkennen und im Falle der Wiedervereinigung durch Art. 141 GG deren Regelung in ähnlicher Weise zu rezipieren, wie das Grundgesetz die Weimarer Staatskirchenrechtsartikel" rezipiert hat (Heckel 1971, 121).

---

[6] Um denkbaren Missverständnissen vorzubeugen, wird noch einmal ausdrücklich darauf hingewiesen, dass nach der im Folgenden vertretenen Auffassung zwar die Nichtbeachtung des Verfassungsgebots zur Einrichtung des Religionsunterrichtes als eines ordentlichen Lehrfaches durch das Land Brandenburg für verfassungswidrig gehalten, ein abschließendes verfassungsrechtliches Urteil über die Zulässigkeit des Schulfachs L-E-R aber noch nicht getroffen wird.

Zumindest nach der ganz überwiegenden Meinung der Staatsrechtswissenschaft-ler[7] ergibt sich so, dass Art. 141 GG auf das Brandenburgische Schulgesetz nicht anwendbar und dieses insoweit von der Befreiungswirkung von Art. 141 GG nicht gedeckt ist. Damit sind Teile dieses Gesetzes aber mit Art. 7 Abs. 3 GG unverein-bar. Denn „LER ist kein Religionsunterricht, weil sein Inhalt nicht von den Kir-chen und Religionsgemeinschaften bestimmt wird und sich nicht mit den Glau-benssätzen einer Religionsgemeinschaft decken darf" (Heintzen 1997, 819). Der in Brandenburg den Kirchen in den Räumen der Schulen ermöglichte Religionsunter-richt dagegen ist wiederum kein ordentliches Lehrfach der öffentlichen Schule, son-dern bleibt eine private Veranstaltung der Kirchen und erfüllt damit nicht das ver-fassungsrechtliche Gebot des Grundgesetzes.

Als Fazit ist also festzuhalten, dass das Brandenburgische Schulgesetz zu Teilen mit Art. 7 Abs. 3 GG unvereinbar ist. Es ist schwer zu sehen, wie das Bundesver-fassungsgericht zu einem anderen Ergebnis kommen könnte.

6. Recht und Grenzen staatlicher Einflussnahme im Hinblick auf einen *Ethikunterricht*

Unsere bisherigen Überlegungen sind auf den Religionsunterricht konzentriert gewesen. Das war zum einen durch die prinzipielle Verschiedenheit zwischen die-sem und allen Formen und Konzeptionen eines Ethikunterrichtes gerechtfertigt, die in der deutschen Schullandschaft vorfindlich sind, zum anderen aber auch durch die konkrete Herausforderung, die die Einrichtung des Schulfaches L-E-R bei gleichzeitiger Verbannung des Religionsunterrichtes aus der schulischen Ge-samtkonzeption des Landes Brandenburg für die systematische Erörterung unseres Kongressthemas bedeutet. Der prinzipielle Unterschied zwischen einem Religions-unterricht und einem Ethikunterricht ist für unsere Zwecke hinreichend mit dem Hinweis verdeutlicht, dass der Religionsunterricht grundsätzlich an ein religiöses Bekenntnis gebunden ist, während ein Fach Ethik einer Bindung an ein religiöses oder weltanschauliches Bekenntnis eben gerade nicht unterliegen darf (vgl. Link 1975, 530) und damit freilich auch von einer solchen Bindung nicht profitieren kann.

In der verfassungsrechtlichen Perspektive ist deshalb die Frage nach dem Recht und den Grenzen staatlicher Einflussnahme noch einmal und nun im Hinblick auf die Einrichtung und Ausgestaltung eines schulischen Lehrfaches zu stellen, das Fragen der *Ethik* zu seinem Unterrichtsgegenstand hat. Das Problem der vielfach unterschiedlichen Benennung dieses Faches kann dabei insoweit außer Betracht bleiben, als die benutzten Namen nicht auf besondere und vielleicht zusätzliche Legitimationsansprüche hinweisen.

Auch hier bleibt es unter verfassungsrechtlichem Aspekt äußerst schwierig, vom Recht und von den Grenzen staatlicher Einflussnahme gleichsam in getrennten Ka-piteln zu handeln. Beide sind in einem zu denken und grundsätzlich zunächst nach

---

[7] A. v. Campenhausen (1997, 339f.) benennt in seinem bereits 1997 erschienen Beitrag schon mehr als 15 Stellungnahmen zu dieser Frage, die das bestätigen. Auch die seitdem weiter ange-schwollene Literatur geht überwiegend in die gleiche Richtung.

den allgemeinen für staatliches Schule-Halten geltenden Maßstäben zu bemessen. Anders als beim Religionsunterricht macht die *Verfassung* über das Recht oder die Pflicht des Staates zur Einrichtung von Ethikunterricht *keine* Aussagen.[8] Damit ist das Recht des Staates, Ethikunterricht an den Schulen einzuführen, im ersten Schritt der Annäherung kaum zu bezweifeln, sofern nicht das Recht und die Pflicht des Staates, Schule zu halten, überhaupt bestritten wird. Auch – und in mancher Hinsicht gerade – der plurale Staat muss sich sehr wohl auch um die sittlich-moralische Erziehung seiner heranwachsenden Bürger kümmern dürfen. Er kann seine Aufgaben der Sicherung des inneren Friedens und der Förderung der sozialen Gerechtigkeit anders nicht erfüllen. Aber auch im Hinblick auf einen Ethikunterricht ist dieses staatliche Recht konditioniert und existiert nur, wenn und insoweit die Grenzen gewahrt bleiben, die diesem Recht bereits innewohnen und es inhaltlich definieren. Sachimmanent sind diese Grenzen insofern, als hier der Kreis der Wertinhalte, die im Ethikunterricht staatlicher Schulen vorgestellt und transportiert werden können, selbst direkt von der Pflicht des pluralen Staates zur weltanschaulichen Neutralität begrenzt sind. Dieser Wertinhaltsbereich ist praktisch auf den Grundwert der Menschenwürde, auf die aus ihr zu folgernde Grundsubstanz der Menschenrechte und insbesondere auf die daraus abgeleiteten Grundrechte fokussiert.[9] Dies deckt zwar im Wesentlichen alle nicht im Streit stehenden sittlichen Grundsätze einer humanen Bürgergesellschaft ab, lässt aber die Frage, ob dies für die Bildung und Entwicklung einer sittlichen, verantwortlich handelnden Persönlichkeit ausreicht, noch offen. Die Verinnerlichung und Pflege der Bürgertugenden ist dafür eine notwendige, aber eben wohl keineswegs auch schon eine hinreichende Voraussetzung. Auf die inhaltlich wie didaktisch zentrale Frage, ob und wie Ethik ohne Religion lehrbar sein kann, darf das Verfassungsrecht die Antwort schuldig bleiben.

Art. 7 Abs. 3 GG verbietet es nicht, auch Ethik als verpflichtendes Unterrichtsfach einzurichten. Das gilt wohl unzweifelhaft für diejenigen Schüler, die sich unter Berufung auf das Grundrecht der Religionsfreiheit in seiner negativen Ausprägung rechtmäßig vom Religionsunterricht abmelden. Zum allgemeinen Recht des Staates auf die Gestaltung seiner Schule und zu seiner Pflicht, dabei auch der sittlichen Erziehung die notwendige Aufmerksamkeit zu schenken, tritt insoweit noch der Nebenaspekt der Gleichbehandlung der Schüler hinzu. Ich kann auch keinen Grund erkennen, warum es dem Staat verfassungsrechtlich verwehrt sein sollte, für *alle* Schüler verbindlich ein Fach Ethik einzuführen, sofern er dabei nur der institutionellen Garantie des Religionsunterrichtes nicht nur formal gerecht bleibt, sondern auch dafür Sorge trägt, dass sich aus der Existenz eines ja nur scheinbar

---

[8] Auf Einzelheiten in der Ebene des Landesverfassungsrechts kann hier nicht eingegangen werden. Das Schweigen des Grundgesetzes schließt als solches landesverfassungsrechtliche Regelungen natürlich nicht aus. Diese dürfen freilich auch nicht mit anderen Normen des Grundgesetzes kollidieren. Für Brandenburg sind diese Hinweise insofern zunächst ohne Bedeutung, als die umstrittenen Regelungen im Landesschulgesetz, nicht aber in der brandenburgischen Landesverfassung stehen.

[9] Vgl. dazu BVerfGE 12, 4, wonach die Wertordnung des Grundgesetzes die übereinstimmenden sittlichen Grundanschauungen der Kulturvölker einschließt.

sachlich durchgängig konkurrierenden Faches nicht faktisch eine Aushöhlung der besonderen verfassungsrechtlichen Stellung des Religionsunterrichtes ergibt. Denn durch die institutionelle Garantie für den Religionsunterricht hat die Verfassung im Hinblick auf ein Schulfach Ethik sehr wohl *eine* klare Grenze des Rechts staatlicher Einflussnahme festgelegt: Der Staat darf ein Schulfach Ethik nicht *an die Stelle* des Religionsunterrichtes setzen und diesen so als ordentliches Lehrfach ablösen wollen oder in seiner Durchführung deutlich erschweren. Dem wäre aber wohl durchaus Genüge getan, wenn das Fach Ethik nur für diejenigen Pflichtfach wäre, die sich vom Religionsunterricht abgemeldet haben, oder wenn auch für das Fach Ethik eine Möglichkeit der Abmeldung mit der gleichzeitigen Verpflichtung zur Teilnahme am Religionsunterricht vorgesehen bleibt. Eine Abmeldung vom Fach Ethik unter Berufung auf das Grundrecht der *Gewissensfreiheit* hätte freilich sachlogischerweise ausgeschlossen zu bleiben. Denn der Ethikunterricht kann, weil er, anders als der Religionsunterricht, von Verfassung wegen inhaltlich gerade *nicht* bekenntnis- oder weltanschauungsgebunden sein darf, eigentlich weder mit dem Grundrecht der Gewissensfreiheit noch auch mit dem der Religionsfreiheit in Konflikt kommen[10] – es sei denn, es läge eine eindeutige Pflichtverletzung einer Lehrperson oder einer vorgeordneten Instanz vor.

Auf einem völlig anderen Blatt steht freilich, ob und in welchem Maße ein solcher Ethikunterricht wirklich den Hoffnungen des Staates gerecht werden kann, durch die Einrichtung dieses Faches für die jungen Menschen ein Optimum an sittlicher Erziehung und an Orientierung für alle Dimensionen ihrer Existenz bewirken zu können. Die Frage, ob Ethik ohne Religion möglich ist, bleibt. Das Verfassungsrecht kann diese Frage nicht beantworten.

7. Staatskirchen*vertrags*rechtliche Ergänzungen?

Unter staatskirchenrechtlichen Aspekten sind angesichts der Tatsache, dass dieser Rechtsbereich bei uns voll in die Verfassung integriert ist, über das Gesagte hinaus keine zusätzlichen Erkenntnisse grundsätzlicher Art zu gewinnen. Das gilt im Prinzip auch für das Staatskirchenvertragsrecht, das ja in den verschiedenen Konkordaten auch zahlreiche die Schule betreffende Bestimmungen bereithält.

Freilich wird man nicht unterschätzen dürfen, dass die grundsätzliche Frage nach den Legitimierungsmöglichkeiten einer staatskirchenrechtlichen Ordnung, die *nicht* auf eine strikte und kompromisslose Trennung von Kirche und Staat hinausläuft, in der modernen pluralistischen Demokratie immer wieder einmal virulent werden kann. Davor vermag auch eine überwiegend als positiv beurteilte konkrete verfassungsrechtliche Lage nicht zu schützen. Anlässe dafür bieten sich durchaus gelegentlich oder werden mit Eifer gesucht, und man kann nicht einmal ausschließen, dass sie sogar durch die Gesetzgebung eines Bundeslandes gezielt provoziert werden könnten. Wem jede Art von Kooperation zwischen Staat und Kirche im Grunde ein

---

[10] In der Verpflichtung, sich im Unterricht über Fragen der allgemeinen Sittlichkeit unterrichten zu lassen, kann auch für den, der religiös und weltanschaulich ungebunden bleiben will, keine Verletzung der grundrechtlichen Gewissensfreiheit liegen (vgl. dazu Friesenhahn 1971, 87).

Dorn im Auge ist, weil eine solche Kooperation stets die Anerkennung der Werthaftigkeit religiösen Denkens einschließt, wird ja nicht selten in ideologischer Weise blind gegen die Tatsache der eigenen weltanschaulichen Gebundenheit.

Im letzten Grunde ist hier jedoch das Gesamt der Demokratietheorie und das Konzept des pluralen demokratischen Verfassungsstaates immer wieder neu auf den Prüfstand gestellt. Die gegebene Verfassungslage stellt klar, dass „Demokratie im Sinne des Grundgesetzes über ihre Bedeutung für die Organisation der politischen Willensbildung und die Legitimation staatlicher Herrschaft hinaus in besonderer Weise auf einen freien und offenen Lebensprozess zielt" (Hollerbach 1989, 523). Damit machen allerdings auch und gerade „die religiösen und weltanschaulichen Kräfte", die diesen Prozess mitkonstituieren, „ein wesentliches Stück des demokratischen Pluralismus aus" (ebd., 524). Und es ist durchaus gerechtfertigt, im Sinne dieses Verständnisses von Demokratie und Verfassungsstaat von einem „Öffentlichkeitsauftrag der Kirchen" zu sprechen (vgl. dazu zusammenfassend Schlaich 1975, 231–272). Das bedeutet freilich nicht, dass es den Kirchen immer leicht gelingt, diesem Auftrag zu entsprechen.

8. Die gesellschaftliche Faktizität und die verfassungspolitische Basisfrage

Ein solches „verfassungs- und vertragsrechtlich begründetes freiheitliches Kooperationssystem" (Listl 1983, 1054) bedarf deshalb natürlich im Hinblick auf seine Voraussetzungen wie auf seine konkreten Konsequenzen immer wieder der erneuerten geistigen Unterfütterung. Dass es „Modernität, ja Vorbildhaftigkeit und Zukunftsträchtigkeit in Anspruch nehmen" kann (Hollerbach 1989, 547), schließt nicht aus, dass es mittel- oder längerfristig durch Entwicklungen im gesellschaftlichen Denken nachhaltig in Frage gestellt werden könnte.

Dann ist in der Ebene der Voraussetzungen erneut und entschlossen die geistige Auseinandersetzung um die angemessene Verständnisweise von Demokratie, Pluralismus und Freiheit aufzunehmen. Dass es dabei um mehr geht als nur um das staatskirchenrechtliche System der Bundesrepublik, versteht sich ebenso wie die Mahnung, hier nicht zu lange das Feld der öffentlichen Diskussion allein denen zu überlassen, die Kirche und Religion am liebsten völlig in den Raum der Privatheit abgedrängt und als unter dem Aspekt von Staat und Gesellschaft vernachlässigbare Größe sehen wollen. Dass es dazu nicht kommt, liegt im übrigen nicht nur im *kirchlichen,* sondern nicht weniger *auch* im *staatlichen* Interesse (vgl. dazu jüngst Ruh 1999, 163–165).

Was jedoch die Folgerungen anbetrifft, so nötigt besonders das eigene kirchliche Interesse dazu, sich bewusst zu halten, wie groß die Bedeutung des konzeptionellen Selbstverständnisses vom Religionsunterricht und seiner praktischen Erscheinung nicht nur in der Wahrnehmung der Gesellschaft, sondern auch im Innenverhältnis in der Ebene seiner pädagogischen und theologischen Begründung ist. Es geht nicht allein um die Verdrängung des Religionsunterrichtes durch die Einrichtung von L-E-R, die, so steht zu hoffen, vor der authentischen Interpretation des Grundgesetzes keinen Bestand haben wird. Die Religionspädagogik steht ungeachtet der beeindruckenden Weiterentwicklungen ihres Grundkonzeptes in der sich dauernd wandelnden Gesellschaft insgesamt und unausweichlich ständig neu auf dem Prüfstand. Wenn sie erfolgreich an der Beantwortung der Fragen der Menschen nach Sinn, Orientierung und überzeugenden Vorbildern mitzuwirken vermag, wird auch die Zukunft des Religionsunterrichtes gesichert werden können.

Literatur

Böckenförde, Ernst-Wolfgang: Die Rechtsauffassung im kommunistischen Staat. O. O. 1967.
Böckenförde, Ernst-Wolfgang: Die Enstehung des Staates als Vorgang der Säkularisation. In: Ders.: Staat, Gesellschaft, Freiheit. Frankfurt a. M. 1976.
Campenhausen, Axel von: Staatskirchenrecht in den neuen Bundesländern. In: Isensee, Josef / Kirchhof, Paul (Hg.): Handbuch des Staatsrechts. Bd. 9. Heidelberg 1997, 305ff.
Friesenhahn, Ernst: Religionsunterricht und Verfassung. In: Essener Gespräche zum Thema Staat und Kirche. Bd. 5. Münster 1971.
Heckel, Martin: Gutachten zur Verfassungsbeschwerde von Schülerinnen, Schülern und Eltern. Maschinenschriftlicher Text.
Heintzen, Markus: Erziehung, Wissenschaft, Kultur, Sport. In: Isenssee, Josef / Kirchhof, Paul (Hg.): Handbuch des Staatsrechts. Bd. 9. Heidelberg 1997, 819.
Hollerbach, Alexander: Die Kirchen unter dem Grundgesetz. In: VVDStRL 26, (1968), 100f.
Hollerbach, Alexander: Grundlagen des Staatskirchenrechts. In: Isensee, Josef / Kirchhof, Paul (Hg.): Handbuch des Staatsrechts. Bd 6. Heidelberg 1989, S. 471ff.
Hollerbach, Alexander: Der Religionsunterricht als ordentliches Lehrfach an den öffentlichen und freien Schulen in der Bundesrepublik Deutschland. In: Biesinger, Albert / Hänle, Joachim (Hg.): Gott – mehr als Ethik? Freiburg 1997, 133ff.
Leder, Gottfried: Bildungspolitik im demokratischen Staat. In: Regenbrecht, Aloysius (Hg.): Bildungstheorie und Schulstruktur. Münster 1986, 88–115.
Leder, Gottfried: Verfassung als Grundwert. In: Koslowski, Peter / Schenk, R. (Hg.): Jahrbuch für Philosophie des Forschungsinstituts für Philosophie Hannover. Bd. 9. Wien 1998, 267ff.
Link, Christoph: Religionsunterricht. In: Handbuch des Staatskirchenrechts der Bundesrepublik Deutschland. Bd. 2. O. O. 1975, 503ff.
Listl, Joseph: Das Verhältnis von Kirche und Staat in der Bundesrepublik Deutschland. In: Handbuch des katholischen Kirchenrechts. O. O. 1983, 1050ff.
Löwisch, Dieter-Jürgen / Ruhloff, Jörg: Pädagogik und Politik. Systematischer Diskussionsbericht. In: Vierteljahresschrift für wissenschaftliche Pädagogik (1973), Heft 4, 383–394.
Schlaich, Klaus: Neutralität als verfassungsrechtliches Prinzip. Tübingen 1972.
Schlaich, Klaus: Der Öffentlichkeitsauftrag der Kirchen. In: Handbuch des Staatskirchenrechts der Bundesrepublik Deutschland. Bd. 2. O. O. 1975, 231–272.
Ruh, Ulrich: Staat und Kirche. In: Herder-Korrespondenz (1999), Heft 4, 163–165.

Joachim Dikow

Ethikunterricht und Religionsunterricht in einem pluralen Staat – Recht und Grenzen staatlicher Einflussnahme (II)

In diesem an die Darstellung Gottfried Leders anschließenden Teil der Erörterung von Recht und Grenzen staatlicher Einflussnahme auf den schulischen Unterricht wenden wir uns vor allem Fragen zu, die sich zum Ethikunterricht ergeben. Dabei werden wir neben den staatsrechtlichen Gesichtspunkten verstärkt erziehungswissenschaftliche ins Feld zu führen suchen. Im Einzelnen soll es gehen: 1. um das Recht auf Einrichtung des Ethikunterrichtes, 2. um das Recht auf die Gestaltung dieses Unterrichtes, 3. um den Fortfall von bestimmten Grenzen dieser beiden Rechte, wodurch ein Unterschied zur Lage beim Religionsunterricht verdeutlicht werden kann, 4. um die Grenzen des Einflusses, die bei der inhaltlichen Bestimmung des Ethikunterrichtes zu beachten sind, 5. um die Grenzen, die sich aus der Verteilung von Zuständigkeiten auf verschiedene Organe des Staates und aus der Notwendigkeit ergeben, rechtsstaatliche Verfahren beim Einfluss auf den Ethikunterricht zu beachten, und 6. um Recht und Grenzen der Unterrichtsgestaltung, die sich aus alledem für den Lehrer ergeben.

Das Recht des Staates auf Einrichtung von Ethikunterricht

Staatsrechtlich ist die Befugnis des Staates zur Einrichtung von Ethikunterricht gut gesichert. Dieses Recht ist Teil des Schulaufsichtsrechtes nach Art. 7 Abs. 1 des Grundgesetzes für die Bundesrepublik Deutschland. „Der Staat ist legitimiert, das gesamte Schulwesen inhaltlich zu bestimmen, wenn die dieser Bestimmung vorangehende Willensbildung sich in demokratischen Formen vollzieht und diese Bestimmung die Normtypik des Rechtsstaates wahrt" (Hennecke 1972, 104). Doch geht die Vorstellung von einer staatlichen Schulaufsicht auf weit ältere, vordemokratische Quellen zurück; seine frühe repräsentative Formulierung fand sie im Preußischen Allgemeinen Landrecht von 1794: „Schulen ... sind Veranstaltungen des Staates ..." Für dieses Recht gibt es sachliche Gründe, die heute sogar stärker sind als zu der Zeit, als es erstmals kodifiziert wurde. Angesichts der Notwendigkeit einerseits, systematisch und unabhängig von den Erfahrungen und Gewohnheiten des häuslichen Kreises zu lehren und zu lernen, und angesichts des Aufwandes andererseits, den das verursacht, kommen nur der Staat selbst oder vom Staat nahezu vollständig subventionierte Träger als Veranstalter von Schulen in Frage. Das umfasst auch das Recht auf Einrichtung von Ethikunterricht. Das Bundesverwaltungsgericht hat dies in seinem Urteil vom 17. Juni 1998 noch einmal festgestellt (BVerwG 6 C 11.97 / VGH 9 S 1126.95). Aber gibt es ein solches Recht auch aus erziehungswissenschaftlicher Sicht?

Eine positive Antwort auf diese Frage setzt zweierlei voraus: Dass es auch auf moralischem Gebiet eine Erziehungsbedürftigkeit des Menschen gibt und dass der Ethikunterricht als bildendes Fach gegeben werden kann, also dass es den Schüler und die Schülerin nur durch einsehbare Gründe zu einer bestimmten Meinung bewegen will und dass es sie nicht zwingt, als ihre Meinung auszugeben, was nicht ihre Meinung ist, und schon gar nicht zwingt, solchen vorgeblichen Meinungen entsprechend zu handeln. Solche Voraussetzungen wollen wir für gegeben betrachten. Sie sind im Einzelnen der Gegenstand anderer Teile des vorliegenden Berichtsbandes über das 17. Münstersche Gespräch zu Themen der wissenschaftlichen Pädagogik. Falls das dort Vorgetragene überzeugt, ist Ethikunterricht als bildendes Schulfach der öffentlichen Schule möglich. Aber ist seine Einrichtung auch nötig?

Unterrichtsfächer sind schon immer in die Schule gekommen, weil irgendwelche Elemente von Erziehung und Unterricht für die Gesellschaft notwendig waren, aber von der Gesellschaft ohne Einsatz der Schule nicht oder nicht mit genügender Sicherheit für die nachwachsende Generation einsichtig und praktizierbar gemacht werden konnten. Der Staat steht dann der Gesellschaft gegenüber in der Pflicht, den gesellschaftlichen Bedürfnissen nach Kräften abzuhelfen, jedenfalls bei einer Schulverfassung, in der die Schule eine Angelegenheit des Staates geworden ist. Und aus seiner Pflicht folgt unmittelbar auch sein Recht, die Schule entsprechend zu gestalten. Sind heute gesellschaftliche Bedürfnisse festzustellen, denen durch die Einrichtung von Ethikunterricht, sei es als eigenem Unterrichtsfach, sei es als Unterrichtsprinzip, abgeholfen werden kann?

Die in diesem Zusammenhang bisweilen vorgebrachte Begründung, in der Gegenwart liege ein besonderer moralischer Tiefstand vor, kann nicht überzeugen. Die Behauptung entbehrt der Originalität. Sie wurde zu allen Zeiten vorgebracht und taugt schon deshalb nicht zur aktuellen Kennzeichnung der Bedürfnislage. Sie wird auch eher in Leserbriefen und an Stammtischen als von der Erziehungswissenschaft vorgebracht.

Zu prüfen ist aber die Meinung, andere Erziehungsträger seien nicht oder nicht mehr in der Lage, moralische Erziehung zu leisten. Diese Prüfung wird zu unterschiedlichen Ergebnissen führen: Der klassische Erzieher ist die Familie. Man hört gelegentlich von ihrer geminderten Erziehungskraft. Die dabei oft gemeinten Alleinerzieherinnen und Alleinerzieher und die Nur-ein-Kind-Eltern werden die These bestreiten, dass sie keine moralische Erziehungskraft oder eine geringere hätten als die alte Familie; viele behaupten das Gegenteil. Insbesondere aber ist in Bezug auf die Familien derjenigen Schülerinnen und Schüler, für die eine Alternative zum christlichen Religionsunterricht gefordert wird, nämlich in Bezug auf die Familien der ausländischen Schülerinnen und Schüler islamischen Glaubens, festzustellen, dass deren Erziehungskraft eher größer ist, als sie der traditionellen deutschen Familie zugesprochen werden kann. Die im Bewusstsein eines jungen Menschen besonders wichtigen Erzieher, die Peer-Groups, haben ihre Bedeutung wie eh und je. Und das gilt auch für den „bedeutungsvollen Anderen", dem ein Mensch in seiner Jugend begegnet (Loch 1988, 35f.). Ebenfalls nicht weniger, sondern mehr und vermutlich wirksamere Erzieher als früher haben wir in den Medien, in Presse, Funk, Fernsehen, Internet und anderen. Dass sie einen erheblichen Einfluss auf die moralische Urteilsbildung haben, kann keiner bestreiten. Wohl wird behauptet – was allerdings in dieser Allgemeinheit nicht zu beweisen ist – dass sie einen üblen moralischen Einfluss hätten. Nur bei einem Erzieher kann man wirklich von einem Verlust an Wirksamkeit der moralischen Erziehung sprechen, bei den Religionsgemeinschaften und bei dem von ihnen inhaltlich verantworteten Religionsunterricht. Der Umfang der Befreiung von diesem Unterricht hat erheblich zugenommen, vor allem wegen der vielen Schülerinnen und Schüler, die keiner Religionsgemeinschaft oder nicht den christlichen oder der jüdischen angehören. Bei diesen Schülerinnen und Schülern ist tatsächlich gegenüber früher ein Erzieher ausgefallen oder gar nicht wirksam geworden. Doch müsste man nicht auf den Erzieher Religionsgemeinschaften verzichten können? Es liegt nahe, diese Frage zu bejahen, da doch andere Erziehungsträger wirksam geblieben sind. Auch ist daran zu erinnern, dass die christlichen Religionsgemeinschaften nach ihrem Selbstverständnis gar nicht bereit sind, den von ihnen verantworteten Unterricht auf moralische Erziehung zu beschränken, selbst wenn Staat und Gesellschaft vor allem in der Moral den Wert der Religion sehen sollten. So lässt sich am Ende dieser kurzen Übersicht nur sehr eingeschränkt die These aufstellen, ein Ethikunterricht als Unterrichtsfach der öffentlichen Schule sei notwendig geworden, weil die bisherigen Erziehungskräfte ausgefallen seien.

Doch – so kann man schon eher die Notwendigkeit begründen, in der öffentlichen Schule Ethikunterricht einzurichten – ist es gar nicht der Ausfall von Erziehern, es ist die Uneinheitlichkeit von deren ethischen Überzeugungen, die den Staat zum Handeln zwingt. Die millionenfache Einwanderung von Ausländern, der starke Zuzug von Spätaussiedlern und die Vereinigung zweier in ihren ethischen Ansichten sehr unterschiedlichen deutschen Gesellschaften haben zum oft beschriebenen Pluralismus der Wertvorstellungen geführt, ihn zumindest erheblich verstärkt. Der Grund für die Einführung eines staatlichen Ethikunterrichtes läge dann in der Überwindung des Werte-Pluralismus. Der Gedanke führt allerdings auf erhebliche Probleme: Es ist ja nicht ohne weiteres ausgemacht, dass Pluralismus überwindungsbedürftig ist, und erst recht nicht, was von einem weltanschaulich neutralen Staat in einem bildenden Unterricht an seine Stelle zu setzen wäre. Dieses Problem müssen wir wieder aufgreifen, wenn von der Gestaltung des Ethikunterrichtes durch den Staat die Rede sein wird.

Zunächst aber ist noch zu erörtern, ob unter einem anderen Gesichtspunkt doch der erhebliche Ausfall des von den Religionsgemeinschaften inhaltlich verantworteten Unterrichtes zu einer Schwierigkeit bei der Bildung junger Menschen geführt hat. Dieser Ausfall hat nämlich zu einem Mangel geführt, der, vom erziehungswissenschaftlichen Standpunkt aus gesehen, so bedenklich ist, dass er ein ersatzweises Engagement des Staates in der Form des Ethikunterrichtes in der öffentlichen Schule nötig machen könnte: Mit dem für viele junge Menschen geltenden Ausfall des Erziehers Religionsgemeinschaften ist nämlich auch der öffentlich vertretene

Anspruch auf bestimmte für alle verbindliche ethische Grundsätze ausgefallen. Nicht, dass diesem Anspruch früher immer oder auch nur überwiegend genügt worden sei! Nach manchen Quellen ist die Befolgung solcher Ansprüche fast umgekehrt proportional gewesen zu der Heftigkeit, mit der sie vorgetragen worden sind. Aber wir behaupten, dass öffentlich vorgetragene, für alle als verbindlich erklärte ethische Grundsätze eine Erfahrung des Menschen sind, die ihm mehr zum eigenen Werturteil herausfordern und mehr zustimmenden oder ablehnenden Argumentationsstoff liefern, als die in diesem Zusammenhang oft ins Feld geführten großen Erzählungen, die ja doch nur Erfahrungen aus zweiter Hand sind.

Die nach dem Ausfall der Religionsgemeinschaften verbleibenden Erzieher sind nicht nur disparat in ihren ethischen Urteilen, sie sind auch privat. Auf sie kann man statt mit einem Ringen um ein eigenes Werturteil auch mit Achselzucken reagieren. Auch die so genannte öffentliche Meinung, wie sie in den Medien verbreitet wird, wird nicht ohne Grund durch die Formulierung, sie sei lediglich veröffentlichte Meinung, an ihren nur partiellen Charakter erinnert. Und die Gegensätzlichkeit der ethischen Urteile, die in den Medien fallen, und der schnelle Wechsel von einem bestimmten zu einem oft entgegengesetzten Urteil lassen kaum den Eindruck aufkommen, es handele sich um verbindliche Urteile. Insoweit aber verbindlich und öffentlich vorgetragene ethische Grundsätze nötig sind, um dem Individuum die moralische Selbsterziehung zu ermöglichen – und sei es in kritischer oder gar revolutionärer Absetzung von diesen Grundsätzen –, bedarf es eines autorisierten Verkünders solcher Grundsätze. Das postmoderne „anything goes" ist für die Erziehung und die Selbsterziehung nicht hilfreich und kann durch die Binnenmoral einzelner Erzieher nicht kompensiert werden. Die Einrichtung von Ethikunterricht in der öffentlichen Schule könnte also notwendig sein, weil es um öffentlich erhobene und um für alle als verbindlich erklärte ethische Ansprüche geht. Dies allerdings wirft ebenfalls die Frage nach Recht und Grenzen des staatlichen Einflusses auf die Gestaltung des Ethikunterrichtes auf; denn wohl kann man ihm die Aufgabe zuschreiben, einen ethischen Anspruch öffentlich zu machen; doch darf er ihn auch verbindlich machen?

Bevor wir uns dieser Frage zuwenden, wollen wir noch das Traditionsargument für das Recht des Staates auf Einrichtung von Ethikunterricht vorführen. Auch in diesem Zusammenhang kann man an Erfahrungen lernen! Offenbar hat es die Gesellschaft schon seit langem für richtig befunden, dem Staat auch die moralische Erziehung durch ein eigenes Schulfach zu überantworten. Und offenbar hat sich der Staat auch dafür stark gemacht, das zu können. Schon vor gut 200 Jahren hat beispielsweise hierzulande der Staat, sprich das Fürstbistum Münster, in seinem Gymnasium Paulinum einen Unterricht in „Sittenlehre" geben lassen und Einfluss darauf genommen, was zu behandeln war (Hanschmidt 1997, 75f.). Die Themen für die Prüfungsaufsätze der V. Klasse (d. h. der obersten) im Jahre 1790 lauten:

„1. Können Aufrichtigkeit und Schlauigkeit zusammenstehen, und wie hat man beides im gesellschaftlichen Leben zu verbinden?

2. Was soll man von Leuten halten, die bei Gesellschaften immer den Lustigmacher abgeben?

3. Gibts auch Pflichten gegen empfindsame, aber vernunftlose Geschöpfe? Welches sind die Pflichten, und warum müssen sie entrichtet werden?"

Schaut man diese Themen an, dann darf man feststellen, dass es eine alte staatliche Position ist, über die Einrichtung von Ethikunterricht und über seinen Inhalt bestimmen zu dürfen, und dass der Staat dabei schon vor längerem auf Fragen der Lebensgestaltung und auf Fragen des Umweltschutzes verfallen ist. Allerdings hat er – zumindest bei den hier vorgeführten Beispielen – eher Fragen gestellt als Positionen vertreten. Das könnte schon ein Hinweis auf das sein, was zum Recht des Staates auf Gestaltung des Ethikunterrichtes zu sagen ist.

Das Recht des Staates auf die Gestaltung des Ethikunterrichtes

Die Frage, ob der Staat das Recht habe, den Unterricht zu gestalten, das heißt, zu Didaktik und Methodik dieses Unterrichtes Anordnungen zu treffen und dabei insbesondere auf den Inhalt des Ethikunterrichtes Einfluss zu nehmen, bejahen wir vom erziehungswissenschaftlichen Standpunkt aus auch ohne das Traditionsargument, jedenfalls bis zu den später zu erörternden Grenzen. Wenn man Schulen veranstaltet, muss man auch entscheiden, was im Unterricht geschehen soll. Das ganze didaktische Gitterwerk der Inhalte, Ziele, Methoden und Medien ist hier gemeint mitsamt dem ganzen ‚heimlichen Lehrplan‘, wie er beispielsweise durch Unterrichtsorganisation, durch das Dienstrecht der Lehrerinnen und Lehrer oder durch das unterrichtliche und außerunterrichtliche Schulleben geprägt wird.

Das lässt sich auch mit verhältnismäßig einfachen, aber in der Praxis doch sehr wichtigen Argumenten schulpädagogischer Art begründen. Der Schulveranstalter Staat muss sicherstellen, dass Lehrer wissen, was sie unterrichten, Schüler wissen, was sie lernen sollen. Beim Klassen- und Schulwechsel gilt es, wesentliche Lücken oder Doppelungen des Unterrichtsinhaltes zu vermeiden. Schulbuchautoren brauchen Kenntnis von dem, was der Inhalt des Unterrichtes sein soll. Das alles und ähnliches sind Erfordernisse, die zu einem Ethikunterricht in der Schule gehören. Die auf Systematik und Methode angelegte Bildungsweise der Schule schlägt bis zur Notwendigkeit durch, den Inhalt des Unterrichtes zu bestimmen. Dass dies durch den Staat geschieht, liegt dann in einer staatlich veranstalteten Schule nahe.

Zu den Gründen, warum der Staat regelnden Einfluss auf die Gestaltung des Ethikunterrichtes nehmen muss, gehört sodann der Umstand, dass er mit dem schulischen Erfolg allerlei Berechtigungen verknüpft hat. Sobald man Sozialchancen nicht nach Geburt und Vermögen, sondern nach abgeprüften Leistungen zuteilen will, muss mit Autorität und schulübergreifend festgelegt werden, welche Leistungen denn zu erbringen sind, wenn bestimmte Berechtigungen staatlich anerkannt sein sollen. Prüfer und Prüflinge müssen deshalb wissen, was geprüft werden kann, welche Leistung für den oder jenen Abschluss, für eine Versetzung, für eine spezielle Berufs- oder Studienqualifikation ausreichend oder eben auch nicht ausreichend sein sollen.

Die Schule soll gewiss der regulativen Idee der Bildung unterworfen sein, aber sie soll nicht nur einem individuellen Bildungsinteresse, sondern auch dem objektiven

Allgemeininteresse dienen; das muss Ausfluss auf die im Unterricht behandelten Inhalte wie auf die Weise dieser Behandlung haben. In der Förderung des objektiven Allgemeininteresses können sachliche Gründe für das Recht des Staates auf Einflussnahme liegen. Wohl erhebt sich nach unserer staatlichen Ordnung die Frage, wie das Allgemeininteresse erkannt und vertreten werden kann; und zwar so, dass diejenigen auf die Entscheidungsbefugten Einfluss haben, über die entschieden wird. Eine nach demokratischen Gesichtspunkten und Verfahren bestellte Legislative und eine von ihr wirksam kontrollierte Exekutive erfüllen solche Voraussetzungen, wenn sie sich in den später zu erörternden Grenzen halten.

In Ansehung des „objektiven Allgemeininteresses" muss und darf der Staat insofern Einfluss auf den Inhalt des Ethikunterrichtes nehmen, als sicherzustellen ist, dass dem Schüler diejenigen ethischen Grundsätze genannt und begründet werden, die sich nach der in der Geschichte gewonnenen Erfahrung und nach der einheitlichen oder doch mehrheitlichen Überzeugung der gegenwärtigen Generation als wichtig für das gute und gerechte Leben erwiesen haben. An den geschichtlichen Erfahrungen – nicht aus ihnen – soll der Schüler lernen, seine Werturteile in sittlichen Fragen mit Argumenten zu stützen. Konkret wird es sich dabei vor allem um die der Proklamation allgemeiner Menschenrechte und um die den Grundrechten unserer Verfassung entsprechenden Wertvorstellungen und die in Verfassungen und Gesetzen kodifizierten Unterrichtsziele handeln. Damit werden dem Schüler und der Schülerin die der gegenwärtigen Generation verpflichtend erscheinenden ethischen Grundsätze durch einen Unterricht in der staatlichen Schule öffentlich gemacht, wie es früher durch Kirche und Religion geschah. Ob und wieweit dies aber eine Überwindung von Pluralismus sein darf, ob und wie weit also von Staats wegen die von bisherigen Generationen anerkannte allgemeine Gültigkeit von Werten zum Anspruch auf Verbindlichkeit erhebenden Inhalt des Ethikunterrichtes gemacht werden darf, muss noch genauer betrachtet werden. Das betrifft auch die Frage, ob der Staat eine inzwischen vielleicht lockerer gewordene emotionale Bindung an ethische Grundsätze durch Unterricht neu festigen darf.

Der Fortfall bestimmter Grenzen des staatlichen Einflusses auf den Ethikunterricht

In der Regel ist es problematisch, über Grenzen zu handeln, die nicht bestehen; das kann ins Unendliche führen. Doch dass für den staatlichen Einfluss auf den Ethikunterricht bestimmte Grenzen fortfallen bzw. von vornherein gar nicht bestehen, die beim Religionsunterricht zu beachten sind, verdeutlicht die Rechte des Staates, die er hinsichtlich der Einrichtung und der inhaltlichen Bestimmung des Ethikunterrichtes hat, mehr aber noch die bei der Gestaltung des Ethikunterrichtes zu beachtenden Grenzen des staatlichen Einflusses. Und die Herausarbeitung dieses Unterschiedes liegt auch deshalb nahe, weil zwischen Religionsunterricht und Ethikunterricht vielfach ein (womöglich von beiden Fächern her geltendes) Ersatz- oder Alternativ-Verhältnis in den staatlichen Schulgesetzen besteht. Deshalb soll dieser Unterschied behandelt werden.

Dem religionsmündigen Schüler und, vor dem Mündigkeitsalter, seinen Erziehungsberechtigten räumt das Grundgesetz einen Anspruch auf Befreiung vom Religionsunterricht ein, und dies ohne Begründung und ohne Fristen. Und kein Lehrer darf gegen seinen Willen verpflichtet werden, Religionsunterricht zu erteilen, auch dann nicht, wenn er mit der Lehrbefähigung in Religionslehre in das Beamtenverhältnis berufen worden ist.

Solches Recht räumt der Staat in Bezug auf den Ethikunterricht im allgemeinen nicht ein; Teilnahmepflicht der Schüler und Dienstpflicht der Lehrer sind unbegrenzt. Das korrespondiert allerdings mit der Pflicht des Staates, den Inhalt des Ethikunterrichtes so zu gestalten, dass dabei die noch zu beschreibenden Grenzen staatlicher Einflussnahme gewahrt bleiben. Im übrigen entspricht aber der negativen Religionsfreiheit, die sich in den genannten Regelungen durchsetzt, keine „negative Ethikfreiheit". Dass in Brandenburg eine Befreiungsmöglichkeit vom Fach Lebensgestaltung-Ethik-Religionskunde eingeführt worden ist, ist deshalb schwer zu beurteilen. Will man das nicht als eine bloß taktische Maßnahme ansehen, um die Einführung des Faches politisch und vor Gericht durchzusetzen, so muss man unterstellen, dass es sich entweder um ein jedenfalls für den am Religionsunterricht teilnehmenden Schüler überflüssiges oder um ein weltanschaulich nicht neutrales Fach handelt, um ein Fach, das staatlicherseits der Vergewisserung eines allgemeinen Lenbenssinnes dienen soll. Dieser Sinn könnte zunächst einfach in der Differenzierung des Ostens Deutschlands gegenüber seinem Westen liegen. Dass eine Diskussion von Lebensgestaltung-Ethik-Religionskunde stets auf die besondere gesellschaftliche Lage in Brandenburg abhebt, legt diese Deutung nahe. Dieser Sinn, der seinen symbolischen Ausdruck dann auch in einem besonderen Fach findet, wird zugleich mit universalistischem Anspruch vorgetragen: Das Finden dieses Sinnes im Diskurs, das Unableitbare einer individuellen Entscheidung, zugleich aber auch die Bezogenheit auf allgemeine Menschenrechte werden als global geltend verstanden, ungeachtet der Kritik, die solche Positionen erfahren (z. B. Huntington 1997). Man kann angesichts des Gewichtes der modernen Schule im Leben junger Menschen der Meinung sein, dass es zur staatlichen Pflicht der Daseinsvorsorge gehört, ein solches sinn-symbolisierendes und sinn-stiftendes Fach in der öffentlichen Schule anzubieten, jedenfalls für die Schülerinnen und Schüler, die wegen des Wegfalls anderer sie überzeugender Sinnstiftungen ein entsprechendes Bedürfnis haben. Dann ist es konsequent, für Schülerinnen und Schüler, denen aus anderen Quellen ein Sinn ihres Lebens aufgegangen ist, auch eine Befreiungsmöglichkeit von dem Fach Lebensgestaltung-Ethik-Religionskunde zu schaffen.

Unsere Verfassung macht – hier zeichnet sich ein anderer Unterschied zur Lage beim Ethikunterricht ab – die Erfüllung des Wunsches der Bürger, einen Religionsunterricht ihres Bekenntnisses in der öffentlichen Schule zu haben, unabhängig von staatlicher Gutheißung eines solchen Wunsches; und sie entzieht den Inhalt dieses Unterrichtes weithin dem staatlichen Einfluss, weil sie die Verantwortung für den Inhalt der Religionslehre den Religionsgemeinschaften überlässt. Diese Regelungen gelten allerdings nur insoweit, als eine Ausnahmeregelung nach Art. 141 des Grundgesetzes nicht zum Zuge kommt. Ob das im Fall des Landes Brandenburg gegeben ist, liegt dem Bundesverfassungsgericht zur Entscheidung vor. Unabhängig von der Rechtslage gibt es aber durchaus erziehungswissenschaftliche und politische Positionen, die für eine Beseitigung des bekenntnisgebundenen Religionsunterrichtes aus der öffentlichen Schule eintreten (vgl. v. Hentig 1999). Einzelheiten zur Rechtslage hat Gottfried Leder im vorausgehenden Aufsatz dargestellt.

Zu der in der Mehrzahl der Bundesländer durch den Religionsunterricht gewährleisteten Form der positiven Religionsfreiheit gibt es in Bezug auf den Ethikunterricht keine Entsprechung, keine „positive Ethikfreiheit". Die Bürger haben zwar einen Anspruch auf moralische Erziehung in der Schule, aber einen Anspruch auf Ethikunterricht nur, wenn die moralische Erziehung anders nicht zu gewährleisten ist, also beispielsweise nicht auch durch einen konsequenten Erziehenden Unterricht. Auf keinen Fall aber gibt es einen Anspruch der Bürger auf einen Ethikunterricht auf der Grundlage ihrer eigenen ethischen Überzeugungen. Beispielsweise können ein Verein zur Organisation von Jugendweihen oder der Freidenkerverband nach der jetzigen Verfassungslage nicht verlangen, dass ein Ethikunterricht nach den von ihnen vertretenen Grundsätzen in der öffentlichen Schule eingeführt wird (sehr wohl dürften sie aber eine auf dieser Grundlage arbeitende Schule in freier Trägerschaft errichten). Nicht Gruppierungen von Bürgern mit solchen bestimmten ethischen Überzeugungen, sondern der Staat selbst entscheidet über den Inhalt des Ethikunterrichtes. Gerade deshalb muss sich dieser Unterricht neutral gegenüber den besonderen ethischen Überzeugungen der Bürger und im Gleichgewicht zu den Rechten der Schüler und Eltern halten. Mit dieser Forderung sprechen wir bereits die Grenzen des staatlichen Einflusses auf den Ethikunterricht an.

Grenzen des staatlichen Einflusses bei der Gestaltung des Ethikunterrichtes

Die Grenzen des staatlichen Rechtes auf Gestaltung des Ethikuntrerrichtes, insbesondere des Rechtes, seinen Inhalt zu bestimmen, sind unter staatsrechtlichen wie unter erziehungswissenschaftlichen Gesichtspunkten zu betrachten. Bis zu einem gewissen Grade verschränken sich beide Betrachtungsweisen.

Die Frage nach den Grenzen staatlicher Einflussnahme stellt sich bei jedem Unterrichtsfach und bei jeder überfachlichen schulischen Aktivität von Unterricht und Erziehung. Diese Frage ist nicht auf die moralische Erziehung und nicht auf das Fach Ethik begrenzt. Grenzen staatlicher Einflussnahme auf die Schulfächer liegen zunächst in der Eigengesetzlichkeit der im jeweiligen Unterricht verhandelten Probleme. Verletzte man diese Grenzen, so könnte aus staatlicher Einflussnahme wirkungsloser Unsinn werden. Wenn es um die kommunikative Kompetenz im Sprachunterricht, um die ökonomische Nützlichkeit eines Buchhaltungskurses, um die technische Machbarkeit eines in der Arbeitslehre herzustellenden Gerätes oder um die logische Stringenz eines Dreisatzes geht, können Kompetenz, Nützlichkeit, Machbarkeit oder Logik durch staatliche Anordnung gar nicht außer Kraft gesetzt werden. Allgemeiner kann man sagen, dass staatliche Einflussnahmen auf jeden

Unterricht ihre Grenzen finden in dem, was sich im intersubjektiven Diskurs zwingend als richtig oder falsch erweisen lässt; bei einer Überschreitung dieser Grenze brächte sich der staatliche Einfluss selbst um seine Wirkung.

In anderer Form aber sind die Grenzen staatlichen Einflusses zu ziehen, wenn sich richtig und falsch gerade nicht im intersubjektiven Diskurs bestimmen lassen, sondern wenn in ethischen Fragen ein Urteil auf Überzeugungen der Bürger gründet, die sich voneinander unterscheiden und nicht als richtig oder falsch erweisen lassen. Unsere verfassungsmäßige Ordnung verpflichtet den Staat darauf, gegenüber unterschiedlichen Überzeugungen der Bürger, aus welchen Gründen sie dieses oder jenes sittlich für geboten erachten, neutral zu sein. Auch eine weitgehende Gemeinsamkeit in der Auffassung der Bürger, was die richtigen Handlungen sind, heißt nicht, dass diese Auffassungen auf den gleichen Vorstellungen ihres Geltungsgrundes aufruhen müssen. Unabstimmbar – und deshalb im demokratischen Staat nicht für alle verbindlich entscheidbar – bleibt also auch die Frage, warum bestimmte ethische Überzeugungen gelten. Ontologische, dezisionistische, religiöse, skeptische, aufklärerische und andere Positionen haben vor dem Staat das gleiche Recht. Neutral muss der Staat auch gegenüber den Antworten auf die Frage sein, warum man dem als moralisch gut Erkannten folgen sollte. Ob mir mein Gewissen sagt, dass ich dem als richtig Erkannten folgen muss, ob ich die Verpflichtung auf moralische Gebote aus einer Offenbarung entnehme, ob ich nur Nachteile fürchte und deshalb dem als gut Erkannten entspreche, entzieht sich einem Entscheid des Staates. Und Entsprechendes gilt schließlich gegenüber der Frage, warum man den ethischen Erkenntnissen folgen kann. Die Meinung, Gottes Gnade befähige mich dazu, hat vor dem Staat das gleiche Gewicht wie die Meinung, ein blindes Schicksal lenke mich oder es bestünde immer eine Entscheidungsfeiheit des Menschen zum Guten oder günstige frühkindliche Erlebnisse hätten eine glückliche Disposition in dieser Frage mit sich gebracht. Die Antworten auf die hier aufgeführten Fragen vorzugeben, auf Fragen, die noch hinter dem vom Verstand geleiteten Ringen um das sittlich Richtige stehen, würde die Neutralitätspflicht unseres Staates verletzen. Eine Option für eine der möglichen Antworten liegt erst jenseits der Grenzen des zulässigen staatlichen Einflusses auf den Ethikunterricht.

Der Staat darf auch keine der von seinen Bürgern in diesem Bereich gegebenen Antworten diskriminieren, darf sie z. B. nicht als angeblich unwissenschaftlich lächerlich machen lassen. Deshalb ist es unserer Auffassung nach auch sehr problematisch, wenn der Staat Lehrerinnen und Lehrern, die eine Lehrbefähigung in Religionslehre erlangt haben, von der Erteilung von Ethikunterricht ausschließt. Das überschreitet unseres Erachtens die dem Staat gesetzten Grenzen nicht nur, weil er den Gleichbehandlungsgrundsatz und die Neutralitätspflicht außer Kraft setzt, sondern es mindert auch die pädagogischen Chancen des Ethikunterrichtes zur authentischen Vorführung wichtigster Antworten auf die Fragen, warum ethische Forderungen gelten, warum ich ihnen folgen soll und warum ich ihnen folgen kann. Die Neutralitätsgrenze wird nicht nur verletzt, wenn der Staat Partei für eine der möglichen Antworten auf die genannten Fragen ergreift, sondern auch, wenn er eine der möglichen Antworten grundsätzlich ausschließt.

Doch ist auch zu bedenken, dass nicht nur die unterschiedlichen Antworten auf die Fragen nach Geltungsgrund, Verpflichtung und Möglichkeit sittlichen Handelns kontrovers und vom Staat neutral zu behandeln sind. Dass man überhaupt nach dem tieferen Sinn hinter unserem Handeln fragt, ist von einer bestimmten Position aus bereits ein Akt des Menschen, der sich keineswegs von selbst versteht (Prange 1998), so dass man seiner Behandlung im Ethikunterricht entgegenhalten könnte, sie verletze die dem Staat gebotene Neutralität und überschreite die Grenzen der ihm erlaubten Einflussnahme.

Und immer wird und darf der einzelne Bürger mehr für sittlich geboten erachten, als es die Allgemeinheit für richtig hält. Das darf der Staat ihm nicht verwehren; er darf es ihm aber auch nicht durch eine Gesamtethik gebieten. Nur der totalitäre Staat maßt es sich an, eine für alle geltende Gesamtethik durchsetzen zu wollen. Der Staat ist nicht Herr über Voraussetzungen und Erstreckung der vom Einzelnen anerkannten Werte. Er kann sie nicht produzieren, ohne seine Freiheitlichkeit in Frage zu stellen. Diese Freiheit gewährleistet er mit seinen Grundrechten; aber er erzwingt nicht Tugend. Er überlässt es dem Einzelnen, die Frage nach der wahren Freiheit und nach ihrem richtigen Gebrauch für sich zu beantworten (Isensee 1983/1986, 194 und 197).

Ausgenommen sind – nach unserer Verfassung – von dieser Entscheidungsfreiheit der Bürger nur der Versuch, die Freiheit der Entscheidungsmöglichkeit aufzuheben, und das Unabstimmbare, das bereits vor der Verfassung Geltende. Dass unsere staatliche Ordnung von solchen Vorgegebenheiten ausgeht, scheint in der Formel von der Verantwortung vor Gott im Grundgesetz oder in der Anrufung Gottes beim Eid auf, unbeschadet der Tatsache, dass viele Zeitgenossen bestimmte religiöse Überzeugungen weder teilen noch teilen müssen. „Ein so verfasster Staat wird dadurch gebildet, dass die ihn bewirkenden Menschen sich einig wissen, gemeinsam nur auf der Grundlage miteinander leben zu können, dass ein System unbedingter und unabdingbarer Werte der Verfügung von Staates wegen entzogen ist …" (Arndt 1959, 69). Die Verfassung entzieht deshalb auch die Grundrechtsartikel in ihrem Wesensgehalt einer Aufhebung. Zu einer auf dieser Grundlage heute von allen oder doch den allermeisten vertretenen und deshalb im Unterricht vom Lehrer auch vorzustellenden Ethik zählen wir die Unantastbarkeit der Menschenwürde, den verantwortlichen Gebrauch der Freiheit, die Erhaltung der natürlichen Lebensgrundlagen, Toleranz und Verständigung zwischen den Nationen, Rassen, Kulturen und Religionen und anderes, das innerhalb der Grenzen des dem Staat in seinem Ethikunterricht Erlaubten liegt. Wie es in einem bildenden Unterricht zu behandeln ist, ist dann noch eine andere Frage.

Doch die Universalität der Anerkennung solcher Werte erkaufen wir mit ihrem hohen Abstraktionsgrad. Ob die Menschenwürde durch Abtreibung oder durch Verbot von Abtreibung verletzt wird, ob die natürlichen Lebensgrundlagen durch atomare Endlagerung oder durch Kohlendioxid-Ausstoß abgebaut werden und vieles andere bleibt dem Meinungsstreit unterworfen. Die Grenzen staatlicher Einflussnahme im Ethikunterricht werden verletzt, wenn auch für solche Konkretisierungen das Gewicht der allgemeinen Zustimmung zu bestimmten Menschen- und Grundrechten in Anspruch genommen wird.

Zu bedenken ist auch, dass die Grundrechte, auf die in diesem Zusammenhang besonderes Augenmerk fällt, vom staatsrechtlichen Standpunkt aus gesehen, Abwehrrechte des Bürgers gegen den Staat, nicht etwa Pflichten einzelner Bürger oder der ganzen Gesellschaft sind. Die Transformation solcher Abwehrrechte in sittliche Pflichten muss sich auf Verstandesgründe, kann sich nicht auf Verfassungsgründe stützen. Auch das hat ein Ethikunterricht zu berücksichtigen, der sich in seinen Grenzen halten will.

Grenzen werden dem Einfluss des Staates auf den Inhalt des Ethikunterrichtes ferner gesetzt, weil er das dem Schüler nach Art. 1, Abs. 1 und Art. 2, Abs. 1 GG zustehende Recht zur Selbstentfaltung achten muss. Jedenfalls ist es nicht die Aufgabe des Staates, seine Bürger zu „bessern" (BVerfGE 22, 180 [220]). Das hebt die Erziehungsaufgabe der Schule aber nicht auf. Sie ist um der Entfaltung der Persönlichkeit des Schülers willen nötig und umfasst die Pflicht, ihm einen Überblick über die in der Geschichte der Menschen als wichtig empfundenen Werte zu geben und mit ihm zu üben, ein begründetes Urteil über diese Werte zu fällen. Aber der Erziehung ist eine Grenze gesetzt, die überschritten wäre, wenn der Eigenwert der Person des Schülers, seine Würde als sich selbst bestimmender Mensch nicht geachtet würde (Evers 1979, 62f.). Besondere Sorgfalt in der inhaltlichen Gestaltung des Ethikunterrichtes ist dem Staat schon deshalb aufzuerlegen, weil er den Schüler zur Teilnahme an diesem Unterricht verpflichten darf, wie wir bereits dargelegt haben

Bei der staatlichen Einflussnahme auf den Inhalt des Ethikunterrichtes ist ferner ein Ausgleich nötig zwischen dem staatlichen Schulaufsichtsrecht nach Art 7, Abs. 1 GG und dem elterlichen Erziehungsrecht nach Art. 6, Abs. 2 des Grundgesetzes. Staat wie Eltern sind eigenständige, aber zum Zusammenwirken verpflichtete Kräfte der Erziehung (Evers 1979, 131). Dabei erkennt das Bundesverfassungsgericht den Eltern die Verantwortung für den Gesamtplan der Erziehung ihrer Kinder zu; der Staat muss diese Verantwortung in der Schule achten und für die Vielfalt der Anschauungen in Erziehungsfragen soweit offen sein, als es sich mit einem geordneten Schulsystem verträgt (BVerfGE 34, 165 [183]; 47, 46 [83]). Es handelt sich um das Recht jedes einzelnen Erziehungsberechtigten, das der Staat auch nicht durch Übertragung von Entscheidungen zum Inhalt des Ethikunterrichtes auf irgendwelche Konferenzen oder Mitwirkungsgremien aushebeln darf. Vom erziehungswissenschaftlichen Standpunkt aus muss dabei daran erinnert werden, dass es zu einem gelingenden Erziehungsplan der Eltern gehört, dass sie – nicht aber etwa der Staat – die hier angesprochenen Rechte mit zunehmender Reife ihrer Kinder diesen selbst zuwachsen lassen müssen.

Es besteht durchaus ein originäres Recht des Staates, darüber zu entscheiden, was – immer die Rechte der Schüler und Eltern respektierend – nötig ist, um das soziale Zusammenleben in der Schule und im späteren Leben zu pflegen und zu fördern; denn der Staat ist nicht nur dem Prinzip seiner liberalen Neutralität verpflichtet, sondern auch seiner Aufgabe als Sozialstaat (Evers 1979, 81). Die Grenzen staatlicher Einflussnahme müssen aber bei Wahrnehmung dieser Aufgabe genau beachtet werden, wenn zum Inhalt des Ethikunterrichtes die sogenannte „Lebensgestaltung" gemacht wird Das gilt beispielsweise bei dem in viele Curricula des Ethikunterrichtes aufgenommenen Thema „Freundschaft". Eltern aus dem islamischen und anderen außerwestlichen Kulturkreisen haben sehr dezidierte Vorstellungen zur Erlaubtheit und zu den Formen einer freundschaftlichen Begegnung von Jungen und Mädchen. Solche Vorstellungen, die ja den Gesetzen eines liberalen und sozialen Staates nicht widersprechen, auch wenn die Gepflogenheiten westlicher Gesellschaften von ihnen abweichen, wird man als eine vom elterlichen Erziehungsrecht gesetzte Grenze dessen ansehen müssen, was im Ethikunterricht gelehrt werden darf.

Oder ein anderes Beispiel: Im Rahmen der Diskussion des Kommunitarismus versus Liberalismus wird heute die Frage erörtert, „von welcher Art die kollektiven Wertüberzeugungen sein sollen, die zur moralischen Ausrechterhaltung freiheitsverbürgender Institutionen in der Lage sein können" (Honneth 1995, 15). Wenn hier so unterschiedliche Positionen vertreten werden wie die, dass diese kollektiven Wertüberzeugungen entweder im Patriotismus oder in der Bereitschaft zu wechselseitiger Hilfe und Solidarität oder im ethischen Gut der individuellen Freiheit ihren Brennpunkt finden, dann ist es dem Staat verwehrt, seinen Einfluss ohne Rücksichtnahme auf die Wertüberzeugungen wirksam zu machen, die von den Eltern wie den Schülerinnen und Schülern in Richtung der einen oder anderen Position vertreten werden.

Was wir hier gesagt haben – und das dürfte unmittelbar einleuchtend sein; doch ist es nicht überflüssig, es zu erwähnen, wenn man den politischen Diskussionsstand bedenkt – gilt im übrigen ganz unabhängig von der Frage, ob der Staat sich als nach amerikanisch-französischem Muster getrennt von der Religion konstituiert hat oder ob es ein Verhältnis zwischen Staat und Religion gibt, wie sie das Grundgesetz kennt. Die Fragen nach Recht und Grenzen staatlicher Einflussnahme auf die moralischen Erziehungsziele blieben bestehen, auch wenn es zur in anderen Staaten geübten Trennung von Staat und Religion käme.

Es wäre nämlich irrig, von den nach dem Trennungsprinzip verfassten Staaten anzunehmen, dass sie ganz ohne Einflussnahme auf die moralische Orientierung ihrer Bürger agieren und dass deshalb die Frage nach Recht und Grenzen dieser Einflussnahme entfällt. Bestimmte ethische Grundsätze sind in diesen Staaten durchaus Erziehungsziele staatlicher Schulen. Sie kennen zum Beispiel einen sehr rigiden Ehrenkodex hinsichtlich von Täuschungsversuchen bei Prüfungsarbeiten. Auf die staatsbürgerliche Moral des einzelnen wird mit Flaggenehrungen oder mit dem ritualisierten Begehen von Gedenktagen großer Einfluss genommen. Führerkulte wie Jugendweihen zeigen zudem, dass bei einer Trennung von der Religion der Staat auch von sich aus zu dem Mittel greifen kann, durch quasi-religiöse Veranstaltungen moralische Orientierung in seinem Sinne zu stabilisieren. Sollten wir also in Deutschland auf den Einfall kommen, Staat und Religion seien nach amerikanisch-französischem Muster strikt zu trennen, so sind wir die Frage nach Recht und Grenzen staatlicher Einflussnahme auf die moralische Erziehung im Allgemeinen, auf den Ethikunterricht im Besonderen nicht los.

Grenzen des staatlichen Einflusses auf den Ethikunterricht durch Regelungen von Zuständigkeiten und Verfahren

Es gibt Grenzen des staatlichen Einflusses auf den Ethikunterricht, weil nur bestimmte Organe für diesen Einfluss zuständig und nur bestimmte Verfahren erlaubt sind.

Wir können diese Grenzen im Rahmen dieses Beitrages nur in der Form markieren, dass wir die hier anstehenden Fragen auflisten: Sind der Bundestag, die Landtage, ein gemeinsames Organ der Landtage, die Kultusminister, die Konferenz der Kultusminister, eine Lehrplankommission, eine Kommission zur Genehmigung von Lehrbüchern, die mittleren oder unteren Schulaufsichtsbehörden, die Schulkonferenzen, die Fachkonferenzen oder schließlich die Lehrerinnen und Lehrer vor der Klasse, insbesondere, wenn sie Beamte sind, sind sie also die jeweils zur Ausübung der staatlichen Rechte befugten Organe, die mit dieser ihrer Befugnis die Rechte der jeweils anderen Organe begrenzen?

Wir haben versucht, diese Liste so zu ordnen, dass das diesen Organen rechtlich einzuräumende Gewicht im Großen und Ganzen vom einem zum anderen Organ abnimmt. Wer Schule kennt, wird feststellen, dass dies umgekehrt proportional zu dem Gewicht ist, mit dem der staatliche Einfluss in der alltäglichen Praxis ausgeübt wird. So findet ein vom Kultusminister ergangener Erlass in der Regel weit mehr Beachtung als ein vom Landtag beschlossenes Gesetz. Das hat damit zu tun, dass die jeweils rangniedrigere Regelung gewöhnlich die eher auf Zeit und Umstände eingehende und die eher konkrete Fragen ansprechende Einflussnahme des Staates ist. Es kommt sehr darauf an, dass klare Vorstellungen vom rechtlichen Gewicht dieser Einflussnahmen bestehen und dass im Streitfall die Überprüfung durch den Beschwerdeweg, im Notfall die Entscheidung über die Zuständigkeit durch die Gerichte gesichert ist.

Auch die Fragen, die sich aus der Notwendigkeit ergeben, den Einfluss des Staates in rechtsstaatlichen Bahnen des Verfahrens zu halten, können wir in der Kürze der Zeit nur auflisten: Werden die Grundsätze des Unterrichtes, insbesondere sein Inhalt und seine Verfahren, festgelegt in Verfassungen oder Gesetzen? Oder sind Ermächtigungsgesetze zum Erlass von Rechtsverordnungen zweckmäßiger? Was darf durch bloße Erlasse geregelt werden? Welches Gewicht bei der staatlichen Einflussnahme auf den Ethikunterricht dürfen die Lehrpläne, die Stundentafeln, die Genehmigung der Lehrbücher, die Prüfungsordnungen für die Schüler oder die Ausbildungsordnungen der Lehrer haben? Setzen sich die Schulaufsichtsbeamten mit Einzelanordnungen durch? Erzwingt gerade in diesem Fach die Bedeutung der Situation und der persönlichen Verfassung von Schülern und Lehrern, dass immer nur aktuell und vor Ort über den Inhalt des Unterrichtes entschieden werden kann? Oder wird damit der Ethikunterricht zur „zweitklassigen Beschäftigungstherapie", wie einer der Kläger vor dem Bundesverwaltungsgericht gemeint hat? (Das Gericht hat diese Vorstellung zurückgewiesen!)

Oder verlangt der in einem Ethikunterricht besonders starke erzieherische Einfluss des Staates auf seine Bürger auch besondere formale Sicherungen gegen jeden Missbrauch dieses Einflusses, indem der Gesetzesvorbehalt, der bei allem „Wesentlichen" gilt, hier zum Zuge kommt? Wir möchten dies annehmen, hat doch das Bundesverfassungsgericht als „wesentlich" das bestimmt, was „wesentlich für die Verwirklichung der Grundrechte" ist. Bei dem Gewicht, dem wir den Grundrechten bei der inhaltlichen Gestaltung des Ethikunterrichtes zugemessen haben, spricht manches dafür, dass der Gesetzesvorbehalt zu beachten ist. Aber werden wir dann nicht je nach der parteilichen Zusammensetzung der Landtage recht unterschiedliche Ethiken bekommen? Kommt es auf diesem Weg zur „Spartenethik"?

Recht und Grenzen der Gestaltung des Ethikunterrichtes durch den Lehrer

In der Praxis des alltäglichen Unterrichtes obliegt es dem Lehrer vor der Klasse, der staatlichen Pflicht zur Neutralität gegenüber den weltanschaulichen und religiösen Überzeugungen zu entsprechen, die Antworten auf die Frage nach Geltungsgrund, Verpflichtungsgrund und Möglichkeit der Befolgung des als sittlich richtig Erkannten den Schülern anheim zu stellen und nicht etwa diese Fragen als unsinnig einzustufen. Und der Lehrer muss das staatliche Recht über die Schule mit dem Recht auf freie Entfaltung der Persönlichkeit der Schülerinnen und Schüler und mit dem elterlichen Erziehungsrecht zum Ausgleich bringen.

In einer Bezugnahme auf die in den Grundrechten verbürgten Freiheitsrechte und in ihrer Umwandlung in ethische Grundpflichten, die zu beurteilen mit dem Schüler geübt wird, liegt ein gangbarer Einstieg in diesen Ausgleich, weil die Anerkennung der Grundrechte bei den Bürgern so weit verbreitet ist, dass die Bezugnahme auf die ihnen entsprechenden Pflichten keine Fremdbestimmung darstellt, sondern eine Basis für den Ausgleich des schulischen und elterlichen Erziehungsrechtes und des Selbstbestimmungsrechtes des Schülers bilden kann. Allerdings, so haben wir gesehen, nur wenn es zu keiner Option für die in den weltanschaulichen und religiösen Überzeugungen liegenden Geltungsgründe, Verpflichtungsgründe und Begründungen für die Möglichkeit kommt, den sittlichen Pflichten auch zu entsprechen. Ja, schon eine im Ethikunterricht der öffentlichen Schule fallende Entscheidung zwischen der Berechtigung oder gar Denknotwendigkeit, solche Fragen hinter den Fragen nach dem sittlich Richtigen aufzuwerfen, und der Position, dass die Sinnfragen un-sinnig seien, muss der Lehrer vermeiden. Dem Schüler und der Schülerin sind hier das Recht zu einer je eigenen Position zuzugestehen. Weder darf denen, die keine Sinnfragen aufwerfen, eine Art von minderer Qualität des Menschseins entgegengehalten werden, noch dürfen die nach Sinn fragenden Schülerinnen und Schüler staatlicherseits zu pathologischen Fällen erklärt werden, wie dies unter Berufung auf Sigmund Freud auch geschieht (Prange 1998, 78).

Deshalb fordert man vom Lehrer Zurückhaltung und Toleranz gegenüber den weltanschaulichen Überzeugungen der Eltern und Heranwachsenden. Das stellt eine Einschränkung des Rechtes des Lehrers auf die Entfaltung seiner eigenen Persönlichkeit dar. Diese Einschränkung muss er dulden; sie verbietet sich auch nicht mit Hinweis auf die pädagogische Freiheit des Lehrers. Die wichtigere Frage ist aber, ob man auf diesem Weg den Unterricht nicht fruchtlos macht. Moralische Entscheidungen gewinnen ihre besondere Qualität erst durch die persönlichen Überzeugungen, die hinter ihnen stehen. Schülerinnen und Schüler sind auch sehr geneigt, nach den Überzeugungen des Lehrers zu fragen und eine Antwort auf solche Fragen zu verlangen. Und wenn es im Kern des Ethikunterrichtes darum geht, dass der Schüler Werturteilsfähigkeit erlangt, dann kann man das nur schlecht in einem Unterricht erreichen, in dem vom Lehrer keine Werturteile gefällt werden dürfen und in dem nicht gesagt werden darf, auf welchen Grundlagen sie beruhen. Ein Unterricht, der nur in einer kritischen Analyse solcher Grundlagen bestünde, könnte in den Ohren der Schüler zu einer staatlichen Option für den Nihilismus werden. Verdrängt man aber die so genannten Sinnfragen, um solchen Problemen zu entgehen, so entfalten womöglich recht zweifelhafte ethische Grundsätze eine unbefragte Herrschaft in den Vorstellungen der Schüler. Es könnten dann z. B. Utilitarismus und Angst vor Nachteilen die geheime Antwort auf die Frage werden, warum man denn moralisch handeln sollte.

Vor einem ähnlichen Dilemma steht der Lehrer, wenn es an die Konkretisierung der im allgemeinen Konsens stehenden Werte geht. Einerseits wird ein Unterricht, der auf einer abstrakten Ebene verbleibt, wenig wirksam für die moralische Erziehung sein. Andererseits greift eine Konkretisierung sehr leicht in das Selbstbestimmungsrecht des Schülers und in das gleichrangige Erziehungsrecht der Eltern ein. Und wenn man sich auf eine Erörterung der Gründe für und gegen jede konkrete sittliche Entscheidung beschränkt, so kann dies in den Ohren der Schüler zur staatlichen Option für den Relativismus aller Wertentscheidungen werden und auf diese Weise die Grenzen staatlicher Einflussrechte überschreiten.

Besondere Probleme wirft auch die Frage auf, ob der Lehrer in der staatlichen Schule auf eine bloß verstandesmäßige Auseinandersetzung mit sittlichen Fragen dringt oder ob er auch auf emotionale Bindungen des Schülers an das von ihm als sittlich richtig Erkannte bedacht ist. Einerseits eröffnen sich dann Möglichkeiten der Manipulation, die nicht erlaubt sind, andererseits erliegt man sonst dem Irrtum, dass richtige Einsicht auch zu richtigem Handeln führt, welches letztlich das Ziel moralischer Erziehung sein sollte. Wieweit die Ebene des Handelns überhaupt in die Schule gehört, ist eine unter vielen Aspekten zu diskutierende Frage (vgl. Wittenbruch 1994). Soweit es aber ein dem Schüler sittlich zurechenbares Handeln sein soll, muss es seiner eigenen Entscheidung entstammen. Wie dies im institutionellen und kollektiven Rahmen der Schule möglich sein kann, ist ein Problem. Es kann jedenfalls nicht dadurch gelöst werden, dass die Entscheidung eines Lehrers an die Stelle der Entscheidung seiner Schüler tritt. Zurückhaltung ist daher geboten bei der Organisation gemeinsamer Handlungen in der staatlichen Schule und dienten sie auch einem noch so guten Zweck. Das gilt auch dann, wenn dieses Handeln eine Übung mit dem Ziel der sittlichen Erziehung sein soll.

Eine Konsequenz, die man angesichts dieser Problematik häufig zieht, ist die, dass man dem Lehrer die Darlegung seiner eigenen weltanschaulichen oder religiösen Überzeugungen und das Ziehen konkreter Folgerungen aus ihnen bis hinein in die Handlungsebene nicht nur erlaubt, sondern sie als geradezu notwendig für das Ziel des Ethikunterrichtes erklärt, jedoch zusätzlich verlangt, dass solche Überzeugungen und Folgerungen eindeutig als persönliche und nicht jedermann bindende Einstellungen und Handlungen zu kennzeichnen sind. Restlos überzeugt diese Position auch nicht. Nicht so sehr, weil der Lehrer als Beamter seine Thesen mit staatlicher Autorität ausstattet. Man darf von einem demokratischen Potenzial in unserer Gesellschaft ausgehen, das Schülerinnen, Schüler und Eltern gegen eine Überwältigung durch Anordnung weithin immun sein lässt. Wer aber unterrichtet hat, weiß, dass leicht folgendes eintreten kann: Der Schüler oder die Schülerin nehmen die glaubwürdig geübte Zurückhaltung des Lehrers gegenüber seinen eigenen Überzeugungen und Konkretisierungen als zusätzliches Argument dafür, dass es sich wohl um die „richtigen" Überzeugungen und Konkretisierungen handelt. Die für die freie Entfaltung der Persönlichkeit des Schülers wie für die bildende Kraft des Unterrichtes an sich notwendigen Auseinandersetzungen mit den sachlichen Gründen für das Vorgetragene und das Inbezugsetzen zu den eigenen weltanschaulichen oder religiösen Überzeugungen wird durch die Sympathie mit dem Lehrer ersetzt.

Mit anderen Worten: Eine einfache und glatte Lösung für die ständige Balance zwischen Recht und Grenzen staatlicher Einflussnahme auf den Ethikunterricht der öffentlichen Schule, für seine Neutralität gegenüber weltanschaulichen oder religiösen Überzeugungen, für den Ausgleich von staatlichen Rechten mit denen der Schüler und der Eltern und bei alledem für eine sachgemäße moralische Erziehung, um derentwillen man Ethikunterricht hat, sehen wir nicht. Dass die Mütter und Väter des Grundgesetzes mit dem bekenntnisgebundenen Religionsunterricht und mit der Schule in freier Trägerschaft eine gewisse Elastizität in das Problem gebracht haben, geschah nicht ohne Grund.

Literatur

Arndt, Adolf: Aufgaben und Grenzen der Staatsgewalt im Bereich der Schulbildung. In: Forster, Karl: Schule und Staat. Studien und Berichte der Katholischen Akademie in Bayern. München 1959, 51–90.

Evers, Hans-Ulrich: Die Befugnis des Staates zur Festlegung von Erziehungszielen in der pluralistischen Gesellschaft. Soziale Ordnung 1. Berlin 1979.

Hennecke, Frank: Staat und Unterricht Die Festlegung didaktischer Inhalte durch den Staat im öffentlichen Schulwesen. Schriften zum Öffentlichen Recht 179. Berlin 1972.

Hanschmidt, Alwin: 1773 bis 1815 – Vom Jesuitengymnasium zum preußischen Gymnasium. In: Lassalle, Günter (Hg.): 1200 Jahre Paulinum in Münster 797–1997. Münster 1997, 43–98.

Hentig, Hartmut von: Ach, die Werte! Ein öffentliches Bewusstsein von zwiespältigen Aufgaben. Über eine Erziehung für das 21. Jahrhundert. München 1999.

Honneth, Axel: Einleitung. In: Ders. (Hg.): Kommunitarismus. Eine Debatte über die moralischen Grundlagen moderner Gesellschaften. ³Frankfurt/Main u. a. 1995, 7–17.

Huntington, Samuel P.: Kampf der Kulturen. Die Neugestaltung der Weltpolitik im 21. Jahrhundert. München – Wien 1997.

Isensee, Josef: Verfassung als Erziehungsprogramm. In: Brüggemann, W. (Hg.): Wertebezogene Erziehung. Auf der Suche nach pädagogischer Erneuerung. Josef-Hermann-Dufhues-Stiftung 1983. Wieder abgedruckt in Regenbrecht, Aloysius (Hg.): Bildungstheorie und Schulstruktur. Münstersche Gespräche zu Themen der wissenschaftlichen Pädagogik 3. Münster 1986, 190–207.

Loch, Werner: Das Vaterbild im Lebenslauf: Möglichkeiten einer Rolle. Schwierigkeiten eines Seins. In: Dikow, Joachim: Die Bedeutung biographischer Forschung für den Erzieher. Münstersche Gespräche zu Themen der wissenschaftlichen Pädagogik 5. Münster 1988, 32–52.

Prange, Klaus: Die Sinnfrage im Unterricht. In: Jendrowiak, Hans-Werner (Hg.): Humane Schule in Theorie und Praxis. Frankfurt am Main u. a. 1998, 72–93.

Wittenbruch, Wilhelm (Hg.): Schule – gestalteter Lebensraum. Pädagogische Reflexionen und Orientierungen. Münstersche Gespräche zu Themen der wissenschaftlichen Pädagogik 11. Münster 1994.

Diskussion zu den Vorträgen von Gottfried Leder und Joachim Dikow

(Moderation: Volker Ladenthin)

Ladenthin:

In den beiden Referaten von Herrn Leder und Herrn Dikow hatten wir auf der einen Seite die Position, die die Rechtlichkeit des Ethikunterrichts noch einmal begründet. Auf der anderen Seite hatten wir eine Fülle kritischer Fragen, die ins Detail gingen und die Fragwürdigkeit und Problematik eines solchen Unterrichts von internen Problemen her angeht.

Hilgenheger:

Ich möchte zu Herrn Dikow eine Ergänzung nennen. Von ihm wurden sehr viele Gründe dafür genannt, dass der Staat ein Interesse daran haben könnte, so etwas einzuführen wie einen Ethikunterricht. Die Art, wie die Gründe zusammengestellt wurden, regt dazu an, weitere Gründe zu suchen. Man könnte z. B. auf die zunehmende Komplexität des gesellschaftlichen Lebens verweisen, etwa im Zusammenhang der Entwicklung von Wissenschaft und Technik. Früher war viel durch natürliche Notwendigkeiten geregelt. Vieles konnte man nicht, heute ist vieles geworden. Familienmoral und Stammtischmoral reichen nicht mehr aus, um mit diesen Möglichkeiten umzugehen.

Ein anderer Gesichtspunkt: Es ist über die Grundrechte gesprochen worden und über die Menschenwürde. In unserer Verfassung gibt es aber noch weitere Vorgaben. So scheint für das Funktionieren einer Demokratie die Anerkenntnis gewisser moralischer Regeln erforderlich zu sein.

Auf einen anderen Bereich wurde schon verwiesen, nämlich auf die Problematik des Umgangs mit der Natur. Es handelt sich hier um einen komplexen Bereich, der früher in seiner Komplexität nicht im Blick gewesen ist. Auch hier bedarf es einer gezielten Unterweisung. Wenn die Schule dies nicht leistet, müssten andere Kreise geschaffen werden, die sich dieser Aufgabe annehmen.

Lange:

Ich habe die Frage an Herrn Leder, wie in seine Argumentationskette die Situation des Landes Berlin, also des ehemaligen Westberlin und des ehemaligen Ostberlin hineinpasst und die Tatsache, dass im neuen Bundesland Berlin ein Religionsunterricht nach Art. 7 Abs. 3 des Grundgesetzes ebenfalls wie in Brandenburg bis heute nicht eingerichtet worden ist.

Dikow:

Was Herrn Hilgenhegers Hinweis angeht, dass noch weitere Probleme in einem Unterrichtsfach Ethik zu behandeln seien, so ist dem zuzustimmen. Man wird allerdings kaum den Kreis aller zu behandelnen Themen abschließend bestimmen können. Die Struktur der Argumentation, wo Recht und Grenzen einer staatlichen Einflussnahme bei jedem der noch zu ergänzenden Themen liegen, wird jedoch immer sehr ähnlich sein: Der Staat kann und sollte weitere Themen zum Gegenstand des Ethikunterrichts machen. Was er nicht kann, ist vorzugeben, welche Lösungen für die angesprochenen Probleme zu wählen sind. Wenn zum Beispiel die Komplexität des Lebens ein ethisches Problem ist, so kann diesem Problem nicht dadurch abgeholfen werden, dass der Staat eine neue Einfachheit an die Stelle der Komplexität setzt. Das ist dem Staat weder zumutbar noch erlaubt.

Auch ich halte die Anerkennung gewisser moralischer Regeln für erforderlich. Dass wir uns vor dem Chaos, vor Mord und Totschlag bewahren müssen, lässt sich im staatlichen Unterricht gut mit dem Argument vertreten, dass wir sonst nicht überleben könnten. Doch ist das kein hinreichendes Argument, wenn ich vor der Frage stehe, warum ich mich um das Überleben anderer wie meiner selbst überhaupt kümmern soll. Es hat immer Menschen gegeben – ich denke jetzt beispielsweise an Robbespiere oder Napoleon –, die aus unterschiedlichen Motiven für sich in Anspruch nahmen, sich um das Überleben anderer nicht kümmern zu müssen. Die Frage, warum ich moralisch handeln soll, bleibt mithin auch dann bestehen, wenn ich mich auf den ersten Blick damit zufrieden geben kann, dass wir gemeinsam überleben wollen.

Leder:

Zur Frage von Herrn Lange: Es ist nicht ganz leicht, die richtige Strategie für die Antwort finden, weil sie entweder sehr kurz ausfallen kann und dann vielleicht nicht befriedigt oder aber allzu lang. Ich versuche das erste. Zunächst: Das Problem liegt in den Sprachgewohnheiten begründet. Artikel 141 GG wird immer als „Bremer Klausel" bezeichnet. Das hängt damit zusammen, dass der vorhin kurz erwähnte Artikel 30 der Bremischen Verfassung von 1947 der eigentliche Auslöser für diese Formulierung war. Westberlin hat dagegen bei der Gründung der Bundesrepublik einen besonderen Status gehabt. Bei der Bezeichnung des Artikels 141 GG als „Bremer Klausel" wird immer übersehen, dass der gleiche Zustand – nämlich dass Religionsunterricht nicht „ordentliches Lehrfach" ist – auch in Westberlin bestand und weiter besteht. Als nach der Wende und der Wiederherstellung der staatlichen Einheit am 3. Oktober 1990 Ostberlin – das ja bis dahin nicht so geheißen hatte – in eine bundeslandstaatliche Einheit mit Westberlin gebracht wurde, hat sich die für Westberlin geltende Ausnahmewirkung des Art. 141 GG auf das jetzt vereinigte gesamte Berlin übertragen. Das ist der eigentliche Zusammenhang, lässt man einmal alle Finessen beiseite, die verfassungsrechtlich damit noch zusammenhängen. Der angesprochene Sachverhalt ist also völlig zutreffend geschildert. Zugleich ändert sich deshalb – angesichts des differenzierten Umgangs mit dem Problem in Berlin – in meinen Augen nichts an der Gesamtbeurteilung der verfassungsrechtlichen Lage im Land Brandenburg, wie ich sie vorgetragen habe. (Dass ich dabei nur *meine* Meinung vortrage, habe ich klargestellt. Ich folge dabei freilich der Auffassung der großen Mehrheit der deutschen Staatsrechtslehrer.)

Oser:

Herr Leder hat mich direkt angesprochen, weil ich die Landesregierung in Brandenburg hinsichtlich L-E-R mitberate und in dieser Beratung eigentlich das Gegenteil von dem gemacht habe, was jetzt gefordert wird. Deswegen fühle ich mich herausgefordert, das zu legitimieren. Vielleicht gehören wir der gleichen Glaubensgemeinschaft an, vielleicht haben wir sogar denselben Glauben, aus dem heraus wir aber zu unterschiedlichen Schlüssen kommen. Ich möchte deshalb dartun, warum ich L-E-R unterstütze. Ich kenne die Gutachten und Gegengutachten, die fünf Klagen; ich habe aber nicht das Instrument, rechtlich genügend zu würdigen, was gefordert ist, weil ich kein Rechtswissenschaftler bin.

Ich möchte jetzt drei Gründe nennen, warum ich L-E-R für sinnvoll erachte. Der erste Grund ist folgender:

Für den Ethikunterricht gilt ähnliches wie für den Religionsunterricht. Es gibt zwei Formen: Die eine bezieht sich in ihrer Grundlage auf eine Theologie, eine Offenbarung, die andere auf die Religionswissenschaft. Bei der ersten hat ein Religionsunterricht die Aufgabe, einen jungen Menschen in den Glauben der Kirche hineinzusozialisieren, eine sehr intensive Aufgabe. Eine wesentliche Grundlage hiervon ist, wie ich andeutete, die Theologie; eine weitere wäre die kirchliche Offenbarung. Bei der zweiten Form liegt die Basis ganz woanders, nämlich in *religionswissenschaftlichen* Feldern, wie in der Religionssoziologie, der Religionspsychologie u. a.; diese sind im Augenblick erst im Entstehen. Während die Theologie nach der religiösen Wahrheit fragt, geht es der Religionswissenschaft um etwas anderes; sie fragt nach den religiösen Phänomenen, bei hohem Respekt. Ein Theologe z. B. sagt: „Gott ist mit den Menschen." Ein Religionswissenschaftler sagt: „Es gibt diese und jene Glaubensgruppen, die sagen, Gott sei mit den Menschen." Dies ist ein bedeutungsvoller Unterschied. Der eine fordert den Menschen in eine Entscheidung, der andere beschreibt. Der erstere will in diesem Sinne verkünden. Der zweite will verstehen. Beides hat seine Berechtigung. In einer staatlichen Schule nun besinnt sich das „R" in L-E-R auf die zweite Form; es ist zwar verwurzelt in einer religiösen Mutterstruktur, die für alle Menschen gilt, auch für die Atheisten, die diese negativ auslegen. Aber der Unterricht schafft eine positive Haltung.

Als zweites: Wenn unter diesem Gesichtspunkt festgestellt wird, dass es in Brandenburg zwischen 0,5 und 3 Prozent Katholiken in den Schulen gibt und vielleicht 5–10 Prozent Protestanten, von denen sich noch viele vom Religionsunterricht abmelden werden, finde ich es schade, wenn wir das „R" in L-E-R streichen, indem wir es kirchlich einschränken. Dann haben diese jungen Menschen keine Chance, das Sprachspiel der Religion überhaupt je einmal zu lernen oder wenigstens damit konfrontiert zu sein und so den Respekt vor den Religionen zu entwickeln.

Als drittes wäre zu vermerken: Besonders junge Menschen in großen Städten wie Zürich, Berlin und Wien u. a. erleben diegroße Gefahr der stillen Beeinflussung durch die Psychosekten; junge Menschen fallen ihnen einfach anheim. Sie haben ja nicht gelernt, ein kritisches Verhältnis zu dieser Möglichkeit zu entwickeln, was sich L-E-R gerade in einem aufklärenden Sinne zur Aufgabe machen möchte. – Es gibt also verschiedene Gründe, die dafür sprechen, mindestens zu bedenken, dass im allgemeinen Sinne eines staatlichen Unterrichts „R" in L-E-R als wichtiger Zielkomplex unterstützt werden sollte. Ein letzter Gedanke, der mich persönlich betrifft: Ich habe viele Religionslehrer in der Schweiz mit ausgebildet, meistens unter dem Gesichtspunkt der Katechese. Aber ich habe auch gesehen, dass diese Katechese an vielen Orten genauso herabgewirtschaftet ist wie der Religionsunterricht. Es kommt vor, dass dieser Unterricht Sexualunterricht oder Gelegenheitsunterricht geworden ist. Mit L-E-R nun haben wir wiederum eine echte Chance, etwas Neues entstehen zu lassen, dies, weil wir diesen Unterricht in allen drei Bereichen auch von der Universität als Lehrerbildungsforum her mitgestalten können, vom Curriculum her, von der Grundlage her, von der Sache her. Von daher plädiere ich mit Überzeugung für „R" in L-E-R.

Pöppel:

Ich möchte Herrn Oser antworten und zwei Anmerkungen machen. Erstens: Wenn ich Herrn Oser richtig verstanden habe, dann hat er den Religionsunterricht konfessioneller Prägung so definiert, dass er die Aufgabe habe, die Schülerinnen und Schüler in ein ganz bestimmtes, von der Theologie her festgelegtes Wert- und Normensystem einzuführen und hineinzusozialisieren. Wenn dies das Verständnis des Religionsunterrichtes ist, dann geht das an meinem Verständnis des Pädagogischen gründlich vorbei. Dies bezieht sich auf alle Fächer. Der Religionsunterricht hat wie jedes andere Fach die Aufgabe, die Dinge der Welt, des Menschen, der Natur, der Übernatur aus einer ganz bestimmten Perspektive, z. B. der physikalischen oder geschichtlichen zu sehen. Diese Perspektive heißt im Religionsunterricht, man solle die Welt aus der Perspektive des Glaubens sehen lernen, d. h., man soll sie kritisch sehen lernen. Dies ist alles andere als Sozialisation. Sozialisation will nämlich Einführung und Einfügung in ein bestimmtes Normensystem. Dies verträgt sich nicht mit einer pädagogischen Auffassung vom Religionsunterricht. Zweitens: Ich glaube, wie Herr Oser den Religionsunterricht in der Schweiz beschrieben hat, kann man ihn nicht mehr mit dem Religionsunterricht in der Bundesrepublik vergleichen; der ist darüber schon weit hinaus.

Schilmöller:

Meine Argumentation geht in die gleiche Richtung wie die von Herrn Pöppel. Wenn der Religionsunterricht so wäre, wie Herr Oser ihn beschrieben hat, er die Schüler also in die Glaubensgemeinschaft „hineinsozialisieren" würde, dann hätte er in einer Schule, die sich dem Bildungsanspruch unterstellt, keinen Platz. Der Religionsunterricht muss ergebnisoffen sein. Wenn man sich die Curricula für den Religionsunterricht in unserem Land ansieht, wird man feststellen, dass er sich so versteht. Wohl hat er eine bestimmte Intention wie jeder erziehende Unterricht. Für den Religionsunterricht gilt aber das Überwältigungsverbot in gleicher Weise wie für jedes andere Unterrichtsfach auch.

Herr Oser hat zwei mögliche Sprechweisen über Religion unterschieden, ein theologisches und ein religionswissenschaftliches Sprechen. Das eine sei ein Sprechen mit Geltungsanspruch und das andere ein informierendes Sprechen. Beiden Sprechweisen wurde ein Recht zuerkannt. Die Frage, die sich im Hinblick auf den Ethikunterricht und auf L-E-R stellt, ist aber doch die, ob man mit einem bloß informierenden Sprechen das Gleiche erzielen kann wie mit einem Sprechen mit Geltungsanspruch. Muss ich, wenn ich Schüler überzeugen will, nicht notwendig immer einen Geltungsanspruch erheben? Könnte man seinen Schülern auch im Mathematikunterricht sagen, dass nur von jemandem behauptet wird, die Ergebnisse seien so richtig, ohne dazu selbst Stellung zu nehmen? Wenn etwas ohne expliziten Wahrheits- oder Geltungsanspruch vermittelt wird, können die Schüler dann einsehen, warum sie es lernen, warum sie es übernehmen sollen? Gilt das nicht auch für den Religionsunterricht und ist das nicht ein Einwand gegen L-E-R?

Regenbrecht:

Herr Oser hat in wünschenswerter Klarheit und Deutlichkeit darauf hingewiesen, dass die Religionskunde ihre Bezugswissenschaft in der Religionswissenschaft hat und der Religionsunterricht in der Theologie. Zu dieser Feststellung gibt es keinen Widerspruch. Auch bestreite ich nicht die Notwendigkeit und den Sinn einer Religionskunde in einem Ethikunterricht. Im Gegenteil, ich habe in meinem einführenden Vortrag gesagt, wir sollten nicht im Ethikunterricht nur von Platon, Aristoteles, Seneca oder Kant sprechen, sondern auch von Abraham, Jesus, Mohammed und Buddha. Wenn das *R* in L-E-R in diesem Sinne als Religionskunde gemeint ist, dann brauchen wir darüber nicht zu streiten. Mit dieser berechtigten Unterscheidung stellt sich dann aber doch die Frage, wie weit eine Religionskunde den Religionsunterricht ersetzen kann. Ersetzen nicht nur in dem, was Religion mehr ist als eine normative Ethik – dass sich Religion nicht in der Begründung ethischer Normen erschöpft, das scheint mir nicht strittig zu sein –, sondern ersetzen in dem, was Religion für die moralische Erziehung der Schüler zu leisten vermag. Deshalb muss man doch noch einmal genauer danach fragen, worin denn der Unterschied zwischen Religionskunde und Religionsunterricht hinsichtlich der Begründung des Geltungsanspruchs ethischer Normen liegt.

Leder:

Ich bin vorhin im ersten Augenblick ein wenig betroffen gewesen und frage mich ratlos, was Herr Kollege Oser in meinem Referat als Angriff auf sich oder als Kritik an seinem Handeln und seiner Beratungtätigkeit in Sachen L-E-R aufgefasst haben könnte. Eine kleine, vielleicht in Frage kommende Formulierung kann ich im Augenblick in meinem Manuskript nicht wiederfinden. Aber ich werde sie Herrn Oser, heute Abend noch zur Klärung und mit der Bitte um Friedensschluss zeigen. Diesen leite ich aber jetzt hier schon ein.

Was Herr Regenbrecht zum Schluss gesagt hat, ist für mich ganz wichtig und zugleich offensichtlich. In der ganzen Debatte herrscht eine Art von gedanklicher Asymmetrie. Sie wird dadurch hervorgerufen, dass vieles von der Kritik an L-E-R – ich lasse hier jetzt bewusst offen, ob diese Kritik zu Recht besteht oder nicht – vermengt und von manchen zu Unrecht geradezu identifiziert worden ist mit der

236

ganz anderen Frage, ob die Einrichtung von L-E-R das Bundesland Brandenburg von der Pflicht befreit, Religionsunterricht als ordentliches Lehrfach einzuführen. Diese beiden Probleme sind ganz eindeutig nicht identisch und ich habe auch versucht, sie auseinanderzuhalten.

Aber wenn ich den Auftrag habe, hier die *verfassungsrechtliche* Lage zu erörtern, kann ich nicht umhin zu sagen, dass nach meiner Einschätzung – und auch nach dem, was von Herrn Oser eben hier bestätigt wurde – das Unterrichtsfach L-E-R nicht das ist, was Art. 7 Abs. 3 GG verbindlich für alle Bundesländer vorschreibt, sofern sich diese nicht erfolgreich auf die Ausnahmeregelung des Art. 141 GG berufen können. Eben das aber ist ja für Brandenburg bekanntlich durch die in Karlsruhe anhängigen Verfahren bestritten.

Das Unterrichtsfach L-E-R ist kein Religionsunterricht. R ist ein Kürzel für von Religionswissenschaft unterfütterter Religionskunde. Das ist ein Bericht über unterschiedliche Religionen, und weil es sich insgesamt bei L-E-R um einen Unterricht handelt, in dem das E in der Mitte steht, darf es in diesem Unterricht keine Identifikation mit einer bestimmten religiösen oder areligiösen oder weltanschaulichen Tradition geben. Genau das Entgegengesetzte gilt aber für den in unserer Verfassung verpflichtend vorgesehenen Religionsunterricht. In ihm gibt es mindestens das Recht und eigentlich sogar die Pflicht, sich solcherart mit einer bestimmten Religion zu identifizieren. Und als Grenze für das, was er dabei zu sagen hat, gibt es von staatlicher Seite her nur die Grundsätze der Verfassung.

Ich denke also, dass wir da gar nicht weit auseinander sein müssen, wenn es uns gelingt auseinanderzuhalten, dass es sich hier um zwei nicht völlig berührungslose, aber deutlich zu unterscheidende Problemstellungen handelt. Daher ist die Vermutung, ich hätte die Beratertätigkeit dort in irgendeiner Weise kritisieren wollen, durchaus unbegründet. Dies war weder meine Absicht, noch kann eine solche Kritik aus meinem Referat herausgelesen werden.

Oser:

Ich bin dankbar für diese Klärung; sie hat mir geholfen. Ich möchte aber hinzufügen, dass für mich religiöse Sozialisation nichts Negatives ist. Im Gegenteil, die Kirchen haben das Recht, diese Sozialisation vorzunehmen. Sie haben das Recht, einen sozialisierenden Religionsunterricht gesetzlich zu vertreten. Sozialisation muss insgesamt nicht negativ sein. Der Mensch kann auch durch Sozialisation in eine Kultur hinein frei werden, er kann z. B. auf der Stufe 5 der religiösen Entwicklung stehen und zugleich ein Engagement im kirchlichen Dienst haben, dies alles ist möglich. Ich habe nur angedeutet, dass der Kern des Religionsunterrichts, der von Kirchen vertreten wird, etwas anderes ist als der Kern eines „R", wie es in L-E-R vertreten wird. Das muss etwas anderes sein. Wenn wir nun diese Unterscheidung vornehmen, wird es vielleicht möglich, das L-E-R ein obligatorisches Fach sein kann, und zwar, weil es genauso wie Ethik zu unserem Kulturbereich gehört. Ich habe die Ausführungen von Herrn Leder vielleicht missverstanden, weil angedeutet wurde, dass das Brandenburgische Konzept in Karlsruhe nicht durchkommen würde; das kommt ganz sicher durch.

Lange:

Ich möchte nur eine kurze Anmerkung machen, die ein zusätzliches Problem benennt; ich bedaure, dass wir das nicht diskutieren können. Ich möchte im Bezug auf den Religionsunterricht nicht von der Bildung her argumentieren und nicht von der Offenheit. Das habe ich inzwischen begriffen, dass der Religionsunterricht, wenigstens aus evangelischer Sicht, völlig anders ist, als die Leute in der ehemaligen DDR gemeint haben. Für mich gibt es ein ganz anderes Problem. Daher will ich das zuspitzen, was Herr Oser gesagt hat. Wenn dieser Religionsunterricht inhaltlich von den Kirchen verantwortet wird, dann gibt es für mich das theologische Problem, ob eine Kirche einen Unterricht verantworten kann, der so offen ist, wie – richtigerweise – als real vorhanden bezeichnet wurde. Das Problem ist, ob Kirche nicht von ihrem Selbstverständnis her im Grunde genommen als kerygmatische Einrichtung auf einer bestimmten Antwort bestehen muss und damit die Antwort und die Wahrheitsfrage nicht freigeben kann. Das ist das Problem, dass ich mit dem evangelischen Religionsunterricht habe.

Kurth:

Ich möchte direkt an das anschließen, was Herr Oser und Herr Lange gesagt haben, und dies aus der Praxis von 13 Jahren erteiltem Religionsunterricht, und nicht aus gedachtem und analysiertem Unterricht. Der Unterricht ist nicht so offen, wie wir es gerne hätten. Als Beleg dafür führe ich Herrn Dikow und Herrn Leder mit ihren Referaten an. Herr Leder hat darauf hingewiesen, dass der Religionsunterricht von zwei Seiten verantwortet wird, durch die staatliche Qualifikation und durch die kirchliche Beauftragung, gleich ob evangelisch oder katholisch. Herr Dikow hat darauf hingewiesen, dass das, was der Lehrer sagt, prägend für die Kinder durch eigene Bezugnahme im Beispiel ist.. Er hat dies im Kontext des Ethikunterrichts gesagt, dasselbe gilt aber für einen Lehrer, der Religionsunterricht erteilt. Und in dem Moment, wo ich in der Beauftragung der Kirche die Position vor den Kindern vertrete, wirke ich auf diese Kinder in bestimmter Weise prägend und damit in gewisser Weise sozialisierend. Dies ist keine Überrumpelung, es ist aber eine eindeutige Vorgabe, an der sich die Kinder orientieren. Eine solche Orientierung dürfen auch, wie Herr Lange sagte, die Kirchen zu Recht erwarten; Kinder sollten sich orientieren, denn genau aus diesem Grunde wird der Religionsunterricht erteilt; sonst müssten wir Religionskunde geben.

Schilmöller:

Bezogen auf die Situation in Brandenburg kann ich mir Gründe vorstellen, warum L-E-R dort unter den gegenwärtigen Bedingungen als die bessere Lösung betrachtet wird. Das ist nicht das Problem. Auch in katholischen Kreisen sind manche nicht strikt für die Einführung eines konfessionellen Religionsunterrichts anstelle von L-E-R, weil der Religionsunterricht in den neuen Bundesländern seinen festen Platz in den Kirchengemeinden hat und dort etabliert ist. Diese gewachsene Struktur würde dann zerstört. Und wenn man an den geringen Prozentsatz potentieller Teilnehmer eines schulischen Religionsunterrichts denkt, kann man sich fragen, was man mit seiner Einführung erreicht. So betrachtet, scheint es die bessere Lösung zu sein, wenn alle Schüler im Fach L-E-R über Religionen zumindest informiert werden. Man kann jedenfalls verstehen, dass manche zu diesem Urteil kommen.

Henke:

Ich bin Philosophielehrer und Religionspädagoge. Ich denke, man müsste vier Typen von Religionsunterricht unterscheiden. Das eine ist ein Sozialisationstyp, der in kirchlicher Verantwortung liegt. Das zweite ist der Religionsunterricht, von dem Lehrer fürchten, dass solche Sozialisationselemente in ihn hineinkommen, Lehrer, die sich von der Kirche überfahren fühlen und die sich dagegen wehren. Das dritte ist die Begegnung mit Religionen in einem religionskundlich ausgerichteten Religionsunterricht. Da ist das Urteilsvermögen der Schüler nicht gefragt, da es nur um eine Information über verschiedene Religionen geht, und damit sollen die Schüler dann glücklich werden. Ob das so ist, werden sie nicht gefragt. Das vierte ist dann für mich ein Unterricht in einem Fach Ethik oder Praktische Philosophie oder L-E-R, wo es darum geht, dass die Schülerinnen und Schüler zu eigenen Urteilen geführt werden, aber ohne dass sie einer an die Hand nimmt. Denn das ist die Situation im zweiten Typus, wo einer zeigt, was das Richtige ist, obwohl der Schüler dort auch widersprechen darf. Und man kann sehr wohl darüber sprechen, ob es nicht eine bessere Position ist, wenn man Widerspruch bekommt und sich reiben darf, als wenn alles offen gelassen wird. Ich selbst wäre eher für die dritte Form in diesen Typenmodellen.

Leder:

Zwei Bemerkungen möchte ich noch machen. Zunächst zu Herrn Oser: Ich halte es durchaus für denkbar, dass – wie formuliert wurde – L-E-R in Karlsruhe „durchkommt". Eine andere Frage ist aber, inwieweit das gegenwärtige Brandenburgische Schulgesetz sich als vereinbar erweisen wird mit der Entscheidung des Bundesverfassungsgerichts darüber, ob Artikel 141 GG nun für Brandenburg gilt oder nicht. Dann könnten wir vor der Situation stehen, dass einerseits ein Ethikunterricht, wie er in Brandenburg konzipiert ist, von der Verfassung nicht verboten ist, und andererseits mit seiner Einführung doch zugleich die verbindliche Verfassungspflicht aus Art. 7 Abs. 3 unerfüllt bleibt.

Noch eine Bemerkung ist mir wichtig, die doch sehr viel enger mit unserem Thema zusammenhängt, als mir zu Anfang deutlich geworden ist. Herr Regenbrecht hat vorhin noch einmal eine Formel gebraucht, über die wir beide schon früher diskutiert haben. In der Demokratie, so hat er gesagt, gehe es um Mehrheitsentscheidungen, in der Pädagogik dagegen gehe es um die selbstverantwortliche eigene Entscheidung. Es wäre ja vielleicht schön, wenn die Dinge so einfach lägen. Sie liegen aber nicht so einfach. Ich zitiere hier jetzt nur noch ein Wort des längst verstorbenen Abgeordneten und Kronjuristen der Sozialdemokratischen Partei im Deutschen Bundestag, Adolf Arndt. Er hat einmal gesagt – und darüber sollten wir vielleicht alle einmal mehr nachdenken: „Demokratie ist Abstimmung über das Abstimmbare." Ich füge hinzu: Dann ist Demokratie offenbar auch Nichtabstimmung über das Nicht-Abstimmbare. Zu fragen bleibt dann, was das Nicht-Abstimmbare ist und wer darüber entscheidet. Das Grundgesetz gibt darauf wichtige Teilantworten.

Reinhard Schilmöller

Religion im Ethikunterricht – Ethik im Religionsunterricht

Gliederung

1. Fragestellung und Vorgehen

2. Religion im Ethikunterricht
2.1 Begründungen für Religion als Gegenstand des Ethikunterrichts
2.2 Art und Ziel des Sprechens über Religion im Ethikunterricht
2.3 Religionswissenschaft als Bezugsdisziplin

3. Ethik und Religion
3.1 Ethik als sinngeleitete Theorie des guten und gerechten Handelns
3.1.1 Werte und Sinn
3.1.2 Handlungssinn und (religiöser) Lebenssinn
3.2 Religion als Option für Sinn
3.3 Ethik ohne Weltanschauung?
3.4 Religion als Triebkraft moralischen Handelns

4. Ethik im Religionsunterricht
4.1 Christliche Ethik als vernunftbestimmte Pflichtenethik
4.2 Christliche Ethik als sinngeleitete Strebensethik

5. Sinnfindung als Bildungsaufgabe
5.1 Sinnfindung im Ethikunterricht?
5.2 Geltungsanspruch und Positionalität

6. Fazit und Konsequenzen

1. Fragestellung und Vorgehen

Obschon fast alle Bundesländer seit geraumer Zeit schon ein der Werterziehung dienendes sogenanntes „Ersatzfach" für den Religionsunterricht (RU) eingerichtet haben und auch das Land NRW gegenwärtig unter der Bezeichnung „Praktische Philosophie" versuchsweise ein solches Fach einführt, ist die bildungspolitische Diskussion über diese Ersatzfachregelung nicht verstummt, weitet sich eher noch aus und nimmt in jüngster Zeit eine eigenartige Wendung. Erinnert sei daran, dass das Ausgangsproblem, das das „Ersatzfach" lösen soll, darin bestand und besteht, dass eine große Zahl von Schülern aus unterschiedlichen Gründen nicht am christlichen Religionsunterricht teilnimmt, die dort stattfindende Werterziehung sie also

241

nicht erreicht. Wollte man die besagte Schülergruppe nicht von der Werterziehung ausnehmen, musste man folglich für sie (und *nur* für sie) ein auf diese Aufgabe ausgerichtetes „Ersatzfach" einrichten, wie es inzwischen geschehen ist. Die Zielsetzung und Konzeption des neuen Faches bestimmende Erwartung orientierte sich dieser Ausgangslage entsprechend an dem Fach, das es zu ersetzen galt: am Religionsunterricht. Ablesbar ist dies etwa an den Formulierungen des als Beratungsgrundlage für den Landtag NRW konzipierten Ministerialentwurfs für ein „Curriculares Rahmenkonzept" des Faches „Praktische Philosophie" von 1997, das die Grundlage für die Entwicklung eines (sich gegenwärtig in der Erprobung befindlichen) „Kerncurriculums" bildete. Das neue Fach, so heißt es dort, solle „wie der Religionsunterricht … zur systematischen und zusammenhängenden Behandlung von Sinn- und Wertefragen beitragen" (1997, 1). Es müsse „als Äquivalent zum Religionsunterricht Vergleichbares in der Werterziehung leisten, aber in religions- und weltanschauungsneutraler Form" (ebd.). Bezogen auf den schulischen Bildungs- und Erziehungsprozess habe es, so weiter, „eine analoge Funktion im Sinne einer sittlich-moralischen Orientierung ohne Bezug zu einer Religion" (ebd.) zu übernehmen. Funktion und Leistung des Religionsunterrichts in der Werterziehung sind solchen Aussagen zufolge also der Maßstab, an dem sich das neue Fach messen lassen muss.

Diese Sichtweise hat sich in der Diskussion, wie sie gegenwärtig geführt wird, merkwürdig verkehrt. Gefragt wird nicht mehr, ob und inwieweit das Ersatzfach dem gerecht wird, was es ersetzen soll, sondern umgekehrt, ob das zu ersetzende Fach denn jenen Standards entspricht, die das neue Fach für sich reklamiert. Nicht der Ethikunterricht (EU), sondern der Religionsunterricht sieht sich kritischen Fragen ausgesetzt und muss sich (wieder einmal) legitimieren. Unübersehbar deutlich wird: Das neue Fach hat sich von seinem Status als „Ersatzfach" längst emanzipiert, ist zum Alternativfach avanciert und gibt nun seinerseits den Maßstab ab für Vergleiche. Solche Vergleiche werden in der gegenwärtigen Diskussion zunehmend angestellt und immer häufiger fallen sie zu Ungunsten des Religionsunterrichts aus. Zwar wird der Sinn des Religionsunterrichts nicht grundsätzlich in Frage gestellt, doch gilt vielen ein zugleich über Religionen informierender Ethikunterricht als die bessere und zeitgemäßere Alternative. Die Argumente, mit denen diese Auffassung begründet wird, zielen in zwei Richtungen: Einerseits wird vorgebracht, dass der Religionsunterricht seiner konfessionellen Ausrichtung wegen den gewandelten Anforderungen unserer Zeit nicht mehr gerecht werde, denn weder erreiche er alle Schüler, noch berücksichtige er die entstandene Multikulturalität, die eine Information über viele Religionen und den interreligiösen Dialog der Schüler unterschiedlicher Religionszugehörigkeit (und nicht ihre Separierung) erforderlich mache. Religionskunde im Rahmen des Ethikunterrichts sei deshalb dem konfessionellen Religionsunterricht vorzuziehen und ein erster Schritt hin auf einen interreligiösen Religionsunterricht, dem die Zukunft gehöre (vgl. Gloy 1997; Lott 1994; Otto 1997; Preuß-Lausitz 1996). Andererseits – und das stellt die zweite Argumentationsrichtung dar – werden Zweifel geäußert an der Art und Angemessenheit der Werterziehung im Religionsunterricht. Unterstellt wird nämlich, dass für den Religionsunterricht nicht die gleichen allgemeinen Wertsetzungen gelten wie für den Ethikunterricht, sondern spezielle, der Religion eigene Werte (vgl. SPD-Landtagsfraktion 1996, 41), dass für den Religionsunterricht also eine religiöse Sonderethik bestimmend sei und nicht eine auf Vernunft gegründete allgemeine Ethik. Entsprechend hält man den Religionsunterricht für wenig geeignet, eine dem Gedankengut der Aufklärung verpflichtete, von Rationalität, Toleranz, Offenheit und Unvoreingenommenheit bestimmte moralische Erziehung zu leisten, fordert einen philosophisch ausgerichteten Ethikunterricht für alle neben dem Religionsunterricht und stellt damit in Frage, was Grundlage und Voraussetzung war für die Ersatzfachregelung. Religionsunterricht und Philosophie- oder Ethikunterricht, so Hartmut von Hentig in seinem kürzlich erschienenen Buch „Ach, die Werte!", könnten nicht „eines für das andere eintreten" (1999, 139). Ein der „Vergewisserung des Bekenntnisses (confessio)" dienender Religionsunterricht könne „gerade nicht die Funktion erfüllen, die der allgemeine Philosophieunterricht erfüllen soll: die Öffnung der Weltsicht, das sokratische Infragestellen absoluter Wahrheiten, die Prüfung des Denkens durch das Denken, den voraussetzungslosen Vergleich der Antworten" (ebd.). Zu fordern sei deshalb ein Philosophieunterricht für alle Schüler neben dem (freiwilligen) Religionsunterricht, dem von Hentig die Besinnung auf seine eigentlichen Aufgaben und die Befreiung und „Entmischung" von Fragen der Moral anempfiehlt (vgl. 136).

Mit den beiden genannten Vorbehalten, die – spitzt man sie plakativ zu – letztlich ja besagen, dass der (allerdings verfassungsrechtlich gesicherte) Religionsunterricht als eigenes Fach weder des Sprechens über Religion, noch der Werterziehung wegen vonnöten sei, weil der Ethikunterricht beides besser und angemessener leisten könne, setzt sich der vorliegende Beitrag auseinander. Dabei wird wie folgt vorgegangen:

● Ein erster Teil fragt unter Rückgriff auf vorliegende Konzepte zum Ethikunterricht (und dabei insbesondere das von NRW) nach der Begründung, nach der Art und dem Ziel des Sprechens über Religion in diesem Fach und verdeutlicht Unterschiede zum Religionsunterricht.

● Ein zweiter Teil nimmt dann die Frage nach dem Verhältnis und Zusammenhang von Ethik und Religion als systematisches Problem auf, versucht Funktion und Bedeutung der Religion für die Ethik zu klären und von daher Ansprüche an die Ethik zu formulieren.

● Ein dritter Teil kennzeichnet die Eigenart christlicher Ethik und versucht von den formulierten Ansprüchen her zu belegen, dass der Religionsunterricht keine defizitäre, sondern eine „vollständigere" ethische Erziehung als der Ethikunterricht bietet.

● Ein vierter Teil schließlich dient dem Nachweis, daß der Ethikunterricht zu Erreichung seiner Ziele auf den Religionsunterricht verwiesen bleibt und von ihm abhängig ist, so daß sich als Fazit ergibt, daß der Ethikunterricht den Religionsunterricht nur unvollständig zu ersetzen vermag und es daher keine vernünftigen Gründe für die Forderung nach einem Ethikunterricht für alle Schüler neben dem Religionsunterricht gibt.

2. Religion im Ethikunterricht

Religionen und Weltanschauungen, das zeigt ein Blick in die entsprechenden Lehrpläne, sind in allen Bundesländern Gegenstand nicht nur des Religionsunterrichts, sondern – in unterschiedlicher Gewichtung – auch des Ethikunterrichts. Soll das keine zufällige oder willkürliche Entscheidung sein, muss sie begründet werden können. Geben die vorliegenden Konzeptionen zum Ethikunterricht eine solche Begründung und worin besteht sie? Das brandenburgische LER-Konzept und das Programm des Fachs „Praktische Philosophie" sollen daraufhin befragt werden.

2.1 Begründungen für Religion als Gegenstand des Ethikunterrichts

In Brandenburg verweist schon die Bezeichnung des neuen Fachs auf seine zentralen Gegenstände. In der Versuchsphase unter Beteiligung der evangelischen Kirche war „Religion", jetzt ist „Religionskunde" namensgebender Bestandteil. Die Begründung, die für diese Schwerpunktsetzung gegeben wird, lässt sich als „kompensatorisch" kennzeichnen. Die Notwendigkeit einer Beschäftigung mit Religion wird in den Unterrichtsvorgaben für dieses Fach nämlich damit begründet, „dass im Land Brandenburg angesichts des gesellschaftlichen Wandels bei den Heranwachsenden ... erhebliche Defizite in der Kenntnis unterschiedlicher Weltsichten, Kulturen und Religionen bestanden" (9). Diese Defizite soll das neue Fach beheben und damit eine Aufgabe übernehmen, die üblicherweise der konfessionelle Religionsunterricht erfüllt, in diesem neuen Bundesland aber nicht erfüllen kann, weil er die Schüler „angesichts einer großen Konfessionslosigkeit brandenburgischer Jugendlicher" (ebd.), wie es heißt, nicht erreicht. LER ist deshalb als Pflichtfach für *alle* Schüler konzipiert und dient ausdrücklich nicht nur der Werterziehung, sondern auch der Begegnung mit Religionen und Weltanschauungen. Die Entscheidung für den Pflichtcharakter von LER impliziert eine andere: die nämlich, dass im Fach LER anders über Religion zu sprechen ist als im konfessionellen Religionsunterricht, in einer Weise also, die man in der Regel als „religionskundlich" kennzeichnet. Die programmatische Veränderung des Begriffs „Religion" in „Religionskunde" in der Bezeichnung des Faches, die nach Beendigung des Modellversuchs erfolgte, weist nachdrücklich auf diese Modifikation hin. Sie ist der grundgesetzlich garantierten Religionsfreiheit wegen erforderlich, die es nicht erlaubt, Religionsunterricht für alle verbindlich vorzuschreiben, wohl aber einen religionskundlichen Unterricht. Welche Konsequenzen eine solche religionskundliche Ausrichtung für die Zielsetzung des Faches hat, was es zu kompensieren vermag und was nicht, wird später noch zu fragen sein.

Die skizzierte kompensatorische Begründung für Religion als Gegenstand des Faches LER ist aus der besonderen Situation des neuen Bundeslandes heraus verständlich. Sie geht davon aus, dass Religion ein wichtiger und unverzichtbarer Bestandteil schulischer Bildung ist, führt dafür allerdings inhaltliche Gründe nicht an. Ein inhaltlicher Zusammenhang mit der im Fach angestrebten Werterziehung wird explizit nicht hergestellt. Insofern könnte die kompensatorische Behandlung religiöser bzw. religionskundlicher Fragen im Prinzip auch einem anderen Fach (Geschichte o. a.) überantwortet werden.

Anders als im LER-Konzept begründet wird die Beschäftigung mit Religion im Fach „Praktische Philosophie". Den schon zitierten programmatischen Aussagen zufolge will das Fach der Werterziehung dienen und in *dieser Hinsicht* Vergleichbares wie der Religionsunterricht leisten, allerdings ausdrücklich und nachdrücklich „ohne Bezug zu einer Religion". Umso erstaunlicher ist es dann, dass Religion trotzdem und in nicht unerheblichem Umfang zum Gegenstand des Unterrichts gemacht wird. Von den drei Inhaltsbereichen, die das einfach strukturierte „Curriculare Rahmenkonzept" den ausgewiesenen Zielen und Aufgaben des Faches zuordnet, gilt einer der Begegnung mit Religionen, Weltanschauungen und Kulturen. Auch das wesentlich komplexer angelegte „Kerncurriculum", das das Rahmenkonzept ausgestaltet und konkretisiert, weist unter der Bezeichnung „ideengeschichtliche Perspektive" entsprechende Inhalte aus, wenn auch in deutlich geringerem Umfang. Für diese Inhaltsentscheidung lassen sich zwei unterschiedlich akzentuierte Begründungen finden, die sich beide auf den Zusammenhang von Religion und Werterziehung bzw. Ethik beziehen. Die Beschäftigung mit Religion ist danach in einem werterziehenden Fach deshalb notwendig,

1. weil sich die in der Gesellschaft anzutreffenden Wertvorstellungen in *historischer Hinsicht* den großen Religionen verdanken, dort also ihre ideengeschichtlichen Wurzeln haben,
2. weil die anzutreffenden Wertvorstellungen in *systematischer Hinsicht* immer mit Welt- und Sinnerklärungen und mit Sinnstiftungen verbunden sind, die ihrerseits durch die Weltreligionen geprägt sind.

Entsprechend könnte man eine kulturhistorische und eine systematische Begründung für Religion als Gegenstand des Ethikunterrichts unterscheiden. Die *kulturhistorische* Begründung besagt, dass ein adäquates Verständnis des klassischen kulturellen Erbes ohne religiöse Kenntnisse nicht möglich ist und diese deshalb im Unterricht zu vermitteln sind. Zielsetzung ist es entsprechend nicht, religiöse Glaubenswahrheiten zu vermitteln, vielmehr handelt es sich um ein „Propädeutikum im Bereich der Kulturwissenschaften" (Antes 1998, 418). Dass ein solches Propädeutikum für Schüler, die nicht am Religionsunterricht teilnehmen, wichtig und sinnvoll ist, wird man unbefragt so teilen können.

Nachfragen notwendig sind indes bei der *systematischen* Begründung, die hier besonders interessiert und die auch deshalb frag-würdig ist, weil der damit unterstellte logische Zusammenhang von Wert- und Sinnvorstellungen im „Kerncurriculum" nur ungenau bestimmt wird und weitgehend in der Schwebe bleibt. Zumeist kommen die beiden Begriffe „Sinn" und „Wert" in additiver Verbindung gleichgeordnet entweder als „Sinn- und Wertfragen" (7) oder umgekehrt als „Wert- und Sinnfragen" (8) vor. Das logische Verhältnis der beiden Begriffe bleibt dabei unbestimmt und wird auch nicht viel klarer, wenn etwa davon die Rede ist, dass sich die Schüler mit religiösen und weltanschaulichen Vorstellungen und „den darin erkennbaren Wertvorstellungen" (9) auseinandersetzen sollen oder an anderer Stelle davon gesprochen wird, dass es bei der Erörterung von Wertvorstellungen der Information bedarf „über die Hintergründe, die diese Wertvorstellungen bestimmen" (20), wozu dann auch Religionen und Weltanschauungen gezählt werden. Scheinen diese Formulierungen von ihrer Tendenz her noch darauf hinzudeuten, dass Wertvorstellungen von Sinnvorstellungen abhängig sind, gehen andere Formulierungen anscheinend vom Gegenteil aus. Das „curriculare Rahmenkonzept" etwa spricht von „sinnstiftenden Werten" (4) und unterstellt damit, dass Sinnvorstellungen von Wertvorstellungen abhängig sind. Es ist demnach offensichtlich, dass hier Klärungsbedarf besteht. Bevor eine solche Klärung versucht wird, sollen zunächst jedoch Art und Ziel des Sprechens über Religion im Ethikunterricht genauer untersucht und betrachtet werden, und zwar wiederum am Beispiel des Faches „Praktische Philosophie".

2.2 Art und Ziel des Sprechens über Religion im Ethikunterricht

Das Fach „Praktische Philosophie" will dem eigenen Anspruch nach Werterziehung „ohne Bezug zu einer Religion" und „in religions- und weltanschauungsneutraler Form" (Curriculares Rahmenkonzept 1997, 1) leisten. Damit, so lässt sich dem „Kerncurriculum" entnehmen, ist nicht der Verzicht auf Religion als Gegenstand des Unterrichts gemeint, sondern dass über Religion in einer *bestimmten Weise* gesprochen werden soll. Im Anschluss an die Aussage, dass das Fach zur zusammenhängenden Behandlung von Sinn- und Wertfragen beitrage, heißt es dort präzisierend: „Während dies im Religionsunterricht auf der Grundlage eines *Bekenntnisses* geschieht, übernimmt das Fach Praktische Philosophie diese Aufgabe in mehrperspektivischer Form, im Sinne einer sittlich-moralischen Orientierung ohne Bindung an eine *bestimmte* Religion oder Weltanschauung" (7). Im Fach Praktische Philosophie soll demzufolge also durchaus über Religion gesprochen werden, aber *anders* über Religion gesprochen werden als im Religionsunterricht. Es soll kein bekennendes Sprechen aus der Perspektive der ersten Person, sondern ein neutrales, distanziertes Sprechen aus der Perspektive der dritten Person sein, mit dem darüber informiert wird, was andere – Juden, Christen, Muslime, Buddhisten – glauben. Nicht dass *kein* Bezug zur Religion hergestellt wird, meint also die Aussage „ohne Bezug zu einer Religion", sondern dass nicht aus der Perspektive *einer*, einer *bestimmten* Religion nämlich informiert und berichtet wird. Alle Religionen sollen gleichermaßen und gleichrangig vorkommen, sollen gleich behandelt und gleich bewertet, sollen „mehrperspektivisch" als gleich gültig betrachtet, verglichen und analysiert werden.

Mit welchem Ziel soll in dieser Art über Religion gesprochen werden? Im Kerncurriculum werden in diesem Zusammenhang drei Zielsetzungen ausgewiesen, die man knapp mit den Begriffen Verständnis, Toleranz und Sinnfindung kennzeichnen könnte. Die Schüler sollen also erstens Religionen und Weltanschauungen „aus ihren Ursprüngen und Traditionen heraus … verstehen" (9) lernen, sollen sich zweitens damit „im Sinne interkultureller Toleranz" (ebd.) auseinandersetzen und drittens in dieser Auseinandersetzung für sich „eine sinnstiftende Lebensperspektive … entwickeln" (8). Das curriculare Rahmenkonzept nennt diese Ziele ebenfalls und formuliert im Hinblick auf das dritte Ziel noch deutlicher: „Das Fach soll den

Schülerinnen und Schülern, die nicht an einem Religionsunterricht teilnehmen, Antworten auf die Frage nach dem Sinn menschlicher Existenz ermöglichen und eine eigene Sinn- und Lebensperspektive vermitteln" (1).

In diesen Zielsetzungen unterscheidet sich das Fach Praktische Philosophie nicht grundlegend vom Religionsunterricht. Auch dort geht es um das Kennenlernen und Verstehen der eigenen wie fremder Religionen, um Dialogfähigkeit, Offenheit und Toleranz Andersdenkenden gegenüber sowie um die Sinnfindung für das eigene Leben, für die der Religionsunterricht ein konkretes Identifikationsangebot bieten will. Nicht in den Zielen liegen demnach die wesentlichen Unterschiede, sondern in der Art und Weise des Sprechens über Religion. Diese Sprechweise ist bestimmt und abhängig vom Fragehorizont jener wissenschaftlichen Bezugsdisziplin, auf die sich das Fach bei der Thematisierung von Religion stützt und beruft.

2.3 Religionswissenschaft als Bezugsdisziplin

Der Ethikunterricht und der Religionsunterricht unterscheiden sich in ihrer Sprechweise dort noch nicht, wo es im Unterricht um wissenschaftlich verifizierbare Auskünfte und Informationen über bestehende Sachverhalte einer „objektiven Welt" geht, über die sich mit dem Anspruch auf Wahrheit assertorisch sprechen läßt (vgl. Habermas 1998). Auf solche Aussagen bezogen unterliegen Ethikunterricht wie Religionsunterricht dem Prinizip der Wissenschaftsorientierung in dem Sinne, daß die Wissenschaft das Wahrheitskriterium für die „Objektivität" der Aussagen bildet (vgl. Schilmöller 1995). Als Konsequenz daraus ergibt sich, daß im Unterricht hier wie dort nichts gelehrt werden darf, was dem gegenwärtigen Stand wissenschaftlicher Erkenntnis widerspricht. Auf den Religionsunterricht bezogen hat es Herwig Blankertz als Anspruch wissenschaftsorientierter Lehre bezeichnet, „daß im Religionsunterricht über Christus aus dem regulierenden Horizont der Theologie gesprochen wird, nicht aus der rein persönlichen Glaubenserfahrung des Lehrers, nicht aus den Träumen eines Geistersehers oder aus Sekten-Aberglauben" (1982, 14).

Für das Sprechen über Religion im Ethikunterricht kann nun allerdings nicht eine bestimmte (konfessionelle) Theologie die Bezugsdisziplin bilden, sondern – da die Philosophie dafür keine Zuständigkeit besitzt – nur die Religionswissenschaft. Theologie wie Religionswissenschaft unterstellen sich in der hermeneutischen Auslegung ihres Gegenstandes zwar dem gleichen Anspruch auf Wissenschaftlichkeit, weisen in Fragestellung und wissenschaftstheoretischem Standort aber Unterschiede auf. In der Religionswissenschaft wird „auf dem Weg geschichtlicher wie phänomenologischer Betrachtung all das wissenschaftlich erörtert, was als Religion angesprochen wird" (Waldenfels 1997, 57). Kennzeichnend für den religionswissenschaftlichen Zugriff ist es dabei, „dass beim Wissenschaftler, der sie betreibt, keine existenzielle Identifikation mit dem konkreten Objekt seiner Forschung, also keine Identifikation mit der konkreten Religion, mit der er sich forschend befaßt, vorausgesetzt wird" (ebd.). Bleibt demnach in der Religionswissenschaft „die religiöse Identität des Wissenschaftlers außen vor, so wird diese im Falle der Theologie unbedingt vorausgesetzt" (ebd. 58). Ohne sie wäre Theologie unsinnig, denn als wissenschaftliche Reflexion des Glaubens an einen bestimmten Gott läßt sie sich nur rechtfertigen, wenn die Gott genannte Wirklichkeit vorausgesetzt wird. Die Theologie schließt deshalb immer das Ja zur Religion als Bekenntnis oder zumindest als Offenheit für ein mögliches Jenseits und für einen von daher ergehenden Anspruch an den Menschen ein. Das Sprechen über Religion aus dem Horizont der Theologie ist von daher ein völlig anderes Sprechen als das aus dem Horizont der Religionswissenschaft. Insofern Religionsunterricht und Ethikunterricht sich in ihren Aussagen auf eine je verschiedene Wissenschaftsdisziplin stützen, unterscheiden sie sich notwendig auch in ihrem Zugang zum Phänomen Religion und im Sprechen darüber.

Im Religionsunterricht wird die Frage nach Gott als eine die eigene Existenz betreffende und dafür bedeutsame Frage aufgeworfen. Dieser existenzielle Bezug ist Ausgangs- und Zielpunkt theologischer Reflexion, zugleich aber ein Erfordernis eines erziehenden Fachunterrichts, der seinem Anspruch nach die Vermittlung notwendigen Weltwissens so gestalten will, dass dessen Lebensbedeutsamkeit geklärt und das Subjekt zu einer reflektierten Haltung und Einstellung dazu geführt wird (vgl. Pöppel in diesem Band; Rekus 1993; Schilmöller 1994). In der Einheit und korrelativen Gegenseitigkeit von Wissen und Haltung erst realisiert sich Bildung (vgl. Petzelt 1963). Insofern er dem Bildungsauftrag der Schule unterstellt ist, kann sich der Religionsunterricht daher pädagogisch nur als „erziehender Unterricht" legitimieren (vgl. Pöppel 1994). Das gilt ebenso auch für den Ethikunterricht.

Auf die existenziell aufgeworfene Frage nach Gott bietet der schulische Religionsunterricht unter Verweis auf das Zeugnis der biblischen Offenbarung eine bestimmte Antwort an, für die ein Geltungsanspruch erhoben wird (und erhoben werden muß, wenn die Antwort nicht entbehrlich sein soll). Dieser Geltungsanspruch ist mit wissenschaftlicher Beweisführung nicht als „wahr" zu verifizieren, er ist vielmehr ein Anspruch auf „Richtigkeit", wie er für das propositionale Sprechen kennzeichnend ist (vgl. Habermas 1998). Der Lehrer und mit ihm die Glaubensgemeinschaft als Ganze stehen für diese Richtigkeit ein. Das Sprechen des Lehrers im Religionsunterricht ist daher notwendig ein identifizierendes Sprechen aus der Perspektive der ersten Person. Es fordert zur Stellungnahme und zur Entscheidung heraus, darf den Schüler aber nicht determinieren. Der mit dem Bildungsbegriff verbundene Anspruch, die Schüler zu einem eigenen Urteil zu befähigen, gilt auch für den Religionsunterricht. Gefordert ist von daher, „dass systematisch die Fähigkeit eingeübt werden muß, die verschiedenen Aussagen in ihrem Behauptungscharakter zu unterscheiden" (Nipkow 1994, 9), um so die Freiheit der Entscheidung zu gewährleisten. Bezogen auf diese Entscheidung ist der Religionsunterricht prinzipiell ergebnisoffen. Das Überwältigungsverbot (vgl. Reinhardt 1988; Menne 1997, 20f.) gilt für den Religionsunterricht in gleicher Weise wie für jeden anderen Unterricht auch.[1]

---

[1] Im Konzept der Fortbildungsmaßnahme für die Lehrerinnen und Lehrer des Faches Praktische Philosophie (des Landesinstituts für Schule und Weiterbildung in Soest) heisst es bei der Beschreibung der Eigenarten der Methode des Faches in offensichtlicher Wendung gegen den Religionsunterricht: „Sie setzt deshalb auch keine inhaltlich bestimmten letzten Wahrheiten

Religionswissenschaft und Ethikunterricht wenden sich der Frage nach Gott anders zu als Theologie und Religionsunterricht. Sie beziehen keinen Standort, sondern berichten aus der Perspektive der dritten Person darüber, was *andere* glauben und sind dabei auf die distanzierende Sprachform der indirekten Rede angewiesen. Weil diese Redeweise im wissenschaftlichen Bereich bei der Wiedergabe von Erkenntnissen Dritter üblich ist, sprechen manche auch von der Verwissenschaftlichung des Redens über Gott und Religion (vgl. Tiedtke / Wernet 1998). In dieser Art des Berichts, so Heinz Robert Schlette, erfahre man durch die Religionswissenschaft, „was in den Religionen von „Gott" geglaubt und gesagt wird, wie man ihn in vergangenen Zeiten erfahren und erlebt hat, ob man ihn personal, dreipersonal, apersonal oder metapersonal auffasst, ob man in der Form der negativen Theologie über ihn redet, ob man sich ihn männlich, weiblich oder metageschlechtlich vorstellt, ob man überhaupt von einem „Gott" spricht und dergleichen mehr" (1999, 53). Dies alles, so Schlette weiter, referiere die Religionswissenschaft auf hochinteressante Weise, doch sei diese Rede von Gott noch keineswegs die „Frage nach Gott", wie sie heute aus großer Verunsicherung heraus existenziell gestellt werde. Diese Frage müsse die Religionswissenschaft ausklammern. Angesichts divergierender und keineswegs eindeutiger Traditionen und Vorstellungen könne sie nicht einmal sagen, was diese Frage inhaltlich bedeute (vgl. ebd). Als den Menschen existenziell bedrängende Frage, wie Blaise Pascal sie in seinem Mémorial zum Ausdruck brachte, hat die „Frage nach Gott" (auch in der gewandelten Form als Sinnfrage) keinen Platz in der Religionswissenschaft, sondern nur in einer konkreten Religion und deren Theologie.

Gleichwohl bezieht sich das Fach „Praktische Philosophie" in seiner Zielsetzung ausdrücklich auf die Sinnfrage als existenzielle Frage, will zur Sinnfindung beitragen und ebenso wie der Religionsunterricht „Antworten auf die Frage nach dem Sinn menschlicher Existenz ermöglichen". Angesichts der skizzierten Unterschiede in der Art des Sprechens über Religion in den beiden Fächern muss die Frage, ob der Ethikunterricht den Religionsunterricht ersetzen kann, demnach modifiziert werden als Frage danach, ob sich das *konfessorische*, mit einem Geltungsanspruch verbundene Sprechen über Religion durch ein *neutral-informierendes* Sprechen ersetzen lässt, – und zwar ersetzen lässt in seiner Funktion für die Ethik und für den schulischen Bildungsauftrag. Damit soll nicht die Qualität und wissenschaftliche Dignität eines religionskundlichen Unterrichts in Zweifel gezogen werden. Es ist sicherlich nicht bestreitbar, dass man als Lehrer kompetenten Unterricht über verschiedene Lebensformen auch dann machen kann, wenn man diese nicht selbst praktiziert. Ansonsten müsste man, wie Ulf Preuss-Lausitz polemisch bemerkt, ja

oder Werte dogmatisch fest, sondern versucht sie argumentativ zu begründen; so überlässt sie den Schülerinnen und Schülern letztlich ihr eigenes Urteil und nimmt sie als Lernsubjekte ernst" (1997, 18f.). Weder, muss man dazu anmerken, ist es berechtigt, vom Wahrheitsanspruch der Religion auf das methodische Vorgehen im Unterricht zu schließen, noch kann ein Fach das argumentative Vorgehen und die Achtung des Selbstbestimmungsrechts der Schüler exklusiv für sich in Anspruch nehmen; beides gilt für den Religionsunterricht ebenso und für alle anderen Fächer auch.

auch im alten Griechenland gelebt haben, um griechische Geschichte und Philosophie qualifiziert unterrichten zu können. Er kritisiert deshalb das Festhalten der
Kirche am konfessionellen Religionsunterricht und warnt: „Diese Haltung kann
sich ausweiten: Nein, über Frauen dürft Ihr nicht sprechen, das können nur Frau-
en! Über Homosexualität nur Schwule! Über Türken nur Türken! Und so weiter.
Nur Authentische können authentisch lehren" (1996, 42). Diese plakative Äußerung ist allerdings unsinnig und geht am eigentlichen Problem deshalb vorbei, weil
sie zwischen wissenschaftlich verobjektivierbarer und wertender Aussage nicht unterscheidet. Die Forderung, dass Religion standortbezogen zu unterrichten sei,
wird ja nicht damit begründet, dass nur so eine wissenschaftlich korrekte Information möglich sei. Nicht das steht in Zweifel, sondern ob sich mit korrekten Informationen über Religionen und Weltanschauungen im Ethikunterricht die gleichen
Ziele erreichen lassen wie im Religionsunterricht. Um diese Frage angemessen beantworten zu können, muß zunächst das Verhältnis von Religion und Ethik genauer betrachtet und die Bedeutung der religiösen Sinnfrage und -antwort für die
Ethik erörtert werden.

3. Ethik und Religion

Aussagen über den Zusammenhang von Ethik und Religion lassen sich sinnvoll
nur machen, wenn Klarheit über das mit den beiden Begriffen je Gemeinte besteht.
Es ist demnach erforderlich, zunächst die Begriffe zu klären und zu erläutern, was
darunter verstanden und damit verbunden wird. An das dabei entfaltete Verständnis von Ethik und Religion bleiben die Aussagen über ihren Zusammenhang gebunden.

3.1 Ethik als sinngeleitete Theorie des guten und gerechten Handelns

„Gegenstand der Ethik", so Annemarie Pieper, „ist das menschliche Handeln,
sofern es einem praktischen Sollensanspruch genügt und zugleich eine allgemeine
Verbindlichkeit zum Ausdruck bringt" (1979, 21). Einem solchen Handeln von
Menschen wird eine bestimmte Qualität zuerkannt, die man in der Regel mit den
Begriffen „Moralität" oder „Sittlichkeit" kennzeichnet. Normative Ethik als philosophische Disziplin versucht Formen und Prinzipien moralischen oder sittlichen
Handelns zu begründen. Sie will, so die Definition von Otfried Höffe, „von der
Idee eines sinnvollen menschlichen Lebens geleitet, auf methodischem Weg ...
und ohne letzte Berufung auf politische oder religiöse Autoritäten ... oder auf das
von altersher Gewohnte und Bewährte allgemein gültige Aussagen über das gute
und gerechte Handeln" (1986, 54) machen. Moralisches oder sittliches Handeln
muss demnach gut und gerecht sein, d. h. sowohl dem Kriterium der Gerechtigkeit
(Unparteilichkeit) als auch dem Kriterium der „Gutheit" (Lebensdienlichkeit) genügen. Aloysius Regenbrecht hat das in seinem Beitrag „Ethikunterricht als Aufgabe der Schule" (in diesem Band) ausführlich entfaltet und dabei auch auf die
Schwierigkeiten verwiesen, die die Anwendung des Kriteriums der Lebensdienlichkeit bereitet. Als *materiales* Kriterium bildet es keinen in gleicher Weise konsens-

fähigen Bezugspunkt wie das an der Verallgemeinerungsfähigkeit des Handelns sich ausrichtende *formale* Kriterium der Gerechtigkeit oder Unparteilichkeit, denn es hängt in seiner inhaltlichen Bestimmung und Ausfüllung von der Idee eines sinnvollen menschlichen Lebens ab und kann selbst dann noch unterschiedlich interpretiert und ausgelegt werden, wenn über die empirisch oder hermeneutisch verifizierbaren Bedingungen eines gelingenden Lebens („conditio humana") weitgehend Einigkeit besteht. Das nämlich, was man als Ergebnis humanwissenschaftlicher Erkenntnis in weitgehender Übereinstimmung zu den Grundbedürfnissen menschlichen Lebens zählt (vgl. Höffe 1988) und als Bestandteile eines im außermoralischen Sinne guten Lebens betrachtet (z. B. Freiheit, Selbstbestimmung, Gesundheit, geistige Betätigung, materielle Absicherung, Beruf, Freizeit, Sozialkontakte etc.) kann entsprechend den individuellen Vorstellungen vom Sinn menschlichen Lebens je für sich und untereinander wiederum unterschiedlich gewichtet, vorgezogen oder hintangestellt, geschätzt oder gering geachtet werden mit der Folge, dass sich völlig divergierende Vorstellungen eines guten und gelingenden Lebens ergeben. Man kann es verstehen und erstreben

– als ein *konsumorientiertes* Leben der Freude, Wonne und Lust im Genießen dessen, was die Welt an Gütern zu bieten hat,
– als ein *asketisches* Leben der Bedürfnislosigkeit und des Verzichts auf materielle Güter zugunsten geistiger Betätigung und Erkenntnis,
– als ein *natürliches* Leben in Übereinstimmung mit der Schöpfungsordnung oder entsprechend den Regeln der uns umfassenden Natur,
– als ein *kontemplatives* Leben der Weltflucht und Zivilisationsferne im Bemühen um Selbsterkenntnis und seelische Ausgeglichenheit,
– als ein *aktives* Leben in tätiger Auseinandersetzung und verantwortlicher Gestaltung der Welt und der Gesellschaft,
– als ein *tugendhaftes* Leben in Pflichterfüllung entsprechend göttlichen Geboten oder selbstgesetzten und vernunftgesetzten Normen,

in vielen weiteren Ausrichtungen noch als ein *bequemes, aufopferndes, religiöses, geistiges, kulturbeflissenes, familienorientiertes* u. a. Leben oder in der Kombination mehrerer dieser Ausrichtungen (vgl. Trutwin 1999, 49ff.). Solche Grundrichtungen menschlichen Strebens nach Glück und Zufriedenheit, die entweder selbst als Sinn genommen werden oder ihrerseits wiederum abhängen von einem (bewusst oder unbewusst) je unterstellten (oder auch ausdrücklich *nicht* unterstellten) Sinn menschlicher Existenz, sind demnach bestimmend für die Bewertung dessen, was man im außermoralischen Sinne als „gut" und als „Güter" betrachtet. Außermoralische Werte sind demzufolge letztlich von Sinnvorstellungen abhängig. Dieser Zusammenhang, der zugrundegelegte Wertbegriff und der korrespondierende Begriff des „moralischen Wertes" bedürfen einer kurzen Erläuterung.

3.1.1 Werte und Sinn

„Es gibt keine objektiven Werte", lautet der erste Satz des Buches von John L. Mackie über Ethik (1997, 11). Werte sind in der Tat nicht Eigenschaften von Dingen, Sachverhalten oder Handlungsweisen, sondern Urteile über sie, *Be-Wertun-*

gen. Sie sind Relationsbegriffe, mit denen der Mensch Stellung zu seiner Umwelt bezieht und sie nach ihrer Bedeutung für sein Leben ordnet. Als Bewertungen eines Subjekts sind Werte subjektiv, gleichwohl nicht völlig beliebig. Darauf wird noch einzugehen sein.

Zu unterscheiden sind (nach Frankena 1972, 78ff.) außermoralische Werte (Güter wie Gesundheit, Freundschaft, Frieden, Besitz usw.) und moralische Werte (Tugenden wie Treue, Wahrhaftigkeit, Ehrlichkeit usw.).Diese Unterscheidung, ohne die sich die Wertproblematik kaum angemessen diskutieren lässt, findet sich auch bei anderen Autoren und hat – in unterschiedlicher Bezeichnung – eine Tradition vor allem in der Moraltheologie. Von „vormoralischen Werten" etwa spricht Schillebeeckxs (vgl. 1978, 34), von „Gütern" Boeckle (vgl. 1981, 24). Der den *außermoralischen* Werten zugrundeliegende Bewertungsmaßstab ist ihr Beitrag zum Gelingen menschlichen Lebens. Insofern dieses Gelingen, das erstrebte Glück also, immer auf einen je unterstellten Sinn bezogen ist, sind entsprechende Wertungen des Subjekts davon abhängig. Der den *moralischen* Werten zugrundeliegende Bewertungsmaßstab ist ihre Verallgemeinerungsfähigkeit. Moralische Wertungen werden dort notwendig, wo zwischen miteinander konkurrierenden außermoralischen Werten zu entscheiden ist. Diese Entscheidung ist als eine Vorzugsentscheidung auf der Grundlage der Universalierbarkeit und unter Beachtung situativer Bedingungen zu treffen. Im konkreten Fall etwa ist zu entscheiden, ob es in der jeweiligen Situation moralisch richtig ist, es für jeden anderen in der gleichen Lage ebenso gilt und daher geboten ist, der Wahrheit den Vorzug zu geben und wahrhaftig zu sein, oder aber zur Schonung des Lebens eines unschuldig Verfolgten oder aus Rücksicht oder Freundschaft zur Notlüge zu greifen. Im Akt des Wertens orientiert man sich demnach an den gleichen Kriterien der Lebensdienlichkeit und der Unparteilichkeit, die (im hier erläuterten Ethik-Verständnis) für moralisches Handeln generell gelten. Für die Frage nach der Subjektivität des Wertens ergibt sich daraus als Konsequenz, dass es im Hinblick auf den Verallgemeinerungsgedanken eher verobjektivierbar und konsensfähig ist als im Hinblick auf die im Werturteil immer enthaltene Vorstellung vom guten Leben, über dessen zur Sicherung einer humanen Existenz notwendigen Bestandteile („conditio humana") sich vielleicht noch, über deren Gewichtung sich aber kaum oder höchstens bedingt noch Verständigung erzielen lässt, weil sie von der individuellen Weltsicht und Sinnentscheidung des Subjekts abhängt. Diese sind wohl noch rational aufklärbar, aber nicht mehr verallgemeinerungsfähig.

Werte, Wertungen, Werturteile sind in der beschriebenen Weise mit Sinnentscheidungen verbunden, haben darin ihre (materiale) Wurzel und sind davon nicht ablösbar. Schulische Werterziehung ist demzufolge losgelöst von Sinnfragen nicht möglich. Davon geht auch das Kerncurriculum für das Fach „Praktische Philosophie" aus, verweist deshalb zu Recht auf den Zusammenhang von Wert- und Sinnfragen und geht dabei offensichtlich vom gleichen Ethik-Verständnis aus, wie es hier bisher beschrieben wurde. Bei dieser Beschreibung noch unerörtert geblieben ist der Zusammenhang von Sinn und Religion bzw. religiöser Frage. Darauf soll ausgehend vom Handlungsbegriff jetzt eingegangen werden.

3.1.2 Handlungssinn und (religiöser) Lebenssinn

Für das der praktischen Bewältigung von Aufgaben und Problemen im Vollzug des Lebens dienende Handeln, um das es in der Ethik geht, ist es Max Weber zufolge konstitutiv, dass der Handelnde einen subjektiven Sinn mit ihm verbindet (vgl. 1972, 1). Mit seinem Handeln realisiert er diesen Sinn, auch wenn er ihn nicht jederzeit reflektiert. Sinn ist insofern eine handlungsleitende Kategorie. Er gibt den Grund, das Warum und Wozu für den Vollzug der jeweiligen Handlung an. Das gilt auch für das sittliche Handeln, das auf solche Sinneinsicht verwiesen ist. Nun ist jede Einzelhandlung jedoch immer in größere Lebenszusammenhänge und -vollzüge eingebettet und eingelagert, denen sie dient und von denen her sie erst verständlich ist. Entsprechend weitet sich die Sinnfrage über die einzelne Handlung hinaus auf immer größere Zusammenhänge und schließlich das Ganze der Lebenswelt. Sie stellt sich dann als Frage nach dem Gesamtsinn menschlicher Existenz. Diese Ausweitung ergibt sich – jedenfalls für den Denkenden – mit Notwendigkeit, denn zwischen dem Gesamtsinn und dem Sinn einzelner Handlungen besteht ein Fundierungsverhältnis (vgl. Kaulbach 1986, 76), d. h. der jeweilige Handlungssinn ist vom übergreifenden Sinn abhängig und auf ihn verwiesen; ohne ihn wäre er „un-sinnig" und würde seine begründende und legitimierende Funktion einbüßen. Der Sinn sittlichen Handelns bzw. warum man überhaupt etwas soll, lässt sich demnach letztlich nur von einem übergreifenden Sinn des „Ganzen" her einsichtig machen. Dieses „Ganze" aber entzieht sich menschlicher Erkenntnis und ist rational nicht einholbar. In und mit der Frage nach einem Gesamtsinn menschlicher Existenz sieht sich die menschliche Vernunft vor Fragen gestellt, die sie Kant zufolge „nicht abweisen kann, denn sie sind ihr durch die Natur der Vernunft selbst aufgegeben, die aber auch nicht beantworten kann, denn sie übersteigen alles Vermögen der menschlichen Vernunft" (1781, A VII). Eine Antwort auf die Frage nach dem „Sinn der Sinngebung", d. h. nach einem den Sinn der Einzelhandlung begründenden und fundierenden Lebenssinn lässt sich daher nur weltanschaulich oder *religiös* im Ausgriff auf einen transzendenten Sinngrund geben. Im Bemühen um eine Begründung sittlichen Handelns sieht sich der Mensch insofern notwendig vor die religiös-weltanschauliche Frage nach einem Gesamtsinn menschlicher Existenz gestellt. Ohne eine Antwort darauf ist moralisches Handeln letztlich nicht begründbar und Ethik nicht möglich. Für den Ethikunterricht gilt daher, dass er auf eine entsprechende Sinnantwort verwiesen und angewiesen ist. Ob er sie auch zu ermöglichen vermag, d. h. ob er (oder nur der Religionsunterricht) die Schüler zu einer solchen Sinnantwort hinführen kann, wird noch zu klären sein. Zuvor jedoch ist genauer darzulegen, was mit Religion, religiöser Sinnfrage und religiöser Sinnantwort gemeint ist.

3.2 Religion als Option für Sinn

Wenn man religiöse von nicht-religiösen Phänomenen abgrenzen, Religionen miteinander vergleichen, religiöse Fehlformen identifizieren oder – wie im vorliegenden Fall – Verhältnisbestimmungen vornehmen will, muss man über einen Be-

griff von Religion verfügen. Die methodische Grundschwierigkeit einer solchen begrifflichen Fassung und Definition von Religion besteht darin, dass Religion auf
Transzendenz ausgreift und damit einen Bezugspunkt aufweist, der unterschiedlich
benannt wird (das Heilige, Gott, der Ultimat, das Absolute, transzendenter Sinngrund u. a.) und für den es kennzeichnend ist, dass er sich menschlichem Zugriff
und menschlicher Ratio und damit jeglicher definitorischen Festlegung entzieht
mit der Folge, dass auch die auf diesen Bezugspunkt hingeordnete *Beziehung* unklar bleibt, so dass jeder Versuch einer Definition von Religion „zu einem Spiel mit
zwei Unbekannten" (Schlette 1974, 1236) wird. Wer Religion trotz dieser Grundschwierigkeit zu bestimmen versucht, sieht sich vielen Problemen gegenübergestellt:
Er kann dabei das Erbe von Aufklärung und Metaphysik-Kritik nicht abschütteln,
muss den Einwänden der Religionskritik Rechnung tragen, darf weder historisch
überkommene, nur behauptete oder phänomenologisch gewonnene Bestimmungen
einfach perpetuierend übernehmen noch der Fiktion eines überzeitlichen Begriffs
erliegen, muss sich mit tradierten Vorstellungen vielmehr kritisch auseinandersetzen, in dieser Auseinandersetzung sein Vorverständnis klären und davon ausgehend
eine heutige Fragen und Problemstellungen ernstnehmende und darauf bezogene
Antwort finden. Dass ein solches Programm hier nicht und auch nicht ansatzweise
geleistet werden kann, dürfte einleuchten; es können nur wenige funktional auf den
Zusammenhang von Ethik und Religion bezogene Linien ausgezogen werden, die
noch kein Gesamtbild ergeben.

Traditionelle Vorstellungen, die unser Vorverständnis prägen und an die anzuknüpfen ist, bestimmen Religion als eine Relation, eine Beziehung, ein Verhältnis
(zu Gott, zum Heiligen, zum Absoluten o. ä.). Formal unterscheidet sich die in der
Religion thematisierte Beziehung von anderen Beziehungen dadurch, dass der
Mensch in ihr die Wirklichkeit *als Ganze* (Leben, Natur, Welt, Geschichte) auf einen für ihn absolut geltenden Sinn bezieht und die religiöse Beziehung insofern den
Charakter des den Menschen unbedingt Angehenden, ihn Fordernden und Bindenden erhält (vgl. Tillich 1959, 295ff.). Religionen legen das den Menschen in dieser
subjektiv-relationalen Beziehung unbedingt Betreffende inhaltlich-kategorial (als
Sinn, Heil, Vollendung) aus (vgl. Schlette 1974, 1238). Sie erheben dabei einen
Wahrheitsanspruch, der sich allerdings empirischer Überprüfung entzieht und philosophisch nicht verifizierbar (aber auch nicht falsifizierbar) ist.

Religiöse Sinnfrage und Sinnantwort beziehen sich insofern nicht auf etwas Ge-
wusstes, sondern auf etwas Erhofftes. Religion ist *Option für Sinn*, die in Opposition zur Behauptung vom „Un-Sinn" steht. Indem sie diesen Sinn positiv bestimmen, begründen Religionen eine Weltsicht, die sich gegen die Nihilismusbehaup-
tung von der Absurdität des Daseins richtet und sie zu erschüttern sucht. Sie
spricht dem Leben Sinn und Wert auch dort noch zu, wo sie nicht erkennbar sind,
schließt also von der Nichterkennbarkeit von Sinn nicht auf das Nichtvorhanden-
sein. Ein Sinn*beweis* ist allerdings philosophisch so wenig möglich wie ein Gottes-
beweis. Auch lässt sich die Hoffnung nicht inhaltlich bestimmen, ist insofern also
eine negative Hoffnung (vgl. Schlette 1999, 63ff.). Christen verweisen zu ihrer inhaltlichen Ausfüllung auf das Zeugnis der Offenbarung, darauf also, dass sich uni-

versaler Sinn geschichtlich ereignet habe und sichtbar geworden sei in der äußerlich zwar gescheiterten, durch die Auferstehung von Gott aber bestätigten Lebenspraxis Jesu. Hier beginnt auf die Glaubwürdigkeit des Zeugnisses und der Zeugen sich gründender Glaube.

Religiös auf einen Gesamtsinn menschlicher Existenz gewendet formuliert die Sinnfrage demnach ein Postulat. Sie nimmt den Charakter einer Forderung an: Das Leben *soll* sich als sinnvoll erweisen, bejaht werden können, sich lohnen, auch wenn ein Sinn im Lebensvollzug nicht erkennbar ist und die Welt im Gegenteil als negativ und ungerecht und das Leben als leidvoll und endlich erfahren wird. Religion wird damit, so hat es Heinz-Robert Schlette formuliert, zur „Verweigerung des Einverständnisses mit der Verfasstheit der Wirklichkeit im Ganzen" (1974, 1247), zur „Unterbrechung", wie Johann Baptist Metz sagt (1984, 150), zur „Protestation gegen das wirkliche Elend", wenn man die Formulierung von Karl Marx benutzen will. Harren und Murren, Aushalten und Protestieren sind ihre Ausdrucksformen angesichts der erfahrbaren Heillosigkeit der Welt und der Unendlichkeit vergangenen, gegenwärtigen und zukünftigen Leidens (vgl. Schlette 1999, 65f.).

Die skizzierte religiöse Sinn-Option und die sich daraus ergebende Weltsicht und Weltanschauung werden nun keineswegs von allen Menschen geteilt. Religionen fordern zur Entscheidung heraus, werden glaubend angenommen oder abgelehnt und bestritten. Bestritten und als überflüssig oder gar hinderlich betrachtet wird dementsprechend häufig auch die Notwendigkeit einer Letztbegründung sittlichen Handelns mit Konsequenzen für das Ethik-Verständnis überhaupt. Entsprechende Argumentationen sollen hier kurz vorgestellt werden.

3.3 Ethik ohne Weltanschauung?

Fast schon persiflierend hat sich Klaus Prange mit der religiösen „Sinn-Semantik" auseinandergesetzt. Für denjenigen, der schnell zum Bahnhof wolle, so Prange, habe es Sinn, ein Taxi zu bestellen. Im Hinterfragen dieses Sinns dann in kühnem Rückschluss womöglich zu folgern, „wenn ich nicht weiß, wozu ich überhaupt lebe, dann ist es auch sinnlos, jetzt ein Taxi zum Bahnhof zu ordern" (1998, 77), sei allerdings völlig verfehlt. Niemand würde sich so verhalten. Auch wer am Sinn des Lebens zweifle, höre mit dem Essen nicht auf oder damit, zur Arbeit zu gehen oder sich mit anderen zu unterhalten. Die existenzielle Dramatisierung der Sinnfrage zur Frage nach „Sinn überhaupt" sei eher ein pathologisches Problem. Es entstehe in Folge einer Hypostasierung des Sinngebens und Zielsetzens zu einem eigenen Gegenstand, die ein Problem schaffe, das man nicht habe, wenn man die Sinnfrage konkret und vor Ort stelle. Für das konkrete Alltagshandeln reiche die Wahl zwischen gut und besser durchaus aus. In Schwierigkeiten gerate man erst, wenn man dieses Wählen selbst zum Gegenstand des Fragens mache und wissen wolle, was das absolut Beste, das höchste Gut ist. Prange plädiert daher für einen „Meliorismus", wie er es nennt, dem die Erkenntnis genügt, was im konkreten Einzelfall das jeweils Bessere ist, und damit für ein Denken, das sich – wie er es formuliert – in Unkenntnis dessen, was die perfekte Gesundheit ist, mit etwas weniger Rheuma zufrieden gibt (vgl. ebd. 79).

Ist das eine Banalisierung der Sinnfrage? Prange bestreitet das, besteht auf Realismus und sieht das Grundübel in der Hybris, mehr wissen zu wollen, als man wissen könne, durch die die „Sehnsucht nach Sinn" erst produziert werde: „Wir möchten mehr wissen, als wir wissen können, und setzen an die leere Stelle dann eben jene „Konstruktionen", die auch bei ergebnisunsicheren Handlungen noch Gewissheit geben; oder genauer: vorgaukeln. Das heißt: wir benutzen die Hypostasierung der Operation des Weiterfragens und verdinglichen sie, indem wir ihr einen Namen geben: Gott oder Schicksal oder geschichtlicher Prozess oder Fatum oder sonst eine Allgemeinheit. Die Figur ist jedesmal: aus dem Transzendieren wird „die Transzendenz"; aus der Operation der Negation des Gegebenen wird ein An-sich-Gegebenes konstruiert, offenbar aus dem Bedürfnis, in ungewisser Lage mehr zu wissen, als gewusst werden kann. Das nennt Kant das „metaphysische", über das je Gegebene hinausgehende Bedürfnis. Doch bleibt dabei zu beachten, dass aus einem Bedürfnis nicht folgt, dass es sich auch befriedigen lässt" (ebd. 79f.). Erst wer diese unangemessene bedürfnisgesteuerte Hoffnung auf einen Totalsinn ablege und die Grenzen des Erkennens akzeptiere, so vertritt es Prange, könne sich ungeteilt jenen praktischen ethischen Aufgaben zuwenden, „die wir in dieser nach allen Hinsichten endlichen Welt anderen gegenüber und mit anderen haben" (ebd. 80). Sie bestünden darin, Sinn zu geben und nicht Sinn zu erwarten.

Prange lehnt damit eine auf einen absoluten Sinn, ein höchstes Glück als Ziel des Lebens bezogene Strebens-Ethik ab und plädiert für eine Ethik ohne Weltanschauung, die man zumeist als Pflichtenethik bezeichnet. Eine solche Ethik will ohne eine Letztbegründung bei der materialen Bestimmung des Guten auskommen und beschränkt sich daher auf verfahrensmäßige Regelungen zur Überprüfung von faktisch geltenden, das Gute situationsspezifisch auslegenden Normen auf eine vernunftgemäße Begründung entsprechend verallgemeinerungsfähigen Prinzipien und Maximen, so dass dem handelnden Subjekt eine Entscheidung ermöglicht wird, ob es unter den gegebenen Bedingungen verpflichtet oder nicht verpflichtet ist, der Geltung beanspruchenden Norm zu folgen. Moralisches Handeln bedeutet dann den Vollzug des als pflichtgemäß Erkannten. „Dass die Zwecke des pflichtgemäßen Handelns dann auch noch gut sind", so Fritz Zimbrich, „muss kontrafaktisch – nämlich außerhalb des Wissbaren – als regulatives Prinzip unterstellt werden" (1998, 426).

Der zentrale Einwand gegen eine solche Pflichtenethik lautet, dass die Prüfung der Vernunftgemäßheit von Normen ohne ein inhaltliches Kriterium zur Bestimmung der Moralität des Handelns nicht auskommt und das Gute nicht dadurch schon gut ist, dass man es kontrafaktisch als gut unterstellt. Lebensdienlichkeit *und* Gerechtigkeit sind die Prüfkriterien moralischen Handelns. Aloysius Regenbrecht hat das begründet und mit Beispielen belegt (vgl. den Beitrag in diesem Band). Darüber hinaus gibt es weitere Einwände. Sie beziehen sich auf die logische Stimmigkeit einer Argumentation, die eine Letztbegründung ablehnt (vgl. Kuhlmann 1986), und auf die unterlegte Erkenntnistheorie.

Die Ablehnung einer Ethik, die material das Gute zu bestimmen versucht, zugunsten einer Ethik, die sich auf das Wissbare beschränkt, wird nämlich in der

Regel – wie bei Prange und Zimbrich – erkenntnistheoretisch begründet: weil sie sich in ihrem letzten Bezugspunkt auf etwas nicht Wissbares beziehe, also ohne Ausgriff auf Transzendenz nicht auskomme und damit die Realität missachte. Diese Weltsicht lässt sich jedoch durchaus rechtfertigen und als nicht unvernünftig erweisen, und zwar mit einer Argumentation ebenfalls erkenntnistheoretischer Art, wie sie sich bei Max Horkheimer findet. Horkheimer führt aus, dass „Immanuel Kant... uns in einer jeden Zweifel ausschließenden Weise zum Bewusstsein gebracht (habe, R.S.), dass das, was wir Realität, die Welt nennen, die wissenschaftlich erforscht werden kann, ein Produkt subjektiver, intellektueller Faktoren ist. Die Arbeit unseres Gehirns, so hat Schopenhauer die Kantische Lehre weitergeführt, besteht seit jeher darin, dass wir die Bewusstseinstatsachen, wie Descartes sich ausdrückte, so ordnen, dass sie in einer für unser Leben geschickten Weise zusammenpassen. Unsere subjektive Organisation ist dafür verantwortlich, dass uns Welt als objektive Realität entgegentritt; sie ist kein reines An-sich, sondern Funktion. Wenn dem aber so ist, dann ist die Erkenntnis der Zusammenhänge der Erscheinungen dieser Welt nicht der letzte Aufschluss über die Wirklichkeit, kein Absolutum" (1985, 238). Religion, so Horkheimer, sei so gesehen die Feststellung, dass die uns bekannte Wirklichkeit nicht die letzte Wirklichkeit ist. Was allerdings das Absolute sei und worin es bestehe, vermöge man nicht zu sagen. Man könne nur seiner Sehnsucht Ausdruck geben, „dass die Wirklichkeit der Welt mit all ihren Grauen kein Letztes sei" (ebd.). So gesehen *miss*achten religiöse Menschen die Realität zu Recht, denn sie *be*achten die transzendentale Differenz zwischen „Ding an sich" und „Erscheinung". Zudem: Man widerspricht sich bzw. argumentiert nicht konsistent, wenn man die Existenz eines transzendenten Sinngrundes für nicht beweisbar hält, seine Nicht-Existenz aber wohl. Das Plädoyer dafür oder dagegen stellt den gleichen „Glaubensakt" dar. Ethik ist daher von Weltanschauung nicht ablösbar.

Und noch einen weiteren Einwand gilt es zu machen, den Einwand nämlich, dass Wert- und Normentscheidungen *ohne* eine übergreifende Sinnperspektive partikulär, situationsabhängig und ohne inneren, auf logische Konsistenz überprüfbaren Zusammenhang bleiben, also „endgültig kontextabhängig" werden, wie manche es als Konsequenz postmodernen Denkens geradezu fordern (vgl. Preuss-Lausitz 1996, 38). Widerspruchsfrei sich selbst und anderen gegenüber begründbar wäre moralisches Handeln dann nicht mehr, denn dies ist nur möglich im Rahmen einer Welt und Mensch umfassenden Sinndeutung, die die Spur vorgibt, der man in seinem Handeln zu folgen versucht. Indem man ihr folgt, die Übereinstimmung also von Lebenssinn und Handlungssinn zu wahren trachtet, gewinnt das Handeln erst Konsistenz, Folgerichtigkeit und Beständigkeit, erfährt man sich als mit sich selbst identisch. Ohne Orientierung an einem solchen übergreifenden Sinnzusammenhang müsste man ad hoc entscheiden, von Fall zu Fall, würde – da ein zusammenhangstiftendes Prinzip fehlt – von Fall zu Fall *anders* entscheiden, geriete zwangsläufig in Widersprüche, könnte eine Einheit von Denken und Handeln nicht herstellen und hätte nicht die Möglichkeit der Selbstvergewisserung im Handeln. Die Entwicklung eines eigenen Lebensentwurfs, der Identität ermöglicht und die

Integrität der Person stärkt, wäre dann kaum möglich und kaum auch Bildung als Übereinstimmung und Einheit mit sich selbst. Auch von daher ergibt sich, dass eine auf eine Letztbegründung verzichtende Ethik keinen sinnvollen Ansatz darstellt.

Fragen lässt sich zuletzt noch allgemeiner und grundsätzlicher, ob sich der Mensch der Frage nach einem letzten Sinn seiner Existenz überhaupt entziehen kann und ob er darauf nicht – so oder so – eine Antwort finden muss. Kant zufolge jedenfalls stellt sich diese Frage für die menschliche Vernunft mit Notwendigkeit. Der Verzicht darauf, sich ihr zu stellen, wäre demnach nur als Verdrängungsprozess mit psychischen Folgen möglich. Berichte von Psychotherapeuten scheinen das zu bestätigen (vgl. Frankl 1998, 141ff.).[2]

3.4 Religion als Triebkraft moralischen Handelns

Bedeutsam ist die religiöse Sinnfrage, darauf soll zum Abschluss der Erörterung des Verhältnisses von Ethik und Religion in Wiederholung und Modifikation einer bereits an anderer Stelle vorgestellten Argumentation (vgl. Schilmöller 1998 und 1999) aufmerksam gemacht werden, auch für das Problem der Umsetzung des moralischen Urteils in ein entsprechendes Handeln. Dieses Problem wird in der Regel unter dem Terminus „Handlungsmotivation" diskutiert, teils als Problem aber auch bestritten (vgl. Schöpf 1978; Patzig 1986; Rinderle 1998; Wolf / Schaber 1998). Es entsteht, weil die Erkenntnis des sittlich Richtigen für das moralische Handeln nur eine notwendige, aber keine hinreichende Bedingung darstellt (vgl. Kohlberg 1981, 112). Zwischen Erkenntnis und Verwirklichung besteht kein Zusammenhang, der zwangsläufig wäre. Es steht in der Freiheit des Menschen, sich auch *entgegen* seiner Erkenntnis zu verhalten. Zum Urteil hinzukommen muss also die mit den Mitteln formallogischer Argumentation nicht mehr begründbare Bereitschaft, der gute Wille, das Erkannte auch in die Tat umzusetzen. Wovon, fragt man sich, hängt diese Bereitschaft ab? Was sind die „Motive" oder „Triebfedern", die zum moralischen Handeln bewegen und nötigen? Kant hat die Suche nach dieser Antriebskraft mit der nach dem Stein der Weisen verglichen (vgl. Henrich 1960, 99) und die Auffassung vertreten, dass sie sich aus der Hoffnung ergebe, die der Mensch haben könne: „Ohne also einen Gott, und eine für uns jetzt nicht sichtbare, aber gehoffte Welt, sind die herrlichen Ideen der Sittlichkeit zwar Gegenstände des Beifalls und der Bewunderung, aber nicht Triebfedern des Vorsatzes und der Ausübung, weil sie nicht den ganzen Zweck, der einem jeden vernünftigen Wesen natürlich und durch eben dieselbe reine Vernunft a priori bestimmt und notwendig ist, erfüllen" (1781, A 813). Ähnlich argumentiert auch Horkheimer, wenn er in der Sehnsucht, dass das Unrecht nicht das letzte Wort sein möge und der Mörder nicht

---

[2] Die Religion fungiert in unserer Gesellschaft allerdings längst nicht mehr als alleinige oder vorrangige Sinngebungsinstanz. Funktionale Äquivalente ersetzen sie vielfach, Psychokulte, Esoterik, Sekten etwa oder auch nur das Konsumversprechen der Werbung. Und für den, dessen Sinnbedürfnis sich dadurch nicht stillen lässt, hält eine Ratgeberliteratur Vorschläge bereit, wie man sich – so ein Buchtitel – mittels eines „Trainings der Gefühle" hartnäckig weigern kann, unglücklich zu sein (vgl. Ellis 1998).

über sein unschuldiges Opfer triumphiere, in der Hoffnung also auf eine jenseitige Gerechtigkeit eine entscheidende Voraussetzung für das moralische Handeln sieht (vgl. 1985, 388f.). Der formal-logischen, in seinen Augen instrumentellen Vernunft misstraut er und hält sie zur Begründung moralischen Sollens für nicht ausreichend, weil sie zwischen Moral und Unmoral nicht zu unterscheiden wisse. Dem stimmt Jürgen Habermas in seiner Auseinandersetzung mit Horkheimer nicht zu, wohl aber der Funktionsbestimmung der Religion für das moralische Handeln: „Unter Bedingungen nachmetaphysischen Denkens", so heißt es bei Habermas, „kann die Philosophie den Trost nicht ersetzen, mit dem die Religion das unvermeidliche Leid und das nicht gesühnte Unrecht, die Kontingenzen von Not, Einsamkeit, Krankheit und Tod in ein anderes Licht rückt und ertragen lehrt. Wohl kann die Philosophie auch heute noch den moralischen Gesichtspunkt erklären, unter dem wir etwas unparteilich als recht und unrecht beurteilen; insoweit ist die kommunikative Vernunft keineswegs gleich weit von der Moral wie von der Unmoral entfernt. Ein anderes ist es aber, eine motivierende Antwort auf die Frage zu geben, warum wir unseren moralischen Einsichten folgen, überhaupt moralisch sein sollen. In *dieser* Hinsicht ließe sich vielleicht sagen: einen unbedingten Sinn zu retten ohne Gott, ist eitel" (1991, 141).

Den zitierten Auffassungen zufolge ergibt sich aus der religiösen Sinnoption demnach eine besondere Handlungsmotivation. Mit welcher Plausibilität lässt sich eine solche These von der *besonderen* Motivationskraft der religiösen Sinnantwort für das moralische Handeln vortragen, bei der „besonders" allerdings nicht „nur", „allein" oder „ausschließlich" meint? Dass ein Zusammenhang besteht zwischen Sinnvorstellungen und Handlungsmotivation, wird man nicht bestreiten wollen. Schließlich ist Moral kein Selbstzweck, sondern dient dem (im außermoralischen Sinne) guten Leben des Einzelnen und der Gemeinschaft (vgl. Frankena 1986, 141) und ist auch deshalb nicht von Vorstellungen darüber ablösbar, was dieses „gute Leben" ausmacht. Und dass nicht jede Vorstellung vom Sinn des Lebens in gleicher Weise zum sittlichen Handeln zu motivieren vermag, wird man ebenfalls nicht bestreiten wollen. Es sind demnach Unterschiede zu machen. Überlegen sind religiöse, auf Transzendenz ausgreifende Sinnantworten ausschließlich diesseitsbezogenen Sinnsystemen deshalb, weil sie auch angesichts von Kontingenzerfahrung noch Sinn zu geben vermögen, dann also, wenn Leid, Krankheit, Not und Tod das Leben des Menschen überschatten und es als sinnlos erscheinen lassen. Allerdings ist eine Kontingenzbewältigung auch in der heroischen Trotzhaltung des Aushaltens der Sinnlosigkeit möglich und kann sich auch daraus eine Triebkraft für das moralische Handeln ergeben. Die für die Religion in Anspruch genommene Motivationskraft stellt insofern keinen Exklusivanspruch dar. Ob Sisyphos allerdings das Leitbild breiter Massen werden und an die Stelle des in einem Erosionsprozess sich befindlichen Gottesglaubens treten kann, wird man bezweifeln dürfen. Alle anderen möglichen Sinnorientierungen aber werden sich daraufhin befragen lassen müssen, ob sie mit der gleichen immanenten Logik Sinn und Notwendigkeit moralischen Handelns zu begründen vermögen wie ein auf die ausgleichende Gerechtigkeit einer jenseitigen Instanz hoffender Gottesglaube. Daran wird man deshalb Zweifel haben dürfen, weil nicht-religiöse Sinnantworten Kontingenzen letztlich nicht erklären können. Das allerdings wird nur den stören, der sich der Logik des Denkens und der denkenden Verantwortung seines Tuns verpflichtet weiß, den Gebildeten also, für den es Ballauff zufolge kennzeichnend ist, dass er das Denken maßgeblich werden lässt (vgl. 1989). Wenn der schulische Bildungsprozess solche Maßgeblichkeit des Denkens anzielt, schließt er demnach die religiöse Frage notwendig ein.

Versucht man abschließend, die Ergebnisse des hier unternommenen Versuchs einer Klärung des Verhältnisses von Ethik und Religion kurz zusammenzufassen, so ist als Ergebnis festzuhalten,

– dass jedwede Ethik bei der Bestimmung dessen, was die Moralität des Handelns ausmacht, ohne *materiale* Komponente nicht auskommt und insofern notwendig immer (auch) Strebensethik ist,[3]

– dass Ethik daher auf inhaltliche Vorstellungen vom Gelingen menschlichen Lebens verwiesen ist und davon abhängt,

– dass sich Einigkeit wohl noch über die empirisch und hermeneutisch zu ermittelnden *Bedingungen* für das Gelingen menschlichen Lebens erzielen lässt, aber nicht mehr über deren Bewertung für die eigene Lebensführung,

– dass sich der jeweiligen Bewertung entsprechend differierende und nicht mehr verallgemeinerungsfähige Vorstellungen darüber ergeben, was als Glück des Lebens anzustreben ist,

– dass die diesen Strebrichtungen zugrundeliegende Wertung der notwendigen und verfügbaren Güter des Lebens nach einem je (bewusst oder unbewusst) unterstellten (oder aber geleugneten) Sinn erfolgt,

– dass man in der Verfolgung und im Weiterdenken der Sinnfrage notwendig auf die religiöse Frage nach einem Gesamtsinn menschlicher Existenz stößt,

– dass die Annahme und die Leugnung eines solchen Gesamtsinns die gleiche weltanschauliche Entscheidung darstellen und Ethik insofern ohne Weltanschauung nicht möglich ist,

– dass die religiöse Sinn-Option der Vernunft nicht widerspricht und sich erkenntnistheoretisch rechtfertigen lässt,

– dass sich *für* die religiöse (inhaltlich noch unbestimmte) Sinnoption ins Feld führen lässt, dass sie (weil sie als zusammenhangstiftendes Prinzip fungiert) Identität allererst ermöglicht,

– dass sich ein „Leben, als ob es Gott gibt" (Zahrnt 1992) auch damit rechtfertigen lässt, dass diese Option die Notwendigkeit moralischen Handelns logisch stringenter zu begründen vermag als andere Sinnoptionen.

Zu fragen ist nach den Konsequenzen, die sich daraus für die Ausgangsfrage nach der Ersetzbarkeit des Religionsunterrichts ergeben. Dazu ist die Eigenart religiöser Ethik, auf deren Grundlage die Werterziehung im Religionsunterricht erfolgt, genauer zu betrachten.

---

[3] Das (schwierig zu bestimmende) Verhältnis von Pflichten- und Strebensethik (vgl. dazu Sänger 1995) kann hier nicht erörtert werden und muss ein Desiderat dieses Beitrags bleiben.

4. Ethik im Religionsunterricht

Möglich ist dieses Vorhaben nur in Bezugnahme auf den konkret vorfindlichen christlichen Religionsunterricht konfessioneller Prägung. War bisher allgemein von Religion die Rede, geht es jetzt um jene Religion, die für unseren Kulturraum bestimmend geworden ist. Charakterisiert werden soll die Eigenart christlicher Ethik und dabei vom Vorbehalt ausgegangen werden, die Ethik im Religionsunterricht sei weniger offen, rational und vernunftbestimmt als die des Ethikunterrichts.

4.1 Christliche Ethik als vernunftbestimmte Pflichtenethik

Wie kommt es zu diesem Vorbehalt? In der Religion, so unterstellt man zumeist, würden ethische Forderungen durch die Berufung auf den Willen Gottes legitimiert und nicht durch Vernunftgründe wie in weltlicher Ethik. Es verwundert daher nicht, dass man bei Verhältnisbestimmungen von Religion und Ethik, von Religionsunterricht und Ethikunterricht immer wieder auf Kennzeichnungen stößt, die eben darin den Unterschied der beiden Fächer sehen (vgl. Kunz 1995, 41; Fachverband Philosophie NRW 1995, 4; Kodalle 1995, 108). Ethikunterricht wird entsprechend dann häufig mit Argumentation, Vernunft, Offenheit, Pluralität assoziiert und Religionsunterricht mit Bibel, Dogma und Indoktrination. Träfe die unterstellte Auffassung zu, hätten Vernunft und Argumentation im Religionsunterricht in der Tat keinen Ort. Sie wären dort letztlich dysfunktional und überflüssig, denn die strikte Rückführung auf den Willen Gottes würde religiöser Ethik fraglose Anerkennung sichern und das Subjekt von der Aufgabe entlasten, sein Handeln selbst begründen zu müssen. Eine ethische Erziehung im Religionsunterricht wäre dann eine völlig andere als im Ethikunterricht.

Nun ist der genannte Vorbehalt so jedoch nicht haltbar, zumindest nicht für den christlichen Religionsunterricht. In der Moraltheologie der beiden großen christlichen Konfessionen wird seit längerer Zeit schon eine Position vertreten, die man im katholischen Bereich als „autonome Moral im christlichen Kontext" bezeichnet und die kaum noch bestritten wird (vgl. Auer 1975; 1984; Schüller 1980; Boeckle 1981). Sie knüpft an ein durch die Ergebnisse historisch-kritischer Bibelforschung verändertes Bibelverständnis an und formuliert Konsequenzen für die Ethik. Diesem Bibelverständnis zufolge sind die biblischen Schriften nicht „Gesetzbuch" und „Normenkatalog", aus denen – über welche Deduktionsstufen auch immer – Einzelnormen für das sittliche Handeln des Christen einfach abgeleitet werden können, sondern weitgehend „Paränese" – Predigt also. Paränese will zu sittlichem Verhalten, zu Buße und Umkehr auffordern, ermuntern und ermahnen und setzt die Gültigkeit der ethischen Forderung dabei voraus. Auch der Christ findet die Gültigkeit des ethischen Arguments demnach nicht als unangreifbar außerweltliche Position in der biblischen Offenbarung vor. Er ist – so hat es Ludger Oeing-Hanhoff bezogen auf die Position des Thomas von Aquin sinngemäß formuliert – nicht in der Situation eines Hundes, der die Gebote seines Herrn ohne Einsicht in die Geltungsgründe blindlings befolgen müsste (vgl. 1970, 29), er muss diese Geltungsgründe vielmehr im Austausch von Gründen und Gegengründen selber finden. Dazu ist er auf die Erfahrung als Erkenntnisquelle verwiesen und auf die Vernunft als normierende Instanz.

Ethik im Religionsunterricht und Ethik im Ethikunterricht sind in dieser Hinsicht strukturell gleich. Hier wie dort bildet die Vernunft die normierende Instanz, vor deren Richterstuhl über Geltungsansprüche entschieden wird. Christliche Ethik ist ebenso Vernunftethik wie jede andere Ethik, unterwirft sich also dem Universalierungspostulat und damit der Regel, dass das Gute für alle Menschen in gleicher Weise gut sein muss. In der Dikussion und Abwägung dessen, was in einer konkreten Entscheidungssituation das pflichtgemäße Handeln ist, weist die Normendiskussion im Religionsunterricht deshalb die gleiche formale Struktur wie im Unterrichtsfach „Ethik" auf.

4.2 Christliche Ethik als sinngeleitete Strebensethik

Mit dieser Kennzeichnung ist die Eigenart christlicher Ethik allerdings noch nicht zureichend bestimmt und ihr Proprium noch nicht benannt. „Das Proprium der Philosophischen Ethik und entsprechend eines Philosophie- bzw. Ethikunterrichts ist die Frage nach Kraft und Grenzen der *Vernunft*. Christliche Theologie und entsprechend der Religionsunterricht beziehen sich dagegen zwar auch auf vernünftiges Handeln …, aber insgesamt auf Religion, die ebensowenig in Ethik wie in Metaphysik aufgeht" (Nipkow 1994, 15). Eigenart christlicher Ethik ist es, dass sie die Frage nach dem richtigen Handeln in den Zusammenhang einer umfassenden Sinndeutung von Mensch und Welt hineinstellt. Für diese Deutung beruft sie sich auf das Zeugnis der biblischen Offenbarung und legt von daher aus, was als gutes, als gelungenes und geglücktes Leben anzustreben ist. Christen sind davon überzeugt

– dass universaler, erfüllter Sinn sich geschichtlich ereignet hat und sichtbar geworden ist in der äußerlich zwar gescheiterten, durch die Auferstehung von Gott aber bestätigten, dem Heil aller geltenden Lebenspraxis Jesu,

– dass die Zusage eines solchen absoluten Sinns, eines Heils, das die Bedingungen von Welt und Geschichte sprengt, allen Menschen gegeben ist, die sich auf die Selbstmitteilung Gottes in der Offenbarung und auf die neue Praxis Jesu einlassen,

– dass dieser Sinn schon jetzt konkret erfahrbar ist, wenn man sich auf den Weg der Nachfolge begibt, sich der befreienden Praxis Jesu anschließt und Heil für alle zu realisieren versucht.

Christlicher Glaube eröffnet damit einen Sinnhorizont, aus dem heraus sich ein spezifisches Verhältnis des Christen zu sich selbst, zum anderen und zur Welt ergibt mit Konsequenzen für die Lebensführung und das Handeln. Welche Konsequenzen das im Einzelnen sind, versucht die christliche Ethik aufzuweisen und zu begründen. In Befolgung ihrer Maximen und Regeln ergibt sich eine Lebensform, die vom Christen den Protest gegen jegliche Heillosigkeit und den Einsatz für eine bessere und gerechtere Welt, die Bekämpfung von Unrecht und Unterdrückung und die Solidarität mit Armen, Schwachen und Diskriminierten, das Aushalten nicht aufhebbarer Sinnlosigkeiten und den Verzicht auf Resignation, Skepsis oder Zynismus einfordert. Die christliche Religion ist deshalb von Moral nicht zu trennen; sie ist immer *auch* Moral, zugleich aber *mehr* als Moral, ist Lehre und mehr als Lehre, ist Praxis und mehr als Praxis. Sie ist, so der Theologe Richard Schröder, „ein in Gemeinschaft praktiziertes Welt- und Selbstverständnis, Lebenspraxis letzter Antworten auf letzte Fragen" (Gestrich 1996, 132).

Christliches Ethos, das sich auf die Nachfolge Jesu beruft und im Lebenszeugnis großer christlicher Gestalten beispielhaft vorliegt, bildet eine wirkmächtige ideengeschichtliche Grundlage heutiger Vorstellungen von Moralität und Sittlichkeit und wird als exemplarisch auch von denen anerkannt, die die Glaubensvoraussetzung nicht teilen und Christus nur als Sujet einer „großen Erzählung" betrachten. Bewunderungswürdig, so Umberto Eco, sei allein schon, „die religiöse, moralische und poetische Kraft, das Modell des Christus zu konzipieren, das Modell der universalen Liebe, der Vergebung für die Feinde und des zur Rettung der anderen geopferten Lebens" (Martini / Eco 1998, 92). Die Tatsache, daß Menschen dieses Modell erdacht und gewollt hätten, sei ebenso wunderbar „wie daß der Sohn eines wirklichen Gottes wahrhaftig Mensch geworden sein soll" (ebd. 93). Und Eco fügt hinzu: „Wenn ich Reisender aus einer fernen Galaxie wäre und vor einer Spezies stünde, die sich dieses Modell zu geben gewußt hat, würde ich überwältigt ihre enorme theogene Energie bewundern und würde diese jämmerliche und niederträchtige Spezies, die so viel Greuel begangen hat, allein dadurch als erlöst betrachten, dass sie es geschafft hat, sich zu wünschen und zu glauben, dies alles sei *Wahrheit*" (ebd. 92). Ihres hohen Anspruchs wegen kennzeichnet man die christliche Moral daher heute vielfach als „supererogatorische Moral". Sie sei, so Otfried Höffe, eine Moral der „verdienstlichen Mehrleistung", eine *Tugendmoral* für den privaten Bereich, die im Unterschied zu einer im Diskurs begründbaren, verallgemeinerungsfähigen und daher jedem zumutbaren öffentlichen *Rechtsmoral* „rundum freiwillig bleiben müsse" (vgl. 1996, 26). Gleichwohl ist zuzugestehen, dass es auf der Grundlage anderer weltanschaulicher Prämissen auch andere Vorstellungen als die christliche Auslegung dessen gibt, was ein im moralischen und außermoralischen Sinne gutes Leben darstellt. Die christliche Lebensform stand früher schon und steht gerade heute, in einer Zeit also, die vom Prozess der Pluralisierung der Lebensformen geprägt ist, in Konkurrenz zu anderen Vorstellungen vom guten Leben, von seinen Bedingungen und Erfordernissen. In Einzelelementen dieser Lebensentwürfe mag es dabei durchaus Gemeinsamkeiten und Übereinstimmungen geben, während andere in Opposition zueinander stehen. Ein *bequemes* oder ein *konsumorientiertes* Leben im schon erläuterten Sinne ist ein christlich geprägtes Leben eben nicht. Und nicht nur das *Faktum* dieser Differenz gilt es festzustellen, sondern auch, dass die entsprechende Präferenz vom christlichen Verständnis her *begründbar* ist und sich nicht nur postmoderner Wahl-Beliebigkeit verdankt.

Das Proprium christlicher Ethik, so läßt sich zusammenfassen, ist demnach ihre Einbettung in einen umfassenden religiös-weltanschaulichen Sinnzusammenhang, aus dem heraus sie sich stringent und folgerichtig begründen läßt. Ethische Erziehung im Religionsunterricht versucht diesen Zusammenhang aufzuzeigen und von daher auch material zu bestimmen, worin das pflichtgemäße moralische Handeln besteht. Das Ziel des Religionsunterrichts ist es entsprechend, den Schülern die religiöse Sinndeutung von Mensch und Welt (und darin eingeschlossen die Gottesfrage) in ihrer geschichtlichen Dimension und in ihren Konsequenzen für die moralische Lebensgestaltung als ein Angebot zur Identifikation zu erschließen. Der Religionsunterricht darf diese auf die Herausbildung und Initiierung einer Weltanschauung gerichtete Intention nur verfolgen mit Zustimmung der Eltern bzw. der religionsmündigen Schüler, muss die Möglichkeit zur Abwahl des Faches einräumen und sich im Bemühen darum, die Schüler zu überzeugen, an das für den schulischen Bildungsprozess insgesamt geltende Überwältigungsverbot halten. Von seiner Intention her zielt der Religionsunterricht also die Identifikation der Schüler mit dem christlichen Sinnangebot an, er muss aber ergebnisoffen im schon erläuterten Verständnis sein. Innerhalb des schulischen Fächerkanons nimmt der Religionsunterricht seiner weltanschaulichen Ausrichtung wegen damit eine Sonderstellung ein.

Für alle übrigen Fächer und damit auch für den Ethikunterricht besteht die Verpflichtung zur weltanschaulichen Neutralität. Ethik kann deshalb im Ethikunterricht nicht so thematisiert und zur Sprache gebracht werden wie im Religionsunterricht: nicht fundiert durch eine bestimmte Sinndeutung menschlichen Lebens, sondern nur losgelöst davon. Wenn Ethik eine solche Sinndeutung aber notwendig einschließt und sich weltanschauungsneutral nicht zureichend begründen lässt, kann der schulische Ethikunterricht nur eine unvollständige Ethik bieten. *Nicht die Ethik des Religionsunterrichts, sondern die des Ethikunterrichts ist demnach defizitär.* Der Ethikunterricht bleibt auf die Sinnantworten von Religionen und Weltanschauungen verwiesen, darf deren Geltungsanspruch aber nicht übernehmen und kann daher nur über sie informieren. Die Philosophie als Bezugs- oder Leitdisziplin des Faches kann weder ein eigenes Sinnangebot machen, noch über Sinnangebote befinden; sie kann nur aus der Religionswissenschaft entliehene „Hinweisschilder" aufstellen. Im Hinblick auf das weltanschauliche Fundament der Ethik befindet sie sich in einer Lage, wie Kierkegaard sie beschreibt, nämlich „wie wenn man bei einem Trödler auf einem Schilde liest: Hier wird gerollt. Würde man mit seinem Zeug kommen, um es rollen zu lassen, so wäre man genasführt; denn das Schild steht bloß zum Verkaufe aus" (1964, 34).

Gleichwohl, so wurde mehrfach schon belegt, formuliert es das „Curriculare Rahmenkonzept" als Zielsetzung für das Fach „Praktische Philosophie" in NRW, dass es den Schülern „Antworten auf die Frage nach dem Sinn menschlicher Existenz ermöglichen" will. Übernehmen will das Fach diese Aufgabe ausdrücklich „in mehrperspektivischer Form … ohne Bindung an eine bestimmte Religion oder Weltanschauung". Ob Sinnfindung auf diese Weise und in der durch sie bedingten Art des Zugangs und des Sprechens tatsächlich möglich ist, muss zuletzt noch geklärt werden.

5. Sinnfindung als Bildungsaufgabe

Die Sinnfrage im hier unterlegten Verständnis bezieht sich auf einen übergreifenden Gesamtsinn menschlicher Existenz. „Sinnfindung" meint dann den aktiven Prozeß des existenziellen Sich-Einlassens der Schüler auf diese Frage mit dem (über die Schule hinausweisenden) Ziel, in Auseinandersetzung mit in der Gesellschaft vorfindlichen religiösen und nichtreligiösen Sinnangeboten für sich selbst darauf eine eigene (vorläufige) Antwort zu finden. Sinnfindung ist also ein Ziel mit Prozeß-Charakter, d.h mit vorläufigen und nicht mit endgültigen Ergebnissen. Die Notwendigkeit dieser Zielsetzung ergibt sich einerseits daraus, dass die Schüler zur Herausbildung einer moralischen Haltung darauf verwiesen sind, inhaltliche Vorstellungen vom Gelingen menschlichen Lebens zu entwickeln, und ist andererseits ein Erfordernis des bildenden Umgangs mit der Sinnfrage. Unterstellt sich der Unterricht nämlich dem Bildungsgedanken und versucht „erziehender Unterricht" zu sein, reicht die bloße Information und Kenntnisvermittlung über unterschiedliche Sinnangebote und entsprechende Lebensformen nicht aus, müssen die Schülerinnen und Schüler vielmehr zur Klärung der Bedeutsamkeit der Sinnangebote für das eigene Leben aufgefordert und angeleitet werden. Bildender Unterricht intendiert insofern notwendig die existenzielle Auseinandersetzung der Schüler mit der Sinnfrage und hat als Ziel die Sinnfindung für das eigene Leben. Kann der Ethikunterricht unter den Bedingungen des Faches den Schülern den Eintritt in diesen Prozeß der Sinnfindung ermöglichen oder nur der Religionsunterricht?

5.1 Sinnfindung im Ethikunterricht?

Der Ethikunterricht, so die hier vertretene These, überschätzt sich in seinen Möglichkeiten, wenn er glaubt, diese Aufgabe erfüllen zu können. Sinnfindung ist die originäre Aufgabe des Religionsunterrichts, die der Ethikunterricht nicht übernehmen kann und darf. In drei Schritten soll das unter Rückgriff auf teils schon genannte Argumente zusammenfassend begründet werden.

1. Auf einen *allgemeinen* Sinn bezogen ist Sinnfindung nicht möglich. Was Religionen und Weltanschauungen als Sinnantwort anbieten, ist immer ein *bestimmter*, ein *inhaltlich* bestimmter Sinn, kein allgemeiner Sinn oder Sinn überhaupt. Er kann daher immer auch nur als ein bestimmter Sinn gefunden und übernommen werden (vgl. Ladenthin 1999, 62f.). Als bestimmter Sinn bleibt er an die ihn bestimmende Religion oder Weltanschauung gebunden. Wollte man ihn davon ablösen, wäre er kein (religiöser) Sinn mehr. Zur Verdeutlichung des Gemeinten sei in Übernahme eines Beispiels von Dietrich Benner (vgl. 1993, 104) auf die Sprache verwiesen, die sich auch nur als bestimmte Sprache erlernen und übernehmen lässt, nicht als Sprache überhaupt. Das gilt ebenso auch für Religionen und Weltanschauungen. Sinnfindung „ohne Bindung an eine bestimmte Religion oder Weltanschauung" ermöglichen zu wollen, ließe sich bezogen auf das Beispiel entsprechend als der Versuch bezeichnen, durch Esperanto-Unterricht eine Fremdsprache zu erlernen, – und dies in Unkenntnis einer Muttersprache (vgl. Benner 1999, 60). Die Parallelen lassen sich noch weiter ausziehen: Wie das Erlernen einer Sprache auf Sprachpraxis abzielt und der Auskunft darüber bedarf, wo und in welcher Sprachgemeinschaft sie gesprochen wird, so muss auch die unterrichtliche Einführung in eine bestimmte Religion und Glaubensweise aufzeigen können, wo und wie sie tatsächlich gelebt wird und sich konkret leben läßt. Und wie der Sprachlehrer die zu erlernende Sprache selber sprechen und eine entsprechende Sprachpraxis haben

muss, muss so nicht auch der Religionslehrer in seiner Religion praktizierend zu Hause sein?

2. Auf die Übernahme eines *bestimmten* Sinns aber *darf* die Intention des Ethikunterrichts nicht ausgerichtet sein. Seiner weltanschaulichen Neutralität wegen muss sich der Unterricht jeglicher Wertung enthalten, d. h. er darf den Geltungsanspruch keiner der Religionen und Weltanschauungen vertreten, die er vorstellt. Will er die Schüler gleichwohl zur Sinnfindung hinführen, muss er ihnen eine Wahl zwischen verschiedenen Sinnangeboten unterschiedlicher Religionen und Weltanschauungen ermöglichen. Eine solche Wahlofferte ist sinnvoll nur, wenn es Kriterien für eine *begründete* Auswahl unter den Sinnangeboten gibt. Auswahlkriterien kann und darf der Ethikunterricht aber nicht angeben. Er muss also hinnehmen, dass die Wahl nach beliebigen Gesichtspunkten erfolgt. Wenn die Wahl aber beliebig ist, braucht man die Antworten letztlich nicht und ist nicht begründbar, warum sie zum Gegenstand des Unterrichts gemacht werden sollen. Wer die Sinnfindung als wichtig und notwendig, den gefundenen Sinn aber als beliebig betrachtet, gerät in einen Selbstwiderspruch. Die Schüler vom Sinn und der Notwendigkeit einer Wahlentscheidung zu überzeugen, wenn man alle Sinnangebote als gleich gültig und die Wahl als beliebig ausgibt, dürfte deshalb motivationspsychologisch kaum möglich sein. Das curriculare Rahmenkonzept des Faches Praktische Philosophie macht selbst schon in begründeter Skepsis dem eigenen Fach gegenüber diesen Einwand. „Konkurrierende Sinnperspektiven können", so heißt es dort, „wenn sie nicht aufgearbeitet und gewichtet werden, zu Verunsicherung, Desorientierungen oder zur Erfahrung führen, dass alle Sinnangebote „gleich-gültig" sind, die Sinnfrage tritt in den Hintergrund" (3). Dieser Satz spiegelt das ganze Dilemma des Faches, um das die Macher offenbar wissen. Man *müsste* gewichten, *darf* aber nicht gewichten, muss über alle Sinnangebote in gleicher Weise informieren. Dieses bloß informierende Sprechen über religiöse Sinnangebote ist in der Tat notwendig immer ein relativierendes Sprechen. Man mag damit über diese Sinnangebote durchaus verlässlich informieren können, kann und darf aber nicht deren Geltungsanspruch vertreten. Man *kann* es nicht, weil man nicht gleichzeitig Agent sein kann divergierender, sich wechselseitig relativierender oder ausschließender Sinnangebote. Man *darf* es nicht, weil ein in der inhaltlichen Verantwortung des Staates erteilter religionskundlicher Unterricht für alle zu weltanschaulicher Neutralität verpflichtet ist. Dieses Dilemmas wegen kann der Ethikunterricht letztlich weder die Notwendigkeit der Sinnfindung plausibel machen noch zu einer begründeten Sinnentscheidung hinführen.

3. Sinnfindung ist begründet nur *mittelbar* in Auseinandersetzung mit dem Geltungsanspruch eines aus einer bestimmten Religion sich ergebenden Lebensmodells möglich. *Unmittelbar* als Lehre ist die religiöse Sinnantwort nicht verifizierbar. Weil sie auf Transzendenz ausgreift, entzieht sie sich rationaler Argumentation, d.h sie stellt kein in irgendeiner Weise verobjektivierbares Wissen dar, für das man unter Berufung auf die Wissenschaft Gründe benennen könnte, die es als wahr erweisen. Der religiöse Geltungsanspruch umfaßt nun aber nicht nur die Lehre, sondern ebenso die Praxis, die religiöser Glaube immer auch ist (vgl. Essen 1992). Für

praktische Geltungsansprüche aber gilt, dass sie durchaus begründbar, wenn auch anders begründbar sind als theoretische Wahrheitansprüche (vgl. Habermas 1998). Der Geltungsanspruch der Moral, das richtige Handeln bestimmen zu können, ist von solcher Art. Er ist begründbar nicht unter Bezugnahme auf eine objektive, sondern eine soziale Welt. Als begründet und damit richtig gilt (der Pflichtenethik) ein Handeln aufgrund seiner diskursive Verständigung ermöglichenden Verallgemeinerungsfähigkeit. Richtigkeit gründet hier also letztlich in der Anerkennung durch die Kommunikationsgemeinschaft.

Der Geltungsanspruch religiöser Lebensformen, das gute Handeln richtig auszulegen, ist demgegenüber nicht auf Verallgemeinerungsfähigkeit gegründet, sondern von weltanschaulichen Prämissen abhängig, die gerade nicht von jedermann geteilt werden. Religiös fundierte und diskursiv begründete Ethik unterscheiden sich von daher fundamental. Dennoch gibt es gewisse Parallelitäten insofern, als die Anerkennung durch die Kommunikationsgemeinschaft hier und die Anerkennung durch die Glaubensgemeinschaft dort eine – wenn auch je andere – Rolle spielen. Religiöse Ethik ist nämlich in ihrer inhaltlichen Bestimmtheit (als Strebensethik) an die Anerkennung durch die Glaubensgemeinschaft (Kirche) gebunden, daher nur von dieser vertretbar und auch nur im Blick auf deren Praxis „verifizierbar". Wie glaubwürdig eine Religion ist, hängt immer *auch* von der auf Anschauung angewiesenen Überzeugungskraft des von den Mitgliedern der Glaubensgemeinschaft praktizierten Lebensmodells ab, d. h. „in dem Maß, in dem ihre „Früchte" echte Toleranz, Dienst am Nächsten, Reifung der Persönlichkeit sind, kann eine religiöse Lebensform als mehr oder weniger „wahr" gelten" (Haeffner 1997, 195). Nicht ohne Grund erwarten die christlichen Kirchen hierzulande deshalb vom Religionslehrer, dass er sich mit dem christlichen Lebensmodell identifiziert, nicht schon das Musterbeispiel dafür abgibt, wohl aber dessen Geltungsanspruch vertritt. Nur so können die Schüler zur existenziellen Auseinandersetzung damit herausgefordert und zur eigenen Entscheidung hingeführt werden, – und zwar so hingeführt werden, dass dabei die Möglichkeit der Identifikation mit dieser Lebensform eröffnet und nicht ausgeschlossen wird. Sicherlich wird dem Religionslehrer damit eine schwierige Rolle auferlegt; *die Schüler allerdings von der Richtigkeit eines Lebensmodells zu überzeugen, dessen Geltungsanspruch man selbst nicht teilt, dürfte kaum möglich sein.* Das gilt bezogen auf moralische Normen in gleicher Weise für die Haltung des Ethiklehrers. Die Regel „Jeder Sprecher darf nur das behaupten, was er selbst glaubt" zählt Habermas unter Bezug auf Alexy (vgl. 1978, 37) zu den Grundvoraussetzungen für die kooperative Wahrheitssuche im Diskurs (vgl. 1983, 98). Sie erst sichert die Glaubwürdigkeit des Behaupteten. Ohne solche Glaubwürdigkeit in der Vertretung des Geltungsanspruchs dürfte es schwer fallen bzw. unmöglich sein, die Schüler hier wie dort dazu zu veranlassen, in eine ernsthafte Auseinandersetzung mit der entsprechenden Sollensforderung einzutreten und sie zu einer Entscheidung hinzuführen, die nicht nur die Möglichkeit der Ablehnung, sondern auch die der Übernahme einschließt. Die Identifikation des Religionslehrers mit dem Geltungsanspruch der religiösen Sinnantwort seiner Glaubensgemeinschaft ist insofern eine notwendige (wenn auch keine hinreichende) Bedingung für die Möglichkeit der Sinnfindung. Weil nur der Religionsunterricht sie erfüllt, kann auch nur er (und nicht der Ethikunterricht) diese Möglichkeit eröffnen.

5.2 Geltungsanspruch und Positionalität

In der gegenwärtigen pädagogischen Diskussion um Schule und Religionsunterricht wird die Notwendigkeit einer konfessorischen Haltung des Religionslehrers nun allerdings vielfach bestritten. Es sei nicht akzeptabel, so Heinz-Elmar Tenorth, „das Kriterium der authentischen Repräsentation zum Prüfstein eines erfolgversprechenden Religionsunterrichts" (1999, 183) zu machen. Entsprechende Erwartungen an die Lehrerrolle seien übersteigert, denn außer dem, was jeder Lehrer in Erfüllung seiner Profession zu leisten habe, müsse der Religionslehrer „noch mehr leisten, nämlich selbst ‚gläubig' sein, die Doktrin leben, lieben und bezeugen, die er vertritt" (184). Ein solches Verständnis des Lehrers gehöre „in eine eschatologisch-religiöse, nicht in eine pädagogisch-professionelle Tradition des Lehrerberufs" (183). An das Bekenntnis des Lehrers knüpfe sich dabei die Erwartung „an Akzeptanz und Zustimmung der Lehrinhalte" (184), d. h. es diene dazu, das Geltungsproblem der befürchteten Beliebigkeit zu entziehen. Dass man gleichwohl beanspruche, konfessionelle Prägung und dogmatische Fixierung zu vermeiden, sei schon erstaunlich und systematisch nicht mehr begründbar. Ein auf das Zeugnis des Lehrers sich gründender Unterricht, so vertritt es Tenorth, sei der Institution Schule nicht angemessen. Auch Religion sei dort nur in der Form „thematisierbar, die der Institution eigen ist: im Modus des Lernens, nicht des Bekenntnisses" (183).

Ebenso wie Tenorth lehnt auch Prange die Forderung nach Engagement, Zeugnis und Bekenntnis des Religionslehrers ab und verlangt, „diese Aufgabe Fachkennern anzuvertrauen, deren Unterricht nicht durch Partei- und Interessensgesichtspunkte getrübt ist. Also: Religionsunterricht durch Religionswissenschaftler, die selber nicht religiös zu sein brauchen, so wie Deutschlehrer ja auch nicht Gedichte schreiben und Musiklehrer keine Opern" (1998, 89). Dort, wo es auf das Zeugnis des Lehrers ankomme, werde der Unterricht zur „Verkündigung"; Religionsunterricht sei deshalb nichts anderes als „eine Enklave kirchlicher Gemeindearbeit im Außendienst, kein Muster für Unterricht unter den Bedingungen des sozialen und kulturellen Pluralismus" (91).

Dass in der Schule „nur etwas unterrichtet und zum Thema erhoben werden (darf, R.S.), was grundsätzlich wissbar und von daher erlernbar ist" (57), vertritt aus schul- und erziehungstheoretischen Gründen auch Dietrich Benner. Um jegliche Manipulation und Indoktrination zu vermeiden, muss seiner Auffassung nach „jeder Inhalt und jeder Sachverhalt, der zum Gegenstand von Unterricht gemacht wird, eine Transformation erfahren, welche aus ihm einen Gegenstand des Wissens und der Unterrichtung macht. Für alle Bestrebungen, Unterricht für Zwecke der Verkündigung religiöser, weltanschaulicher oder ideologischer Wahrheiten zu instrumentalisieren, bedeutet dies, dass sie aus pädagogischen Gründen auch dann verboten sind, wenn das Justizsystem sie… bestimmten Kirchen in bestimmten Kontexten durchaus erlaubt" (56). Zum Kundigsein in Sachen Religion, das er vom Lehrer erwartet, gehört für Benner allerdings „auch noch, dass man nicht nur um Religion weiß, sondern auch einen Glauben hat" (68). Zeigen dürfe er diesen Glauben aber nur außerhalb des Unterrichts, „dort wo er aus dem Unterricht heraustritt, den Unterricht verlässt und in eine Praxis übergeht, so wie der Politiklehrer den Unterricht verläßt und in einer politisch diskutierenden Öffentlichkeit beispielsweise seine Sympathie für eine bestimmte Partei oder für bestimmte politische Optionen zu erkennen gibt" (ebd.).

Zu fragen ist, ob diese Einwände berechtigt sind oder ob sie sich entkräften lassen. Zuzugestehen ist sicherlich, dass die Rede vom Zeugnis, Bekenntnis oder Engagement des Religionslehrers missverständlich ist und Assoziationen zum Begriff „Verkündigung" nahelegt, die der Religionsunterricht nicht sein will und nicht sein darf. Ebenso mißverständlich ist allerdings die Forderung nach einer Beschränkung schulischen Unterrichts auf das Wissbare. Benner definiert nicht, was darunter zu verstehen ist. Dass er damit nur empirisch überprüfbares Tatsachenwissen meint, ist schlecht vorstellbar. Schulischer Unterricht müsste dann auf die naturwissenschaftlichen Fächer begrenzt werden. Wenn aber das argumentativ begründete Geltungswissen mitgemeint ist, was kann dann die „Transformation der Unterrichtsgegenstände in Wissbares" heißen? Warum soll dann für den Religionsunterricht anderes gelten als für den Ethikunterricht, den Sozialkundeunterricht, den Pädagogikunterricht? Auch dort sind Geltungsansprüche nicht unter Bezugnahme auf eine objektive Welt, sondern nur auf Geltungs*gründe* „verifizierbar". „Wer vom Wissen spricht", so Marian Heitger, „wer behauptet, etwas zu wissen, der muß gleichzeitig für dieses Wissen einstehen können, er muß Gründe für den Inhalt seines Wissens, für den Inhalt seines Fürwahrhaltens beibringen. Jedes Wissen muß wahr sein wollen, muß von dem, der es behauptet, als wahr angenommen werden, wenn das Wissen seinen es selbst erst konstituierenden Charakter nicht verlieren will. Die Folge ist, daß jeder, der etwas zu wissen behauptet, für diesen Anspruch zur Rechenschaft gezogen werden kann; er muß den Geltungsanspruch seines Wissens als begründet ausweisen können, d. h. er ist verpflichtet, für sein Wissen Gründe bzw. Argumente beizubringen" (1984, 17). Strukturell gilt für den Religionsunterricht insofern nichts, was nicht für jeden anderen Unterricht auch gilt. Hier wie dort werden Geltungsansprüche erhoben, und zwar entweder mit Bezug auf objektiv überprüfbare Tatsachen oder mit Bezug auf intersubjektiv austauschbare und rational verhandelbare Gründe.[4] Den Schülern obliegt es, die jeweilige Begründung kraft eigenen Denkens nachzuvollziehen und zu überprüfen. Im Falle argumentativ begründeter Geltungsansprüche haben sie das Für und Wider abzuwägen und sich mit Gründen für oder gegen die Übernahme des Geltungsanspruchs zu entscheiden. Das gilt auch für die „Soll-Geltung" des christlichen Lebensmodells, so dass dem Religionsunterricht in dieser Hinsicht keine Sonderrolle zukommt; er ist vielmehr dem gleichen pädagogischen Prinzip unterstellt, „das für

---

[4] Habermas unterscheidet entsprechend zwischen Gültigkeit und (Soll-) Geltung, Wahrheit und Richtigkeit. Heitger trifft diese Unterscheidung noch nicht, spricht von Geltung also auch dort, wo Gültigkeit (mit-) gemeint ist, und von Wahrheit dort, wo Richtigkeit (mit-) gemeint ist. Auch hier im Text wird die entsprechende Unterscheidung begrifflich nicht streng durchgehalten.

jedes Lernen und Erkennen gilt. In ihm behauptet sich der Geltungsanspruch als identisch bleibende Konstante für den gesamten Vollzug des Erkennens, Fragens, Suchens und Antwortens" (Heitger 1984, 20). Diesen Geltungsanspruch im Falle des Religionsunterrichts als einen die Erkenntnis trübenden „Partei- und Interessengesichtspunkt" zu bezeichnen, wie Prange dies tut, stellt ein grobes Missverständnis dar. Jede erzieherische Intention der Institution Schule müsste dann so bezeichnet werden, denn auch sie erhebt Anspruch auf Soll-Geltung und muß vom Lehrer vertreten werden, wenn er sie nicht unterlaufen und nahezu unmöglich machen will, dass sie auch erreicht werden kann. Dass Schule und Unterricht zur Wertschätzung von Literatur führen können, zur Toleranz gegenüber Andersdenkenden, zur Akzeptanz demokratischer Verkehrsformen oder zu einem bestimmten religiösen Glauben, wenn der Lehrer die entsprechenden Haltungen nicht auch selbst vertritt, dürfte kaum möglich sein und für die Schüler eine nur im Ausnahmefall überwindbare Hürde darstellen. Mit der Forderung nach Positionalität wird dem Religionslehrer insofern keine Sonderrolle auferlegt, denn diese Forderung gilt bezogen auf die jeweils verfolgte erzieherische Intention im Prinzip für den Lehrer jeden anderen Faches in gleicher Weise. Gerade *weil* für den Religionsunterricht der gleiche institutionsspezifische Modus des Lernens gilt wie für die übrigen Fächer auch, so läßt sich entsprechend gegen Tenorth argumentieren, bedarf es dort auch der Positionalität des Lehrers in der Vertretung dieses Geltungsanspruchs. Es ist demnach gerade umgekehrt, als es die Kritiker behaupten: *Der Religionsunterricht würde aus dem System schulischen Lernens herausfallen, wenn er einen Geltungsanspruch nicht erheben würde.* In einer Hinsicht indes hat der Religionsunterricht gleichwohl eine Sonderrolle: Sein Anspruch auf Soll-Geltung hängt von Prämissen ab, die nicht mehr rational einholbar sind und daher auch nicht zum Gegenstand von Wissensvermittlung gemacht werden können, sondern eine weltanschauliche Voraussetzung des Unterrichts darstellen, zu der man sich unterschiedlich verhalten, die man teilen, hypothetisch teilen oder auch nicht teilen kann. Dieser der unterrichtlichen Wissensvermittlung vorausliegenden weltanschaulichen Prämisse wegen kann man sich vom Religionsunterricht abmelden, wenn man sich mit seinem Anspruch nicht auseinandersetzen will. Der Vergleich des Religionsunterrichts mit dem Politikunterricht ist daher irreführend: Dort besteht keine Abmeldemöglichkeit und daher Neutralitätspflicht, so dass der Geltungsanspruch einer bestimmten Parteidoktrin nicht vertreten werden darf. Wohl vergleichbar sind dagegen Politik- und Ethikunterricht.

Gegen eine Beschränkung auf Wissbares gleich welcher Art, wie sie der religionskundliche Unterricht vornimmt und wie sie von den genannten Kritikern offensichtlich als Ideal eines Unterrichts „in Sachen Religion" betrachtet wird, läßt sich noch in anderer Hinsicht argumentieren: nicht vom Modus schulischen Lernens, sondern vom Bildungsauftrag der Schule her. Unbestritten dürfte sein, dass Bildung nicht mit Wissen schon identisch ist, sondern eine wertbezogene Haltung und Einstellung zum erworbenen Wissen einschließt. Und unbestritten dürfte ebenfalls sein, dass ein Bildung anzielender Unterricht entsprechend die Unterrichts- so mit der Erziehungsaufgabe verbinden muss, dass er mit der Wissensvermittlung zugleich diese Werthaltung ausbilden hilft (vgl. Regenbrecht 1998, 96f.). Dazu aber bedarf es der Auseinandersetzung mit Geltungsansprüchen, zu der Unterricht aufzufordern und anzuleiten hat, wenn er den Schülern dazu verhelfen will, eine stellungnehmende Werthaltung auszubilden. Der bildende Umgang mit einer Religion schließt insofern immer die existenzielle Auseinandersetzung mit ihrem Anspruch ein, eine gültige Antwort auf die Frage nach dem Sinn menschlicher Existenz zu geben. Wer für den Umgang mit Religion im Ethik- oder Religionsunterricht den Verzicht auf einen Geltungsanspruch und die Beschränkung auf Wissbares fordert, *halbiert daher den Bildungsbegriff bzw. verabschiedet den Anspruch schulischen Lernens, bildend zu sein.*

6. Fazit und Konsequenzen

Was ergibt sich als Fazit der hier angestellten Überlegungen? Deutlich geworden dürfte sein, dass die Ethik bei der Bestimmung dessen, was die Moralität des Handelns ausmacht, ohne inhaltliche Vorstellungen vom Gelingen menschlichen Lebens nicht auskommt und diese Vorstellungen ihrerseits wiederum von weltanschaulichen Prämissen abhängen, so dass die Ethik letztlich auf Religion und Weltanschauung verwiesen und angewiesen ist. Für die schulische Werterziehung ergibt sich daraus als Konsequenz, dass sie die Frage nach Sinn und Gelingen menschlicher Existenz aufgreifen, die Schüler zur Auseinandersetzung damit anleiten und zu einer eigenen (vorläufigen) Sinnantwort hinführen muß. Aufzuzeigen versucht wurde, dass sich der Religions- und der Ethikunterricht dieser Aufgabe gleichermaßen stellen, sie aber nur vom Religions- und nicht vom Ethikunterricht erfüllt werden kann, weil dieser eine notwendige Bedingung dafür nicht erfüllt: Er kann und darf einen Geltungsanspruch für ein bestimmtes Sinnangebot nicht erheben, vermag daher eine Auseinandersetzung damit nicht zu initiieren und Sinnfindung nicht zu ermöglichen. Er sollte deshalb diesen Anspruch nicht aufrechterhalten und sich gegenüber den Zielen des konfessionellen Religionsunterrichts deutlich bescheiden (vgl. Antes 1998, 423), d. h. nicht länger dem Irrtum anhängen, „schon die Information über religiöse Lebensweisen sei sinnorientierend" (Lohmann 1996, 147). In der Sinnfindung bleibt der Ethikunterricht auf den Religionsunterricht angewiesen. Weder vermag er ihn vollständig zu ersetzen, noch gibt es angesichts der Vernunftbezogenheit der ethischen Erziehung im Religionsunterricht vernünftige Gründe dafür, einen Ethikunterricht für alle Schüler neben dem Religionsunterricht zu fordern.

Literatur

Alexy, Robert: Eine Theorie des praktischen Diskurses. In: Oelmüller, Willy (Hg.): Normenbegründung – Normendurchsetzung. Paderborn 1978, 22–58.
Antes, Peter: Religionswissenschaftliche Didaktik. In: Zeitschrift für Pädagogik und Theologie, 50. Jg. (1998), Heft 4, 416–423.

Auer, Alfons: Ein Modell theologisch-ethischer Argumentation: Autonome Moral. In: Ders. / Biesinger, Albert / Gutschera, Herbert (Hg.): Moralerziehung im Religionsunterricht. Freiburg – Basel – Wien 1957, 27–57.

Auer, Alfons: Autonome Moral und christlicher Glaube. Zweite Auflage mit einem Nachtrag zur Rezeption der Autonomievorstellung in der katholisch-theologischen Ethik. Düsseldorf 1984.

Ballauff, Theodor: Erneutes Plädoyer für den Philosophieunterricht. In: Pädagogische Rundschau 43 (1998), 625–638.

Benner, Dietrich: Zur Bedeutung von Religion für die Bildung. In: Schneider, Johannes (Hg.): Bildung und Religion. Münster 1993, 99–108.

Benner, Dietrich: Statement. In: Fraktion Bündnis 90 / Die Grünen im Abgeordnetenhaus von Berlin (Hg.): Dokumentation einer öffentlichen Anhörung „Wie halten wir's mit der Religion? Religion, Islam, LER in Berlin?". Berlin 1999.

Blankertz, Herwig: Warnung vor dem Widerruf. Die Grusel-Wissenschaftsorientierung des Herrn Spies. In: Schulpraxis 546 (1982), 11–15.

Böckle, Franz: Fundamentalmoral. [5]München 1981.

Ellis, Albert: Training der Gefühle. Wie Sie sich hartnäckig weigern, unglücklich zu sein. Aus dem Amerikanischen übertragen von Gordon H. Price. Landsberg 1996.

Essen, Georg: Die Wahrheit ins Spiel bringen … Bemerkungen zur gegenwärtigen Diskussion um eine Theorie der Religionen. In: Pastoralblatt für die Diözesen Aachen, Berlin, Essen, Hildesheim, Köln, Osnabrück 5 (1992), 130–140.

Fachverband Philosophie e.V.: Anregungen zu einem Lehrplan Philosophie als Ersatzfach in der Sekundarstufe I (NW) vom 15. 3. 1995.

Frankena, William K.: Analytische Ethik. Eine Einführung. Herausgegeben und übersetzt von Norbert Hörster. [4]München 1986.

Frankl, Victor E.: Der Mensch vor der Frage nach dem Sinn. [10]München – Zürich 1998.

Gestrich, Christof (Hg): Ethik ohne Religion? Beiheft 1996 zur Berliner Theologischen Zeitschrift. Berlin 1996.

Gloy, Horst: Dem interreligiösen Religionsunterricht gehört die Zukunft. In: Neue Sammlung 2 (1997), 231–253.

Habermas, Jürgen: Diskursethik – Notizen zu einem Begründungsprogramm. In: Ders.: Moralbewusstsein und kommunikatives Handeln. Frankfurt 1983, 53–126.

Habermas, Jürgen: Einen unbedingten Sinn zu retten ohne Gott, ist eitel. Reflexionen über einen Satz von Max Horkheimer. In: Lutz-Bachmann, Matthias / Schmidt Noerr, Gunzelin (Hg.): Kritischer Materialismus. Zur Diskussion eines Materialismus der Praxis. Regensburg 1991, 125–142.

Habermas, Jürgen: Richtigkeit vs. Wahrheit. Zum Sinn der Sollgeltung moralischer Urteile und Normen. In: Deutsche Zeitschrift für Philosophie, 46. Jg. (1998), Heft 2, 179–208.

Haeffener, Gerd: Sinn und Problematik eines philosophischen Verstehens von Religion. In: Wieland, Georg (Hg): Religion als Gegenstand der Philosophie. Paderborn 1997, 175–196.

Heitger, Marian: Die Vielheit der Fächer und die Einheit der Bildung. In: Ders. (Hg.): Die Vielheit der Fächer und die Einheit der Bildung. Innere Schulreform III. Wien 1984, 9–33.

Henrich, Dieter: Der Begriff der sittlichen Einsicht und Kants Lehre vom Faktum der Vernunft. In: Ders. / Schulz, Walter / Volkmann-Schluck, Karl-Heinz (Hg.): Die Gegenwart der Griechen im neueren Denken. Festschrift für Hans-Georg Gadamer zum 60. Geburtstag. Tübingen 1960, 77–115.

Hentig, Hartmut von: Ach, die Werte! Ein öffentliches Bewußtsein von zwiespältigen Aufgaben. München 1999.

Höffe, Otfried (Hg.): Lexikon der Ethik. [2]München 1980.

Höffe, Otfried: Personale Bedingungen eines sinnerfüllten Lebens: eine ethisch-philosophische Erkundung. In: Fundamenta Psychiatrica 3, 1988, 156–166.

Höffe, Otfried: Moral und Erziehung. Zur philosophischen Begründung in der Moderne. In: Gestrich, Christ4of (Hg.): Ethik ohne Religion? Beiheft zur Berliner Theologischen Zeitschrift (1996), 16–27.

Horkheimer, Max: Gesammelte Schriften. Hrsg. von Alfred Schmidt und Gunzelin Schmidt Noerr. Bd.7: Vorträge und Aufzeichnungen 1949–1973. Frankfurt 1985.

Kant, Immanuel: Werke in 10 Bänden. Hrsg. von Wilhelm Weischedel. Darmstadt 1983.

Kant, Immanuel: Critik der reinen Vernunft. 1. Auflage (A.) Riga 1781, 2. Auflage (B) Riga 1787 (Weischedel Bd. 3).

Kaulbach, Friedrich: Einführung in die Philosophie des Handelns. [2]Darmstadt 1986.

Kierkegaard, Sören: Entweder/Oder. Erster Teil. Übersetzt von Emanuel Hirsch. Düsseldorf 1964.

Kodalle, Klaus-M.: Expertenbefragungen. In: Dialektik 2 (1995), 99–114.

Kohlberg, Lawrence: Kognitive Entwicklung und moralische Erziehung. In: Mauermann, Lutz / Weber, Erich (Hg.): Der Erziehungsauftrag der Schule. [2]Donauwörth 1981, 107–117.

Kuhlmann, Wolfgang: Moralität und Sittlichkeit. Ist die Idee einer letztbegründeten normativen Ethik überhaupt sinnvoll? In: Ders. (Hg.): Moralität und Sittlichkeit. Frankfurt 1986, 194–216.

Kunz, Christoph: Ethik – Religion – Philosophie. Bemerkungen zu den Zielen, Möglichkeiten und Grenzen eines „Ersatzfaches". In: Forum, hg. von der Schulstiftung der Erzdiözese Freiburg. Juli 1995, 39–44.

Ladenthin, Volker: Religion als Schulfach? Antworten aus der Perspektive der Allgemeinen Pädagogik. In: Nordhofen, Eckhard / Schimmöller, Klaus / Sternberg, Thomas (Hg.): Das Bildungspotential des Religionsunterrichts. Münster 1999, 41–70.

Landesinstitut für Schule und Weiterbildung (Hg.): Konzeption der Fortbildungsmaßnahme für Lehrerinnen und Lehrer im Fach Praktische Philosophie. Entwurf. (Soest) 1997.

Lohmann, Georg: Thesen zur Ethiklehrerausbildung vor dem Hintergrund einiger Unterschiede zwischen Religion und Ethik. In: ZDPE 2 (1996), 144–150.

Lott, Jürgen: Religionsunterricht in einer nachchristlichen Lebenswelt. Zur Ortsbestimmung von Religion in der Schule. In: Seibert, Norbert / Serve, Helmut J. (Hg.): Bildung und Erziehung an der Schwelle zum dritten Jahrtausend. München 1994, 1051–1101.

Mackie, John Leslie: Ethik. Auf der Suche nach dem Richtigen und Falschen. Aus dem Englischen übersetzt von Rudolf Ginters. Stuttgart 1981.

Martini, Carlo Maria / Eco, Umberto: Woran glaubt, wer nicht glaubt? Aus dem Italienischen übersetzt von Burkhart Kroeber und Karl Pichler. Wien 1998.

Menne, Erwin: Religion im Philosophieunterricht. In: Philosophieunterricht in Nordrhein-Westfalen. Beiträge und Informationen Nr. 31 (1997), 2–22.

Metz, Johann Baptist: Glaube in Geschichte und Gesellschaft. Studien zu einer praktischen Fundamentaltheologie. [4]Mainz 1984.

Ministerium für Bildung, Jugend und Sport des Landes Brandenburg (Hg.): Unterrichtsvorgaben Lebensgestaltung – Ethik – Religionskunde, Sek I. Potsdam 1996.

Ministerium für Schule und Weiterbildung des Landes Nordrhein-Westfalen (Hg.): Kerncurriculum „Praktische Philosophie". Erprobungsfassung. Curriculares Rahmenkonzept. o. O. (Düsseldorf) 1997.

Nipkow, Karl Ernst: Ethik und Religion in der Schule in den Krisen der Moderne. In: Treml, Alfred K. (Hg.): Ethik macht Schule! Moralische Kommunikation in Schule und Unterricht. Frankfurt 1994, 8–16.

Oeing-Hanhoff, Ludger: Der Mensch: Natur oder Geschichte? Die Grundlagen und Kriterien sittlicher Normen im Licht der philosophischen Tradition. In: Henrich, Dieter (Hg.): Naturgesetz und Ethik. München 1970, 11–47.

Otto, Gert: Das Ende des konfessionellen Religionsunterrichts. In: Pädagogik 10 (1997), 48–53.

Patzig, Günther: Ethik ohne Metaphysik. [2]Göttingen 1983.

Patzig, Günther: „Principium diiudicationis" und „Principium executionis": Über transzendentalphilosophische Begründungssätze für Verhaltensnormen. In: Prauss, Gerold (Hg.): Handlungstheorie und Transzendentalphilosophie. Frankfurt 1986, 204–218.

Petzelt, Alfred: Wissen und Haltung. Eine Untersuchung zum Begriff der Bildung. 2. erweiterte Auflage, Freiburg 1963.

Pieper, Annemarie: Pragmatische und ethische Normenbegründung. Freiburg – München 1979.

Pöppel, Karl Gerhard: Schulpädagogische Reflexionen zum Religionsunterricht in der Schule. In: Vierteljahrsschrift für wissenschaftliche Pädagogik, 70. Jg. (1994), Heft 3, 322–338.

Prange, Klaus: Die Sinnfrage im Unterricht. In: Jendrowiak, Hans-Werner (Hg.): Humane Schule in Theorie und Praxis. Frankfurt 1998, 72–93.

Preuss-Lausitz, Ulf: Schulische Werte unter Pluralitätsbedingungen. Zur Pädagogik der Vielfalt in der pluralistischen Schule der Zukunft. In: Ethik und Unterricht 4 (1996), 35–42.

Regenbrecht, Aloysius: Reflektierende Urteilskraft als Kriterium moralischer Erziehung im Unterricht. In: Rekus, Jürgen (Hg.): Grundfragen des Unterrichts. Weinheim – München 1998, 95–113.

Reinhardt, Sibylle: Kontroverses Denken, Überwältigungsverbot und Lehrerrolle. In: Gagel, Walter / Merne, Dieter (Hg.): Politikunterricht. Ein Handbuch zu den Richtlinien NRW. Opladen 1988, 65–73.

Rekus, Jürgen: Bildung und Moral. Zur Einheit von Rationalität und Moralität in Schule und Unterricht. Weinheim – München 1993.

Rinderle, Peter: Gründe und Motive für moralisches Handeln. In: Philosophische Rundschau, Bd. 45 (1998), 40–69.

Sänger, Monika: Lebensgestaltung. Eine neue Herausforderung für die Philosophie. In: ZDPE 1/1995, 5–22.

Schillebeeckx, Edward: Glaube und Moral. In: Mieth, Dietmar, Compagnoni, Francesco (Hg.): Ethik im Kontext des Glaubens. Freibrg – Wien 1978, 17–45.

Schilmöller, Reinhard: Erziehender Unterricht als Problem und Aufgabe. In: Vierteljahrsschrift für wissenschaftliche Pädagogik, 70. Jg. (1994), Heft 3, 344–357.

Schilmöller, Reinhard: Wissenschaftsorientierter Unterricht – ein Weg zur Bildung? In: Vierteljahrsschrift für wissenschaftliche Pädagogik, 71. Jg. (1995), Heft 1, 32–54.

Schilmöller, Reinhard: LER (Lebensgestaltung – Ethik -Religionskunde) – ein Modell für den Religionsunterricht der Zukunft? In: Vierteljahrsschrift für wissenschaftliche Pädagogik, 74. Jg. (1998), Heft 4, 421–440.

Schilmöller, Reinhard: Ethische Erziehung im Religionsunterricht und im Ethikunterricht: Gemeinsamkeit und Differenz. In: Ladenthin, Volker / Ders. (Hg.): Ethik als pädagogisches Projekt. Grundfragen schulischer Werterziehung. Opladen 1999, 223–241.

Schlette, Heinz Robert: Artikel „Religion". In: Krings, Hermann / Baumgartner, Hans Michael / Wild, Christoph (Hg.): Handbuch Philosophischer Grundbegriffe. Bd. 3. München 1974, 1233–1249.

Schlette, Heinz Robert: Was bedeutet „die Frage nach Gott" heute? In: Orientierung 63 (1999) Nr. 4, 50–53 (Teil 1) und Nr. 5, 63–66 (Teil 2).

Schöpf, Alfred: Die Motivation zu sittlichem Handeln. Zur Unterscheidung kognitiver und motivationaler Begründungen der praktischen Philosophie und Ethik. In: Zeitschrift für philosophische Forschung, Bd. 32, Heft 1. Meisenheim 1978, 494–509.

Schüller, Bruno: Die Begründung sittlicher Urteile. Typen ethischer Argumentationen in der Moraltheologie. Düsseldorf 1980.

Spd-Landtagsfraktion Brandenburg: 22 Fragen und Antworten zu LER. Broschüre. Potsdam 1996.

Tenorth, Heinz-Elmar: Schule – Religion – Zivilreligion. Zur weiteren Problematisierung eines jetzt schon schwierigen Verhältnisses. In: Scheilke, Christoph Th. / Schweitzer, Friedrich (Hg.): Religion, Ethik, Schule: bildungspolitische Perspektiven in der pluralen Gesellschaft. Münster 1999, 175–185.

Tiedtke, Michael / Wernet, Andreas: Säkularisierte Prophetie. Das Fach „Lebensgestaltung – Ethik – Religionskunde"(LER) in der verwissenschaftlichen Schule. In: Zeitschrift für Pädagogik, 44. Jg. (1998), Heft 5, 737–752.

Tillich, Paul: Frühe Hauptwerke. In: Gesammelte Werke Bd. 1. Stuttgart 1959.

Trutwin, Werner: Sinnfrage und Religionsunterricht. In: Religionsunterricht an höheren Schulen, 42. Jg. (1999), Heft 1, 48–58.

Waldenfels, Hans: Religion und Religionen im Horizont des Pluralismus von Gesellschaft und Wissenschaft. In: Jahres- und Tagungsbericht der Görresgesellschaft. Köln 1997, 55–73.

Weber, Max: Wirtschaft und Gesellschaft. Grundriss der verstehenden Soziologie. Fünfte, revidierte Auflage, besorgt von Johannes Winkelmann. Tübingen 1972.

Wolf, Jean-Claude / Schaber, Peter: Analytische Moralphilosophie. Freiburg – München 1998.

Zahrnt, Heinz: Leben – als ob es Gott gibt. München – Zürich 1992.

Zimbrich, Fritz: Möglichkeiten und Grenzen der Thematisierung von Religion im Ethikunterricht. In: Zeitschrift für Pädagogik und Theologie, 50. Jg. (1998), Heft 4, 424–432.

Diskussion zum Vortrag von Reinhard Schilmöller

(Moderation: Joachim Dikow)

Henke:

Ich melde mich hier zu Wort, weil ich einer der „Macher" des Kerncurriculums „Praktische Philosophie" bin und außerdem Theologe *und* Philosoph. Ich könnte zu vielen Punkten des Vortrags etwas sagen, möchte mich aber auf die Dinge beschränken, die zum Kerncurriculum gesagt wurden. Ich bin nicht sicher, ob nicht ein kleines Missverständnis vorliegt in der Wiedergabe dessen, was das Kerncurriculum zu „Sprechen oder Reden oder Lernen von und mit Religion" sagt. Ich glaube nämlich, dass das rein religionskundliche Sprechen möglicherweise im L-E-R-Konzept, aber nicht im Konzept „Praktische Philosophie" vorgesehen ist. Deswegen meine ich, dass der Unterricht, so wie er vom Kerncurriculum intendiert ist – das könnte man am Text im einzelnen noch aufweisen –, gerade darauf zielt, eine Sinnperspektive der Schülerinnen und Schüler anzusprechen, ihnen also nicht einfach nur neutral Religionen vorzustellen, sondern ihre Beurteilungsfähigkeit im Hinblick auf solche objektiv gegebenen Sinnsysteme zu schulen. Der Unterschied zum Religionsunterricht besteht nur darin, dass dies nicht durch die Lehrperson als authentische Vertreterin gerade dieser Religion unterstützt wird. Aber der Sinnanspruch liegt ja in der Religion als Sinnsystem selber. Insofern ist es unser Versuch, die Schülerinnen und Schüler zu einer eigenständigen Stellungnahme und zu einer Erörterung eben des Sinnes, der ihnen in der Religion entgegentritt, zu führen. Und das ist etwas anderes, als nur religionskundlich Religionen einfach vorzuführen und zu sagen, damit sind diese Menschen glücklich und damit jene und womit du jetzt glücklich wirst, das ist nicht mehr mein Problem.

Runtenberg:

Ich bin Mitarbeiterin des Philosophischen Seminars der Universität Münster und arbeite im Bereich der Philosophiedidaktik. Ich möchte mich in meinem Diskussionsbeitrag auf ein paar Bemerkungen zur Begründung des Kerncurriculums „Praktische Philosophie" beschränken, obwohl ich auch noch gerne einige Anmerkungen machen würde zum Begriff der „Ethik als sinnstiftender Theorie" oder zu der Möglichkeit, ohne übergeordnete Sinnsysteme und Letztbegründungsansprüche ein gelingendes oder glückliches Leben führen zu können oder nicht.

Ich möchte Stellung nehmen zu der Aussage, die sich aus der Diskussion über den Geltungsanspruch der Ethik ergibt und die behauptet, dass das Fach „Praktische Philosophie" bzw. „Ethik" ohne Bindung an Religion letzten Endes überflüssig sei. Diese Behauptung ist unplausibel, wenn man den Begriff von Ethik als „sinngeleiteter Theorie eines guten und gerechten Handelns" nicht teilt und Ethik vielmehr versteht als „Reflexionstheorie moralischen Handelns". Nach dieser Auffassung intendiert die Ethik nicht, Sinn stiften zu wollen, sondern die Orientierungskompetenz der einzelnen Subjekte in ihrer jeweils eigenen Sinnsuche zu unterstützen und zu fördern. Ein Unterricht, der sich auf diesen Begriff der Ethik bezieht, macht, wenn er religiöse Fragen in den Mittelpunkt stellt, etwas anderes als der Religionsunterricht. Dieser Philosophie- bzw. Ethikunterricht erhebt keinen materialen, hier religiösen Geltungsanspruch, sondern legt die verschiedenen Geltungsansprüche offen, die den jeweiligen – hier religiösen – Auffassungen, Ansätzen, Argumenten usw. zugrunde liegen und reflektiert diese. Dieser Unterricht ist weder mit Religionsunterricht noch mit Religionskunde gleichzusetzen.

Philosophie- bzw. Ethikunterricht, der sich auf die Philosophie als reflexive Wissenschaft bezieht, intendiert, Geltungsansprüche und ihre Begründungsleistung offenzulegen, zu analysieren und in ihrer Problemlösungskompetenz zu hinterfragen. Ein solcher Unterricht will nicht Sinn stiften oder spezifische materiale Geltungsansprüche als gültig ausweisen, sondern die Kompetenz der Schüler und Schülerinnen stärken, selbst zu reflektieren und zu begründen, welche Ansprüche und Sinnorientierungen für sie plausibel sind.

Schilmöller:

Da widerstreiten sich die Auffassungen! Die Frage ist zunächst: Ist es ein psychologisches Argument, dass Religion mit Geltungsanspruch zu unterrichten ist? Kann man auch im Mathematikunterricht hingehen und sagen: Zwei und zwei ist nach Adam Riese vier, nach dem jedoch das und nach dem noch etwas anderes? Kann ich also unterschiedliche Antworten geben? Ich muss doch sagen können, eine Antwort ist richtig, sonst brauche ich keinen Unterricht zu veranstalten! Ist nicht jedes Wissen immer mit einem bestimmten Geltungsanspruch verbunden? Relativiere ich den nicht, wenn ich ohne Gewichtung nur aufzähle: Der sagt dies und der sagt dies und der sagt das! Ist ein solches Sprechen nicht *notwendig* ein relativierendes Sprechen?

Man kann sich fragen, ob dies nicht auch für den Unterricht in Sinnfragen zutrifft, hier also eine Erkenntnis vorliegt, die man auf alle Fächer anwenden kann? Kann man jemanden von der Schönheit von Gedichten überzeugen, wenn man selbst nicht davon überzeugt ist? Hartmut von Hentig hat dies verneint und formuliert, dass der Lehrer sein „eigenes Curriculum" sei. Er vermittle ja nicht nur ein Fach, sondern auch immer seine *Einstellung* zum Fach. Welche Konsequenzen ergeben sich daraus? Kann man es dann in Sinnfragen dem Zufall überlassen, was der Lehrer glaubt und für richtig hält? Von der Kirche wird die Position vertreten, dass die Identifikation des Lehrers mit dem religiösen Wahrheitsanspruch notwendig sei, um Religion glaubhaft vermitteln und Schüler überzeugen zu können. Ich teile diese Position deshalb, weil es m.E. für alle Fächer gleichermaßen und für jegliche pädagogische Intention gilt, dass man glaubhaft nur vertreten kann, wovon man selbst überzeugt ist. Dies halte ich insofern für ein psychologisches Argument, als damit eine Bedingung für ein glaubwürdiges Sprechen benannt ist.

Wenn es zutrifft, dass das konfessorische Sprechen eine Voraussetzung für die angestrebte Identifikation der Schüler mit dem religiösen Sinnangebot ist, muss man, bezogen auf den Ethikunterricht, fragen und bezweifeln, ob er zur Sinnfindung überhaupt zu führen vermag, – es sei denn, der Lehrer versucht zu dem zu führen, wovon er selber überzeugt ist. Oder lässt sich über Religion auch „religionskundlich", also bloß informierend und nicht gewichtend so sprechen, dass man Schüler überzeugen kann? Meiner Ansicht nach ist das nicht der Fall und steht es auch im Gegensatz zur Aussage des Kerncurriculums – ich habe den Satz ja im Vortrag zitiert –, wo es heißt, dass „... konkurrierende Sinnangebote, wenn sie nicht aufgearbeitet und gewichtet werden, zu Verunsicherung, Desorientierung oder zu der Erfahrung führen, dass alle Sinnangebote ‚gleich-gültig' sind". Daran knüpfe ich die Frage: Darf man denn in einem weltanschaulich neutralen Fach „gewichten"? Ist das erlaubt?

Münnix:

Ich beschäftige mich auch mit Philosophiedidaktik und habe auch bei der Konzeption „Praktische Philosophie" mitgearbeitet. Ich beziehe mich nun auf die letzte Äußerung: „Dürfen Lehrer denn überhaupt gewichten?" Die Schüler *dürfen* gewichten. Sie *sollen* gewichten, sie sollen zum Urteilen angeregt werden, und das, denke ich, weist auf ein zentrales Problem hin, das mir beim letzten Vortrag schon dauernd durch den Kopf ging. Wir müssen, glaube ich, zum besseren Verständnis in der weiteren Diskussion unterscheiden zwischen Wertevermittlung, das tatsächlich etwas ist, was das Konzept „Praktische Philosophie" nicht anstrebt, und dem Konzept freier Selbstfindung aus Einsicht. Die Schüler dürfen gewichten und sollen sogar dazu angeregt werden. Sie sollen ihr Urteil an den Sinndeutungskonzeptionen bilden, womit sie Identifikationsmodelle vorgestellt bekommen, das heißt, der Unterricht bleibt durchaus nicht gleichgültig. Eine Formulierung im Vortrag ist mir sehr aufgefallen und „aufgestoßen". Es wurde gesagt „mehrperspektivisch und damit gleichgültig", und das genau ist nicht beabsichtigt. Also der Sinn von Mehrperspektivität ist, dass wir nicht eine als gültig feststehende, wie auch immer geartete, ontologisch höher begründete Wahrheit vermitteln wollen, sondern dass wir Wahrheit als regulative Idee unseres Suchens und Fragens begreifen. Und wenn man Wahrheit als regulative Idee unseres Suchens und Fragens begreift, dann ist es immer auch sinnvoll, dies mehrperspektivisch zu tun, denn unterschiedliche Erkenntnisperspektiven, auch interkulturell verschiedene Erkenntnisperspektiven, können einander bereichern und können eben auch Aufschlüsse über eine möglicherweise singuläre Perspektive geben. D. h., es bringt durchaus Erkenntnisfortschritt, wenn man mehrperspektivisch interkulturell Wahrheit als regulative Idee des gemeinsamen Suchens und Findens begreift und dann so verfährt, dass die Schüler werten und gewichten, die Lehrperson es aber nicht tut.

Henke:

Hier schließe ich direkt an. Ich würde noch ein bisschen weiter gehen als Frau Münnix und sagen, auch die Lehrperson darf eine Form von Gewichtung vornehmen und muss das möglicherweise auch, denn sie hat ja auch einen weltanschaulichen Standpunkt. Man kann nicht, wenn es darauf ankommt, als Lehrer Stellung zu nehmen, sagen, ich habe zwar einen Standpunkt, ich sage ihn euch aber nicht. Den muss man natürlich dann auch offenlegen, aber man muss ihn mit den entsprechenden Vorbehalten offenlegen, man darf ihn nicht als sicher und so offenlegen, dass er durch eine ganz bestimmte Religion mit einem ganz bestimmten institutionell gesicherten Sinnanspruch auftritt und damit absolut gestützt wird. Interessant ist hier die Frage, welche Rolle der authentisch Lehrende in einem Unterricht Religion und in einem Unterricht „Praktische Philosophie" spielt. Die Frage ist nämlich wirklich, ob nicht vielleicht auch Schüler besser zu einer eigenen Beurteilung kommen, wenn sie jemanden haben, an dem sie sich gewissermaßen abarbeiten können, als wenn sie jemanden haben, der sehr offen ist, verschiedene Modelle vorstellt und dann sagt, ich habe da zwar auch einen Standpunkt, aber das ist jetzt nur meiner, in sokratischer Offenheit, ich hatte auch mal einen anderen. Das ist sicherlich ein Problem, über das man ernsthaft diskutieren kann.

Ein anderes Problem finde ich noch in dem Vortrag von Herrn Schilmöller, über das man nicht diskutieren kann: die In-Einssetzung vom mathematischer und religiöser Wahrheit. Sie finde ich gerade für jemanden, der sich in Kant auskennt – und dass er das tut, hat er heute gezeigt – sehr problematisch. Beide kann man nicht in eins werfen, in der Kritik der reinen Vernunft wird das sehr deutlich unterschieden. Eine mathematische Gewissheit ist natürlich eine, die mit einem ganz anderen Wahrheitsanspruch auftritt als eine religiöse, und gerade Kant ist ja derjenige, der für die Vielfältigkeit der religiösen Antworten und die Notwendigkeit, dann eben zu glauben, weil „hier an sich" nichts erkannt werden kann, eingetreten ist. Da würde ich bitten, diese unsaubere Unterscheidung nicht mehr zu treffen.

Ladenthin:

Ich möchte einmal versuchen, das Neue, was uns Herr Schilmöller vorgestellt hat, zu betonen. Es geht ja nicht darum, dass der Religionslehrer „authentisch" unterrichtet. Das versteht sich von selbst. Es geht vielmehr um den Sinn von Religion, und Religion deutet sich selber stets als etwas, das nicht von der Zustimmung des Menschen abhängig ist. Eine Religion, die der Zustimmung des Menschen bedürfte, wäre ja keine Religion, sondern eine Weltanschauung. Insofern kann es gar keine vernünftige Begründung für das Geoffenbarte geben, sondern umgekehrt: Religion ist Glaubensakt, der ja gerade dadurch gekennzeichnet ist, dass er geglaubt und nicht bewiesen werden kann; wohl aber kann man sich rational dazu entscheiden „zu glauben".

Das Bedeutsame an Herrn Schilmöllers Vortrag ist, dass hier klar unterschieden wird zwischen Ethikunterricht, der an der regulativen Idee der Verallgemeinerung ausgerichtet ist, und Religionsunterricht, der an der regulativen Idee von Sinn ausgerichtet ist. Und der Vorwurf ist doch eigentlich der, dass der Ethikunterricht die Anmaßung erhebt, eben auch auf Sinn hin zu orientieren. Und hier wird nun gesagt, nein, der Ethikunterricht ist dann vernünftig, wenn er sich auf die Aufgabe begrenzt, nach Regeln für vernünftiges ethisches Urteilen zu suchen. Das heißt aber, dass die Frage nach Sinn dann im Ethikunterricht nicht thematisiert wird, und daraus folgt die Option, einen eigenen Unterricht einzurichten, wo dies geschieht. Diese Frage nach „Sinn" kann nicht im Ethikunterricht beantwortet werden, sie kann aber dort gestellt werden.

Regenbrecht:

Die Frage, ob Schüler in einem Ethikunterricht – etwa in dem Fach „Praktische Philosophie" in Nordrhein-Westfalen – durch Informationen über unterschiedliche religiöse Sinnangebote (Religionskunde) zum Glauben geführt werden können, halte ich für sehr interessant und wichtig. Wäre dies möglich, so würde sich hier ein Weg eröffnen, auch Schüler, die mit dem Fach Religion – aus welchen Gründen auch immer – keine Berührung haben, für religiöse Fragen aufzuschließen.

Ich habe aber erhebliche Zweifel, ob dies gelingen kann. Von Max Horkheimer stammt der Satz (Herr Schilmöller hat ihn in seinem Referat zitiert): „Einen unbedingten Sinn zu retten ohne Gott, ist eitel." Jürgen Habermas hat dem widersprochen und will den Sinn des Unbedingten ohne Rekurs auf Gott im kommunikativen Handeln klären. In beiden Fällen ist ein bruchloser Übergang von der Vernunft zum Glauben nicht möglich. Im ersten Fall setzt eine Antwort auf die Frage nach einem letztgültigen Sinn den Glauben voraus; in dem zweiten Fall tritt die Frage nach Gott gar nicht auf.

Wenn die Sinnfrage auf der Diskursebene beantwortet werden kann, wie kann dann ein Schüler, der nicht an Gott glaubt, im Ethikunterricht zum Glauben geführt werden? Ich habe in meinem Eingangsreferat das Sprechen von Gott aus der Perspektive der ersten und der dritten Person unterschieden. Wenn ein Lehrer im Fach Ethik den Geltungsanspruch ethischer Normen an seinen persönlichen Glauben bindet, macht er einen Anspruch geltend, den er um der weltanschaulichen Neutralität des Ethikunterrichts willen nicht stellen darf. Wenn er aber von Gott lediglich aus der Perspektive der dritten Person spricht, kann er dann beim Schüler jene Fragen nach Gott auslösen, die für diesen existenziell werden?

Schilmöller:

Meine Argumentation geht in eine ähnliche Richtung. Herr Regenbrecht hat auf den Geltungsanspruch verwiesen. Die entscheidende Frage lautet, wie man Schüler von diesem Geltungsanspruch überzeugen kann. Es ist eine schwierige Frage. Wir haben es ja nicht mit Faktenwissen, sondern mit Religion zu tun. Die Religion aber ist als Orthodoxie letztlich nicht rational einholbar, d. h., sie ist zumindest nicht in der gleichen Weise wie ein Wissen als richtig erweisbar. Das ist der Unterschied zur Mathematik, das war mir bewusst. Aber wenn jetzt gefragt wird, wie denn der Wahrheitsanspruch der Religion verifizierbar ist, muss man eingestehen, dass diese Frage bezogen auf die Orthodoxie nicht zu beantworten ist, sondern nur als Frage nach der Orthopraxis. Damit ist gemeint, dass ich dann, wenn ich einen Beweis oder eine Begründung anführen will, doch nur darauf abheben kann, was man mit diesem Glauben in seinem Leben und für sein Leben machen kann. Das heißt: Die Praxis, die er ermöglicht, wird sozusagen zur Begründung für Religion. Damit kehrt sich das Verhältnis genau um: Diente einmal die Religion zur Begründung der Ethik, so wird das religiös motivierte ethische Handeln, das Handeln aus Hoffnung, nunmehr zur Begründung für Religion. Und deshalb ist das Zeugnis der Zeugen so wichtig. Für die Orthopraxis aber steht eigentlich die ganze Glaubensgemeinschaft der Christen ein und mit ihr der Religionslehrer. Darin besteht der Unterschied zum Wahrheitsanspruch faktischen Wissens, der sich ergibt, weil ein religiöses Sinnangebot – wenn überhaupt – nur so „verifizierbar" ist. Deshalb sind die Praxis des Religionslehrers und die Praxis der Glaubensgemeinschaft von Bedeutung. Dass die ganze Misere des Religionsunterrichts am Religionslehrer liege, wie manche behaupten, ist daher verkürzt und schlecht nachzuvollziehen, weil der Religionslehrer ja im Grunde immer nur ein Teil dieser Glaubensgemeinschaft ist, die Glaubensgemeinschaft aber als ganze für den Geltungsanspruch des Geglaubten einsteht. Der Einzelne ist immer auch davon abhängig, wie die Glaubwürdigkeit der Kirche ist. Man darf dies nicht auf ihn allein zurückwenden. Die entscheidende Begründung liegt also darin, dass Religion eine bestimmte Praxis ermöglicht. Das meinen auch andere, die Religion in dieser Weise begründen. Ich habe im Fernsehen – darf ich das vielleicht noch sagen – eine Diskussion über Werte gesehen, mit Odo Marquardt, mit Volker Gerhardt und Jürgen Mittelstraß. Teilgenommen hat auch Richard Schröder, der begründet hat, warum er Religion für wichtig hält. Er habe über seinem Schreibtisch ein Gemälde von Hans Memling hängen, welches das Jüngste Gericht zeige, und zwar nicht deshalb, weil er eine Gerichtsvorstellung so interessant finde, sondern weil dieses Gericht ihn daran erinnere, dass er rechenschaftspflichtig sei. Das Gemälde mahne ihn, entsprechend zu handeln. Darin besteht für Schröder die Bedeutung der Religion für das moralische Handeln. Sie liegt darin, dass der religiöse Mensch sich rechenschaftspflichtig und von daher zum moralischen Handeln aufgerufen weiß. Das moralische Handeln wird so zur Begründung dafür, weshalb ich die religiöse Frage als wichtig betrachte und nicht einfach wegdefiniere. Daraus abgeleitet ergibt sich eine Begründung dafür, warum der Religionsunterricht sein soll.

Hilgenheger:

Meine Frage an Herrn Schilmöller bezieht sich auf die Gesamtkonzeption des anregenden Vortrags. Wenn ich es recht verstanden habe, geht es um die Gegenüberstellung zweier unterschiedlicher Unterrichtskonzeptionen. Auf der einen Seite steht der *Religionsunterricht,* so wie er sich entwickelt hat und so wie er jetzt ist, und auf der anderen Seite steht ein *Unterricht zu Religionskunde, zu Praktischer Philosophie,* oder wie die Konzeption auch immer heißen mag. Und um die Unterschiede zwischen diesen beiden Unterrichtskonzeptionen zu erfassen, ist er ausgegangen – das war, wenn ich die Nummerierung richtig im Kopf habe, der erste Hauptteil des Vortrages – von einer Gegenüberstellung des *Sprechens im Religionsunterricht* und des *Sprechens* in diesen anderen Unterrichtskonzeptionen. Es wurde gesagt, das eine sei ein *engagiertes Sprechen vom Standpunkt des Bekenntnisses* aus, das andere demgegenüber ein *neutrales, mehrperspektivisches Sprechen,* bei dem die eigene Stellungnahme stets im Hintergrund verbleibe.

Dazu möchte ich nun fragen: Wurde damit das, was in den beiden voneinander verschiedenen Unterrichtskonzeptionen geschieht, wirklich erfasst oder bleibt der Ansatz zu eng, um die Unterschiede zu erfassen? Zunächst einmal: Traditioneller Religionsunterricht war doch zumeist etwas anderes als ein Sprechen von der Art, wie es als idealtypisch dargestellt wurde. Da wurde zwar zu Anfang gebetet. da gab es ein Engagement und ein Bekenntnis; man bezog sich auch auf Gottesdienst, auf gemeinsames religiöses Handeln. Aber der Lehrer hatte ja studiert, sein Unterricht war wissenschaftsorientiert und näherte sich in der Sprachform oft dem, was Herr Schilmöller für die andere Seite als charakteristisch bezeichnet hat. Umgekehrt ist jetzt in der Diskussion herausgekommen, dass in der Religionskunde oder in der Praktischen Philosophie viel von dem geschieht, was er für den Religionsunterricht als charakteristisch bezeichnet hat.

Insgesamt ist dann aber doch zu vermuten, dass die eigentlichen Unterschiede nicht in der Art des Sprechens, des Argumentierens liegen, sondern woanders, nämlich in der Art des Handlungsbezuges. Der traditionelle Religionsunterricht durfte in religiöses Handeln einmünden, und das war auch sein Ziel. Deswegen war er fruchtbar für moralische Erziehung; denn die Krönung der moralischen Erziehung muss ja immer das eigene Handeln sein. Auf der anderen Seite stehen Unterrichtsformen, die nicht dazu angelegt sind, zu einem gemeinsamen Handeln zu kommen.

Gestern habe ich Herrn Oser den Einwand gemacht, in diesen anderen Unterrichtsformen sei sein Triforium mit den drei Säulen, zu denen das Handeln hinzugehört, nicht einsetzbar. Religiöse Entwicklung und moralische Entwicklung haben zwar viele Gemeinsamkeiten. Seine gerechte Schule ist jedoch wahrscheinlich keine Schule des gemeinsamen religiösen Lebens und kann es auch nicht sein. Den eigentlichen Unterschied, das wäre meine These, keine Gegenthese, sondern eine Ergänzungsthese, müssten wir in der unterschiedlichen Art des Handlungsbezuges und nicht in der Sprachform, der Argumentationsform suchen. Denn bei der Sprachform, der Argumentationsform wird man mehr auf Gemeinsamkeiten, denn auf Unterschiede stoßen.

Schilmöller:

Ich bin sehr skeptisch, was den Einbezug des Handelns angeht. Ich glaube nicht, dass der Religionsunterricht in ein gemeinsames Handeln münden kann und münden darf. Dann wäre nämlich der Religionsunterricht nicht mehr ergebnisoffen und als Schulfach nicht legitimierbar. Der Religionsunterricht darf doch nicht damit enden, dass schließlich alle gemeinsam zur Beichte gehen! Man muss auch *nicht* zur Beichte gehen können. Ohne solche Ergebnisoffenheit wäre der Vorbehalt gerechtfertigt, der besagt, dass man im Grunde, wie es gestern hieß, in eine Religion nur „hineinsozialisiert" wird. Der Religionsunterricht kann sich in einer staatlichen Schule nur rechtfertigen, wenn er ergebnisoffen ist und die Schüler die Möglichkeit haben, sich mit dem Geltungsanspruch kritisch auseinanderzusetzen und ihn auch abzulehnen. Er kann insofern nicht in ein gemeinsames Handeln einmünden.

Aloysius Regenbrecht

Schlusswort: Ethikunterricht in einer pluralistischen Demokratie

Das leitende Interesse dieses Kongresses war auf die Darstellung und Analyse von *Unterschieden* zwischen einzelnen Entwürfen für das Unterrichtsfach Ethik einerseits und zwischen Ethik- und Religionsunterricht andererseits gerichtet. Durch die Gegenüberstellungen sollte der Blick für die jeweiligen Charakteristika geschärft und Fragen nach Recht und Grenzen der einzelnen Konzeptionen ausgelöst werden, auch um voneinander und miteinander zu lernen. In meinem Schlusswort möchte ich nicht den Versuch machen, die vorgestellten Positionen vergleichend zu bewerten; dazu ist jeder Teilnehmer selber aufgerufen und wird es aus seiner Sicht auch tun.

Stattdessen möchte ich auf eine Frage aufmerksam machen, die ich für ebenso aktuell wie drängend halte und die gewissermaßen die Kehrseite unserer Problemstellung darstellt. Wir hätten unseren Kongress auch aus der entgegengesetzten Perspektive strukturieren können. Dann hätten wir in erster Linie nicht darauf geachtet, worin sich die einzelnen didaktischen Entwürfe unterscheiden, sondern danach gesucht, worin sie übereinstimmen. Nicht die *Differenzen*, sondern die *Gemeinsamkeiten* wären dann der Zielpunkt unseres Fragens gewesen.

Wir haben uns mit Gründen für den ersten Weg entschieden und ich will in meinem Schlusswort die aufgezeigten Differenzen weder abschwächen noch gar negieren. Gleichwohl halte ich es für notwendig, nicht nur das Trennende herauszustellen, sondern ebenso die gemeinsamen Aufgaben zu betonen. Wir leben in einer pluralistischen Demokratie. Pluralität gründet in der Differenz, die um der Achtung des Selbstbestimmungsrechtes des Einzelnen nicht eingeebnet werden darf. Jeder muss die Möglichkeit haben, nach seiner Überzeugung zu leben und zu handeln, soweit er die Rechte der anderen dadurch nicht verletzt.

Pluralität verlangt aber auch Dialogfähigkeit, um aus dem Nebeneinander oder gar Gegeneinander ein Miteinander zu machen. Eine Demokratie verdankt ihre staatliche Macht nicht dem Willen oder gar dem Vorrecht Einzelner, sondern der Zustimmung aller. Die vielfältigen Gefährdungen humaner Existenz können nur durch gemeinsame Anstrengungen abgewendet werden. Wir wissen alle um den Prozess der Globalisierung, der nicht nur den wirtschaftlichen Bereich, sondern auch die natürlichen und kulturellen Lebensräume erfasst hat. Das Miteinander in der „Einen Welt" zwingt uns, nach den Gemeinsamkeiten zu fragen, die uns in unseren ethischen Überzeugungen und moralischen Handlungen verbinden. Hans Küng hat mit seiner Initiative für die „Erklärung zum Weltethos" (Küng/Kuschel 1993) dazu einen entschiedenen Anfang gemacht. Es stellt sich also die Frage, welche gemeinsamen Aufgaben von jedem Ethikunterricht zu übernehmen sind, gleich welche didaktische Konzeption dahinter steht.

Bei meiner Einführung in das Tagungsthema habe ich auf die Situation des Faches „Sozialkunde/Gesellschaftslehre/Politik" hingewiesen, dessen Neubestimmung in den 70er Jahren zu erheblichen politischen Auseinandersetzungen und deutlichen Abgrenzungen führte, die in den jeweiligen Rechtsverordnungen ihren Niederschlag fanden. Parallel zu dieser politischen Diskussion setzten sich Pädagogen und Politikwissenschaftler, die in unterschiedlichen Bundesländern an den Richtlinien für dieses Fach mitgearbeitet hatten, zusammen, um angesichts der Differenzen nach Gemeinsamkeiten zu fragen. Der dabei erreichte Konsens brachte Übereinstimmung in drei Punkten:

1. Es ist nicht erlaubt, den Schüler – mit welchen Mitteln auch immer – im Sinne erwünschter Meinungen zu überrumpeln und damit an der Gewinnung eines eigenen Urteils zu hindern (Überwältigungsverbot).
2. Was in Wissenschaft und Politik kontrovers ist, muss auch im Unterricht kontrovers erscheinen.
3. Der Schüler muss in die Lage versetzt werden, eine politische Situation und seine eigene Interessenlage zu analysieren sowie nach Mitteln und Wegen zu suchen, die vorgefundene politische Lage im Sinne seiner Interessen zu beeinflussen.

Es fällt nicht schwer, diese Forderungen auf den Ethikunterricht zu übertragen. Das ist deswegen möglich, weil es pädagogische, nicht politische Grundsätze sind, die hier vorgetragen werden. Der erste ist negativ formuliert. Er verweist auf den Gedanken der Bildung als Selbstbestimmung des Schülers und verbietet jegliche Indoktrination. Der zweite fordert positiv, dem Schüler Alternativen vorzustellen, die ihn zu einer begründeten Entscheidung herausfordern. Und der dritte weist auf die Kontextgebundenheit aller politischen wie moralischen Entscheidungen hin, die wir im Begriff der reflexiven Urteilskraft angesprochen haben. Ich finde diese Grundsätze in allen hier vorgestellten Modellen für den Ethikunterricht wieder.

In diesen Forderungen kommen weitreichende Ansprüche an einen Ethikunterricht zum Ausdruck und doch kann man fragen, ob diese Übereinkünfte ausreichen, den möglichen Beitrag der Schule für die Vorbereitung der Schüler auf gemeinsames Handeln in der Gesellschaft zu identifizieren. Dem Konsens ist einschränkend vorgehalten worden, dass diese Grundsätze rein formal seien, d. h. dass unter dem Selbstbestimmungsrecht des Einzelnen beliebige sittliche Normen reklamiert werden könnten. Ich denke, dass diese Forderungen nur scheinbar formal und an grundlegende inhaltliche Voraussetzungen gebunden sind (vgl. Sutor 1996).

Das „Überwältigungsverbot" gründet im Gedanken der Menschenwürde, die in vielfachen Horizonten begründet und in staatlichen Verfassungen in Grundwerten und Grundrechten ausgelegt wird. Die Vorstellung kontroverser Positionen im Unterricht wird beim Schüler nicht bei einer bloßen Kenntnisnahme verbleiben. Die Darstellung einer anderen Auffassung ist Anlass zu einer inhaltlichen Diskussion und zwingt die Beteiligten, die eigene Einstellung zu überprüfen und Gemeinsamkeiten und Unterschiede zu reflektieren. Allenfalls der dritte Grundsatz, der auf die Durchsetzung eigener Interessen abhebt, ist in einem Ethikunterricht ergänzungsbedürftig. Bei allem Recht, den eigenen Standpunkt zu vertreten und ihm auch Geltung zu verschaffen, ist durch den Gebrauch des Begriffs „Interesse" der Verdacht einer subjektivistischen Verengung nicht auszuschließen. Ethische Forderungen stehen unter dem Anspruch der Unparteilichkeit und verlangen das zu lösende Problem immer auch aus der Perspektive des anderen zu sehen. Wenn die drei Konsensformeln mit solcher Interpretation verbunden werden, dann ergeben sich daraus auch übergreifende inhaltliche Ansprüche an den Ethikunterricht in der Schule.

Es ist am Ende dieser Tagung nicht der Ort und die Zeit, um einen Vorschlag für einen Kanon möglicher Unterrichtsinhalte, die in allen Konzeptionen Berücksichtigung finden sollten, zu entwickeln. Das muss ggf. einem künftigen Münsterschen Gespräch vorbehalten bleiben, vor allem dann, wenn Ethik- und Religionsunterricht in einer gemeinsamen Fächergruppe zusammengefasst werden sollten. Hingewiesen sei hier lediglich auf die Kodifizierung der Menschenrechte, die jedem Menschen als solchem zukommen und unabhängig von persönlichen und gesellschaftlichen Verhältnissen und geschichtlich-kulturellen Bedingungen Anerkennung verlangen. Zu den Menschenrechten gehören einmal die Gewährung der bürgerlichen Freiheiten, die dem Einzelnen Raum für ein selbstbestimmtes Leben geben, dann aber auch die Verfügung über individuelle und soziale Grundgüter, die ein menschenwürdiges Dasein allererst ermöglichen. In der Reflexion auf die „conditio humana" wird der Inhalt allgemeiner moralischer Verpflichtung erkennbar.

Eine solche Besinnung wird aber auch die Grenzen deutlich machen, die in einem gesellschaftlichen Diskurs rational nicht überschritten werden können. Die Suche nach einer Letztbegründung von „Lebenssinn" muss dem einzelnen überlassen bleiben. Mit der bleibenden Differenz kommt eine moralische Verpflichtung für alle in den Blick, die zu lehren dem Ethikunterricht in einer pluralistischen Gesellschaft aufgegeben ist, die der Toleranz. „Über die Haltung der Toleranz verfügt, wer den Andersdenkenden bejaht in seiner Selbstbestimmung, seinem Lebensrecht, dem Entfaltungswillen und der Freiheit" (Höffe 1994, 34).

Die Anerkennung dieser doppelten Aufgabe, das Gemeinsame zu betonen und das Trennende zu respektieren, hat bezüglich des Ethikunterrichts in einer pluralistischen Gesellschaft Konsequenzen für die Schüler, die Lehrer und den Staat als Träger der Schule sowie für das Verhältnis von Ethik- und Religionsunterricht. Die *Schüler* sollen nicht nur lernen, ihren eigenen Standpunkt zu reflektieren und begründend zu vertreten, sondern auch in der Lage sein, die kulturspezifischen Verhaltensmuster und weltanschaulich gebundenen Begründungszusammenhänge ihrer Mitschüler zu verstehen und sich damit auseinanderzusetzen. Die *Lehrer* stehen vor der schwierigen Aufgabe, einerseits ihren eigenen Standpunkt nicht zu verleugnen, sich aber andererseits so weit zurückzunehmen, dass aus ihrer Überlegenheit durch Alter und Amt die Meinungsbildung der Schüler nicht unterdrückt wird. Und der *Staat* hat die Aufgabe, eine Schulorganisation zu schaffen, die den Erziehungsplan der Eltern respektiert und zugleich die Schüler dialogfähig in einer pluralen Gesellschaft macht. Eine pluralistische Demokratie ist nicht wertfrei, sondern hat, wie Höffe schreibt, „normative Implikationen" (Höffe 1994, 30). Sie hat in Bezug auf das Bildungswesen die Aufgabe, für die Bewältigung gesellschaftlicher Probleme in der Schule einen gemeinsamen Grund zu legen, zugleich aber dafür zu sorgen, dass durch eine geeignete Unterrichtsorganisation der Bildungsanspruch des einzelnen Schülers erfüllt wird, d. h. der Schüler in seiner Individualität und Totalität respektiert und gefördert wird (vgl. Nipkow 1998). Für das Verhältnis von Ethik- und Religionsunterricht folgt daraus die Notwendigkeit einer partiellen Angleichung der Lehrpläne in diesen beiden Fächern wie auch die Respektierung der Eigenständigkeit des Religionsunterrichts im Rahmen des Bildungsauftrags der Schule.

Literatur

Höffe, Otfried: Ethikunterricht in einer pluralistischen Demokratie. In: Ethik macht Schule! Hg. von Alfred K.Treml, Frankfurt 1994, 30–35.

Küng, Hans/Kuschel, Karl-Josef (Hg.): Erklärung zum Weltethos. München 1993.

Nipkow, Karl Ernst: Bildung in einer pluralen Welt. 2 Bde. Gütersloh 1998.

Sutor, Bernhard: Der Beutelsbacher Konsens – ein formales Minimum ohne Inhalt? In: Schiele, Siegfried/Schneider, Herbert (Hg.): Reicht der Beutelsbacher Konsens? Schwalbach 1996, 65–80.

Verzeichnis der Referenten und Moderatoren

Dikow, Joachim, Dr.	Hauptabteilung Schule und Erziehung im Bischöflichen Generalvikariat Münster
Fees, Konrad, Privat-Doz. Dr.	Pädagogische Hochschule Karlsruhe
Huber, Herbert, Dr.	Staatsinstitut für Schulpädagogik und Bildungsforschung München
Ladenthin, Volker, Prof. Dr.	Universität Bonn
Lange, Christian, Dr.	Pädagogisches Landesinstitut Brandenburg, Ludwigsfelde-Struveshof
Leder, Gottfried, Prof. Dr.	Universität Hildesheim
Oser, Fritz, Prof. Dr. Dr. h. c.	Universität Fribourg
Pöppel, Karl Gerhard, Prof. Dr.	Universität Hildesheim
Regenbrecht, Aloysius, Prof. Dr.	Universität Münster
Rekus, Jürgen, Prof. Dr.	Pädagogische Hochschule Karlsruhe
Schilmöller, Reinhard, AOR	Universität Münster
Schirp, Heinz, Dr. RSD	Landesinstitut für Schule und Weiterbildung, Soest
Schulp-Hirsch, Gabriele, Dr.	Universität Bonn

Verzeichnis der übrigen Diskussionsteilnehmer

Goebbels, Heiner, M. A.	Technische Hochschule Aachen
Goeke, Hugo, Prof. Dr.	Hauptabteilung Schule und Erziehung im Bischöflichen Generalvikariat Münster
Henke, Roland W., Dr.	Studienseminar Köln I
Hilgenheger, Norbert, Prof. Dr.	Universität Bonn
Kurth, Ulrike, Dr.	Westfalen-Kolleg Paderborn

Mertens, Gerhard, Prof. Dr. Dr.	Universität Köln
Münnix, Gabriele, StD'	Institut für Lehrerfortbildung Mülheim/Ruhr
Petermann, H.-Bernhard, StR	Pädagogische Hochschule Heidelberg
Runtenberg, Christa	Philosophisches Seminar der Universität Münster
Wittenbruch, Wilhelm, Prof. Dr.	Universität Münster

Münstersche Gespräche zu Themen der wissenschaftlichen Pädagogik

Heft 1:   Umgang mit der Schulkritik. Herausgeber: Marian Heitger, Münster 1984. Vergriffen

Heft 2:   Vom Ethos des Lehrers. Herausgeber: Joachim Dikow, Münster 1985. 2. Auflage, VI und 85 Seiten, Paperback 24,– DM. ISBN 3–402–04711–X.

Heft 3:   Bildungstheorie und Schulstruktur. Historische und systematische Untersuchungen zum Verhältnis von Pädagogik und Politik. Herausgeber: Aloysius Regenbrecht, Münster 1986. 2. Auflage, VI und 208 Seiten, Paperback 38,– DM. 3–402–04712–8.

Heft 4:   Vom Verlust des Subjekts in Wissenschaft und Bildung der Gegenwart. Herausgeber: Marian Heitger, Münster 1987. VI und 76 Seiten, Paperback 20,– DM. 3–402–04713–6.

Heft 5:   Die Bedeutung biographischer Forschung für den Erzieher. Herausgeber: Joachim Dikow, Münster 1988. Vergriffen.

Heft 6:   „Katholische Pädagogik" oder „Katholische Christen als Pädagogen". Herausgeber: Clemens Menze, Münster 1989. Vergriffen.

Heft 7,1: Moralische Erziehung im Fachunterricht, Teil 1. Herausgeber: Aloysius Regenbrecht und Karl Gerhard Pöppel, Münster 1990. Vergriffen

Heft 7,2: Moralische Erziehung im Fachunterricht, Teil 2: Herausgeber: Aloysius Regenbrecht und Karl Gerhard Pöppel, Münster 1990. Vergriffen.

Heft 8:   Kunst und Bildung. Herausgeber: Clemens Menze, Münster 1991. VIII und 127 Seiten, Paperback 36,– DM. 3–402–04719–0.

Heft 9:   Religion, Glaube, Bildung. Herausgeber: Joachim Dikow, Münster 1992. XII und 80 Seiten, Paperback 28,– DM. ISBN 3–402–04720–9.

Heft 10: Bildung und Religion. Herausgeber: Johannes Schneider, Münster 1993. VI und 135 Seiten, Paperback 34,– DM. ISBN 3–402–04721–7.

Heft 11: Schule – gestalteter Lebensraum. Pädagogische Reflektionen und Orientierungen. Herausgeber: Wilhelm Wittenbruch, Münster 1994. X und 200 Seiten, Paperback 39,80 DM. ISBN 3–402–0474722–5.

Heft 12: Erfahrung und schulisches Lernen. Zum Problem der Öffnung von Schule und Unterricht. Herausgeber: Aloysius Regenbrecht und Karl Gerhard Pöppel, Münster 1995. XX und 236 Seiten, Paperback 45,– DM. ISBN 3–402–04723–3.

Heft 13: Kulturelle Vielfalt als Problem für Gesellschaft und Schule. Herausgeber: Johannes Schneider, Münster 1996. VI und 153 Seiten, Paperback 38,– DM. ISBN 3–402–04724–1.

Heft 14:   Natur – Wissenschaft – Bildung. Herausgeber: Norbert Hilgenheger, Münster 1997. VI und 177 Seiten, Paperback 38,– DM. ISBN 3-402-04725-X.

Heft 15:   Das Ende der Gesprächskultur? Herausgeber: Ursula Frost, Münster 1999. VI und 104 Seiten, Paperback 29,80 DM. ISBN 3-402-04726-8.

Heft 16:   Europa – eine neue Lektion für die Schule? Herausgeber:Wilhelm Wittenbruch, Münster 1999. VIII und 198 Seiten, Paperback 39,80 DM. ISBN 3-402-4727-6.

Beiheft 1: Erziehung als Auftrag. Beiträge zur Konzeption katholischer Schulen in freier Trägerschaft. Aloysius Regenbrecht zum 60. Geburtstag. Herausgeber: Reinhard Schilmöller, Meinolf Peters, Joachim Dikow, Münster 1989. 2. Auflage, VI und 238 Seiten, 10 Abbildungen, Paperback 46,– DM. ISBN 3-402-04716-0.

Verlag Aschendorff Münster. Bezug durch jede Buchhandlung